Prof. Dr. Volker Wilhelmi

**G. Fischer, C. Grosscurth, J. Hamann, H.-G. Herrnleben, C. Hussong,
Y. Meyer, M. Perabo, C. Veith, C. Wittlich, K. Wolter**

TERRA

Erdkunde 1

Gymnasium

Lehrerband

Ernst Klett Verlag
Stuttgart · Leipzig

Inhaltsverzeichnis

		LB	SB
TERRA Geographie Gymnasium Rheinland-Pfalz Ihr Planer für die Doppeljahrgangsstufe 5/6		4	
1	**Sich orientieren**	**14**	**4**
	Didaktische Struktur	15	
	Eine Welt – viele Welten?	17	6
	Die Welt entdecken	18	8
	TERRA METHODE: Aufgaben richtig lesen	19	10
	Wo ich lerne …	20	12
	… wo ich lebe	21	14
	TERRA METHODE: Mein Schulweg digital	22	16
	Vom Bild zur Karte	23	18
	TERRA METHODE: Karten lesen – Entfernungen bestimmen	25	20
	Von Höhenlinien und Höhenprofilen	26	22
	TERRA METHODE: Wie du mit dem Atlas arbeitest	28	24
	Leben in einem Hunsrückdorf	30	26
	Auf heißer Spur mit einem Ranger	32	28
	TERRA METHODE: Eine Kartenskizze zeichnen	33	30
	Was ist ein GIS?	34	32
	Eine Radtour planen	36	34
	Bundesländer und Nachbarstaaten	37	36
	TERRA METHODE: Eine Tabelle lesen	39	38
	Großlandschaften in Deutschland	41	40
	Du weißt nichts von mir …	42	42
	TERRA METHODE: Bilder beschreiben und erleben	44	44
	Sich auf der Erde orientieren	45	46
	TERRA METHODE: Sich selbst einschätzen und überprüfen	47	48
	TERRA TRAINING	48	50
	TERRA FÜR DICH: Mit dem Maßstab arbeiten	50	52
	TERRA FÜR DICH: Topografie/Großlandschaften	51	54

		LB	SB
2	**Landwirte versorgen uns**	**52**	**56**
	Didaktische Struktur	53	
	Über den Tellerrand geschaut	54	58
	TERRA METHODE: Landwirtschaft heute – Ein Gruppenpuzzle	56	60
	Viel Fleisch für viele	58	62
	Milch frisch getankt	59	64
	Salat täglich frisch	60	66
	„Weinland-Pfalz"	61	68
	Landwirtschaftsgebiete in Rheinland-Pfalz	63	70
	Biohof Schepers	65	72
	Landwirtschaft so oder so!?	67	74
	TERRA METHODE: Einen Betrieb erkunden	69	76
	TERRA METHODE: Ein Lernplakat erstellen	70	78
	Was ihr wollt!?	71	80
	Vom Landwirt zum Energiewirt	73	82
	Bodenlose Landwirtschaft?	75	84
	TERRA ORIENTIERUNG: Landwirtschaftsgebiete in Deutschland	77	86
	TERRA TRAINING	79	88
	TERRA FÜR DICH: Landwirtschaft im Wandel	81	90
3	**Leben in extremen Räumen**	**83**	**92**
	Didaktische Struktur	84	
	Leben im Tropischen Regenwald	85	94
	TERRA METHODE: Klimadiagramme zeichnen und auswerten	87	96
	Der Tropische Regenwald – ein verletzlicher Gigant	89	98
	Roden – brennen – anbauen – wandern	91	100
	Der Regenwald schrumpft	93	102
	Die duftende Apotheke	95	104
	Produkte aus den Tropen: eine faire Sache?	97	106
	TERRA METHODE: Eine Mindmap erstellen	99	108
	Die vielen Gesichter der Wüste	100	110
	Ein Nashorn in der Wüste?	102	112
	Wie Nomaden in der Wüste leben	104	114
	Grüne Inseln in der Wüste	106	116
	Oasen im Wandel	108	118
	Leben in den Polargebieten: Nunavut	110	120
	Arktis und Antarktis – ein Vergleich	112	122
	Licht an!	114	124
	Der Kampf der Eismänner	116	126
	TERRA ORIENTIERUNG: Klimazonen der Erde	118	128
	TERRA TRAINING	120	130
	TERRA FÜR DICH: Extremräume	121	132

Verwendete Abkürzungen

aGA	arbeitsteilige Gruppenarbeit	HA	Hausaufgabe
Aufg.	Aufgabe	L	Lehrerin/Lehrer
aPA	arbeitsteilige Partnerarbeit	M	Material
		PA	Partnerarbeit
DS	Didaktische Struktur	SB	Schülerbuch
DUA	Digitaler Unterrichtsassistent	SuS	Schülerinnen und Schüler
EA	Einzelarbeit	TB	Tafelbild
GA	Gruppenarbeit	UG	Unterrichtsgespräch

		LB	SB
4	**Tourismus und Erholungsräume**	**123**	**134**
	Didaktische Struktur	124	
	In den Urlaub …	126	136
	TERRA METHODE: Informationen für einen Ausflug sammeln	128	138
	„Erlebe die Vielfalt!": der Saar-Hunsrück-Steig	129	140
	Wanderbar – Tourismus in Rheinland-Pfalz	131	142
	Die Alpen in unserem Kopf	133	144
	Der Berg ruft!	134	146
	Wie kommt die Muschel auf den Berg?	136	148
	TERRA ORIENTIERUNG: Die Alpen	138	150
	Über und durch die Alpen	139	152
	Vom Bergbauerndorf zum Touristenzentrum: Wolkenstein	140	154
	TERRA METHODE: Alp(en)traum – ein Rollenspiel	141	156
	Urlaubsinsel Rügen	143	158
	Die Gezeiten	144	160
	Nationalpark Wattenmeer	146	162
	Künstliche Freizeitwelten	148	164
	Lust auf Sonne	150	166
	TERRA ORIENTIERUNG: Feriengebiete in Europa	151	168
	Extremtourismus im Eis	152	170
	TERRA TRAINING	154	172
	TERRA FÜR DICH: Sanfter Tourismus	156	174

		LB	SB
5	**Produktion und Dienstleistungen**	**158**	**176**
	Didaktische Struktur	159	
	Rohstoffe und Dienstleistungen im Alltag	161	178
	Ton, Kies, Basalt und Bims	163	180
	Von der Entwicklung bis zum Recycling	165	182
	Erdöl unter der Nordsee	167	184
	Strom aus der Steckdose?	169	188
	Alternative Energiequellen	171	190
	TERRA METHODE: Diagramme auswerten	173	192
	Rohstoff Kohle	174	194
	TERRA METHODE: Eine thematische Karte auswerten	176	196
	Ein Ballungsraum entsteht	177	198
	Ruhrgebiet im Wandel	178	200
	Mit Kohle Kohle machen	180	202
	BASF – Europas größtes Chemiewerk	181	204
	PET-Flaschen – eine praktische Erfindung?	182	206
	Dienstleistungszentrum Frankfurt/Main	183	208
	Bunte Dienstleistungswelt in Deutschland	185	210
	TERRA METHODE: Eine Befragung durchführen	186	212
	… und täglich grüßt die Autobahn	187	214
	TERRA ORIENTIERUNG: Wirtschaftsstandorte in Europa	189	216
	TERRA TRAINING	191	218
	TERRA FÜR DICH: Jeans	193	220

Zum Umgang mit dem Lehrerband

Der Lehrerband bietet für **jedes Kapitel** eine Einordnung in den Lehrplan sowie eine didaktische Struktur.

Die didaktischen Strukturen zeigen Ihnen mögliche Wege durch die Themeneinheiten. Außerdem sind die Online-Angebote mit direkter Zugriffsmöglichkeit über einen Online-Code vermerkt.

Für jede Schulbuchdoppelseite bzw. Lerneinheit bietet Ihnen der Lehrerband
- eine Kompetenzübersicht,
- Sachinformationen und Hinweise zu den Materialien,
- Hinweise zum Unterricht,
- einen Unterrichtsvorschlag in tabellarischer Form,
- ggf. Tafelbildvorschläge und
- Medientipps.

Darüber hinaus sind für jedes Kapitel weitere Materialien verfügbar.

Ein **Selbsteinschätzungsbogen** für die Schüler, gegliedert nach Orientierungs-, Sach- Methoden- und Urteilskompetenz. Hiermit soll die Selbststeuerung ihrer Schüler gefördert und gestärkt werden. Der Bogen kann aber auch zur Vorwissensdiagnose verwendet werden.

Ein **Kompetenzcheck** für die Schüler zur Überprüfung der Selbsteinschätzung. Dabei wird für jedes Item des Selbsteinschätzungsbogens eine Überprüfungsaufgabe gestellt. Die Bepunktung erlaubt dem Schüler eine Einordnung in die Kategorien der Selbsteinschätzung ohne Notendruck.

Der Digitale Unterrichtsassistent

Der gesamte Lehrerband findet sich auch als PDF auf dem Digitalen Unterrichtsassistenten (DUA), der auch das Schulbuch in digitaler Form, u.a. für den Einsatz am Whitebaord, enthält. Alle Zusatzmaterialien und Lehrerinformationen sind den Schulbuchseiten und deren Einzelelementen wahlweise punktgenau zugeordnet und von dort direkt abrufbar.

TERRA Geographie Gymnasium Rheinland-Pfalz

Ihr Planer für die Doppeljahrgangsstufe 5/6

Lernfelder und ihre Inhalte	TERRA 1 Gym Rheinland-Pfalz	Kompetenzen	Grundbegriffe	Mein Schulcurriculum
1. Orientierung in Rheinland-Pfalz und Deutschland	**Themenblock 1: Sich orientieren**			**Stundenumfang: 16**
Leitfragen: Wo leben wir im Bundesland Rheinland-Pfalz? Welche Raumstrukturen prägen unser Bundesland? Was macht das Leben in verschiedenen Regionen in Rheinland-Pfalz lebenswert?				
Basis: – Individuelle Lebensräume und Lebenswege der Lernenden – Rheinland-Pfalz und seine Natur- und Kulturräume – Lebenswelten im Vergleich, z. B. mit Bezug auf Lage (Stadt/Land, Zentrum/ Peripherie) und Ausstattung – Bundesländer Deutschlands im Überblick	Eine Welt – viele Welten? (S. 6/7) Die Welt entdecken (S. 8/9) Methode: Aufgaben richtig lesen (S. 10/11) Wo ich lerne, wo ich lebe … (S. 12 – 15) Methode: Mein Schulweg digital (S. 16/17) Vom Bild zur Karte (S. 18/19) Methode: Karten lesen – Entfernungen bestimmen (S. 20/21) Von Höhenlinien und Höhenprofilen (S. 22/23) Methode: Wie du mit dem Atlas arbeitest (S. 24/25) Leben in einem Hunsrückdorf (S. 26/27) Auf heißer Spur mit einem Ranger(S. 28/29) Methode: Eine Kartenskizze zeichnen (S. 30/31) Wahl-Differenzierung: Eine Radtour planen (S. 34/35) Bundesländer und Nachbarstaaten (S. 36/37) Methode: Eine Tabelle lesen (S. 38/39) Großlandschaften in Deutschland (S. 40/41) Methode: Bilder beschreiben und erleben (S. 44/45) Sich auf der Erde orientieren (S. 46/47)	Fachkompetenz: S. verorten die eigene Lebenswelt in einem übergeordneten Bezugsraum und unterscheiden wesentliche raumspezifische Merkmale verschiedener Lebensräume. Methodenkompetenz: S. fertigen einfache topographische Skizzen über Standorte, Wege, Raumstrukturen und Mental Maps an. Kommunikationskompetenz: S. präsentieren Ergebnisse unter Einsatz einfacher Medien und Verwendung der Grundbegriffe. Urteilskompetenz: S. vergleichen unterschiedliche subjektive Wahrnehmungen von Räumen und Lebenswelten.	Atlas Bundesland Globus Gradnetz Himmelsrichtung Karte Kulturraum Legende Maßstab Naturraum	

Lernfelder und ihre Inhalte	TERRA 1 Gym Rheinland-Pfalz	Kompetenzen	Grundbegriffe	Mein Schul-curriculum
1. Orientierung in Rheinland-Pfalz und Deutschland	**Themenblock 1: Sich orientieren**			**Stundenumfang:** 16
Leitfragen: Wo leben wir im Bundesland Rheinland-Pfalz? Welche Raumstrukturen prägen unser Bundesland? Was macht das Leben in verschiedenen Regionen in Rheinland-Pfalz lebenswert?				
	Methode: Sich selbst einschätzen und überprüfen (S. 48/49)			
	Was ist ein GIS? (S. 32/33)			
Erweiterung:	Bundesländer und Nachbarstaaten (S. 36/37)			
– Rheinland-Pfalz und seine Nachbarn				
Vertiefung:	Du weißt nichts von mir … (Ruanda) (S. 42/43)			
– Rheinland-Pfalz und Lebenswelten im Partnerland Ruanda				

Lernfelder und ihre Inhalte	Kompetenzen	Grundbegriffe	Mein Schulcurriculum
TERRA 1 Gym Rheinland-Pfalz			**Stundenumfang: 20**
2. Landwirtschaft			
Themenblock 2: Landwirte versorgen uns			
Leitfragen: Was essen wir und wo kaufen wir ein? Woher stammen unsere Nahrungsmittel und wie werden sie erzeugt? Wie hat sich die Landwirtschaft entwickelt und wie sieht ihre Zukunft aus?			
Basis: – Ernährungsgewohnheiten – Herkunft und Transportrouten der Nahrungsmittel – Produktion im Wandel, z. B. Mechanisierung, Massentierhaltung, ökologischer Landbau, Energieerzeugung – Landwirtschaftlich strukturierte Räume im Nahraum und einer weiteren Region in Rheinland-Pfalz	Über den Tellerrand geschaut (S. 58/59) Methode: Landwirtschaft heute – ein Gruppenpuzzle (S. 60–67) „Weinland-Pfalz" (S. 68/69) Landwirtschaftsgebiete in Rheinland-Pfalz (S. 70/71) Biohof Schepers (S. 72/73) Landwirtschaft so oder so!? (S. 74/75) Methode: Einen Betrieb erkunden (S. 76/77) Methode: Ein Lernplakat erstellen (S. 78/79) TERRA Für dich: Landwirtschaft im Wandel (S. 90/91)	**Fachkompetenz:** S. beschreiben und untersuchen verschiedene Formen landwirtschaftlicher Produktion in unterschiedlichen Räumen und ihre Entwicklung. **Methodenkompetenz:** S. planen und führen angeleitet eine Erkundung im Nahraum durch. Sie visualisieren die Stationen und Wege eines Agrarproduktes vom Erzeuger zum Verbraucher. **Kommunikationskompetenz:** S. verbalisieren ihre Arbeitsergebnisse unter Verwendung von Grundbegriffen. **Urteilskompetenz:** S. wägen verschiedene Formen landwirtschaftlicher Produktion ab und betrachten ihre eigene Ernährungsweise in Bezug auf die Folgewirkungen für Mensch und Natur kritisch.	Biogas Massentierhaltung Mechanisierung Monokultur nachwachsender Rohstoff ökologischer Landbau Sonderkultur Strukturwandel	
Erweiterung: – Landwirtschaftliche Produktionsräume in Deutschland im Vergleich	Orientierung: Landwirtschaftsgebiete in Deutschland (S. 86/87)		

Lernfelder und ihre Inhalte	TERRA 1 Gym Rheinland-Pfalz	Kompetenzen	Grundbegriffe	Mein Schul-curriculum
2. Landwirtschaft	Themenblock 2: Landwirte versorgen uns			Stundenumfang: 20
Leitfragen: Was essen wir und wo kaufen wir ein? Woher stammen unsere Nahrungsmittel und wie werden sie erzeugt? Wie hat sich die Landwirtschaft entwickelt und wie sieht ihre Zukunft aus?				
Vertiefung: – Verfügbarkeit von Nahrungsmitteln zu jeder Jahreszeit	Was ihr wollt!? (S. 80/81) Vom Landwirt zum Energiewirt (S. 82/83) Wahl-Differenzierung: Bodenlose Landwirt-schaft? (S. 84/85)			

Lernfelder und ihre Inhalte	Kompetenzen	Grundbegriffe	Mein Schulcurriculum / Stundenumfang: 20
TERRA 1 Gym Rheinland-Pfalz **Themenblock 3:** **Leben in extremen Räumen** **Leitfragen:** Was ist in Extremräumen so einmalig? Welche Gefahren drohen in diesen Räumen? Wie können Menschen in Extremräumen (über-)leben? **Basis:** – Entdecker und Expeditionen – Lage und Merkmale des Tropischen Regenwaldes, Wüsten und Polargebieten – Lebens- und Wirtschaftsweisen der Menschen in einem ausgewählten Extremraum im Wandel der Zeit und ihre Folgen	Wahl-Differenzierung: Leben im Tropischen Regenwald (S. 94/95) Methode: Klimadiagramme zeichnen und auswerten (S. 96/97) Der Tropische Regenwald – ein verletzlicher Gigant (S. 98/99) Der Regenwald schrumpft (S. 102/103) Methode: Eine Mindmap erstellen (S. 108/109) Die vielen Gesichter der Wüste (S. 110/111) Wahl-Differenzierung: Ein Nashorn in der Wüste? (S. 112/113) Wie Nomaden in der Wüste leben (S. 114/115) Wahl-Differenzierung: Oasen im Wandel (S. 118/119) Leben in den Polargebieten: Nunavut (S. 120/121) Wahl-Differenzierung: Arktis und Antarktis – ein Vergleich (S. 122/123) Wahl-Differenzierung: Der Kampf der Eismänner (S. 126/127) Orientierung: Klimazonen der Erde (S. 128/129)	**3. Leben in Extremräumen** Fachkompetenz: S. untersuchen das Ausstattungspotenzial verschiedener Extremräume, ihre Verletzbarkeit sowie angepasste Lebens- und Wirtschaftsweisen. Urteilskompetenz: S. erkennen und würdigen die Einzigartigkeit des Naturraums und die in Extremräumen vorherrschenden angepassten Lebens- und Wirtschaftsweisen. Methodenkompetenz: S. zeichnen und beschreiben Klimadiagramme. Sie verorten Extremräume auf den Kontinenten bzw. im Gradnetz. Sie erstellen Lernplakate im Team und präsentieren Sachverhalte und Entwicklungen unter Verwendung von Fachbegriffen. Sie führen einen einfachen geowissenschaftlichen Versuch durch.	Antarktis Äquator Arktis Artenvielfalt Klimadiagramm Nährstoffkreislauf Nomaden Plantage Pol Polarkreis Selbstversorger Selbstversorgung Stockwerkbau Tropischer Regenwald Wanderfeldbau Wendekreis Wüste

Lernfelder und ihre Inhalte	TERRA 1 Gym Rheinland-Pfalz	Kompetenzen	Grundbegriffe	Mein Schulcurriculum
3. Leben in Extremräumen	**Themenblock 3:** **Leben in extremen Räumen**			**Stundenumfang:** **20**
Leitfragen: Was ist in Extremräumen so einmalig? Welche Gefahren drohen in diesen Räumen? Wie können Menschen in Extremräumen (über-)leben?				
Erweiterung: – Traditionelle Formen der Landwirtschaft in den Tropen und ökologisch- und sozialverträgliche Alternativen	Roden – brennen – anbauen – wandern (S. 100/101) Die duftende Apotheke (S. 104/105) Wahl-Differenzierung: Produkte aus den Tropen: eine faire Sache? (S. 106/107) Grüne Inseln in der Wüste (S. 116/117)			
Vertiefung: – Polartag – Polarnacht	Wahl-Differenzierung: Licht an! (S. 124/125)			

Lernfelder und ihre Inhalte	TERRA 1 Gym Rheinland-Pfalz	Kompetenzen	Grundbegriffe	Mein Schul-curriculum
4. Tourismus und Erholungsräume	**Themenblock 4:** **Tourismus und Erholungsräume**			**Stundenumfang:** 20

Leitfragen: Wohin und warum reisen wir in unserer Freizeit? Wodurch werden verschiedene Räume zu beliebten Reisezielen? Wie wirken sich verschiedene Tourismusarten auf Umwelt, Wirtschaft und Gesellschaft aus?

Lernfelder und ihre Inhalte	TERRA 1 Gym Rheinland-Pfalz	Kompetenzen	Grundbegriffe	Mein Schul-curriculum
Basis: – das eigene Reiseverhalten und Reisen als gesellschaftliches Phänomen – naturgeographische Voraussetzungen und touristische Infrastruktur – Auswirkungen verschiedener Tourismusarten auf Umwelt, Wirtschaft und Gesellschaft in ausgewählten Erholungsräumen	In den Urlaub ... (S. 136/137) Methode: Informationen für einen Ausflug sammeln (S. 138/139) Wanderbar – Tourismus in Rheinland-Pfalz (S. 142/143) Der Berg ruft! (S. 146/147) Wie kommt die Muschel auf den Berg? (S. 148/149) Orientierung: Die Alpen (S. 150/151) Über und durch die Alpen (S. 152/153) Vom Bergbauerndorf zum Touristenzentrum: Wolkenstein (S. 154/155) Methode: Alp(en)traum – ein Rollenspiel (S. 156/157) Wahl-Differenzierung: Urlaubsinsel Rügen (S. 158/159) Wahl-Differenzierung: Die Gezeiten (S. 160/161) Wahl-Differenzierung: Nationalpark Wattenmeer (S. 162/163) Lust auf Sonne (S. 166/167) Orientierung: Feriengebiete in Europa (S. 168/169) TERRA Für dich: Sanfter Tourismus (S. 174)	Fachkompetenz: S. analysieren unterschiedliche Räume nach ihrem touristischen Potenzial und erläutern deren Entwicklung und Auswirkungen in ökologischer, ökonomischer und sozialer Hinsicht. Methodenkompetenz: S. recherchieren Urlaubsangebote in vorgegebenen Medien und dokumentieren diese nach festgelegten Kriterien. Kommunikationskompetenz: S. werten thematische Karten kriteriengeleitet aus. Urteilskompetenz: S. wägen unterschiedliche Formen des Tourismus in Bezug auf ihre Folgen gegeneinander ab.	Infrastruktur Künstliche Erlebniswelt Massentourismus Naherholung Naturschutz Saison sanfter Tourismus	

Lernfelder und ihre Inhalte	TERRA 1 Gym Rheinland-Pfalz	Kompetenzen	Grundbegriffe	Mein Schul-curriculum
4. Tourismus und Erholungsräume	**Themenblock 4:** **Tourismus und Erholungsräume**			**Stundenumfang:** **20**
Leitfragen: Wohin und warum reisen wir in unserer Freizeit? Wodurch werden verschiedene Räume zu beliebten Reisezielen? Wie wirken sich verschiedene Tourismusarten auf Umwelt, Wirtschaft und Gesellschaft aus?				
Erweiterung: – Urlaubsziele in der Werbung – Raumwahrnehmung und -konstruktion	„Erlebe die Vielfalt!": der Saar-Hunsrück-Steig (S. 140/141) Die Alpen in unserem Kopf (S. 144/145) Extremtourismus im Eis (S. 170/171)			
Vertiefung: – Künstliche Erlebniswelten	Wahl-Differenzierung: Künstliche Freizeit-welten (S. 164/165)			

Lernfelder und ihre Inhalte	TERRA 1 Gym Rheinland-Pfalz	Kompetenzen	Grundbegriffe	Mein Schulcurriculum
5. Rohstoffe und Produktion	**Themenblock 5: Produktion und Dienstleistungen**			**Stundenumfang: 12**
Leitfragen: Welche Rohstoffe nutzen wir in unserem Alltag? Woher stammen diese und wo werden sie verarbeitet? Wie gehen wir mit Ressourcen um?				
Basis: – Rohstoffe im Alltag: Ursprung, Verarbeitung, Entsorgung – Rohstoffabbau in Deutschland an einem Raumbeispiel – Industrielle Produktion an einem ausgewählten Standort	Rohstoffe und Dienstleistungen im Alltag (S. 178/179) Ton, Kies, Basalt und Bims (S. 180/181) Von der Entwicklung bis zum Recycling (S. 182/183) Methode: Diagramme auswerten (S. 192/193) Ein Ballungsraum entsteht (S. 198/199) Ruhrgebiet im Wandel (S. 200/201) Rohstoff Kohle (S. 194/195) Methode: Eine thematische Karte auswerten (S. 196/197) Wahl-Differenzierung: Mit Kohle Kohle machen (S. 202/203)	Fachkompetenz: S. untersuchen die Bedeutung von Rohstoffen und ihre Raumwirksamkeit. Methodenkompetenz: S. werten in Ansätzen thematische Karten oder Luftbilder aus. Sie visualisieren den Weg eines Rohstoffes von der Gewinnung bis zur Entsorgung. Kommunikationskompetenz: S. beschreiben und erläutern die Strukturen eines industriell geprägten Raumes. Urteilskompetenz: S. reflektieren den eigenen Umgang mit den begrenzten Rohstoffen in Bezug auf Umwelt und Gesellschaft.	Bergbau Industrie Recycling Rekultivierung Standortfaktor Tagebau Ver- und Entsorgung	
Erweiterung: – Strukturwandel einer industriell geprägten Region – Recycling an einem konkreten Beispiel	Ein Ballungsraum entsteht (S. 198/199) Ruhrgebiet im Wandel (S. 200/201) TERRA Für dich: Vom Rohstoff zur Entsorgung			
Vertiefung: – Rohstoffe und Energiegewinnung – Alternative Energiequellen und ihre Standorte	Erdöl unter der Nordsee (S. 184/185) Strom aus der Steckdose? (S. 188/189) Alternative Energiequellen (S. 190/191)			

Lernfelder und ihre Inhalte	TERRA 1 Gym Rheinland-Pfalz	Kompetenzen	Grundbegriffe	Mein Schul-curriculum
6. Dienstleistungen	**Themenblock 5:** **Produktion und Dienstleistungen**			**Stundenumfang:** **12**
Leitfragen: Welche Dienstleistungen nutzen wir in unserem Alltag? Wo konzentrieren sich Dienstleistungen heute? Wer erbringt sie und zu welchem Preis?				
Basis: – Dienstleistungen im Schulalltag – Ein durch den tertiären Sektor geprägter Raum – Einzelhandel gestern, heute und morgen	Rohstoffe und Dienstleistungen im Alltag (S. 178/179) Wahl-Differenzierung: PET-Flaschen – eine praktische Erfindung? (S. 206/207) Dienstleistungszentrum Frankfurt/Main (S. 208/209) Orientierung: Wirtschaftsstandorte in Europa (S. 216/217)	Fachkompetenz: S. entdecken Dienstleistungen und ihre Bedeutung für das eigene Leben und unsere Gesellschaft und untersuchen wichtige Dienstleistungsbereiche in Deutschland. Methodenkompetenz: S. entwickeln angeleitet ein Mindmap zu einem Dienstleistungsbereich. Kommunikationskompetenz: S. werten Diagramme, Tabellen und Karten aus und präsentieren ihre Ergebnisse. Urteilskompetenz: S. erkennen Bedeutung und Wertigkeit von Dienstleistungen in unserer Gesellschaft.	Dienstleistung Einzelhandel Konsum Wirtschaftssektoren	
Erweiterung: – Wege zur Arbeit – Dienstleistungsvielfalt rund um das Internet	BASF – Europas größtes Chemiewerk (S. 204/205) Methode: Eine Befragung durchführen (S. 212/213) ... und täglich grüßt die Autobahn (S. 214/215)			
Vertiefung: – Arm und Reich im Dienstleistungsbereich	Bunte Dienstleistungswelt in Deutschland (S. 210/211)			

Sich orientieren

Zum Kapitel

Das Kapitel umfasst mehrere Aspekte:

- Auf den ersten Seiten erfolgt zunächst die Orientierung im eigenen Lebensraum. Dazu wurden Beispiele entwickelt, die sich leicht auf die spezifische Situation der jeweiligen Schule übertragen lassen. Zentrale Themen dabei sind der eigene Schulweg, das Einzugsgebiet der Klasse und die engere Schulumgebung.
- Die sich daran anschließenden Doppelseiten rücken die Karte als das zentrale Medium des Erdkundeunterrichts und die Kartenkompetenz in den Mittelpunkt. Hier lernen die Schülerinnen und Schüler exemplarisch und altersgerecht den Entstehungsprozess einer Karte kennen. Diese Kenntnisse bilden die Grundlage, um aus Karten unter Benutzung der Legende und Maßstabsleiste themenbezogen Informationen entnehmen zu können. Dazu gehören auch Fähigkeiten im Umgang mit dem Atlas.
- Die Doppelseiten „Die Welt entdecken" und „Leben in einem Hunsrückdorf" bieten einen Vergleich mit anderen Lebenswelten.
- Die Doppelseiten „Auf heißer Spur mit einem Ranger" und „Eine Radtour planen" greifen den vom Lehrplan geforderten Aspekt der Natur- und Kulturräume in Rheinland-Pfalz auf.
- Ein weiterer Schwerpunkt besteht darin, Fähigkeiten zur Orientierung auf globaler, kontinentaler, regionaler und lokaler Maßstabsebene als Grundvoraussetzung jeglichen raumbezogenen Denkens zu entwickeln. Die Doppelseiten „Großlandschaften in Deutschland", „Orientieren auf der Erde" und „TERRA FÜR DICH" spiegeln diesen Maßstabswechsel wider. Mit diesen Schülerbuchseiten wird eine wichtige Grundlage für den Aufbau eines topografischen Grundwissens über weltweite Orientierungsraster gelegt. Die Schülerinnen und Schüler sind damit in der Lage, räumliche Gegebenheiten und Entwicklungen zu verorten und einzuordnen sowie zum eigenen Standort in Beziehung zu setzen.

Zur Auftaktdoppelseite

Die Auftaktdoppelseite zeigt ein Foto mit einer Schülergruppe, die eine Karte zur Orientierung im Gelände nutzt. Zwei Schüler verwenden zusätzlich ein Smartphone als Medium der Orientierung.

Grundlegende Fragen zur Orientierung sollten auf dieser Doppelseite im Mittelpunkt stehen:

- Wann bzw. wo muss man sich orientieren können?
- Welche Hilfsmittel zur Orientierung gibt es?
- Was ist bei der Suche nach dem richtigen Weg zu beachten?

Didaktische Struktur

Bezüge zum Lehrplan / Kompetenzübersicht
Die Schülerinnen und Schüler erwerben …
– **Fachkompetenz:** Sie verorten die eigene Lebenswelt in einem übergeordneten Bezugsraum und unterscheiden wesentliche raumspezifische Merkmale verschiedener Lebensräume.
– **Methodenkompetenz:** Sie fertigen einfache topographische Skizzen über Standorte, Wege, Raumstrukturen und Mental Maps an [M2, M5, M7].

– **Kommunikationskompetenz:** Sie präsentieren Ergebnisse unter Einsatz einfacher Medien und Verwendung der Grundbegriffe [K1, K3].
– **Urteilskompetenz:** Sie vergleichen unterschiedliche subjektive Wahrnehmungen von Räumen und Lebenswelten [U3, U4].

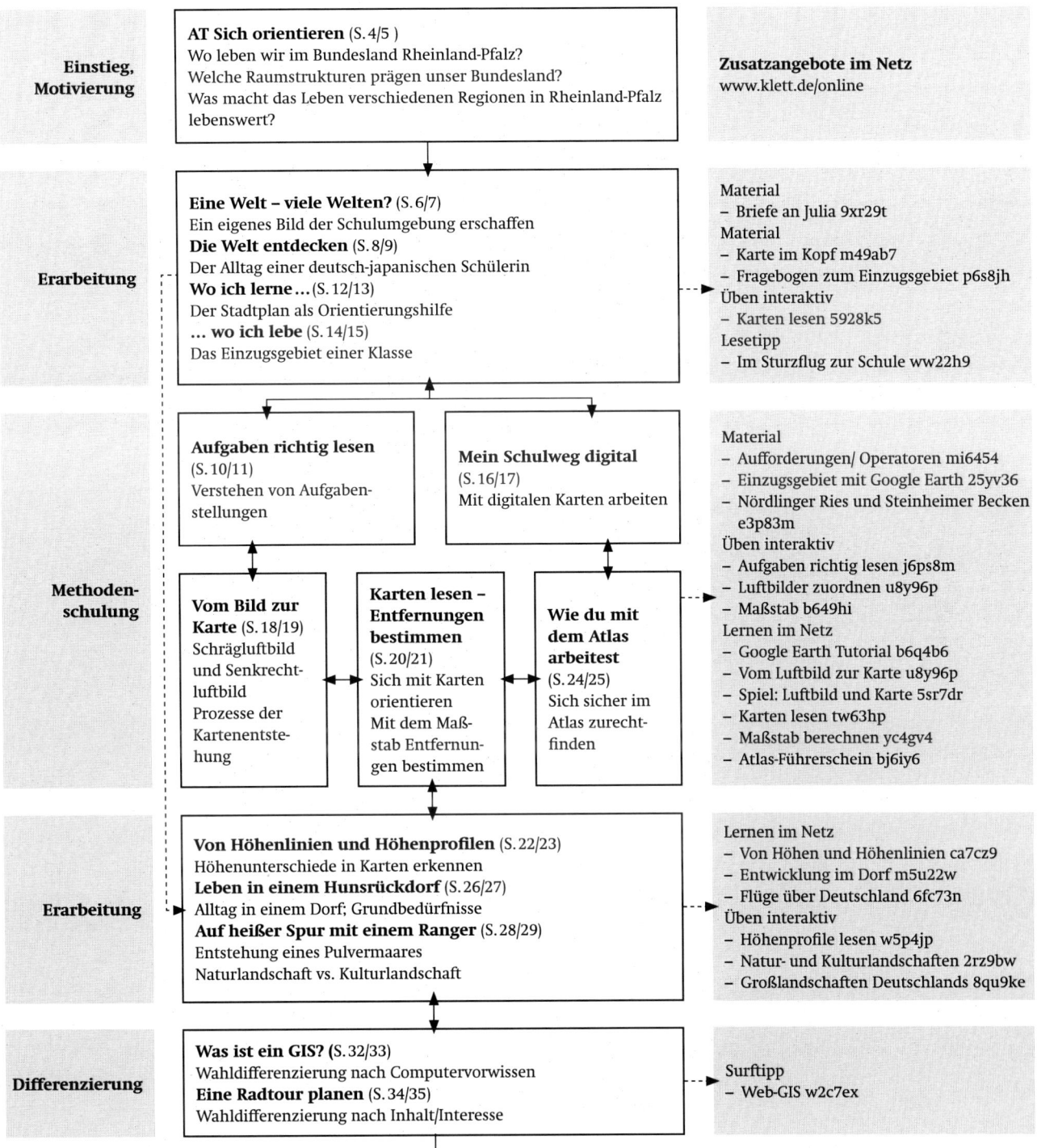

Einstieg, Motivierung

AT Sich orientieren (S. 4/5)
Wo leben wir im Bundesland Rheinland-Pfalz?
Welche Raumstrukturen prägen unser Bundesland?
Was macht das Leben verschiedenen Regionen in Rheinland-Pfalz lebenswert?

Zusatzangebote im Netz
www.klett.de/online

Erarbeitung

Eine Welt – viele Welten? (S. 6/7)
Ein eigenes Bild der Schulumgebung erschaffen
Die Welt entdecken (S. 8/9)
Der Alltag einer deutsch-japanischen Schülerin
Wo ich lerne… (S. 12/13)
Der Stadtplan als Orientierungshilfe
… wo ich lebe (S. 14/15)
Das Einzugsgebiet einer Klasse

Material
– Briefe an Julia 9xr29t
Material
– Karte im Kopf m49ab7
– Fragebogen zum Einzugsgebiet p6s8jh
Üben interaktiv
– Karten lesen 5928k5
Lesetipp
– Im Sturzflug zur Schule ww22h9

Methodenschulung

Aufgaben richtig lesen (S. 10/11)
Verstehen von Aufgabenstellungen

Mein Schulweg digital (S. 16/17)
Mit digitalen Karten arbeiten

Material
– Aufforderungen/ Operatoren mi6454
– Einzugsgebiet mit Google Earth 25yv36
– Nördlinger Ries und Steinheimer Becken e3p83m
Üben interaktiv
– Aufgaben richtig lesen j6ps8m
– Luftbilder zuordnen u8y96p
– Maßstab b649hi
Lernen im Netz
– Google Earth Tutorial b6q4b6
– Vom Luftbild zur Karte u8y96p
– Spiel: Luftbild und Karte 5sr7dr
– Karten lesen tw63hp
– Maßstab berechnen yc4gv4
– Atlas-Führerschein bj6iy6

Vom Bild zur Karte (S. 18/19)
Schrägluftbild und Senkrechtluftbild
Prozesse der Kartenentstehung

Karten lesen – Entfernungen bestimmen (S. 20/21)
Sich mit Karten orientieren
Mit dem Maßstab Entfernungen bestimmen

Wie du mit dem Atlas arbeitest (S. 24/25)
Sich sicher im Atlas zurechtfinden

Erarbeitung

Von Höhenlinien und Höhenprofilen (S. 22/23)
Höhenunterschiede in Karten erkennen
Leben in einem Hunsrückdorf (S. 26/27)
Alltag in einem Dorf; Grundbedürfnisse
Auf heißer Spur mit einem Ranger (S. 28/29)
Entstehung eines Pulvermaares
Naturlandschaft vs. Kulturlandschaft

Lernen im Netz
– Von Höhen und Höhenlinien ca7cz9
– Entwicklung im Dorf m5u22w
– Flüge über Deutschland 6fc73n
Üben interaktiv
– Höhenprofile lesen w5p4jp
– Natur- und Kulturlandschaften 2rz9bw
– Großlandschaften Deutschlands 8qu9ke

Differenzierung

Was ist ein GIS? (S. 32/33)
Wahldifferenzierung nach Computervorwissen
Eine Radtour planen (S. 34/35)
Wahldifferenzierung nach Inhalt/Interesse

Surftipp
– Web-GIS w2c7ex

Didaktische Struktur (Fortsetzung)

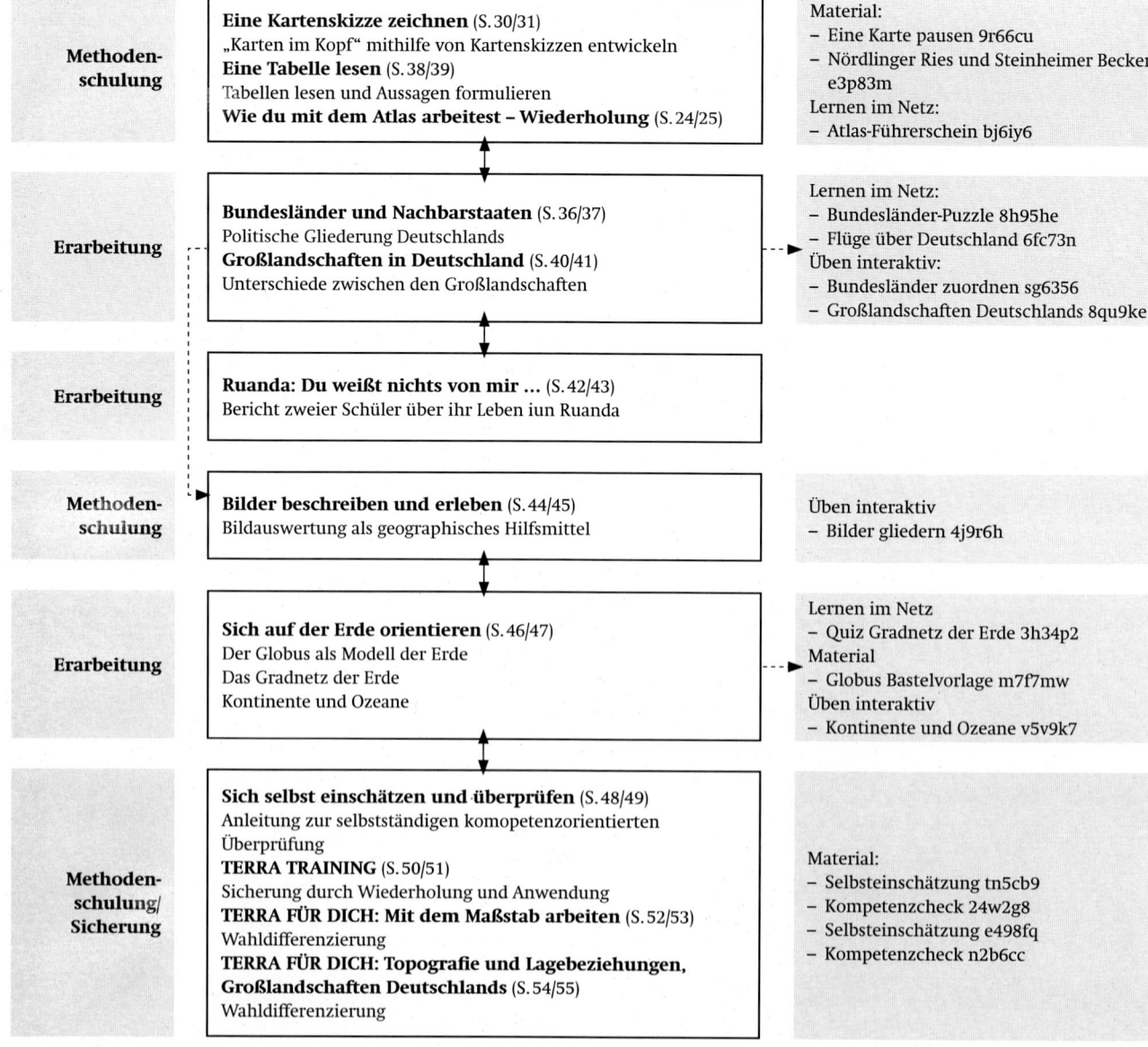

Methoden-schulung	**Eine Kartenskizze zeichnen** (S. 30/31) „Karten im Kopf" mithilfe von Kartenskizzen entwickeln **Eine Tabelle lesen** (S. 38/39) Tabellen lesen und Aussagen formulieren **Wie du mit dem Atlas arbeitest – Wiederholung** (S. 24/25)	Material: – Eine Karte pausen 9r66cu – Nördlinger Ries und Steinheimer Becken e3p83m Lernen im Netz: – Atlas-Führerschein bj6iy6
Erarbeitung	**Bundesländer und Nachbarstaaten** (S. 36/37) Politische Gliederung Deutschlands **Großlandschaften in Deutschland** (S. 40/41) Unterschiede zwischen den Großlandschaften	Lernen im Netz: – Bundesländer-Puzzle 8h95he – Flüge über Deutschland 6fc73n Üben interaktiv: – Bundesländer zuordnen sg6356 – Großlandschaften Deutschlands 8qu9ke
Erarbeitung	**Ruanda: Du weißt nichts von mir ...** (S. 42/43) Bericht zweier Schüler über ihr Leben iun Ruanda	
Methoden-schulung	**Bilder beschreiben und erleben** (S. 44/45) Bildauswertung als geographisches Hilfsmittel	Üben interaktiv – Bilder gliedern 4j9r6h
Erarbeitung	**Sich auf der Erde orientieren** (S. 46/47) Der Globus als Modell der Erde Das Gradnetz der Erde Kontinente und Ozeane	Lernen im Netz – Quiz Gradnetz der Erde 3h34p2 Material – Globus Bastelvorlage m7f7mw Üben interaktiv – Kontinente und Ozeane v5v9k7
Methoden-schulung/ Sicherung	**Sich selbst einschätzen und überprüfen** (S. 48/49) Anleitung zur selbstständigen komopetenzorientierten Überprüfung **TERRA TRAINING** (S. 50/51) Sicherung durch Wiederholung und Anwendung **TERRA FÜR DICH: Mit dem Maßstab arbeiten** (S. 52/53) Wahldifferenzierung **TERRA FÜR DICH: Topografie und Lagebeziehungen, Großlandschaften Deutschlands** (S. 54/55) Wahldifferenzierung	Material: – Selbsteinschätzung tn5cb9 – Kompetenzcheck 24w2g8 – Selbsteinschätzung e498fq – Kompetenzcheck n2b6cc

1

Eine Welt – viele Welten?

Kompetenzen

Die Schülerinnen und Schüler können …
- sich eigener Vorstellungen der Raumwahrnehmung bewusst werden und diese einbringen;
- über die Beobachtung und Zeichnung der neuen Schulumgebung diese kennenlernen.

Grundbegriff

Legende

Hinweise zum Unterricht

Das Schulfach Geographie ist neu. Diese Doppelseite hat die Aufgabe, den Schülerinnen und Schülern mit dem Lernkanal „Auge" ihre neue Schulwelt näherzubringen. Das kann eine Landschaft, aber auch eine Stadt sein. Es geht darum, die nähere Umgebung geographisch zu erfassen. Jede Schülerin/jeder Schüler soll ihre/seine Vorstellungen mit den neuen Eindrücken zusammenfügen und zeichnen. Hintergrund davon ist, die Schülerinnen und Schüler mit ihrer Welt ernst zu nehmen und ihnen dies auch zu zeigen.

Auf dieser Doppelseite geht es um die Kombination unterschiedlicher Wahrnehmungsebenen: die der Schülerinnen/ Schüler und die der Lehrerinnen/ Lehrer.

Lösung der Basisaufgabe

1 Geht ins freie Gelände in der Nähe eurer Schule und wählt dort einen Ausschnitt aus, den ihr näher betrachten wollt.

a) Zeichnet jeweils ein Bild und tragt euren Standort darin ein. Entwerft dazu eine sinnvolle Legende. **(AFB II)**
Individuelle Schülerlösung.

b) Vergleicht eure Zeichnungen miteinander. Wo sind Gemeinsamkeiten und Unterschiede zu erkennen? **(AFB II)**
Individuelle Schülerlösung.

c) Beurteilt den Einfluss des Menschen auf die Landschaft. Sucht in eurem Geländeausschnitt jeweils zwei Beispiele dafür aus, was in euren Augen „natürlich" und „naturfremd" ist. Begründet eure Entscheidungen. **(AFB III)**
Individuelle Schülerlösung.

Es ist sehr interessant, was den Kindern dieser Altersstufe als natürlich und was als naturfremd erscheint. Schülerinnen und Schüler empfinden eine Burg beispielsweise als naturfremd, während die Lehrerin/der Lehrer mit geschichtlichem Blick eine andere Meinung hat. Diese unterschiedlichen Blicke auf die neue kleine Welt sollten gleichwertig aufgenommen und besprochen werden.

Unterrichtsvorschlag

Unterrichtsphase	Inhaltlicher Schwerpunkt	Methodisches Vorgehen / Sozialform	Medien / Materialien
Einstieg	Die neue Schulumgebung	stummer Impuls: mit den SuS die nahe Schulumgebung aufsuchen, erste Eindrücke sammeln	Bleistift, Papier, Klemmbrett
Erarbeitung	Die neue Schulumgebung	EA: Zeichnen eines Aspekts der neuen Schulumgebung	Bleistift, Papier, Klemmbrett
Ergebnissicherung	Die neue Schulumgebung	Schülerpräsentation/UG: gemeinsame Besprechung der Zeichnungen	

Die Welt entdecken

Kompetenzen

Die Schülerinnen und Schüler können …

- die lebensweltlichen Zusammenhänge eines anderen Kindes nachvollziehen;
- Gemeinsamkeiten und Unterschiede zu ihrer eigenen Lebenssituation und -umwelt herausarbeiten;
- eigene Ideen für eine bessere Zukunft auf unserem Planeten entwickeln.

Sachinformationen

Vielfalt kennzeichnet heute die Lebenswelten in unserer Gesellschaft, so auch diejenigen der Schülerinnen und Schüler. Unterschiedliche Nationalitäten, unterschiedliche soziale Herkunft, unterschiedliche Familiensituationen und ganz individuelle Interessen und Voraussetzungen charakterisieren mal mehr oder weniger die Klassensituationen.

Die Seiten „Julias Welt" beabsichtigen, sich am konkreten Leben zu orientieren und für Schülerinnen und Schüler in Deutschland die „Handlungsgrammatiken des Alltags Gleichaltriger in anderen Teilen der Welt erschließen zu helfen" (Schmidt-Wulffen).

Die lebensweltliche Situation Julias scheint auf den ersten Blick aufgrund ihres aktuellen Wohnortes Yokohama/Japan fremd. Bei genauerer Betrachtung weist Julias Leben jedoch in vielen Punkten Parallelen zu demjenigen von Schülerinnen und Schülern hierzulande auf. Das Fremde und das Eigene rücken somit in den Fokus.

Der Text orientiert sich mit ausgewählten Aspekten an den lebensweltlichen Bereichen und Grunddaseinsfunktionen: Herkunft/Eltern, räumliche Mobilität und die Gründe dafür, Familienleben, Wohnen, Schule und Schulleben, Hobbys/Freizeitaktivitäten, Ernährung, Leben in Stadt und Land (Japan/Deutschland), Verständigung/Kommunikation, Zukunftsperspektiven/Wünsche für die Zukunft.

Hinweise zum Unterricht

Die Besonderheiten in Julias Leben mit der Dreisprachigkeit und den bisherigen Wohnortswechseln innerhalb ihres jungen Lebens schaffen Gesprächsanlässe. Neben dem eindrucksvollen Moment für die Schülerinnen und Schüler können im Gespräch die Vor- und Nachteile dieser Umstände thematisiert werden. Dies kann im Vergleich zum eigenen Leben und den eigenen Wünschen und Zielen zu einer altersgemäßen Bewertung der eigenen Situation anregen.

Julias Leben in verschiedenen „Welten" schafft eine Brücke zwischen verschiedenen Kulturen und Lebensweisen. Schülerinnen und Schüler mit und ohne Migrationshintergrund sollen angeregt werden, ihre eigene Lebenswelt zu reflektieren und in Beziehung zu anderen Lebenswelten zu setzen. So kann ein Beitrag dazu geleistet werden, zwischen den in einer Klasse bestehenden Unterschieden, z. B. auch zwischen unterschiedlichen Kulturen, Brücken zu bauen.

Es bietet sich an, eigene biografische Aspekte der Schülerinnen und Schüler in das Unterrichtsgespräch einfließen zu lassen. Hierbei sollte jedoch mit äußerster Sensibilität vorgegangen werden, sodass die Privatsphäre der Schülerinnen und Schüler gewahrt bleibt.

Medientipp

Briefe an Julia (Online-Code 9xr29t)

Unterrichtsvorschlag

Unterrichtsphase	Inhaltlicher Schwerpunkt	Methodisches Vorgehen / Sozialform	Medien / Materialien
Einstieg	Julias Lebenswelt	Fotos von Julias Lebenswelt (z. B. in traditioneller Kleidung)	SB S. 8/9, M 2 – 7
Überleitung	Herkunft der SuS der Klasse	UG	
Erarbeitung I	Julias Welt	UG oder PA	SB S. 8/9, Aufg. 1
Ergebnissicherung I	Vorstellung eigener biografischer Aspekte der SuS	SV	
Erarbeitung II	Interesse an fremden Ländern	EA/PA	SB S. 8/9, Aufg. 2
Vertiefung	Ideen für eine bessere Zukunft	EA/PA	SB S. 8/9, Aufg. 3

Aufgaben richtig lesen

Kompetenzen

Die Schülerinnen und Schüler können …
- Aufgaben richtig lesen und verstehen;
- eine Orientierungshilfe für das Lösen von Aufgaben nutzen.

Sachinformationen

Aufgaben sind eine wesentliche Grundlage für „guten" Unterricht. Sie beeinflussen in starkem Maße einige der von H. Meyer (2004) formulierten „10 Merkmale guten Unterrichts". So beeinflussen Aufgaben:
- die klare Strukturierung des Unterrichts,
- die inhaltliche Klarheit,
- das sinnstiftende Kommunizieren,
- die Methodenvielfalt,
- das individuelle Fördern,
- das intelligente Üben,
- die transparenten Leistungserwartungen.

Lehrerinnen und Lehrer stellen Aufgaben und Schülerinnen und Schüler müssen diese bearbeiten. Das ist ein „Mechanismus", ohne den Schule nicht funktionieren würde. Aufgaben regen zum Lernen an, organisieren das Lernen und sind Mittel zur Überprüfung der Lernergebnisse. Aufgaben können das Lernen unterstützen, aber auch behindern. Deshalb kommt der Aufgabenformulierung und der Einbettung der Aufgaben in den Unterricht eine große Bedeutung zu.

Für das Erschließen und Bearbeiten von Aufgaben sind folgende Ausgangsbedingungen der Schülerinnen und Schüler zu beachten:
- die vorhandene Lern- und Leistungsmotivation,
- das Aufgabenverständnis (vorhandene Decodierfähigkeiten),
- das Lernstrategiewissen,
- kognitive Grundfähigkeiten,
- fachbezogene Voraussetzungen wie Wissen und Methodenkompetenz,
- situative Bedingungen.

Hinweise zum Unterricht

Diese Doppelseite stellt ein Zusatzangebot für die Schülerinnen und Schüler dar und soll ihnen beim Lösen von Aufgaben helfen. Eine Einbeziehung in den Unterricht durch die Lehrerin/den Lehrer ist grundsätzlich bei nahezu allen Themen möglich, sollte aber jeweils nur einen Teil einer Unterrichtsstunde umfassen.

Die Autorinnen und Autoren gehen davon aus, dass es in den Jahrgangsstufen 5 und 6 nicht darum geht, alle Aufgaben zu operationalisieren, sondern dass sogenannte „W-Fragen" gerade in dieser Altersstufe ihre Berechtigung haben. Die Lehrerin/der Lehrer sollte im Unterricht zwischen Aufgaben, die zur Erarbeitung und Wiederholung oder zur Leistungskontrolle formuliert werden, differenzieren.

Lösung der Basisaufgaben

1 Beschreibe anhand von Material 2, wie man eine Karte mit dem Kompass einnordet. **(AFB I)**
Man legt den Kompass mit seiner Anlegekante an eine senkrechte Gitterlinie oder die Außenkante der Karte an. Dabei muss Kompass-Nord genau zum oberen Kartenrand zeigen. Dann dreht man die Karte, ohne den Kompass auf der Karte zu verschieben, solange, bis die Kompassnadel mit ihrer Nordspitze genau nach Nord zeigt. In dieser Lage ist die Karte eingenordet. Alle Objekte in der Natur entsprechen in ihrer Lage nun genau der Karte.

2 Lokalisiere jeweils die Himmelsrichtung, in der sich von eurer Schule aus gesehen wichtige Gebäude befinden. **(AFB I)**
Individuelle Schülerlösung.

3 Erläutere die Unterschiede beim Orientieren mit Kompass, GPS-Gerät oder Smartphone. **(AFB II)**
Für das Orientieren mit dem Kompass ist eine zusätzliche Karte nötig, die zunächst eingenordet werden muss.

Medientipps

Deutsche Gesellschaft für Geographie (Hrsg.): Bildungsstandards im Fach Geographie für den Mittleren Schulabschluss. 2012.

Aufforderungen/Operatoren (Online-Code mi6454)
Aufgaben richtig lesen (Online-Code j6ps8m)

1

Wo ich lerne …

Kompetenzen

Die Schülerinnen und Schüler können …
- Wegstrecken (u.a. den eigenen Schulweg) beschreiben;
- eine Schulwegskizze selbst zeichnen;
- den Stadtplan inklusive der Hilfsmittel Planquadrate und Straßenregister als wesentliche Orientierungshilfe nutzen.

Sachinformationen

Das Kapitel „Wo ich lebe und lerne" soll den Schülerinnen und Schülern helfen, sich im Nahraum, insbesondere auch am neuen Schulort, zu orientieren. Das Angebot im Buch soll als Beispiel und Vorschlag für eigene Erkundungen vor Ort dienen. Da auf einer weiterführenden Schule nicht alle Schülerinnen und Schüler aus einem Ort/Stadtteil kommen, stellt die nächste Doppelseite („… wo ich lebe") eine Fortsetzung dieser Doppelseite dar.

Hinweise zum Unterricht

Auf dieser Doppelseite ist der Transfer zum Heimatraum unverzichtbar. Die nötigen Stadtpläne (mindestens ein Stadtplan pro Tisch) erhält man z.B. bei der Touristeninformation, bei der Stadtverwaltung und im Internet z.B. unter www.stadtplandienst.de.

Lösung der Basisaufgaben

1 Beschreibe mithilfe von Skizze 1 und Karte 2 den Schulweg von Lauras Freundin Lea. **(AFB I)**
Individuelle Schülerlösung.

2 Erstelle eine Skizze deines Schulwegs. Lokalisiere mögliche Gefahrenstellen und zeichne sie rot ein. **(AFB II)**
Individuelle Schülerlösung.

3 In welchem Planquadrat des Stadtplans liegen das Stefan-George-Gymnasium im Morschfeldweg, der Mühebach, der Friedhof? **(AFB I)**
Stefan-George-Gymnasium im Morschfeldweg: C2;
Mühebach: B3;
Friedhof: C2

4 Lokalisiere auf dem Stadtplan die Burg Klopp, die Drususbrücke, den Rochusberg.
Burg Klopp: östlich der Nahe und südlich des Rheins (C2);
Drususbrücke: verläuft über die Nahe und verbindet die Drususstraße mit der Stefan-George- bzw. Saarlandstraße (C3);
Rochusberg: südlich des Rosengartenwegs (D2).

Anwendungsaufgabe

5 Recherchiere im Internet einen Stadtplan deines Schulorts. In welchem Planquadrat liegen … ? Stellt euch gegenseitig Fragen.
Individuelle Schülerlösung.

Medientipps

Karte im Kopf (Online-Code m49ab7)
Karten lesen (Online-Code 5928k5)

Unterrichtsvorschlag

Unterrichtsphase	Inhaltlicher Schwerpunkt	Methodisches Vorgehen/Sozialform	Medien/Materialien
Einstieg	Wo ich lebe und lerne	UG	SB S. 12, Text linke Spalte
Erarbeitung I	Vergleich der Schulwegskizze mit dem Stadtplan	UG: „Wo sind Unterschiede, wo Gemeinsamkeiten?"	SB S. 12/13, M1, 2
Ergebnissicherung I	Schulwegbeschreibung	EA oder PA	SB S. 12/13, Aufg. 1, M1, 2
Übung	Mein Schulweg	EA oder PA: Transfer auf den eigenen Unterrichtsort	SB S. 12/13, Aufg. 2
Erarbeitung II	Umgang mit dem Stadtplan: Planquadrate	UG: Transfer des Suchgitters aus dem Atlas auf den Stadtplan	SB S. 12, Text „Der Stadtplan"
Ergebnissicherung II	Umgang mit dem Stadtplan	EA oder PA	SB S. 12/13, Aufg. 3, M2, 3
Übung	Umgang mit der eigenen Karte	EA	Stadtplan vom Heimatraum

1

... wo ich lebe

Kompetenzen

Die Schülerinnen und Schüler können ...
- Karten unter Zuhilfenahme der Legende lesen;
- den Begriff „Einzugsgebiet" erklären.

Sachinformationen

Diese Doppelseite steht im engen Zusammenhang mit der vorherigen Doppelseite („Wo ich lerne ..."). Die Vermittlung des Gebrauchswerts von Karten steht im Vordergrund. Der Transfer zur Heimatregion ist unabdingbar.

Voraussetzung für den Unterrichtsvorschlag ist das Prinzip des Suchgitters.

Die Bearbeitung der Aufgabe 1 bringt die Schülerinnen und Schüler der Klasse/Stufe näher zusammen. Die Bearbeitung dieser Aufgabe fördert die „soziale Orientierung" der Schülerinnen und Schüler („Woher kommen meine Mitschülerinnen und Mitschüler?").

Gleichzeitig können die Ergebnisse in einer Ausstellung präsentiert werden, was das Fach Erdkunde schulintern aufwertet.

Hinweise zum Unterricht

Auf dieser Doppelseite ist der Transfer zum Heimatraum unverzichtbar. Die jeweilige topografische Karte (mindestens eine pro Tisch) erhält man z. B. beim Landesvermessungsamt RLP (siehe Medientipps).

Man sollte den Schülerinnen und Schülern auf jeden Fall diese Bezugsadresse zur Verfügung stellen und ihnen die zugehörige Kartennummer des Schulortes heraussuchen. Es gibt immer einige interessierte Schülerinnen und Schüler, die sich diese Karte(n) bestellen werden.

Als Ergänzung oder Alternative kann man auch auf Karten im Internet zurückgreifen und die Schülerinnen und Schüler beispielsweise ihre Wohnorte am Whiteboard markieren lassen.

Lösung der Basisaufgaben

6 Suche die Wohnorte von Sabine und Felix auf den Karten 4 und 5. (AFB I)

Sabine wohnt in Weiler, Felix in Bingen.

7 Arbeite mit den Karten 2, 4 und 5:
Nick besucht Jonas, der in der Schloßbergstraße in Bingen wohnt, am Nachmittag mit dem Fahrrad. Welche Strecke wird er wohl gewählt haben? (AFB II)

Individuelle Schülerlösung.

Anwendungsaufgabe

8 Untersucht arbeitsteilig das Einzugsgebiet eurer Klasse:
a) Führt eine Befragung zu eurem Einzugsgebiet durch. (AFB II)
b) Erstellt eine Karte des Einzugsgebiets eurer Klasse. (AFB II)

Individuelle Schülerlösung.

Hinweis: Das Erstellen der Karte des Einzugsgebietes ist auch am Whiteboard möglich.

Medientipps

Landesvermessungsamt Rheinland-Pfalz:
www.lvermgeo.rlp.de/shop/

Dort ist auch die CD-ROM 1:50 000 Rheinland-Pfalz/Saarland erhältlich.

Fragebogen zum Einzugsgebiet (Online-Code p6s8jh)
Lesetipp: Im Sturzflug zur Schule (Online-Code ww22h9)

Unterrichtsvorschlag

Unterrichtsphase	Inhaltlicher Schwerpunkt	Methodisches Vorgehen/Sozialform	Medien/Materialien
Einstieg	Wanderkarte auswerten	UG	SB S. 14, M4
Erarbeitung	Das Einzugsgebiet unserer Klasse: Auffinden der Wohnorte der SuS aus dem Text in der Karte, Begriffseinführung „Einzugsgebiet"	UG	SB S. 14/15, Text, M4, 5
Ergebnissicherung	Das Einzugsgebiet unserer Klasse	EA oder PA: Kartenarbeit	SB S. 14/15, M4, 5, Aufg. 6 und 7
Übung/Festigung	Das Einzugsgebiet unserer Klasse	GA: Fragebogenaktion zum Einzugsgebiet der Klasse	SB S. 15, Aufg. 8, M6, selbst erstellter Fragebogen

Mein Schulweg digital

Kompetenzen

Die Schülerinnen und Schüler können …
- die Möglichkeiten virtueller (digitaler) Globen kennen-lernen;
- die Werkzeuge digitaler Karten erklären;
- unter Verwendung der eingeführten digitalen Karten-werkzeuge einfache Recherchen mit einem virtuellen Globus selbsttätig ausführen.

Sachinformationen

Virtuelle Globen sind beispielsweise Google Earth oder OpenStreetMap. Sie ermöglichen die digitale Darstellung, Speicherung und Präsentation raumbezogener Wege. Mit ihnen können sich Schülerinnen und Schüler gegenseitig ihren Schulweg oder Ähnliches erklären, Höhenunterschiede herausfinden und Touren planen. Sie können ihre Route abfliegen und dabei noch weitere Informationen erhalten.

Hinweise zum Unterricht

Die Schülerinnen und Schüler lernen in einem ersten Schritt, wie sie Ortsmarkierungen setzen und Pfade anlegen. Sie können sich dann sowohl die Länge des Pfades als auch das Höhenprofil ihres Pfades anschauen.

Zunächst sollten die Schülerinnen und Schüler die digitalen Karten zum Zeigen von Wegen benutzen. Gerade bei Google Earth, aber auch bei OpenStreetMap sind die Karten Satellitenaufnahmen, sodass die Schülerinnen und Schüler sich leichter an den einzelnen Häusern orientieren können. Sie sind wie ihre ersten Karten, die sie zuvor selbst gezeichnet haben, noch nicht ein-

geebnet und mit den typischen Kartenfarben versehen. Darauf aufbauend lernen die Kinder, wie von einem Senkrechtluftbild eine Karte entsteht, sodass sie die einzelnen Schritte besser nachvollziehen können.

Um das Höhenprofil verstehen zu können, sollten auch hier die üblichen Vorübungen durchgeführt werden und sollte erst in einer weiteren Anwendung das Höhenprofil zum Tragen kommen. Das Schulbuch erklärt das Arbeiten mit Google Earth, dennoch sollten den Schülerinnen und Schülern die ersten Schritte demonstriert werden und sollte die Anleitung im Buch als Stütze dienen.

Lösung der Basisaufgaben

1 Arbeite mit deinem Partner: Stellt eure Schulwege mithilfe eines virtuellen Globus nach. (AFB II)
Individuelle Schülerlösung.

Anwendungsaufgabe

2 Erweitert eure Darstellung des Schulwegs um ein Höhenprofil und die Kennzeichnung wichtiger Gefahrenstellen. (AFB II)
Individuelle Schülerlösung.

Medientipps

Google Earth Tutorial (Online-Code b6q4b6)
Einzugsgebiet mit Google Earth (Online-Code 25yv36)

Unterrichtsvorschlag

Unterrichtsphase	Inhaltlicher Schwerpunkt	Methodisches Vorgehen / Sozialform	Medien / Materialien
Einstieg	Google Earth (oder ein anderer virtueller Globus)	LV: Erklärung des Programms mithilfe eines Computers und eines Beamers	Computer mit Internet-anschluss, Beamer
Erarbeitung I	Gestaltung des Schulweges	PA: SuS stellen ihren Schulweg mithilfe eines virtuellen Globus dar	Computer mit Internet-anschluss, SB S. 16/17, Aufg. 1, Text
Ergebnissicherung I	Präsentation der Schulwege	UG	Computer mit Internet-anschluss und Beamer
Erarbeitung II	Höhenprofil	PA	Computer mit Internet-anschluss, SB S. 16/17, Aufg. 2
Ergebnissicherung II	Präsentation der Höhenprofile	UG	Computer mit Internet-anschluss

1

Vom Bild zur Karte

Intentionen

Die Schülerinnen und Schüler können …
- Unterschiede zwischen Wirklichkeit, Luftbild und Karte erfassen und die Karte als eine verkleinerte und generalisierte Darstellung der Wirklichkeit erkennen;
- wesentliche Elemente der Karte verstehen und anwenden (Signaturen, Legende, Generalisierung).

Grundbegriffe

Schrägluftbild, Senkrechtluftbild, Karte, Legende

Sachinformationen

Bei Luftbildaufnahmen unterscheidet man zwei Arten mit ganz unterschiedlichen Eigenschaften:
- Im **Schrägluftbild** (Schülerbuch S.18, M2) sieht der Betrachter die aufgenommene Erdoberfläche wie von einem sehr hohen Aussichtspunkt aus. Die Aufnahmefläche weitet sich dem Hintergrund zu trapezförmig aus, wobei der Maßstab stark abnimmt. Schrägluftaufnahmen sind zwar sehr anschaulich, aber für die Erstellung von Karten wenig brauchbar.
- Das **Senkrechtluftbild** (Schülerbuch S.19, M3) bildet eine rechteckige Fläche in ziemlich gleichem Maßstab ab. Da aber die abgebildete Erdoberfläche mit ihren zahlreichen Höhenunterschieden aus einer Zentralperspektive auf eine horizontale Bildfläche projiziert wird, kippen Bildobjekte mit Ausnahme der Bildmitte leicht.

Die Karte dagegen ist eine in allen Teilen senkrechte Projektion ohne Verzerrung des Maßstabs der Flächen; sie folgt damit der wichtigen mathematischen Forderung nach Flächen- oder Winkeltreue. Je kleiner jedoch der Maßstab der Karte ist, desto mehr muss der Kartograf generalisieren, d.h. quantitativ und qualitativ aus der Fülle der darstellbaren Inhalte auswählen und einzelne Objekte so weit im Maßstab verändern, dass sie für den Kartennutzer lesbar und verständlich bleiben. Die dazu verwendeten Linien-, Flächen- und Ortssignaturen spiegeln dabei unabhängig vom Relief Objekte und Eigenschaften wider.

Hinweise zum Unterricht

Sowohl diese als auch die folgende Doppelseite bieten methodisches Rüstzeug, mit dessen Hilfe sich die Schülerinnen und Schüler erste wichtige Grundfertigkeiten im Umgang mit Karten erarbeiten sollen. Die Probleme der Generalisierung/Vereinfachung und der Anwendung des Maßstabs stehen dabei im Mittelpunkt.

Auf dieser Doppelseite wird der Weg vom Schrägluftbild über das Senkrechtluftbild hin zur Karte aufgezeigt, wie es auch in der Kartografie geschieht. Am Beispiel der Ruine der Kaiserthermen können die Vor- und Nachteile einer Generalisierung erarbeitet werden.

Tafelbild

Art der Aufnahme	Beispiel	Bildausschnitt
Schrägluftbild		
Senkrechtluftbild		
Personenfoto/ Landschaftsfoto		

Beachte: Nicht jedes Foto aus dem Flugzeug ist ein Senkrechtluftbild.

Lösung der Basisaufgaben

1 Vergleiche Schräg- und Senkrechtluftbild von Trier: Beschreibe, was du jeweils ganz genau und was du weniger deutlich erkennen kannst. (AFB I/II)

Im Schrägluftbild erkennt man die Vorderfront aller Gebäude genauer als im Senkrechtluftbild. Dafür heben sich im Senkrechtluftbild die Straßen und Plätze deutlicher ab. Man kann zum Beispiel die Innenhöfe von Gebäuden gut erkennen.

2 Vergleiche mit deinem Nachbarn Luftbild 3 mit der Karte 4. (AFB II)

a) Beschreibe die Vereinfachungen, die der Zeichner vorgenommen hat.

Lösungsbeispiele: Häuserblocks, Verzicht auf Dachformen, Parkanlage ohne einzelne Bäume, Verzicht auf Verkehrsmittel

b) Zeichne die Symbole, die er dafür verwendet hat.

Individuelle Schülerlösung.

c) Beurteile, was man auf Karten besser erkennen kann als auf Luftbildern.

Besser zu erkennen ist zum Beispiel der Verlauf von Straßen oder die Nutzung von einzelnen Gebäuden (z.B. Dom).

Medientipps

Vom Luftbild zur Karte (Online-Code i3r6fw)
Luftbilder zuordnen (Online-Code u8y96p)
Spiel: Luftbild und Karte (Online-Code 5sr7dr)

Unterrichtsvorschlag

Unterrichtsphase	Inhaltlicher Schwerpunkt	Methodisches Vorgehen/Sozialform	Medien/Materialien
Einstieg	Motivation für den Kartengebrauch	UG	(Schräg-)Luftbild aus der Tageszeitung
Erarbeitung I	Vergleich Schräg- und Senkrechtluftbild	UG	SB S. 18/19, M1–3, 5
Ergebnissicherung I	Vergleich Schräg- und Senkrechtluftbild	EA	SB S. 18/19, M1–3, 5, Aufg. 1
Erarbeitung II	Vom Bild zur Karte	LV: Begriffseinführung „Karte" und „Legende" UG: Vergleich Senkrechtluftbild und topografische Karte	SB S. 18, Text, SB S. 19, M3, 4
Ergebnissicherung II	Vom Bild zur Karte	EA	SB S. 18/19, M3, 4, Aufg. 2

Karten lesen – Entfernungen bestimmen

Kompetenzen

Die Schülerinnen und Schüler können …
- einfache Berechnungen mit dem Maßstab durchführen;
- aus Karten unter Nutzung der Legende und der Maßstabsleiste themenbezogen Informationen entnehmen.

Grundbegriffe
Maßstab, Legende

Sachinformationen

Die Unterteilung in verschiedene Kartentypen ist vielfältig; neben den im Schülerbuch vorgestellten Beispielen gibt es z. B. auch noch die Unterscheidung in Plan-, Übersichts- oder Handkarten, in amtliche und nicht amtliche, in physische und thematische Karten usw.

Hinweise zum Unterricht

Diese Doppelseite stellt die Methode des Lesens von Karten im Alltag sowie die Maßstabsproblematik zur Bestimmung von Entfernungen in den Mittelpunkt. Die formulierten Schritte sollen als Handlungsalgorithmus die Entwicklung von Methodenkompetenz unterstützen.

Eine Zusammenarbeit mit der Mathematiklehrerin bzw. dem Mathematiklehrer ist sinnvoll, um die Rechenoperationen mit dem Maßstab auf eine gemeinsame Basis zu stellen.

Dem trockenen Maßstabsrechnen kann durch Anwendung auf alltägliche Probleme (Entfernung Schule – Wohnort, Urlaubsfahrten, …) ein höherer Stellenwert zugeordnet werden. Dadurch geht das Rechnen mit Maßstäben über die Mathematik hinaus und der Alltagsbezug wird deutlich.

Lösung der Basisaufgaben

1 Berechne den Maßstab: 1 cm entspricht 10 km. **(AFB II)**
1 : 1 000 000

2 Bestimme mithilfe von Karte 5 die Entfernung von der Porta Nigra zum Kurfürstlichen Palais. **(AFB II)**
In Karte 5 beträgt die mit dem Lineal gemessene Entfernung zwischen der Porta Nigra und dem Kurfürstlichen Palais 1,5 Zentimeter.
Die Maßstabszahl beträgt 1 : 50 000.
1,5 cm x 50 000 = 75 000 cm.
In eine sinnvolle Einheit umgerechnet ergibt dies: 75 000 cm = 750 m. Die Entfernung von der Porta Nigra zum Kurfürstlichen Palais beträgt also ca. 750 m (Luftlinie).

Medientipps

Karten lesen (Online-Code tw63hp)
Maßstab berechnen (Online-Code yc4gv4)
Üben interaktiv: Maßstab (Online-Code b649hi)

Unterrichtsvorschlag

Unterrichtsphase	Inhaltlicher Schwerpunkt	Methodisches Vorgehen / Sozialform	Medien / Materialien
Einstieg	Kartentypen	UG: Kartenbeschreibung, Kartenvergleich	SB S. 20/21, M4–6
Erarbeitung	Karten lesen, Entfernungen bestimmen	UG: Begriffseinführung Maßstab	SB S. 20/21, M2 Methodenschritte
Ergebnissicherung	Verschiedene Karten und Inhalte	UG	SB S. 21, M4–6 SB S. 21, Aufg. 1 und 2
Vertiefung	Transfer auf Alltagsprobleme, z. B. Bestimmung Entfernung von Schule zum Wohnort	EA	Karte von Schul- und Wohnort

Von Höhenlinien und Höhenprofilen

Kompetenzen

Die Schülerinnen und Schüler können …
- Höhenlinien und Höhenschichten als gedachte Linien bzw. Schichten erfassen und sie als Möglichkeiten zur Darstellung des Reliefs erkennen;
- die beiden Prinzipien umsetzen: „enge Scharung von Höhenlinien bedeutet steiles, weite Scharung flaches Gelände" und „je dunkler die Farbe bei der Höhenschichtendarstellung, desto höher ist das Gelände".

Grundbegriffe

Höhenlinien, Höhenprofil

Sachinformationen

Im Kapitel „Von Höhenlinien und Höhenprofilen" werden Höhenlinien und Höhenschichten als Formen der Geländedarstellung erarbeitet. Höhenlinien (Isohypsen) stellen die einzige geometrisch einwandfreie Form der Wiedergabe von Relief dar. Sie haben sich erst ab etwa Mitte des 19. Jahrhunderts in der heutigen Form entwickelt. Die Grenzen einer exakten Höhenliniendarstellung liegen bei Karten mit einem Maßstab kleiner als 1:200 000. Die Darstellung mit Isohypsen als fiktive Linien, die vom Meeresniveau aus (Nullfläche) das Gelände in eine Folge von parallelen, gleich abständigen Ebenen zerlegen, ist zwar die genaueste Darstellungsmethode, doch eine räumliche Vorstellung des Reliefs ergibt sich erst durch einen intensiven geistigen Prozess. Die Höhe über Normalnull bezieht sich auf den Amsterdamer Pegel. Dieser Pegel ist ein geographisch festgelegter Mittelwert. Das deutsche Bezugsniveau in Berlin liegt 37 Meter über dem Amsterdamer Pegel.

Hinweise zum Unterricht

Die Schülerinnen und Schüler sollen nachvollziehen können, wie ein dreidimensionaler Modellberg in eine zweidimensionale Höhenlinienkarte übertragen wird. In einem weiteren Schritt sollen sie die Ableitung eines Profils aus dem Modell verstehen, um die Reliefdarstellung innerhalb der Karte nochmals zu verdeutlichen und um so ihr räumliches Vorstellungsvermögen zu schulen.
Der Schwerpunkt liegt auf dem Begreifen des Zusammenhangs zwischen dem dreidimensionalen Modell (Berg) und dem zweidimensionalen Kartenbild (Höhenlinien). Anhand der Dichte der Höhenlinien sollen die Schülerinnen und Schüler erkennen, ob ein Gelände steil oder flach ist.

Hinweise zu den Materialien

Das Bergmodell lässt sich mit Styroporplatten aus dem Baumarkt leicht nachbauen.

Tafelbild

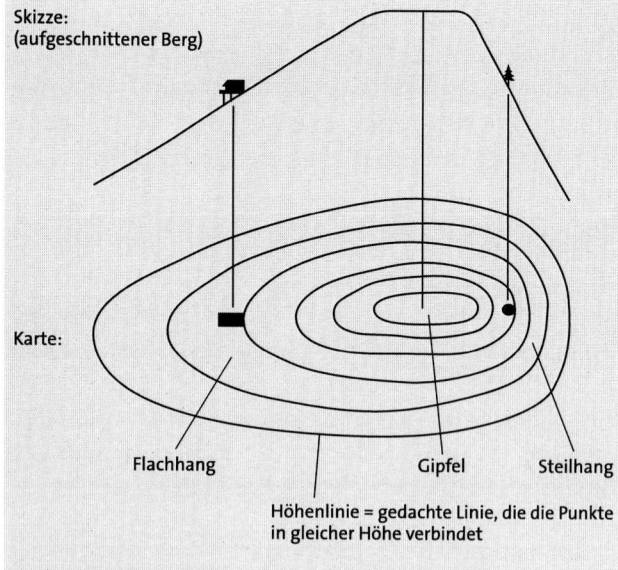

Skizze:
(aufgeschnittener Berg)

Karte:

Flachhang   Gipfel   Steilhang

Höhenlinie = gedachte Linie, die die Punkte in gleicher Höhe verbindet

Merke: Je enger die Höhenlinien, desto steiler ist das Gelände

Lösung der Basisaufgaben

1 Erläutere den Unterschied zwischen Höhenlinien und Höhenschichten. **(AFB II)**
Höhenlinien verbinden Orte gleicher Höhenlage miteinander. Mithilfe der Höhenlinien kann man Höhenunterschiede im Gelände feststellen. Die Farben zwischen den Höhenlinien kennzeichnen die Höhenschichten und helfen bei der Darstellung der Oberflächenformen.

2 Arbeite mit den Karten 3 und 4:
a) Nenne die höchste und die tiefste Stelle. **(AFB I)**
   höchste Stelle: 779,2 m
   tiefste Stelle: 443,6 m
b) Berechne den Höhenunterschied bei einer Wanderung von A nach B. **(AFB II)**
   216,6 m
c) Gib an, in welcher Höhenschicht die Jugendherberge liegt. **(AFB I)**
   450 m bis 500 m

3 Erstelle zum Geländeschnitt CD in der Karte 4 ein Höhenprofil. **(AFB II)**
Individuelle Schülerlösung.

Anwendungsaufgabe

4⟩ Bei einem Ausflug von der Jugendherberge zum Gestütshof Güterstein entscheidet sich ein Teil der Klasse für eine gemütliche Route, der andere für eine Wanderung mit vielen Steigungen. Welchen Weg werden die Gruppen jeweils gehen? Begründe deine Entscheidung. **(AFB III)**

Die Wanderung mit vielen Steigungen wird wohl der direkte Weg (Luftlinie) sein, bei dem die Gruppe den Schlossberg und den Runden Berg überqueren muss. Die gemütliche Route ist die weitere Strecke auf annähernd gleicher Höhe. Sie wird zunächst entlang der Erms um den Schlossberg herum und anschließend durch das Maisental verlaufen.

Medientipps

Von Höhen und Höhenlinien (Online-Code ca7cz9)
Höhenprofile lesen (Online-Code w5p4jp)

Unterrichtsvorschlag

Unterrichtsphase	Inhaltlicher Schwerpunkt	Methodisches Vorgehen / Sozialform	Medien / Materialien
Einstieg	Präsentation des Bergmodells	UG: Wie bekomme ich diesen Berg auf eine Karte?	Bergmodell, SB S. 22/23
Erarbeitung	Modell der Höhenschichten	Schüleraktivität: Schicht für Schicht wird das Bergmodell auf ein Plakat übertragen. Die einzelnen Höhenschichten werden auf dem Plakat eingefärbt. Eine Legende wird angelegt. Höhenlinien = gedachte Linien, die die Punkte in einer Höhe verbinden Je enger die Höhenlinien, desto steiler ist das Gelände. Je weiter die Höhenlinien, desto flacher ist das Gelände.	Bergmodell
Ergebnissicherung	Von Höhenlinien und Höhenschichten	EA	SB S. 22/23, Aufg. 1–3
Übung/Festigung	Übungen mit der Höhenlinienkarte und Höhenprofil	EA oder PA	SB S. 22/23, Aufg. 4

Wie du mit dem Atlas arbeitest

Kompetenzen

Die Schülerinnen und Schüler können …
- sich im Schulatlas orientieren und die dazu notwendigen Suchinstrumente anwenden;
- aus den Karten Informationen zu geographischen Objekten entnehmen.

Grundbegriff
Atlas

Sachinformationen

Im Mittelpunkt dieser Methodenseite steht die Arbeit mit den Suchinstrumenten des Atlas: Kartenverzeichnis/Kartenübersicht und Namensregister. Das Namensregister verweist auf die Seite der jeweils vorhandenen Karten und ein entsprechendes „Gradnetzfeld".

Über viele Karten im Atlas ist zum schnelleren Auffinden eines Namens ein Gitternetz gelegt. In der Regel sind die Linien dieses Gitternetzes Breitenkreise bzw. Längenhalbkreise (Meridiane) des Gradnetzes. Die entstandenen Orientierungsfelder sind somit „Gradnetzfelder". Es ist jedoch zu beachten, dass es auch Karten und Pläne gibt, die ein vom Gradnetz unabhängiges, mathematisches Gitternetz enthalten, so zum Beispiel Stadtpläne.

Lösung der Basisaufgaben

Die Angaben beziehen sich auf den Haack Weltatlas, Klett-Perthes Verlag 2007.

1 Suche im Atlas die Orte von bekannten Meteoriteneinschlägen (Tabelle 2) und notiere die Seitenzahl und das Gitternetzfeld. **(AFB I)**
Bekannte Meteoriteneinschläge:

Fundort	Seitenzahl	Gradnetzfeld
Tscheljabinsk	130/131	H4
Kansas	180/181	CD3
Namaland	164/165	B4
Krasnojarsk	130/131	K4

2 Besondere Namen und Zungenbrecher: Übertrage die Tabelle in dein Heft und vervollständige sie zusammen mit deinem Nachbarn und dem Atlas. **(AFB I)**

Name	Atlasseite	ist ein/eine …	liegt in …
Canberra	172	Stadt	Australien
Honolulu	172/173	Stadt	Hawaii (USA)
Mississippi	180/181	Fluss	Nordamerika
Popocatepetl	180/181	Berg	Mittelamerika (Mexiko)
Vatnajökull	78/79	Gletscher	Europa (Island)
Wladiwostok	130/131	Stadt	Asien (Russland)

3 Atlasarbeit mit deinem Partner:
a) Sucht mithilfe des Inhaltsverzeichnisses die Karte „Deutschland: Physische Übersicht". **(AFB I)**
Seite 16
b) Sucht mithilfe der Kartenübersicht die Karte „Wirtschaftsraum Rhein-Main". **(AFB I)**
Seite 53, Karte 5

4 Fotos 4: Wo liegen die Orte oder Gebiete? Lege dazu eine Tabelle an. **(AFB I)**

Name	Atlasseite	Feld	Lagebeschreibung
Singapur	138	F6	auf der Südspitze der Halbinsel Malakka
Ayers Rock	175	Karte 3	in der Mitte Australiens, südwestl. von Alice Springs
Quito	196	C3	in den Anden im Nordwesten Südamerikas
Galapagosinseln	196	AB3	westlich von Ecuador (Südamerika) im Pazifik

Anwendungsaufgabe

5 Ein Schiff fährt durch den Panamakanal vom Karibischen Meer zum Pazifik. Nenne die Himmelsrichtungen für die Durchfahrt. **(AFB I)**
Das Schiff beginnt seine Reise im Karibischen Meer aus nordwestlicher Richtung und hält Kurs in südöstliche Richtung auf der Fahrt in den Pazifischen Ozean.

Medientipps

Haack Weltatlas, Arbeitsheft Kartenlesen
(Klett-Perthes: ISBN 978-3-623-49008-3)

Nördlinger Ries und Steinheimer Becken
(Online-Code e3p83m)
Atlas-Führerschein (Online-Code bj6iy6)

Unterrichtsvorschlag

Unterrichtsphase	Inhaltlicher Schwerpunkt	Methodisches Vorgehen/Sozialform	Medien/Materialien
Einstieg	Meteoriteneinschlag aus dem All	UG	SB S. 24, M2
Erarbeitung I Ergebnissicherung I	Namensregister	UG oder PA	SB S. 24/25, Aufg. 1 und 2, Atlas
Erarbeitung II Ergebnissicherung II	Inhaltsverzeichnis, Kartenübersicht	PA	SB S. 24/25, Aufg. 3, Atlas
Übung/Festigung	Namensregister, Lagebeschreibung	EA oder PA	SB S. 24/25, Aufg. 4, Atlas
Anwendung	Atlasarbeit	EA	SB S. 24/25, Aufg. 5, Atlas

Leben in einem Hunsrückdorf

Kompetenzen

Die Schülerinnen und Schüler können …

- die Auswirkungen des demografischen Wandels im ländlichen Raum für unterschiedliche Generationen erfassen;
- die Ursachen des demografischen Wandels ansatzweise beschreiben;
- Raumstrukturen anhand eines Lageplans analysieren und sie daran anknüpfend beurteilen;
- die Stärken und Schwächen ihres eigenen Heimatortes ausloten und begründen.

Sachinformationen

Vor dem Hintergrund des demografischen Wandels müssen sich viele Kommunen in peripheren Regionen in Deutschland mit einem Rückgang und einer Alterung der Bevölkerung auseinandersetzen. Während es einerseits zu Tragfähigkeitsproblemen der Infrastruktur kommt, erhöht sich andererseits die Nachfrage nach einer altersgerechten Infrastruktur. Somit sind alle Generationen vom Wandel ihres Lebensraumes betroffen.

Hinweise zum Unterricht

Auf der Doppelseite setzen sich die Schülerinnen und Schüler anhand von Einzelschicksalen mit den Ursachen und Folgen des demografischen Wandels für unterschiedliche Generationen auseinander, wobei Schülerinnen und Schüler aus dem ländlichen Raum zusätzlich eigene Erfahrungen einbringen können. Für die Erarbeitung wurde ein Modelldorf gewählt, das typische Strukturprobleme des demografischen Wandels möglichst facettenreich aufzeigt und somit Anknüpfungspunkte für heimatnahe Raumanalysen bietet. Um dennoch einen regionalen Bezug herzustellen, erfolgt eine Verortung des Modelldorfes in einer ländlichen Beispielregion, dem Hunsrück.
Sollten die Schülerinnen und Schüler beim Vergleich des Modelldorfes mit dem eigenen Heimatort ähnliche Mängel feststellen, wird im besten Fall ihre Motivation geweckt, eigene Ideen zur Verbesserung der Lebenssituation zu entwickeln und an ihrer Umsetzung mitzuwirken.

Lösung der Basisaufgaben

1 Beschreibe die Lage des Hunsrücks mithilfe deines Atlas. **(AFB I)**

Der Hunsrück ist eine rheinland-pfälzische Mittelgebirgsregion im Rheinischen Schiefergebirge. Er gilt als strukturschwaches Gebiet, was die SuS anhand von Wirtschaftskarten in ihrem Atlas erkennen können. Die ehemals dominierende Landwirtschaft hat an Bedeutung verloren. Hauptarbeitgeber in der Region sind heute der Flughafen Hahn sowie einige Industriebetriebe. Ein Großteil der Arbeitnehmer pendelt jedoch in Richtung Koblenz, Trier oder ins Rhein-Main-Gebiet. Die Bevölkerungszahl schrumpft.

2 Benenne mithilfe der Texte, was die Dorfbewohner zum Leben brauchen und welche Bedürfnisse sie haben. **(AFB II)**

Jonathan: Freunde treffen, Naturnähe, Familienleben, großes Haus mit Garten, Arbeitsplatz für Vater
Hilde: Versorgung mit Lebensmitteln, medizinische Versorgung, Mobilität (ÖPNV), Leben im eigenen Haus (Heimatverbundenheit)
Jenny: eigenes Zimmer, Mobilität (ÖPNV), Freunde treffen, Studium, Hobby Tanzen

3 Überprüfe anhand des Lageplans und der Fotos, inwieweit das Dorf die Bedürfnisse seiner Bürger erfüllen kann. **(AFB II)**

Name	Bedürfnisse	
Jonathan	– Freunde treffen	☑
	– Naturnähe	☑
	– Familienleben	☑
	– großes Haus mit Garten	☑
	– Arbeitsplatz für Vater	X
Hilde	– Versorgung mit Lebensmitteln	☑
	– medizinische Versorgung	X
	– Mobilität (ÖPNV)	☑
	– Leben im eigenen Haus (Heimatverbundenheit)	☑
Jenny	– eigenes Zimmer	☑
	– Mobilität (ÖPNV)	X
	– Freunde treffen	☑
	– Studium	X
	– Hobby Tanzen	X

Anwendungsaufgabe

4 Vergleiche das Dorf mit deinem eigenen Heimatort. **(AFB II)**

Individuelle Schülerlösung.

Anknüpfungsmöglichkeiten: Was müsste sich verändern, damit
ihr dauerhaft in eurem Heimatort leben wolltet oder könntet?
Was wärt ihr bereit dafür zu tun, dass sich etwas ändert? An
welchen Projekten würdet ihr euch beteiligen? An wen könntet
ihr euch wenden?

Medientipp

Entwicklung im Dorf (Online-Code m5u22w)

Unterrichtsvorschlag

Unterrichtsphase	Inhaltlicher Schwerpunkt	Methodisches Vorgehen / Sozialform	Medien / Materialien
Einstieg	Wo lebt ihr? Wie gefällt es euch dort?	UG: Lageverortung Hunsrück	Atlas
Erarbeitung I	Lebensbedürfnisse der Dorfbewohner und Überprüfung der Gegebenheiten im Dorf	aPA: Expertenteams zu Jonathan, Hilde und Jenny	SB S. 26/27, M3–9; Aufg. 2 und 3
Ergebnissicherung I	Lebensbedürfnisse der Dorfbewohner, Verortung auf dem Lageplan: Wo leben Jonathan, Hilde und Jenny? Wo versorgen sie sich? Wo halten sie sich auf?	SV/UG Präsentation der Ergebnisse	SB S. 27, M6
Erarbeitung II	Wie geht es Jonathan, Hilde und Jenny in ihrem Dorf? – Vergleich heute und Zukunft Stärken und Schwächen des Dorfes	UG GA: je ein Experte Jonathan, Hilde, Jenny	SB S. 26/27
Ergebnissicherung II	Stärken und Schwächen des Dorfes, Verortung auf dem Lageplan: Wo befinden sich die Stärken und wo die Schwächen?	SV/UG Präsentation der Ergebnisse	SB S. 27, M6
Hausaufgabe	Vergleich mit dem Heimatort	EA	SB S. 27, Aufg. 4

Auf heißer Spur mit einem Ranger

Kompetenzen

Die Schülerinnen und Schüler können …
- die Entstehung des Pulvermaars beschreiben;
- anhand von Luftbild und topografischer Karte naturlandschaftliche Gebiete von kulturlandschaftlichen Gebieten unterscheiden;
- die Besonderheit der Region Vulkaneifel als Natur- und Kulturraum darstellen.

Grundbegriffe

Kulturlandschaft, Naturlandschaft

Sachinformationen

Die Doppelseite stellt die naturräumlichen und kulturräumlichen Aspekte der Vulkaneifel dar und zeigt damit die Attraktivität dieser Region.

Das Luftbild (M3) zeigt das in die Schiefergebirgshochfläche der Eifel eingebettete Pulvermaar. Es ist als fast kreisrunder Explosionstrichter ca. 15 000 v. Chr. entstanden und in der Folge durch vulkantektonische Senkung weiter ausgeformt worden. Die bewaldeten Innenwände sind sehr steil, die Wassertiefe beträgt 74 m. Auf die Höhe des Wasserspiegels (411,2 m NN) bezogen beträgt der größte Durchmesser etwa 720 m, der kleinste etwa 680 m. Die Ränder sind durch Tuff überhöht, der Grüngürtel ist durch die Geländeform bedingt. Die Ränder heben sich ca. 40 m bis 50 m über der Wasseroberfläche. Aufgrund der Steilheit der Wälle wird dieser Bereich forstwirtschaftlich genutzt und dient zudem der Erholung. Der sich anschließende flache Bereich dient der landwirtschaftlichen Nutzung. Weitere touristische Einrichtungen wie Badeanstalt und Feriendorf sind sowohl im Luftbild als auch in der topografischen Karte (M4) zu erkennen.

Hinweise zum Unterricht

Die Seite dient als ideales Beispiel zur Einführung der Begriffe Natur- und Kulturraum. Sie betrachtet dabei insbesondere das durch den Menschen geprägte Erscheinungsbild (Kulturraum) und die geographischen Besonderheiten wie Maar und Vogelschutzgebiet (Naturraum).

Lösung der Basisaufgaben

1 Beschreibe mithilfe der Grafiken 2 und des Textes die Entstehung des Pulvermaares. (AFB I)

Im Bereich von Schwächezonen der Erdkruste kann Magma aus dem Erdinneren aufsteigen. Trifft das Magma beim Aufstieg auf wasserreiche Gesteinsschichten, verdampft das Wasser explosionsartig. Dadurch wird das umgebene Gestein zertrümmert und zum Teil nach oben geschleudert. Der größte Teil des zertrümmerten Gesteins stürzt in den durch die Explosion geschaffenen Hohlraum. Dadurch entsteht an der Erdoberfläche ein Einbruchtrichter, ein sogenanntes Maar. Füllt sich das Maar mit Grund- und Regenwasser, entsteht ein Maarsee.

2 Arbeite mit dem Luftbild 3 und der Karte 4: Welche Gebiete würdest du als Naturlandschaft bezeichnen, welche als Kulturlandschaft? Begründe deine Zuordnung. (AFB II)

Individuelle Schülerlösung.
Beispiel Naturlandschaft: Pulvermaar
Beispiele Kulturlandschaft: Ortschaften, Felder, Bewaldung um Maar

3 Ranger Theo sagt: „Die Vulkaneifel ist ein besonderer Natur- und Kulturraum." Begründe diese Aussage. (AFB II)

Individuelle Schülerlösung.

Anwendungsaufgabe

4 Plane ein Ferienwochenende in der Eifel. Suche Informationen im Internet und erstelle einen Tagesplan. (AFB II)

Individuelle Schülerlösung.

Medientipp

Natur- und Kulturlandschaften (Online-Code 2rz9bw)

Unterrichtsvorschlag

Unterrichtsphase	Inhaltlicher Schwerpunkt	Methodisches Vorgehen / Sozialform	Medien / Materialien
Einstieg	Besonderheiten der Vulkaneifel/ Aufgaben eines Rangers	UG	SB S. 28/29, M3
Erarbeitung I/ Ergebnissicherung I	Entstehung eines Pulvermaares	EA	SB S. 28, M2, Aufg. 1
Erarbeitung II	Die Vulkaneifel als Natur- und Kulturraum	EA oder PA	SB S. 28/29, M3, 4, Aufg. 2
Ergebnissicherung II	Die Vulkaneifel als Natur- und Kulturraum	UG	SB S. 28/29, M3, 4, Aufg. 3
Vertiefung/Anwendung	Ferienwochenende in der Eifel	EA	SB S. 28/29, Aufg. 4

Eine Kartenskizze zeichnen

Kompetenzen

Die Schülerinnen und Schüler können …
- Kartenskizzen als ein Hilfsmittel begreifen, um sich eine bessere Raumvorstellung von einer Region zu machen (insbesondere Lagebeziehungen zu erfassen) und sich topografischen Merkstoff leichter einzuprägen;
- die Arbeitsschritte zum Anfertigen einer Kartenskizze beherrschen;
- sich die gebräuchlichen Farben und Vereinfachungen für eine Kartenskizze einprägen.

Sachinformationen

Es handelt sich bei dieser Doppelseite um ein weiteres Methodenkapitel. Am Beispiel einer Rheinland-Pfalz-Karte werden die einzelnen Schritte zur Erstellung einer Kartenskizze erklärt und beim Zeichnen der Baden-Württemberg-Karte geübt.

Hinweise zum Unterricht

Das Raumvorstellungsvermögen der Schülerinnen und Schüler wird in diesem Kapitel geschult. Da diese Intelligenzdimension im Unterricht sonst oft zu kurz kommt und Schülerinnen und Schüler im Alter von elf bis zwölf Jahren erst in der Lage sind, eine abstrakte Raumvorstellung zu entwickeln, erfordert die Erstellung einer Kartenskizze viel Geduld und genaueste, kleinschrittige Arbeitsanweisungen. Ansonsten gilt: Die Übung macht den Meister! Deshalb nehmen Sie sich als Lehrer/in die Zeit, weitere Kartenskizzen von den Kindern anfertigen zu lassen. Ebenso erfordert das Generalisieren/Vereinfachen von Objekten (zum Beispiel bei Flussläufen) bei Kindern dieses Alters starke Überwindung – bedarf also der steten Aufmunterung durch die Lehrerin/den Lehrer.
Eine gute Übung zur Erstellung von Kartenskizzen und gleichzeitig eine perfekte Vorbereitung des Kapitels „Urlaubsinsel Rügen" (SB S.158/159) wäre die Aufgabe an die Schülerinnen und Schüler, von dieser Region jeweils eine Kartenskizze zu erstellen. Gut aufheben bis der Themenblock „Tourismus und Erholungsräume" behandelt wird!
Allerdings lässt sich dies nur umsetzen, wenn großmaßstäbige Karten dieser Region als Klassensatz in der Schule vorliegen.

Lösung der Basisaufgaben

1 Fahrt in den Urlaub:
a) Du fährst mit deinen Eltern an den Bodensee. Zeichne eine Kartenskizze von Baden-Württemberg. **(AFB I)**
Individuelle Schülerlösung.
b) An welchen Städten, Flüssen und Gebirgen fahrt ihr vorbei? **(AFB I)**
Individuelle Schülerlösung (genannt werden sollten auf jeden Fall: Rhein, Schwarzwald, Schwäbische Alb, Donau).

2 Beschreibe mithilfe deiner in Aufgabe 1 angefertigten Kartenskizze Auffälligkeiten zwischen dem Verlauf von Flüssen und der Lage von Städten. Suche nach einer Erklärung. **(AFB II)**
Alle Städte liegen an Flüssen. Dies liegt daran, dass früher über die Flüsse Handel betrieben wurde und auf ihnen leicht die Ware transportiert werden konnte.

Anwendungsaufgabe

3 Kartenskizze erstellen:
a) Erstelle eine Kartenskizze des Bundeslandes Thüringen. **(AFB I)**
b) Stellt euch gegenseitig eure Kartenskizzen vor und vergleicht diese. **(AFB II)**
Individuelle Schülerlösung.

Medientipp

Eine Karte pausen (Online-Code 9r66cu)

Unterrichtsvorschlag

Unterrichtsphase	Inhaltlicher Schwerpunkt	Methodisches Vorgehen / Sozialform	Medien / Materialien
Einstieg	Kartenskizze – Was ist das?	Kartenskizze mit Magneten an Tafel (evtl. Schülerarbeiten vom Vorjahr)	SB S.30/31, Text, Aufg. 1
Erarbeitung I	Schrittfolge zum Anfertigen einer Kartenskizze (inkl. üblicher Farben, erlaubter Vereinfachungen)	UG	SB S.30, Text, M1, 2
Erarbeitung II	Erstellen einer Kartenskizze	EA: SuS fertigen mithilfe des Atlas ihre eigenen Karten an.	SB S.30/31, Aufg. 1, Transparentpapier, Büroklammern, Buntstifte (blau, rot, braun), Atlas
Hausaufgabe	Arbeiten mit der Karte und Erstellen einer weiteren Kartenskizze	EA	SB S.31, Aufg. 2 und 3, Transparentpapier, Büroklammern, Buntstifte (blau, rot, braun), Atlas

Was ist ein GIS?

Kompetenzen

Die Schülerinnen und Schüler können …
- ein webbasiertes Geoinformationssystem definieren und Nutzungsmöglichkeiten erkennen;
- ein webbasiertes Geoinformationssystem (Web-GIS) als Informationsquelle nutzen;
- unter Verwendung von Web-GIS-Werkzeugen einfache Recherchen selbstständig durchführen;
- Parallelen zum Schulatlas und zu anderen Geoinformationssystemen (z. B. Google Earth) erkennen.

Sachinformationen

Geographische Informationssysteme (GIS) sind Softwareplattformen, welche die digitale Aufnahme, die Analyse, den Austausch und die Präsentation raumbezogener Daten ermöglichen. Sie sind fester Bestandteil der geographischen Forschung und der öffentlichen Verwaltung, insbesondere der Raum-, Stadt-, und Umweltplanung. Unternehmen, die auf die räumliche Dimension angewiesen sind, nutzen GIS z. B. zur Planung von Transportabläufen, zur Entwicklung von Navigationssystemen oder zum Aufbau von Kommunikationsnetzen. Die Programme, welche für diese Aufgaben genutzt werden, sind sehr komplex und für den unterrichtlichen Einsatz nur eingeschränkt nutzbar. Web-GIS bietet durch seine reduzierten Funktionen sinnvollere Anwendungsmöglichkeiten im Unterricht.

Das Internet stellt verschiedene Web-GIS-Angebote bereit, in denen man einen Ausschnitt einer interaktiven Karte wählen kann. Ebenso können Karteninhalte aus einem Pool von Geoinformationen selbst bestimmt und zum Teil auch selbst eingefügt werden. Die Karte besteht dann aus den ausgewählten Informationsschichten. Diese sind durch Punkte, Linien, Flächenthemen oder Symbole dargestellt.

Die Reduktion oder die Erweiterung der Karte auf die benötigten Informationen erlaubt es dem Nutzer des Web-GIS somit, für jeden Zweck eine angepasste Karte zu erhalten. Die direkte Anschauung der Auswirkungen des Ein- und Ausschaltens sowie des Verschiebens der Ebenen auf das Kartenbild zielt direkt auf das Wahrnehmen der Informationsebenen und der Legende.

Inhaltlich lassen sich so gut Korrelationen zwischen verschiedenen Raumstrukturen darstellen, da sie in der Reduktion auf die Vergleichsthemen leichter erkennbar sind.

Es gibt verschiedene Web-GIS-Angebote. Google Earth bietet z. B. schon zahlreiche interaktive Möglichkeiten, ist jedoch nicht auf den unterrichtlichen Einsatz abgestimmt. Das Web-GIS des Statistischen Bundesamtes bietet schon weiterführende Anwendungsgebiete. Für die Klassenstufen 5 und 6 reichen jedoch Basisfunktionen bereits aus.

Hinweise zum Unterricht

Im Unterricht sollte es einerseits darum gehen, die Arbeit mit dem Web-GIS-Programm zu erlernen sowie das Verständnis des Kartenaufbaus mit verschiedenen Informationsebenen zu fördern. Dabei ist es wichtig, den Schülerinnen und Schülern genug Zeit einzuräumen, in der sie die Funktionen kennenlernen und selbstständig ausprobieren. Natürlich ist es andererseits wichtig, den Schülerinnen und Schülern lösbare Aufgaben zu stellen, damit sie den Nutzen des Web-GIS erfahren können.

Es ist davon auszugehen, dass die Lerngruppe sehr unterschiedliche Erfahrungen im Umgang mit dem Computer mitbringt und es von der Lerngruppe abhängt, ob es sinnvoll ist, erste Schritte zu demonstrieren oder die Schülerinnen und Schüler selbst die Funktionen erkunden zu lassen.

Damit die Schülerinnen und Schüler die Möglichkeit haben, selbstständig zu arbeiten, sollte für je zwei Lernende mindestens ein Rechner zur Verfügung stehen.

Lösung der Basisaufgaben

Weg A

1 Benutze den Online-Code auf der Seite 33 (Bevölkerungsdichte in Deutschland) und mache dich mit der Web-GIS-Plattform vertraut. Dabei hilft dir der Screenshot 3. **(AFB I)**

Die Schülerinnen und Schüler machen sich mit der GIS-Oberfläche des Statistischen Bundesamtes vertraut, indem sie verschiedene Funktionen testen.

2 Markiere auf der linken Seite im Bereich „Weitere Karten" den Ordner „Themenbereiche" und den Unterordner „Thematische Karten", darin die Bevölkerung und den „Bevölkerungsstand". Beschreibe, wo Rheinland-Pfalz dicht besiedelt ist und wo dünn. Wähle dazu den passenden Kartenausschnitt. **(AFB II)**

Zoom-Werkzeug benutzen, um Rheinland-Pfalz zu lokalisieren. Hohe Bevölkerungsdichte in und um die Städte: Pirmasens, Kaiserslautern, Trier, Landau, Speyer, Ludwigshafen, Worms, Mainz, Koblenz. Geringe Bevölkerungsdichte südlich und nördlich der Mosel, Hunsrück und Eifel.

3 Verändere im Karteninhalt den Datensatz zu „Bevölkerungsentwicklung im Jahr je 10 000 Einw." Vergleiche deinen Heimatraum mit den Angaben zur Bevölkerungsdichte. Stellst du Unterschiede fest? Hättest du deinen Heimatraum so eingeschätzt? **(AFB II)**

Individuelle Schülerlösung in Bezug auf den Heimatraum.

Weg B

1 Benutze den Online-Code auf der Seite 33 und orientiere dich auf der Web-GIS-Plattform des Statistischen Bundesamts. **(AFB I)**

Die Schülerinnen und Schüler machen sich mit der GIS-Oberfläche des Statistischen Bundesamtes vertraut, indem sie verschiedene Funktionen testen.

2 Finde heraus, wie groß die durchschnittliche landwirtschaftliche Betriebsgröße in deiner Region ist. Suche dazu die passende Karte und den passenden Karteninhalt. **(AFB II)**

3 Verändere im Bereich „Klassifizierung" die manuellen Klassengrenzen, sodass dir für deine Region noch aussagekräftigere Ergebnisse angezeigt werden. **(AFB II)**

4 Vergleiche die durchschnittliche landwirtschaftliche Betriebsgröße in deiner Region mit einer anderen Region in Deutschland, in der du schon einmal Urlaub gemacht hast. Welche Unterschiede stellst du fest? **(AFB II)**

Aufgaben 2 – 4: Individuelle Schülerlösung in Abhängigkeit des Bezugsraumes.

Medientipp

Web-GIS (Online-Code w2c7ex)

Unterrichtsvorschlag

Unterrichtsphase	Inhaltlicher Schwerpunkt	Methodisches Vorgehen / Sozialform	Medien / Materialien
Einstieg	Informationsebenen in Karten	LV, UG: Bildbeschreibung, Ebenen benennen, Potenzial eruieren	SB S. 32, M2
Erarbeitung	Orientierung mit Web-GIS des Statistischen Bundesamtes und Erarbeitung von ersten Funktionen auf verschiedenen Schwierigkeitsebenen	EA/PA: Wahldifferenzierung (Weg A oder Weg B)	SB S. 32, Aufgaben 1 – 3, (4), Schülerrechner, ggf. Atlas
Ergebnissicherung	Orientierung mit Web-GIS des Statistischen Bundesamtes und Erarbeitung von ersten Funktionen auf verschiedenen Schwierigkeitsebenen	PA: Abgleich der Aufgaben untereinander	Schülerrechner, ggf. Beamer
Übung/Festigung	Suche und Erweiterung von weiteren Parametern (Ebenen)	PA/UG: Abgleich der Aufgaben untereinander oder in der Klasse	Schülerrechner, ggf. Beamer

Eine Radtour planen

Sachinformationen

Die beiden Varianten der Radtouren sind so angelegt, dass zum einen kulturelle Aspekte, wie die Burgen, zum anderen praktische Aspekte, wie die Reihenfolge der Burgen, die Wege etc., bedacht werden müssen. Wichtig hierbei ist, dass die Schülerinnen und Schüler die Benutzung eines virtuellen Globus weiter üben und die Vorteile dieser Software erkennen. Das Augenmerk sollte nicht nur auf einer gut gewählten Route (keine Benutzung von überörtlichen Straßen) liegen, sondern auch auf der Planung von Picknickpausen und den recherchierten Öffnungszeiten etc. von Burgen bzw. Fährzeiten und Fahrzeiten. Auch sollte der kulturelle Hintergrund der Burgen (z. B. die Frage, warum diese gerade an den bestimmten Orten liegen) nicht zu kurz kommen.

Lösung der Basisaufgaben

1 Wähle deine Route eigenständig aus und erforsche Entfernungen, Höhenunterschiede und Gefahrenstellen. Erstelle hierzu eine geeignete Kartenskizze, in die du den Weg einträgst. Beachte dabei: Die Wegstrecke soll möglichst wenige überörtliche Straßen, also Bundes-, Landes- und Kreisstraßen, umfassen. Außerdem soll eine Picknickpause eingeplant werden. Falls du eine Fähre benutzen willst, informiere dich über ihre Fahrzeiten. **(AFB II)**
Individuelle Schülerlösung.
Tour Kerstin: Die Radtour hat ungefähr eine Länge von 33 km, der Höhenunterschied beträgt maximal 292 m. Die Gefahren-

stellen liegen vor allem an der Überquerung der Straße zum Erreichen der Burgen. Der Fahrradweg verläuft fast komplett parallel zum Rhein, neben dem aber auch eine Bundesstraße verläuft. Picknickpausen sind an vielen Stellen möglich. Sie sollten entweder direkt am Rhein oder aber auf einer der zahlreichen Burgen mit Einkehrmöglichkeiten durchgeführt werden. Da die Burg Klopp in Bingen liegt, kann die Tour mithilfe einer Zugfahrt erreicht werden. Parallel zur Straße verlaufen auch Schienen, sodass jederzeit bei Ermüdung auf den Zug gewechselt werden kann.

Tour Bastian: Die Radtour hat ungefähr eine Länge von 18 km, der Höhenunterschied beträgt ca. 316 m. Auch hier liegen die Gefahrenquellen in der Nähe der stark befahrenen Straße. Die Streckenführung ist weitaus anstrengender, da mehrere Steigungen erklommen werden müssen. Außerdem ist diese Ausflugsroute nicht ganz so gut mit der Bahn zu erreichen. Ein Picknick bietet sich hier sowohl in Dahn beim Jungfernsprung als auch bei der Burg Drachenfels an.

2 Begründe, was dich an dieser Tour besonders interessiert. **(AFB II)**
Individuelle Schülerlösung.
Tour Kerstin: Hier sollte zum einen die Vielzahl der Burgen, zum anderen die Landschaft durch die Enge des Mittelrheintales ein wichtiger Aspekt sein.
Tour Bastian: Hier sollte ebenfalls der geschichtliche Hintergrund der Burgen, aber ebenso die verschiedenen Felsformationen und somit die landschaftliche Besonderheit sowie der Besuch des Erlebnisparks Teufelstisch bei Hinterweidenthal eine Rolle spielen.

3 Warum sind die Burgen gerade an diesen Stellen? Erkläre dies. **(AFB II)**
Die Burgen sind genau an diesen Stellen zu finden, da sie dort eine damalige Tageslänge Fußmarsch voneinander entfernt liegen. Ebenfalls liegen sie an besonders strategischen Punkten. So treffen beispielsweise wichtige Handelsrouten aufeinander oder auch Flussmündungen spielen eine bedeutende Rolle. Somit ist zum einen der Aspekt des „Markt halten" in einer Stadt als auch der Gewinn durch Zoll nicht zu vernachlässigen.

Unterrichtsvorschlag

Unterrichtsphase	Inhaltlicher Schwerpunkt	Methodisches Vorgehen / Sozialform	Medien / Materialien
Einstieg	Planung einer Fahrradtour zu verschieden Burgen	LV: Diaschau	Fotos ausgewählter Burgen
Erarbeitung I	Planen einer Radtour	PA: Planung der beiden Radtouren und dabei Recherche zu verschiedenen Aspekten	SB S. 34/35, Aufg. 1 virtueller Globus, Internet
Erarbeitung II	Planen einer Radtour	PA: Reflexion über die gewählte Tour	SB S. 34, Aufg. 2
Ergebnissicherung	Vorstellung der Touren	UG: Präsentation der Ergebnisse	Computer
Hausaufgabe	Recherche zu Burgen	EA	SB S. 34, Aufg. 3

1

Bundesländer und Nachbarstaaten

Kompetenzen

Die Schülerinnen und Schüler können …
– die 16 Bundesländer mit ihren Hauptstädten nennen und sie nach ihrer Lage in Deutschland einordnen;
– die Nachbarländer Deutschlands mit ihren Hauptstädten nennen und sie bezüglich ihrer Lage zu Deutschland einordnen;
– die Flächen- und Einwohnerzahl der Bundesländer und Nachbarländer ermitteln und vergleichen.

Grundbegriff

Bundesland

Sachinformationen

Im Sprachgebrauch des Grundgesetzes werden die Bundesländer der Bundesrepublik Deutschland als „Länder" bezeichnet. Von 1949 bis 1990 bildete die Fläche der heutigen fünf Bundesländer Mecklenburg-Vorpommern, Brandenburg, Sachsen-Anhalt, Thüringen und Sachsen die Deutsche Demokratische Republik (DDR). In der DDR gab es keine Bundesländer, sondern Bezirke, insgesamt 15, die mit dem Beitritt zur Bundesrepublik Deutschland 1990 aufgelöst und zu den o. g. Bundesländern zusammengefasst wurden. Diese „neuen" Bundesländer wurden in Anlehnung an die bereits existierenden „alten" Bundesländer der Bundesrepublik gebildet.
Des Weiteren richtet sich das Augenmerk dieser Doppelseite auf die Nachbarstaaten Deutschlands. Der Blick über die Grenze geht aber nicht gleich auf Gesamteuropa, sondern anhand der stark informationsentlasteten Karte im Schülerbuch nur auf die direkten Nachbarstaaten. Die „Kurzporträts" beschränken sich auf wenige Angaben, die von den Schülerinnen und Schülern durch Rückgriff auf M3 (Autokennzeichen) und Informationsquellen außerhalb des Schülerbuchs (z. B. Flaggenatlas, Internet) ergänzt werden sollten.

Hinweise zum Unterricht

Die Schülerinnen und Schüler haben erfahrungsgemäß häufig schon in der Grundschule die Bundesländer mit ihren Hauptstädten kennengelernt, sodass der Einstieg wiederholenden Charakter haben kann. Hier ist oft auch Gelegenheit, etwas zurückhaltende Schülerinnen und Schüler zur Mitarbeit zu ermuntern.
Die Arbeit mit den Kurzporträts der Nachbarstaaten (M2) und Autokennzeichen (M3) ist für Schülerinnen und Schüler sehr motivierend. Sie sind neugierig auf die Nachbarstaaten bzw. möchten eigene (z. B. Urlaubs-)Erfahrungen einbringen. Die Möglichkeit, kleine Kurzporträts selbst zu gestalten, wird in aller Regel mit großer Arbeitsfreude angenommen.

Tafelbild

Die Verwaltungsgliederung Deutschlands

Lösung der Basisaufgaben

1 Nenne die Bundesländer (AFB I),
a) die an der Küste liegen,
Niedersachsen, Schleswig-Holstein, Mecklenburg-Vorpommern
b) die „Stadtstaaten" sind,
Bremen, Hamburg, Berlin
c) die an der deutschen Westgrenze bzw. Ostgrenze liegen,
Westgrenze: Niedersachsen, Nordrhein-Westfalen, Rheinland-Pfalz, Saarland, Baden-Württemberg
Ostgrenze: Mecklenburg-Vorpommern, Brandenburg, Sachsen
d) die keine Staatsgrenze haben.
Hessen, Thüringen, Sachsen-Anhalt, Bremen, Hamburg, Berlin
e) Nenne das Bundesland mit den meisten und das Bundesland mit den wenigsten Nachbarländern.
Mit sechs Nachbarn hat Hessen die meisten Nachbarländer. Jeweils nur einen Nachbarn und damit die wenigsten Nachbarländer haben Berlin, Bremen und das Saarland.

2 Beschreibe die Lage der Länder Berlin, Baden-Württemberg und Hessen innerhalb Deutschlands. (AFB I)
Berlin liegt im Osten Deutschlands, mitten im Bundesland Brandenburg.
Baden-Württemberg liegt im Südwesten Deutschlands und hat im Westen eine Grenze zu Frankreich und im Süden zur Schweiz. Im Osten grenzt das Bundesland Bayern an.
Hessen liegt in der Mitte Deutschlands. Im Süden grenzen die Bundesländer Baden-Württemberg und Bayern an, im Osten Thüringen, im Westen Rheinland-Pfalz und im Norden Nordrhein-Westfalen und Niedersachsen.

Anwendungsaufgaben

3 Bundesländer im Kopf:
Decke die Karte 1 ab und nenne alle Bundesländer und deren Hauptstädte. Kannst du die Aufgabe nicht lösen, nutze den Lerntipp auf S. 54 und starte erneut. (AFB I)
Individuelle Schülerlösung.

④ Du willst von München auf gerader Linie zur Ostsee fliegen. Wähle zwei Flugrouten aus, bei denen du a) möglichst viele und b) möglichst wenige Bundesländer überfliegen musst. **(AFB I)**

Die meisten Bundesländer überfliegt man bei der Flugroute München – Westküste Rügen: Bayern, Sachsen, Thüringen, Sachsen-Anhalt, Brandenburg, Mecklenburg-Vorpommern (sechs Bundesländer).

Die wenigsten Bundesländer überfliegt man z. B. auf einer Süd-Nord-Route von München zur Ostsee: Bayern, Thüringen, Sachsen-Anhalt, Mecklenburg-Vorpommern (vier Bundesländer).

Erweiterungsaufgaben

⑤ Nachbarbundesländer von Rheinland-Pfalz: Nutze die Karte 1 und deinen Atlas.

a) Beschreibe die Lage der Nachbarbundesländer von Rheinland-Pfalz. **(AFB I)**

Nordrhein-Westfalen liegt im Norden, Hessen im Osten, Baden-Württemberg im Südosten und Saarland im Südwesten.

b) Ermittle die Fläche, Einwohnerzahl und Hauptstadt der Nachbarbundesländer. Lege dazu eine Tabelle an. **(AFB I)**

Die Angaben beziehen sich auf Haack Weltatlas, Klett-Perthes Verlag 2007.

Nachbar-BL	Fläche	Einwohnerzahl	Hauptstadt
NW	34 000 km²	18,1 Mio.	Düsseldorf
HE	21 100 km²	6,1 Mio.	Wiesbaden
BW	35 700 km²	10,7 Mio.	Stuttgart
SL	2 500 km²	1,0 Mio.	Saarbrücken

⑥ Nachbarstaaten Deutschlands: Nutze die Materialien 2 und 3 und arbeite mit einem Partner:

a) Notiert im Wettbewerb zuerst die in den Beschreibungen A – I versteckten Nachbarstaaten und ordnet ihnen die Autokennzeichen aus Tabelle 3 zu. **(AFB II)**

A Belgien (B), B Dänemark (DK), C Niederlande (NL), D Polen (PL), E Frankreich (F), F Schweiz (CH), G Österreich (A), H Luxemburg (L), I Tschechische Republik (CZ)

b) Einer ordnet die Nachbarstaaten nach der Größe, der andere nach der Einwohnerzahl. Vergleicht die Ergebnisse. **(AFB I/II)**

nach Größe (groß nach klein):
Frankreich, Polen, Österreich, Tschechische Republik, Dänemark, Niederlande, Schweiz, Belgien, Luxemburg.

nach Einwohnern (hoch nach niedrig):
Frankreich, Polen, Niederlande, Tschechische Republik, Belgien, Österreich, Schweiz, Dänemark, Luxemburg

Vergleich: Eine große oder kleine Fläche heißt nicht automatisch viele oder wenige Einwohner. Übereinstimmung gibt es zum Beispiel bei Frankreich, Polen oder auch Luxemburg. Staaten wie die Niederlande und Belgien haben bei kleiner Fläche jedoch eine hohe Einwohnerzahl.

Medientipps

Bundesländer-Puzzle (Online-Code 8h95he)
Bundesländer zuordnen (Online-Code sg6356)

Unterrichtsvorschlag

Unterrichtsphase	Inhaltlicher Schwerpunkt	Methodisches Vorgehen / Sozialform	Medien / Materialien
Einstieg	– Test des Vorwissens zur Gliederung Deutschlands in Bundesländer – Was ist Deutschland? Antworten aus der Geschichte	UG (in Abhängigkeit vom Einsatz der Auftaktdoppelseite)	SB S. 36, M1
Erarbeitung I	Die Verwaltungsgliederung Deutschlands: Bundes- und Länderebene	LV oder Auswertung SB-Text	SB S. 36, Text
Ergebnissicherung I	Bundesstaat und Bundesländer		Tafelbildvorschlag
Erarbeitung II	Die 16 Länder und ihre Hauptstädte	Kartenauswertung: Erarbeitung der Namen der Länder und der Landeshauptstädte, Größenvergleiche und Lagebeziehungen	SB S. 36, M1, Aufg. 1 und 2
Erarbeitung III	Die Nachbarstaaten Deutschlands und ihre Hauptstädte	UG: Nennung der Nachbarstaaten und Hauptstädte PA: Identifizierung der Nachbarstaaten	SB S. 36, M1, Atlas SB S. 37, M2, 3, Aufg. 6
Differenzierungs-angebot	Festigung der Kenntnisse zu Bundesländern, Landeshauptstädten sowie Nachbarstaaten und wichtigen Lagebeziehungen	EA oder PA – Lagebeziehungen suchen – Lerndomino – Memory	SB S. 54, Aufg. 1
Hausaufgabe	Übung: Bundesländer und Landeshauptstädte	EA	SB S. 54, Aufg. 3 und 4

Eine Tabelle lesen

Kompetenzen

Die Schülerinnen und Schüler können …
- den Aufbau einer Tabelle verstehen und erklären;
- den Inhalt einer Tabelle erfassen und beschreiben;
- aus Tabellen themenbezogene Informationen gewinnen;
- unterschiedliche Informationsquellen zur Klärung geographischer Sachverhalte nutzen.

Sachinformationen

Tabellen stellen statistische Angaben dar und sind damit eine unverzichtbare Informationsquelle. Sie enthalten absolute oder relative Angaben (Prozentangaben). In der Regel enthält die Tabelle nicht nur Angaben zu den auf einen Sachverhalt bezogenen Gesamtmengen, sondern sie gliedert diese oft auch in Teilmengen. Durch den Vergleich der Zahlenangaben können wichtige Erkenntnisse gewonnen werden.

Hinweise zum Unterricht

Diese Doppelseite bietet sich an, um erste Grundlagen für die im Lehrplan geforderte Methodenkompetenz „Sie werten […] Tabellen aus" zu legen. Inhaltlich ist die Einführung in die Arbeitsmethode an das Thema Bundesländer und Nachbarstaaten gebunden, wobei Größenvorstellungen im Hinblick auf Fläche und Einwohnerzahl im Mittelpunkt stehen. Die Einbeziehung der Doppelseite sollte daher im Rahmen der Erarbeitung bzw. Festigung dieses Themas erfolgen.

Lösung der Basisaufgaben

1 Arbeite mit der Tabelle 2:
a) Formuliere in Sätzen, worüber die Tabelle Auskunft gibt. **(AFB II)**
Die Tabelle zeigt für alle Länder Deutschlands die Flächengröße und die Einwohnerzahl für die Jahre 1990 und 2011. Außerdem kann man die Entwicklung der Bevölkerung im Zeitraum von 1990 bis 2011 ablesen.
b) Ermittle für 2011 jeweils die drei größten sowie kleinsten Bundesländer im Hinblick auf Fläche und Einwohner. **(AFB I)**
größte Fläche: Bayern, Niedersachsen, Baden-Württemberg;
kleinste Fläche: Bremen, Hamburg, Berlin;
größte Bevölkerung 2011: Nordrhein-Westfalen, Bayern, Baden-Württemberg;
kleinste Bevölkerung 2011: Bremen, Saarland, Mecklenburg-Vorpommern.
c) Ermittle die drei Länder mit dem größten Bevölkerungszuwachs und dem größten Bevölkerungsrückgang im Zeitraum von 1990 bis 2011. **(AFB I)**
größter Bevölkerungszuwachs: Bayern, Baden-Württemberg, Niedersachsen;
größter Bevölkerungsrückgang: Sachsen, Sachsen-Anhalt, Thüringen.

d) Vergleiche Fläche und Einwohnerzahl von Berlin und Hamburg aus 2011. **(AFB II)**
Die Fläche von Berlin ist nur etwa 130 km² größer als die von Hamburg, doch Berlin hat fast 1,7 Mio. mehr Einwohner als Hamburg.
e) Formuliere die wichtigsten Aussagen der Tabelle in Sätzen. **(AFB II)**
Die Tabelle zeigt, dass es in der Flächengröße und Einwohnerzahl der Bundesländer große Unterschiede gibt. Drei Bundesländer (Nordrhein-Westfalen, Bayern und Baden-Württemberg) haben über zehn Millionen Einwohner, Bremen und das Saarland dagegen haben nur eine geringe Bevölkerungszahl. Das mit Abstand größte Bundesland ist Bayern. Gemessen an der Fläche haben Berlin, Hamburg und Nordrhein-Westfalen eine große Bevölkerung.
Im Zeitraum von 1990 bis 2011 hat die Bevölkerung vor allem in den ostdeutschen Ländern sowie im Saarland und in Bremen zum Teil stark abgenommen. Eine große Zunahme der Bevölkerung verzeichneten in diesem Zeitraum die Länder Bayern, Baden-Württemberg, Niedersachsen und Nordrhein-Westfalen. Die Gesamtbevölkerung Deutschlands nahm von 1990 bis 2011 um über zwei Millionen Menschen zu.
f) Ermittle das Land mit der größten und der kleinsten Bevölkerungsdichte. **(AFB I)**
größte Bevölkerungsdichte 2011: Berlin, 3 945 Einw./km²;
kleinste Bevölkerungsdichte 2011: Mecklenburg-Vorpommern, 70 Einw./km²

2 Werte die Tabelle in der Grafik 1 aus. Nutze dazu die aufgezeigten Methodenschritte. **(AFB II)**
Die Tabelle zeigt für die sieben größten Städte Deutschlands die Einwohnerzahlen für die Jahre 2000 und 2010 sowie deren Fläche und Bevölkerungsdichte für das Jahr 2010. Die Angaben zur Bevölkerung und Fläche erfolgen in absoluten Zahlen, die der Bevölkerungsdichte in relativen Zahlen (Einwohner pro Quadratkilometer). Die Daten stammen vom Statistischen Bundesamt.
Die Angaben zur Bevölkerungsdichte ergeben sich aus den Angaben zur Bevölkerung 2010 und der Fläche.
In allen Städten hat die Bevölkerung im Zeitraum von 2000 bis 2010 zugenommen. Den größten Zuwachs verzeichnen dabei die Städte München, Berlin und Hamburg. Köln erreichte im Jahr 2010 eine Einwohnerzahl von einer Million. München hat mit 4 359 Einw./km² die größte Bevölkerungsdichte gefolgt von Berlin mit 3 898 Einw./km². Nach der Gesamtbevölkerung lassen sich die Städte in drei Gruppen zusammenfassen:
- Berlin als die mit Abstand größte Stadt,
- Hamburg, München und Köln als weitere Millionenstädte,
- Frankfurt a. M., Stuttgart und Düsseldorf mit etwas mehr als einer halben Million Einwohnern.

Unterrichtsvorschlag

Unterrichtsphase	Inhaltlicher Schwerpunkt	Methodisches Vorgehen / Sozialform	Medien / Materialien
Einstieg	Wozu braucht man Tabellen? Welche Bedeutung haben sie in unserem Leben?	UG: Cartoon, Einstiegstext	SB S. 38
Erarbeitung I	Aufbau einer Tabelle	UG: Aufbau einer Tabelle	SB S. 39, M2
Erarbeitung II	Handlungsalgorithmus zum Lesen einer Tabelle	UG/EA	SB S. 38/39, M2 und Text, Aufg. 1 (auf Tabelle M2 beziehen)
Ergebnissicherung	Hauptaussagen der Tabelle formulieren	PA: gegenseitiges Erklären der Handlungsschritte am Beispiel der Tabelle M2	SB S. 38/39, Text: 4. Schritt, Aufg. 1e)
Anwendung	Selbstständige Auswertung einer Tabelle	EA: Anwendung der Methode auf die Tabelle M1	SB S. 38/39, M1, Aufg. 2

Großlandschaften in Deutschland

Kompetenzen

Die Schülerinnen und Schüler können …
- Deutschland von Nord nach Süd in vier Großlandschaften gliedern;
- anhand von Fotos und eines Landschaftsprofils die vier Großlandschaften hinsichtlich ihrer Oberflächenformen beschreiben;
- eine einfache Kartenskizze zu den Großlandschaften Deutschlands zeichnen.

Grundbegriffe

Landschaft, Großlandschaft, Relief, Tiefland, Mittelgebirgsland, Alpenvorland, Alpen

Hinweise zum Unterricht

Die Erstellung der folgenden Tabelle kann in unterschiedlichen Schwierigkeitsstufen erfolgen:
- Lehrer/in gibt nur Tabellenkopf vor, Schüler/innen füllen selbstständig die leeren Felder aus;
- Lehrer/in gibt die Zelleneinträge ungeordnet (in einer Art Puzzle) vor, sodass die Schüler/innen die Merkmale der Großlandschaften nur noch richtig in die Tabelle einordnen müssen.

Tafelbild

Großland-schaft	Farbe in der Karte M1	Höhenlage	Beschreibung der Oberflächenformen
Tiefland	grün	0–200 m	flach, eben
Mittel-gebirgsland	gelb	200–2 000 m	abgerundete Berge, kuppig, Bergrücken, Einzelberge, Täler
Alpenvorland	hellbraun	200–500 m	flach, hügelig
Alpen	dunkelbraun	über 2 000 m	steil, schroff, spitz

Lösung der Basisaufgaben

1 Beschreibe die Oberflächenformen in den Fotos 2. Ordne sie den vier Großlandschaften Deutschlands zu. (AFB I/II)
A: weite und ebene Flächen mit kleinen flachen Hügeln: Tiefland
B: einzelne, abgerundete Berge, flache muldenartige Täler: Mittelgebirgsland
C: ebene bis hügelige Landschaft, im Hintergrund steile Berge: Alpenvorland
D: steile und spitze Berge mit Schnee bedeckt: Alpen

2 Lokalisiere die drei größten Seen Deutschlands (Boden-see, Müritz, Chiemsee) und ordne sie den Großlandschaften zu. (AFB II)
Bodensee im Alpenvorland, Müritz im Norddeutschen Tiefland, Chiemsee im Alpenvorland

Anwendungsaufgabe

3 Stell dir vor, du fliegst von Hamburg nach München. Halte deine Flugstrecke in einer Kartenskizze von Deutschland (siehe Seite 30/31) fest: (AFB II)
a) Skizziere den Umriss von Deutschland frei Hand auf ein weißes Blatt Papier.
b) Zeichne grob den Verlauf der Flüsse Rhein, Weser, Elbe, Oder, Main und Donau in deine Kartenskizze ein.
c) Beschreibe den Verlauf der Flüsse und ordne sie den Großlandschaften zu.
d) Zeichne grob die Grenzen der Großlandschaften ein.
e) Trage Start- und Zielpunkt deiner Reise sowie den Streckenverlauf in deine Kartenskizze ein.
Individuelle Schülerlösung.

Medientipps

Flüge über Deutschland (Online-Code 6fc73n)
Großlandschaften Deutschlands (Online-Code 8qu9ke)

Unterrichtsvorschlag

Unterrichtsphase	Inhaltlicher Schwerpunkt	Methodisches Vorgehen / Sozialform	Medien / Materialien
Einstieg	Fiktiver Flug von Flensburg zur Zugspitze	Flensburg und Zugspitze verorten	Atlas, Wandkarte, SB S. 40/41, M3
Erarbeitung I	Gliederung Deutschlands in Großland-schaften und deren Merkmale	UG	Atlas, Wandkarte, SB S. 40/41, M1, 2
Ergebnissicherung I	Großlandschaften Deutschlands (Über-sicht)	EA: Tabelle als Hefteintrag erstellen EA oder PA	Tafelbild, SB S. 40/41, M2, Aufg. 1 und 2
Erarbeitung II	Kartenskizze Deutschland	EA	Atlas, SB S. 30/31 und SB S. 40/41, Aufg. 3
Ergebnissicherung II	Kartenskizze Deutschland	UG: Vergleich der Ergebnisse	

Du weißt nichts von mir …

Kompetenzen

Die Schülerinnen und Schüler können …
- das unterschiedliche Leben auf dem Land und in der Stadt beschreiben;
- sich in die Perspektiven der Kinder hineinversetzen;
- erste Vorstellungen von einem Entwicklungsland entwickeln.

Sachinformationen

Ruanda in Zentralafrika ist seit über 30 Jahren das Partnerland von Rheinland-Pfalz. Die Größe beider Länder ist vergleichbar, die Bevölkerungszahl und damit verbunden die Probleme sind es nicht. Zwischen beiden Ländern wird eine sog. Graswurzelpartnerschaft gepflegt, die durch kleine, dezentral organisierte Kommunalprojekte geprägt wird. Der Erfolg dieses Entwicklungsmodells wird immer wieder hervorgehoben, da diese Partnerschaft gerade auch in den katastrophalen Zeiten des Bürgerkrieges und damit verbundenen Genozids in den 1990er-Jahren aufrechterhalten werden konnte.

Die stereotypen Vorstellungen von Entwicklungsländern werden heute allerdings nicht mehr von Ruanda erfüllt. Zwar gibt es nach wie vor Armut und schlechte Infrastruktur auf dem Land, doch verzeichnet Ruanda auch eine schnell wachsende Wirtschaft und Infrastruktur in der Stadt. Mit großer Intensität und Geschwindigkeit entwickelt sich Ruanda – mit großer Unterstützung aus der Entwicklungshilfe, aber auch v.a. mit Joint-Venture-Projekten aus China – weiter. Die Zielvorstellung: 2020 Schwellenlandstatus. Das alles ist für diese Klassenstufe 5/6 freilich nicht zentral; wichtig aber ist, den Kindern in Deutschland von Beginn an eine differenzierte Vorstellung von Afrika, hier von Ruanda zu vermitteln.

Hinweise zum Unterricht

Dies ist also für den Erdkundeunterricht die erste Begegnung mit dem Partnerland Ruanda. Orientierung in Rheinland-Pfalz und Deutschland wird erweitert um die Sicht nach Ruanda. Der induktive Aufbau der Doppelseite stellt zwei Kinder mit ihrem Leben vor, die sich nicht kennen, sondern via Chatroom kennenlernen. Für sie ist die Welt des jeweils anderen quasi genauso weit weg und schlecht vorstellbar wie für die Kinder in Deutschland das Leben in Ruanda. Ruanda wird also durch diesen perspektivischen Dialog vorgestellt, dabei werden Traditionelles und Modernes miteinander in Bezug gesetzt. Dieser Ansatz ist sicher ungewöhnlich, aber spannend – im Übrigen für den Lehrer u.U. ungewöhnlicher als für die medienerprobten Schülerinnen und Schüler …

Das Thema Ruanda wird in der Mittel- und Oberstufe fortgesetzt.

Hinweise zu den Materialien

Die Bilder 3 bis 7 sollten bearbeitet werden. Sie zeigen die gewaltigen Unterschiede zwischen Stadt und Land, aber auch Gemeinsamkeiten.

Lösung der Basisaufgaben

1 Ruanda und Rheinland-Pfalz: Vergleiche mithilfe des Atlas die Größe und die Lage (Kontinent, Nachbarländer …) beider Länder. **(AFB I)**

Ruanda und Rheinland-Pfalz sind zwar nicht gleich groß (Ruanda 26 338 km², Rheinland-Pfalz 19 849 km²), jedoch beide recht klein und damit gut vergleichbar. Die Einwohnerzahlen zeigen bereits große Unterschiede: Ruanda hat ca. elf Millionen Einwohner, Rheinland-Pfalz ca. vier Millionen.

Die Lage: Ruanda in den Zentraltropen in Afrika, Rheinland-Pfalz in Europa um den 50. Breitengrad.

Nachbarländer: Ruanda – D. R. Kongo, Uganda, Burundi, Tansania; Rheinland-Pfalz bzw. Deutschland: Niederlande, Belgien, Dänemark, Polen, Tschechische Republik, Slowenien, Österreich, Schweiz, Frankreich

2 Vergleiche das Leben von Beatrice und Philbert. Worin unterscheiden sich ihre Erzählungen, was ist ähnlich? **(AFB II)**

Philbert: Kigali, modernes Haus mit eigenem Zimmer, Vater Büroarbeit, kurzer Schulweg

Beatrice: Nyagahanga (60 km von Kigali), schlecht erreichbar, einfache Hütte, langer Schulweg, Leben tagsüber draußen, Wasser und Strom noch sporadisch

vergleichbar: Hobbies, Internet, Handy

3 Beurteile die beiden vorgestellten Welten in Ruanda. Mit wem würdest du gerne einmal tauschen? Könnte man die beschriebenen Lebensbedingungen auf Rheinland-Pfalz übertragen? **(AFB II/III)**

Individuelle Schülerlösung.

Sicher hier überraschend: die vergleichbaren Kommunikationsmöglichkeiten; aber auch: die ungewissen Aussichten für manche Kinder in der Stadt. Bildarbeit ist hier sicher sinnvoll.

Rheinland-Pfalz: Auch hier gibt es sehr abgelegene Regionen auf dem Land (z. B. Eifel, Hunsrück …), die weit weg von Großstädten sind. Die Vorstellungen von Jugendlichen zum einen über die Stadt, zum anderen über das sog. Land sind auch durchaus weit voneinander entfernt (auch wenn sicher nicht so weit wie in Ruanda).

4 Begründe, wieso Beatrice Philbert vieles erklären muss. **(AFB II)**

Die Unterschiede zwischen Stadt und Land sind extrem, sodass sich die Kinder überhaupt nicht in die andere unbekannte Welt hineinversetzen können. Auch hier gibt es schon typische Annahmen: Das Stadtkind wundert sich, dass es auf dem Land Internet und Handy gibt, das Landkind wundert sich, dass in der Stadt viele Kinder alleine sind, und kann sich das Leben überhaupt nicht vorstellen.

Medientipps

Jede Schule hat eine Ruanda-Karte, die aufgehängt werden sollte und auf der dann die Verortung der beiden Wohnorte der Kinder vorgenommen wird. Dazu Entfernungsmessung und die Information: Von Kigali nach Nyagahanga braucht man mit dem Auto derzeit ca. vier Stunden, da die Straßen auf dem Land nur Schritttempo zulassen.

Konkreter Tipp: Die Homepage des Stefan-George-Gymnasiums Bingen zeigt viele Aktivitäten der AG, viel Material zu Schülerreisen, u.a. auch Filmtipps: www.sgg-bingen.de.

Gute Informationen lassen sich über die Homepage des Ruanda-Referates des Innenministeriums Rheinland-Pfalz einholen: http://isim.rlp.de/internationale-zusammenarbeit/partnerschaft-mit-ruanda/.

Schulpartnerschaft

Es ist durchaus sinnvoll, eine Schulpartnerschaft – sollte sie nicht sowieso schon bestehen – mit einer ruandischen Schule zumindest anzusprechen und zu diskutieren. Material dazu gibt es im Ruanda-Referat des Innenministeriums in Mainz. Auch erhält die Schule die zweimal jährlich erscheinende Ruanda Revue, sie sollte in den Unterricht integriert werden. Hier sind alle wichtigen Informationen zu finden.

Unterrichtsvorschlag

Unterrichtsphase	Inhaltlicher Schwerpunkt	Methodisches Vorgehen / Sozialform	Medien / Materialien
Einstieg	Was wisst ihr über Ruanda?	UG: erstes Brainstorming	
Erarbeitung I	Beatrice und Philbert im Chat	PA/UG	SB S. 42/43, M2, Aufg. 1
Ergebnissicherung I	Beatrice und Philbert im Chat	PA/UG: Sammlung an der Tafel, Zuordnung der Bilder des Buches	SB S. 42/43, Text, M3–7, Kopien
Erarbeitung II	Beatrice und Philbert im Chat	PA	SB S. 42/43, Aufg. 2
Vertiefung	Wieso wissen die Kinder so wenig voneinander? Vergleich mit Kindern in Deutschland	UG	SB S. 42/43, Aufg. 3
Hausaufgabe	Du weißt nichts von mir …	Steckbrief erstellen von je einem ruandischen und einem deutschen Kind als ersten Briefkontakt	

Bilder beschreiben und erleben

Kompetenzen

Die Schülerinnen und Schüler können …
- Bilder in einer strukturierten Schrittfolge beschreiben;
- typische Formulierungen für Bildbeschreibungen verwenden;
- sich die Bilder mit ihren Inhalten vorstellen und erleben lernen.

Sachinformationen

Das Bild ist eines der wichtigsten Medien des Erdkundeunterrichts. Dies trifft besonders in der Orientierungsstufe zu, weil es den Schülerinnen und Schülern besonders anschaulich Sachverhalte und Problemstellungen aufzeigen kann. Die Bildbeschreibung sollte deshalb systematisch in einzelnen Schritten eingeübt werden: vom Orientieren, Fragen stellen, Beschreiben, Erklären hin zum Diskutieren und Werten. Neuere didaktische Überlegungen aus dem (gemäßigten) Konstruktivismus erweitern nun die klassische Bildbeschreibung, indem für den Unterricht sehr lohnenswerte Zugänge angeboten werden. Diese verfolgen einen individuellen Zugang über die abgebildeten Personen, über Rollenspiele etc. und ermöglichen so einen Perspektivwechsel. Die Schülerinnen und Schüler werden in die dargestellte Welt hineinversetzt und erleben so die Bilder.

Hinweise zum Unterricht

Der Einsatz eines Bildes kann in allen Phasen einer Unterrichtsstunde sinnvoll sein. Interessant ist das Zusammenwirken mit einem weiteren Medium, z. B. der Karte oder einer Grafik. Diese abstrakten Darstellungen werden dann durch das Bild verlebendigt.
Das Zeichnen einer Skizze ist wichtig: So beobachten die Schülerinnen und Schüler die Einzelheiten eines Bildes genau, so fallen ihnen dann auch Besonderheiten auf.

Tafelbild

gemeinsame Skizze eines Bildes

Lösung der Basisaufgabe

1 Suche dir jetzt in deinem Schülerbuch ein Bild aus, das du so beschreibst, wie du es auf diesen Seiten gelernt hast. **(AFB I/II/III)**
Individuelle Schülerlösung.

Anwendungsaufgabe

2 Partnerarbeit: Beschreibe deinem Partner ein weiteres Bild. Dieser skizziert es nach deiner Beschreibung. **(AFB I/II/III)**
Individuelle Schülerlösung.

Medientipps

Geographie heute, Heft 185/2000: Bilder. Seelze: Friedrich Verlag 2000

Geographie heute, Heft 253/2007: Bilder lesen lernen. Seelze: Friedrich Verlag 2007

Uhlenwinkel, Anke: Schüler ins Bild setzen. In: Praxis Geographie, Heft 1/2007, Braunschweig: Westermann 2007

Dickel, Mirka; Karl W. Hoffmann: Mit Bildern umgehen – Zwischen Spielraum und Festlegung. In: Geographie und Schule 34. Jg., H. 199 (Okt.), Halbergmoos: Aulis 2012, S. 12 ff.

Bilder gliedern (Online-Code 4j9r6h)

Unterrichtsvorschlag

Unterrichtsphase	Inhaltlicher Schwerpunkt	Methodisches Vorgehen/Sozialform	Medien/Materialien
Einstieg	Bilder beschreiben	UG: freie Bildbeschreibung, SuS sammeln Ideen zu einem Bild	SB
Erarbeitung I	Bilder beschreiben und erleben	UG/EA/PA: Beschreibung nach den vorgegebenen Schritten durchführen	SB S.44/45, Schritte 1–5, M1, Tafel, Heft
Erarbeitung II	Bilder beschreiben und erleben	EA/PA: Skizze zeichnen im Heft und an der Tafel	SB S.44/45, M3
Erarbeitung III	Bilder beschreiben und erleben	EA/PA: Bilder erleben bzw. verlebendigen	SB S.44/45, M2
Ergebnissicherung	Bilder beschreiben und erleben	EA: Skizze in Heft fertigstellen	SB S.44/45
Vertiefung/Transfer	Bilder beschreiben und erleben	Bildbeschreibung mit neuem Bild	SB S.44/45, Aufg. 1

Hinweis: Die Bildbearbeitung kann selbstverständlich in allen Phasen einer Unterrichtsstunde stattfinden.

Sich auf der Erde orientieren

Kompetenzen

Die Schülerinnen und Schüler können …
- die eigenen Vorstellungen über ihre Welt zeichnen und mit dem Globusmodell vergleichen;
- den Globus als stark verkleinertes Modell der Erdkugel erfassen, welches die Größenverhältnisse und Entfernungen auf der Erde maßstabsgerecht widerspiegelt;
- den Aufbau des Gradnetzes mit den Breitenkreisen und Meridianen beschreiben;
- Grundbegriffe am Globus zeigen und kurz erklären;
- die Kontinente und Ozeane auf verschiedenen Abbildungen der Erde (Globus, Karte, Satellitenbild) erkennen und benennen;
- die Größe der verschiedenen Kontinente und Ozeane vergleichen und einfache Lagebeziehungen beschreiben.

Grundbegriffe

Äquator, Breitenkreis, Erdachse, Globus, Gradnetz, Himmelsrichtung, Kontinent, Längenhalbkreis (Meridian), Nordhalbkugel, Ozean, Südhalbkugel

Sachinformationen

Vorstellungen

Schülervorstellungen werden zunehmend ernst genommen und damit für den Unterricht wirksam gemacht. Bereits vor der Grundschule entwickeln Kinder eigene Vorstellungen über ihre Welt, die gespeist werden aus Eindrücken ihres individuellen Lebens, vor allem auch durch den zunehmenden Einfluss der Medien. Vorstellungen und Vorkenntnisse lassen sich dann kaum mehr voneinander trennen. Wichtig ist aber, diese Vorstellungen im Unterricht aufzunehmen, mit den eingeführten Fachvorstellungen bzw. Fachmodellen und dem Fachwissen der Erwachsenen und damit des Unterrichts zu vergleichen. So können auch dauerhafte Fehlvorstellungen vermieden bzw. korrigiert werden. Oft können auch Elemente der Schülervorstellungen integriert werden.

Die eigene Welt entwickelt sich vom eigenen Haus/von der eigenen Wohnung, vom Spielplatz etc. immer weiter fort und die Kinder entdecken zunehmend Fremdes. Dabei werden die früher angenommenen eher konzentrischen Kreise v.a. durch Internetwissen und Fernreisen durchbrochen.

Gradnetz der Erde

Die Koordinaten des Gradnetzes sind Gradzahlen. Diese werden wie bei der Kreiseinteilung in Grad, Minuten und Sekunden angegeben. Für den Unterricht der 5. Klasse beschränkt man sich auf die Angaben in Grad. Ein Längengrad als Strecke ist der Bogenabstand zweier Meridiane. 1° Länge beträgt am Äquator rund 111 km und verringert sich bis zu den Polen auf 0 km. Ein Breitengrad als Strecke ist der Bogenabstand zweier Breitenkreise. 1° Breite beträgt immer rund 111 km. Breitenkreise werden vom Äquator (0° Breite) zu den Polen (90° Breite) gezählt und nach nördlicher und südlicher Breite unterschieden. Den

Zahlenwerten entsprechend werden die Bezeichnungen niedere Breiten (äquatornahe Gebiete), mittlere Breiten, hohe Breiten (polnahe Gebiete) verwendet.

Meridiane werden vom Nullmeridian (0° Länge) aus gezählt. Nach internationaler Übereinkunft (1883) wurde der Meridian der ehemaligen Sternwarte von Greenwich bei London dazu bestimmt. Es wird je 180° nach Westen und Osten gezählt. Die Meridiane 180° westlicher Länge und östlicher Länge fallen zusammen.

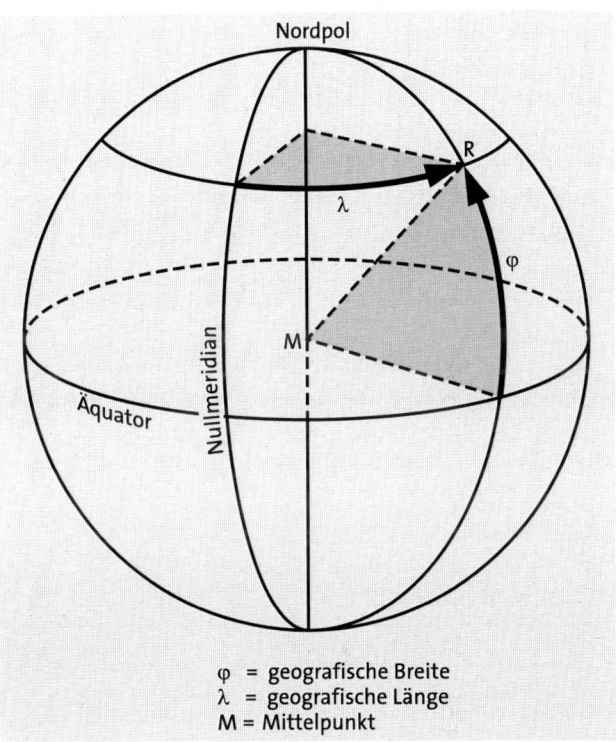

φ = geografische Breite
λ = geografische Länge
M = Mittelpunkt

Hinweise zum Unterricht

Die Schülervorstellungen sollten möglichst zu Anfang der Stunde oder auch als vorbereitende Hausaufgabe bearbeitet werden, um sie dann in die weitere Erarbeitung einbeziehen zu können. Die Einbeziehung des Gradnetzes verfolgt nicht das Ziel, die Schülerinnen und Schüler zur Nutzung des Gradnetzes bei der Lagebestimmung zu befähigen. Vielmehr geht es darum, wichtige Grundbegriffe wie Nord- und Südhalbkugel oder Äquator als Grundlage für einfache Lagebeschreibungen einzuführen. Außerdem soll eine Erklärung für die auf den meisten Atlaskarten sichtbaren Gradnetzlinien erfolgen. Diese bilden oft als Gradnetzfelder die Grundlage für das Auffinden geografischer Objekte mithilfe des Namensregisters. Zum Problem der zweidimensionalen Darstellung der Erde in einer Weltkarte müssen unterschiedliche Beispiele demonstriert werden, z.B. die Umrisse der Antarktis auf dem Globus und der Weltkarte oder die Flugroute von Berlin nach New York. Dies kann auch demonstriert werden, indem man den Globus in einen großen Bogen Papier „einpackt". Da die Schülerinnen und Schüler der 5. Klasse die Kugel im Mathematikunterricht noch nicht behandeln, müssen Verständnisprobleme eingeplant werden. Die Lehrerin/der Lehrer sollte deshalb das Koordinatensystem des Gradnetzes auf vereinfachte Art und Weise einführen. Mit dem Fach Mathematik muss abgestimmt werden, inwieweit die Schülerinnen und Schüler schon über Kenntnisse zum Kreis, insbesondere zur Gradzählung, verfügen.

Lösung der Basisaufgaben

1 Deine Welt und der Globus:

a) Zeichne deine Welt nach deinen Vorstellungen. (AFB I/II)

b) Vergleiche dein Bild mit dem Globusmodell. Welche Gemeinsamkeiten, welche Unterschiede gibt es? (AFB I/II)

c) Diskutiere die Ergebnisse mit deinem Nachbarn. (AFB II)
Individuelle Schülerlösung.

2 Arbeite mit dem Atlas.

a) Benenne die genaue Lage im Gradnetz: New York, Delhi, Kapstadt und Brasília. (AFB I)
New York: 40° n. Br. und 74° w. L.; Delhi: 28° n. Br. und 77° ö. L.; Kapstadt: 35° s. Br. und 18° ö. L.; Brasília: 16° s. Br. und 48° w. L.

b) Nenne die nächstgelegene größere Stadt zu folgenden Koordinaten: (AFB I)
51° n. Br. und 0°
London
40° n. Br. und 4° w. L.
Madrid
34° s. Br. und 152° ö. L.
Sydney

3 Arbeite mit der Karte 5. Benenne Kontinente und Ozeane. (AFB I)

1 = Nordamerika; 2 = Südamerika; 3 = Europa; 4 = Afrika; 5 = Asien; 6 = Australien; 7 = Antarktis; 8 = Pazifik; 9 = Atlantik; 10 = Indik.

Anwendungsaufgabe

4 Überlege dir eine Aufgabe (z. B. aus der Schifffahrt, Entdeckungsreisen), bei der es wichtig ist, die Position auf der Erde genau angeben zu können. Stelle diese Aufgabe dann vor. (AFB II/III)
Individuelle Schülerlösung.

Medientipps

Reinfried, Sibylle: Schülervorstellungen und Lernen von Geographie. In: Geographie heute, H. 265/2008, Seelze: Friedrich Verlag 2008

Quiz Gradnetz der Erde (Online-Code 3h34p2)
Globus Bastelvorlage (Online-Code m7f7mw)
Kontinente und Ozeane (Online-Code v5v9k7)

Tafelbildvorschlag

Das Gradnetz der Erde

	Breitenkreise	Längenhalbkreise (= _____)
Skizze		
Verlauf	in west-östlicher Richtung (parallel zum Äquator)	in nord-südlicher Richtung (von Pol zu Pol)
Länge	unterschiedlich lang	alle gleich lang
Nummerierung beginnt	am Äquator	beim Nullmeridian
Besonderheiten	Der längste Breitenkreis mit ca. 40 080 km ist der _____. Dieser teilt die Erde in eine _____ - und _____ .	Der Nullmeridian, der durch Greenwich verläuft, und der 180. Meridian teilen die Erde in eine _____ - und _____ .

Unterrichtsvorschlag

Unterrichtsphase	Inhaltlicher Schwerpunkt	Methodisches Vorgehen / Sozialform	Medien / Materialien
Einstieg	In deinem Kopf	EA/UG: Schülervorstellungen der Klasse präsentieren und vergleichen	eigene Bilder, SB S. 46/47, M1, Aufg. 1
Erarbeitung I	Globus – ein Modell der Erde Orientierung: Gradnetz der Erde	UG	SB S. 46/47, M2–4, Aufg. 2, Globus
Ergebnissicherung I	Orientierung: Gradnetz der Erde – Problemstellung aus der Schifffahrt	UG: Entwicklung eines dynamischen Tafelbildes	Tafel/Heft
Vertiefung	Vergleich Schülervorstellungen – Modell	PA/ UG	
Erarbeitung II	Kontinente und Ozeane	EA	SB S. 47, M5, M6, Aufg. 3

1

Sich selbst einschätzen und überprüfen

Kompetenzen

Die Schülerinnen und Schüler können …
- lernen sich selbst einzuschätzen und zu beurteilen;
- reflektieren, wie weit sie den behandelten Stoff verstanden und verinnerlicht haben.

Sachinformationen

Immer wieder wird von den Schülerinnen und Schülern im Leben verlangt, Situationen und das eigene Verhalten zu reflektieren und zu beurteilen. Diese Fähigkeit, die sie erst mit der Zeit erlernen, ist gerade für Jüngere eine enorme Herausforderung. Um ihnen hierbei eine Unterstützung zu bieten, finden sich im Schulbuch Selbsteinschätzungs- und Überprüfungsbögen (online). Dabei wird auf die wesentlichen Kompetenzen des Themenblockes zusammenfassend eingegangen und reflektiert, inwieweit die Schülerinnen und Schüler das Behandelte wirklich gelernt haben bzw. an welchen Stellen noch Nachholbedarf besteht.

Lösung der Basisaufgaben

1 Beschreibe den Weg einer Selbsteinschätzung und tausche dich darüber mit deinem Nachbarn aus. **(AFB I)**
Bei einer Selbsteinschätzung gehe ich jedes Themengebiet einzeln durch und versuche mir zu verdeutlichen, wie gut ich das Thema verstanden habe. Hierbei ist es wichtig, dass ich ehrlich antworte. Wenn ich den Selbsteinschätzungsbogen ausgefüllt habe, nehme ich mir die Fragen vor, bei denen ich angekreuzt habe „stimmt nicht" bzw. „stimmt teilweise", und arbeite diese Themen nochmals durch. Danach bearbeite ich den Selbsteinschätzungsbogen erneut.

2 Erkläre die Notwendigkeit der Selbsteinschätzung. **(AFB II)**
Eine Selbsteinschätzung ist notwendig, damit man weiß, was man noch nicht verstanden hat. Hat man diese Problemfelder erkannt, kann genau dort nachgebessert werden. Dadurch gewinnt man Sicherheit in einem Thema und hat vor der nächsten Überprüfung keine Angst.

3 Übe die Selbsteinschätzung:
a) Erkläre die Begriffe Planquadrat und Maßstab. **(AFB II)**
Planquadrate sind als dünne Linien in einen (Stadt-)Plan gedruckt. Am Rand befinden sich Buchstaben und Ziffern, sodass jedes Quadrat durch die Kombination von einem Buchstaben und einer Ziffer genau bezeichnet wird.
Der **Maßstab** gibt an, wie stark eine Karte gegenüber der Wirklichkeit verkleinert ist.
b) Erkläre die Entstehung einer Karte aus einem Senkrechtluftbild. **(AFB II)**
Beim Senkrechtluftbild schaut man senkrecht auf einen Ausschnitt der Welt. Man sieht keine Fassade mehr, sondern nur den Grundriss. Auch in Karten werden Stadt und Land so abgebildet, wie man sie senkrecht von oben sehen würde. Es ist aber nicht möglich, jede Einzelheit der Landschaft in der Karte abzubilden. Dazu würde der Platz nicht ausreichen. Deshalb werden bestimmte Einzelheiten vereinfacht, verkleinert und eingeebnet. Wege oder Bäche werden sehr viel breiter als in der Wirklichkeit eingezeichnet. Zur Darstellung der Wirklichkeit benutzt man auch Zeichen, Farben, Schrift und Linien.
c) Werte die Ergebnisse aus und überlege, wo du dich verbessern musst. **(AFB III)**
Individuelle Schülerlösung.

4 Führe die Selbsteinschätzung für Kapitel 1 mithilfe des oben angegebenen Online-Codes durch. **(AFB II/III)**
Individuelle Schülerlösung.

Medientipps

Selbsteinschätzung (Online-Code tn5cb9)
Kompetenzcheck (Online-Code 24w2g8)

Unterrichtsvorschlag

Unterrichtsphase	Inhaltlicher Schwerpunkt	Methodisches Vorgehen / Sozialform	Medien / Materialien
Einstieg	Selbsteinschätzung – Wie funktioniert so etwas?	UG: Mindmap zum Sammeln der Ideen	
Erarbeitung I	Wie wird eine Selbsteinschätzung durchgeführt?	LV: Erklärung der Durchführung, alternativ: EA	SB S. 48/49, Text, Selbsteinschätzungsbogen (Online-Code tn5cb9)
Erarbeitung II	Durchführung einer Selbsteinschätzung	EA	Selbsteinschätzungsbogen (Online-Code tn5cb9)
Ergebnissicherung I	Auswertung der Selbsteinschätzung und Tipps	UG	
Hausaufgabe	Sicherung des Vorgehens bei einer Selbsteinschätzung und Erkenntnis der Notwendigkeit derselben		SB S. 48/49, Aufg. 1 und 2

TERRA TRAINING

Wichtige Begriffe

Äquator, Atlas, Breitenkreis, Bundesland, Globus, Gradnetz, Großlandschaft, Himmelsrichtung, Karte, Kulturlandschaft, Längenhalbkreis (Meridian), Legende, Maßstab, Naturlandschaft

Lösung der Aufgaben

Sich orientieren

1 Bundesländer und Großlandschaften unter der Lupe (AFB I)

a) Welche Bundesländer liegen im Norddeutschen Tiefland?

Schleswig-Holstein, Mecklenburg-Vorpommern, Bremen, Hamburg, Berlin, Brandenburg

b) Welche Bundesländer liegen im Mittelgebirge?

Thüringen, Hessen, Rheinland-Pfalz, Saarland

c) Welche Bundesländer haben Anteil an zwei Großlandschaften?

Anteil am Tiefland und Mittelgebirgsland: Nordrhein-Westfalen, Niedersachsen, Sachsen-Anhalt und Sachsen

Anteil am Mittelgebirgsland und Alpenvorland: Baden-Württemberg und Bayern

d) Welches Bundesland hat Anteil an den Alpen?

Bayern

2 Außenseiter gesucht (AFB II)

a) Düsseldorf – Mainz – München – Wiesbaden

München: liegt nicht am Rhein

b) Dresden – Hamburg – Kiel – Schwerin

Kiel: liegt nicht an der Elbe

c) Berlin – Erfurt – Köln – München

Köln: ist keine Landeshauptstadt; Berlin: liegt als einzige Stadt östlich der Elbe

3 Nachbarn gesucht

Nenne die Nachbarländer von Thüringen. (AFB I)

Im Norden grenzt Thüringen an Niedersachsen und Sachsen-Anhalt, im Süden befindet sich Bayern, im Osten Sachsen und im Westen Hessen.

Kennen und verstehen

4 Fachbegriffe

Finde die richtigen Begriffe. (AFB I)

a) Er teilt die Erde in eine Nord- und eine Südhalbkugel.

Äquator

b) Bei ihm handelt es sich um ein Modell der Erde.

Globus

c) Es ist ein anderes Wort für Erdteil.

Kontinent

d) Diese Einheit gibt an, wie stark eine Karte gegenüber der Wirklichkeit verkleinert ist.

Maßstab

5 Das Gradnetz im Griff

Finde die richtigen Grundbegriffe in Grafik 1. (AFB I)

A) Von Westen nach Osten verlaufende Netzlinien heißen …

Breitenkreise

B) Von Norden nach Süden verlaufende Netzlinien heißen … oder …

Längenhalbkreise oder Meridiane

C) Beide Linienarten zusammen ergeben das …

Gradnetz

D) Der längste Breitenkreis heißt …

Äquator

E) Der durch Greenwich bei London verlaufende Längenhalbkreis heißt …

Nullmeridian

F) Der nördlichste Punkt der Erde heißt …

Nordpol

G) und der ihm gegenüberliegende Punkt …

Südpol

H) Die gedachte Drehachse durch den Erdmittelpunkt heißt …

Erdachse

6 Bilderrätsel

a) Löse das Bilderrätsel. (AFB I)

Längenhalbkreis

b) Erkläre den Begriff. (AFB II)

Ein Längenhalbkreis (auch „Meridian") ist eine gedachte Netzlinie, die den Nordpol mit dem Südpol verbindet.

7 Erklärungen gesucht

Erkläre mit deinen eigenen Worten die Bedeutung folgender Begriffe: (AFB II)

a) Kulturlandschaft

Landschaft, die vom Menschen durch seine Lebensweise (Bebauung, Landwirtschaft) beeinflusst wurde und sich so verändert hat

b) Legende

Erläuterung aller in einer Karte verwendeten Zeichen, Symbole, Abkürzungen und Farben

c) Bundesland

Das Wort Bundesland bezeichnet einen Gliedstaat eines Bundesstaates, zum Beispiel Rheinland-Pfalz, Saarland, Hessen etc.

8 Richtig oder falsch

Beurteile, ob folgende Aussagen richtig oder falsch sind. Korrigiere sie gegebenenfalls. (AFB II/III)

a) Der Atlas ist eine Sammlung von Fotos zu allen Gebieten der Erde.

falsch: Der Atlas ist eine Sammlung von Karten zu allen Gebieten der Erde.

b) Eine Legende erklärt die Symbole/Zeichen und Farben, die in einer Karte benutzt wurden.

richtig

c) Eine Kulturlandschaft ist eine vom Menschen durch Bebauung und Nutzung beeinflusste und veränderte Landschaft.

richtig

d) Eine Naturlandschaft ist eine Landschaft, in die der Mensch nur durch Bau von Trampelpfaden oder gar nicht eingegriffen hat.

richtig

e) Norden, Osten, Süden und Westen sind die Legende im Uhrzeigersinn des Kompasses.

falsch: Norden, Osten, Süden und Westen sind die Himmelsrichtungen im Uhrzeigersinn des Kompasses.

f) Großlandschaften sind Landschaften mit großer Ausdehnung und gemeinsamen bzw. ähnlichen Merkmalen des Reliefs und der Höhenlage. Man unterscheidet Tiefland, Mittelgebirgsland, Alpenvorland und Alpen.

richtig

g) Ein verkleinertes, verebnetes und vereinfachtes Abbild der Erdoberfläche oder eines Teils davon wird auch als Bundesland bezeichnet.

falsch: Dabei handelt es sich um eine Karte.

Fachmethoden anwenden

9 Im Atlas findet man fast alles.

Gib die Koordinaten von

a) Kigali,

1–2°S, 30°O

b) Kyoto und

35°N, 135°O

c) Yokohama

35°N, 140°O

an. (AFB I)

10 Kartenmaßstab

Berechne mithilfe deines Atlas die Entfernung zwischen Koblenz und Bingen. (AFB II)

3,2 Zentimeter auf der Karte mit einem Maßstab von 1:1500 000 ergibt eine Entfernung von 48 Kilometern.

11 Mit einem digitalen Globus entdecken

a) Beschreibe mithilfe eines digitalen Globus die Lage der Unglücksstelle des Untergangs der Titanic. (Eingabe in das Such-Fenster: 42N, 50W). (AFB II)

Die Unglücksstelle liegt mitten im Nordatlantik, nordwestlich von den USA.

b) Bestimme die Entfernung zwischen Bitburg und Trier. (AFB II)

25,85 Kilometer

Beurteilen und bewerten

12 Kontinente und Ozeane

Betrachte die Karte 2.

a) Was fällt dir auf? (AFB II)

Diese Karte zeigt den Pazifik in der Mitte. Dadurch verändert sich auch die Lage der anderen Kontinente und Ozeane. Afrika und Europa sowie Nord- und Südamerika liegen jetzt scheinbar am „Rand".

b) Für wen ist die Verwendung dieser Karte sinnvoll? Begründe. (AFB II/III)

Die Karte zeigt den hohen Anteil der Wasserflächen deutlicher als eine uns vertraute Karte mit Europa und Afrika in der Mitte.

Sie könnte z.B. auch für australische Schüler sinnvoll sein, da Australien relativ zentriert liegt.

Medientipps

Selbsteinschätzung (Online-Code e498fq)
Kompetenzcheck (Online-Code n2b6cc)

1

TERRA FÜR DICH: Mit dem Maßstab arbeiten

Kompetenzen

Die Schülerinnen und Schüler können …
- Entfernungen zwischen zwei Städten bestimmen;
- über bekannte Entfernungen zwischen zwei Städten den Maßstab einer Karte bestimmen.

Grundbegriffe

Maßstab, Maßstabszahl

Hinweise zum Unterricht „Werde sicher!"

Die linke Seite (S. 52) stellt Aufgaben zur weiteren Einübung der Entfernungsbestimmung anhand des Maßstabes zur Verfügung. Im Schulbuch sind diese Aufgaben mit den Seiten 20/21 „Karten lesen – Entfernungen bestimmen" verknüpft.

Hinweise zum Unterricht „Fordere dich!"

Die rechte Seite (S. 53) stellt Aufgaben für leistungsstarke Schülerinnen und Schüler bereit, die bereits eine Sicherheit beim Rechnen mit dem Maßstab erreicht haben und ihre Kenntnisse und Fähigkeiten erweitern und vertiefen wollen. Die Einbeziehung in den Unterricht kann in Abhängigkeit von der Klassensituation an unterschiedlichen Stellen erfolgen. Den besten Anknüpfungspunkt stellt die S. 20/21 „Karten lesen – Entfernungen bestimmen" dar.

Lösung der Aufgaben „Werde sicher!"

1 Mit dem Maßstab arbeiten:

a) Vollziehe mithilfe der Schritte 1 bis 4 die Berechnung der Entfernung zwischen Konstanz und Friedrichshafen nach. **(AFB I)**

Individuelle Schülerlösung.

b) Bestimme nun selbstständig mithilfe der Karte 1 die Entfernung zwischen den Städten Radolfzell und Kreuzlingen. **(AFB II)**

Die mit dem Lineal gemessene Strecke beträgt ungefähr drei Zentimeter. Die Maßstabszahl beträgt 600 000.
3 cm x 600 000 = 1 800 000 cm.
In eine sinnvolle Einheit umgerechnet ergibt dies:
1 800 000 cm = 18 000 m = 18 km.
Die Entfernung zwischen den Städten Radolfzell und Kreuzlingen beträgt also ungefähr 18 km.

Lösung der Aufgaben „Fordere dich!"

1 Mit dem Maßstab arbeiten:

a) Bestimme mithilfe der Schritte 1 bis 3 die Maßstabszahl der Karte 1. **(AFB II)**

Die Maßstabszahl beträgt 1 : 1 200 000.

b) Bestimme nun selbstständig die Maßstabszahl der Karte 2 „Südliches Baden-Württemberg". **(AFB II)**

Die Maßstabszahl beträgt 1 : 2 400 000.

TERRA FÜR DICH: Topografie/Großlandschaften

Kompetenzen

Die Schülerinnen und Schüler können …
- durch unterschiedliche Lernhilfen mehr Sicherheit im Bereich topografische Orientierung gewinnen (Orientierungswissen und Lagebeziehungen);
- ihre Kenntnisse und Fähigkeiten aus ausgewählten Inhalten erweitern und vertiefen: Zusammenhänge zwischen Naturraum und Bevölkerungsverteilung sowie Unterschiede zwischen Mittel- und Hochgebirge.

Hinweise zum Unterricht „Werde sicher!"

Die Informationen der linken Seite (S. 54) sind Differenzierungsangebote und Anregungen zum Umgang mit topografischen Informationen. Diese sollten in Abhängigkeit vom individuellen Leistungsstand der Schülerinnen und Schüler in den Unterricht einbezogen werden. Im Schulbuch sind diese Angebote mit den Seiten 36/37 „Bundesländer und Nachbarstaaten" verknüpft.
Für das Topografie-Lernen werden drei Übungen angeboten:
1. Lagebeziehungen suchen: Die Zuordnung von Lagebeziehungen z. B. mit der Fragestellung „Wer grenzt an wen?" ist hilfreich für das Erkennen von Lagebeziehungen.
2. Lerndomino und 3. Memory: Mit den Übungen Lerndomino und Memory kann es gelingen, dass sich Schüler topografische Objekte und Lagebeziehungen besser einprägen. Beides sind effektive Hilfen zum Behalten und Verinnerlichen topografischen Wissens. Beim Domino und beim Memory kann eine Steigerung der Wissenssicherung durch das Anfertigen der Spiele durch die Schülerinnen und Schüler erreicht werden.

Hinweise zum Unterricht „Fordere dich!"

Die rechte Seite (S. 55) stellt Aufgaben für leistungsstarke Schülerinnen und Schüler bereit, die bereits eine große Sicherheit beim Orientieren erreicht haben und ihre Kenntnisse und Fähigkeiten erweitern und vertiefen wollen. Die Einbeziehung in den Unterricht kann in Abhängigkeit von der Klassensituation an unterschiedlichen Stellen erfolgen. Den besten Anknüpfungspunkt stellt die S. 40/41 „Großlandschaften in Deutschland" dar.

Lösung der Aufgaben „Werde sicher!"

1 Bundesländer im Kopf: Topografie und Lagebeziehungen leichter lernen
a) Stelle für alle Bundesländer in einfachen Skizzen Lagebeziehungen dar. (AFB II)
   Individuelle Schülerlösung.
b) Lege die Kärtchen im Domino so zueinander, dass jeweils das Bundesland und seine Hauptstadt nebeneinander liegen. (AFB II)
   Individuelle Schülerlösung.

c) Gestalte entsprechend viele Kartenpaare für ein „Topographie-Memory". (AFB II)
   Individuelle Schülerlösung.

Lösung der Aufgaben „Fordere dich!"

1 Regelmäßigkeiten erkennen:
a) Beschreibe Auffälligkeiten, die du in den Karten 2 und 4 erkennen kannst. (AFB I)
   Karte Großlandschaften: Die Grenzen der Großlandschaften verlaufen alle von Westen nach Osten. Dabei ragt das Tiefland in drei großen Buchten in das Mittelgebirgsland hinein (Kölner, Westfälische und Leipziger Tieflandsbucht). Das Mittelgebirgsland ragt mit einer schmalen Spitze in das Tiefland (Teutoburger Wald). Das Alpenvorland hat fast die Form eines Dreiecks bzw. es ragt wie ein Dach (Verlauf der Donau) in das Mittelgebirgsland hinein.
   Karte Bevölkerungsdichte: Eine Zone mit hoher Bevölkerungsdichte erstreckt sich als breites Band von Westen nach Osten quer durch Deutschland. Alle Gebiete mit hoher Bevölkerungsdichte befinden sich entlang der großen Flüsse. Hier fällt ein „Band" mit hoher Bevölkerungsdichte entlang des Rheins besonders auf. Auch die großen Städte befinden sich alle an Flüssen.
b) Vergleiche deine Auffälligkeiten. (AFB II)
   Wie die Großlandschaften erstreckt sich eine Zone mit hoher Bevölkerungsdichte von Westen nach Osten quer durch Deutschland. Sie entspricht etwa dem Grenzbereich von Tiefland und Mittelgebirgsland. Eine große Übereinstimmung gibt es auch zwischen Gebieten hoher Bevölkerungsdichte und dem Verlauf der Flüsse.

2 Unterschiede erkennen:
a) Vergleiche die Fotos 1 und 3 und nenne mindestens vier Gemeinsamkeiten und Unterschiede. (AFB II)
   Gemeinsamkeiten: Es gibt Berge und Täler. Die ebenen Flächen werden landwirtschaftlich genutzt. Die Hänge sind bewaldet und werden forstwirtschaftlich genutzt. Hochgebirge und Mittelgebirge sind Erholungsgebiete. Die meisten Siedlungen befinden sich in den Tälern.
   Unterschiede: Die Gebirge unterscheiden sich vor allem in der Höhe und in den Formen des Reliefs (Form der Täler, Rundung der Berge). Im Hochgebirge sind die Gipfel kahl und die Bergformen spitz und scharfkantig.
b) Schreibe einen kleinen Bericht mit der Überschrift: „Hochgebirge und Mittelgebirge sind verschieden". (AFB II)
   Individuelle Schülerlösung.

Landwirte versorgen uns

Zum Themenblock

Der Themenblock „Landwirte versorgen uns" setzt das im Lehrplan verankerte Lernfeld I.2 „Landwirtschaft" in schülerorientierter Form um. Die Leitfragen „Was essen wir und wo kaufen wir ein?", „Woher stammen unsere Nahrungsmittel und wie werden sie erzeugt?" und „Wie hat sich die Landwirtschaft entwickelt und wie sieht ihre Zukunft aus?" bilden den Rahmen dieser Unterrichtseinheit.

Für das gesamte Kapitel gilt: Neben den naturräumlichen werden vor allem auch gesellschaftliche und ökonomische Einflussfaktoren der landwirtschaftlichen Produktionsweise thematisiert, und wird damit aktuellen Lehrplanforderungen nach einer ökonomischen Bildung entsprochen. Gleichberechtigt neben kulturgeographischen Aspekten stehen die natürliche Ausstattung der Räume und deren Beanspruchung durch den Menschen; damit werden auch ökologische Aspekte schülernah angesprochen.

Ausgehend vom Vorwissen, von Alltagsvorstellungen und von der Situation der Schülerinnen und Schüler als Verbraucherinnen und Verbraucher stellt sich die Frage nach Herkunft und Produktionsprozess unserer Nahrungsmittel ebenso wie nach Einfluss- und Handlungsmöglichkeiten jedes Einzelnen im Spannungsfeld von Mitwelt, Umwelt und Nachwelt, was gerade hier für Schülerinnen und Schüler konkret nachvollziehbar und erfahrbar ist.

Die ersten beiden Seiten sind unseren Ernährungsgewohnheiten und der Herkunft unserer Nahrungsmittel gewidmet.

Die Methodenseite „Landwirtschaft heute – ein Gruppenpuzzle" stellt die Grundlage für die folgenden Doppelseiten dar. Für ein Gruppenpuzzle zum Thema „Landwirtschaft heute" sind nachfolgend aktuelle Materialien und Texte zu den Themen „Milch frisch getankt", „Viel Fleisch für viele" und „Salat täglich frisch" zu finden. Mit den Höfen Roth, Schwalen und Renner werden drei spezialisierte Betriebe in Rheinland-Pfalz vorgestellt. Die Einzelseiten müssen nicht zwingend als Gruppenpuzzle Anwendung finden, wenngleich hier die detaillierten Arbeitsaufträge je Doppelseite fehlen.

Es folgen Einzelbeispiele, die dem weiten Lernfeld „Landwirtschaft" geschuldet sind und bedeutende Aspekte aufgreifen bzw. am Beispiel thematisieren. Die Aspekte Nachhaltigkeit und Zukunftsorientiertheit ziehen sich wie ein „roter Faden" durch diese Seiten.

Die unterschiedliche landwirtschaftliche Nutzung in Rheinland-Pfalz wird als Nächstes aufgegriffen. Wesentliche Merkmale dieser Landwirtschaftsgebiete werden beschrieben und zugeordnet.

Der „Biohof Schepers" wird daran anschließend als alternativer Betrieb, der ökologische Landwirtschaft betreibt, vorgestellt und leitet über zu der Doppelseite mit dem Titel „Landwirtschaft so oder so!?". Auf dieser Doppelseite werden artgerechte Tierhaltung und Massentierhaltung gegenübergestellt.

Die Methodenseiten „Einen Betrieb erkunden" und „Ein Lernplakat erstellen" bilden eine Einheit. Die Schülerinnen und Schüler lernen, die erlebten Arbeitsergebnisse, zum Beispiel einer Betriebserkundung im Nahraum, zu präsentieren.

Die zunehmend wichtigere Aufgabe der Energieproduktion durch die Landwirte ist das Thema auf der Doppelseite „Vom Landwirt zum Energiewirt". Am Beispiel vom Milchbauernhof Schwalen in der Eifel (siehe Gruppenpuzzle, S. 64/65) werden Vor- und Nachteile der Energie- und Wärmegewinnung aus nachwachsenden Rohstoffen aufgezeigt.

Mit „Bodenlose Landwirtschaft?" ist die folgende Doppelseite überschrieben, die sich dem weiten Themenfeld der Gewächshauskultur am Beispiel der Niederlande widmet. Auch die Veränderungen des Landschaftsbildes und der Produktion werden dargestellt. Die thematisch abschließende Seite im Schülerbuch bildet die Orientierungsseite „Landwirtschaftsgebiete in Deutschland", auf der die Schülerinnen und Schüler u.a. das vorher erlangte Wissen in Bezug auf Deutschland verorten müssen. Die Sicherung erfolgt auf der Doppelseite TERRA Training.

Zur Auftaktdoppelseite

Die Doppelseite zeigt vertraute Inhalte, die die Neugier auf die dahinterstehenden Prozesse wecken soll. Sie sind geeignet, das Vorwissen der Schülerinnen und Schüler abzurufen und erste Vorstellungen über das Thema Landwirtschaft einzuordnen.

Auf der linken Seite wird dem Intensivlandwirtschaft bei der Getreideernte, zum Beispiel in der Börde, dargestellt. Auf der rechten Seite wird dieser eine Frühstücksbox eines Fünftklässlers gegenübergestellt. Die Schülerinnen und Schüler sollen dazu Fragen stellen können, die sie motivieren: Woher stammen unsere Nahrungsmittel und wie werden sie erzeugt? Wie kommen sie zu uns? Wie hat sich die Landwirtschaft entwickelt und wie sieht ihre Zukunft aus?

Der Einführungstext stellt diese Fragen und soll zu einer ersten Diskussion führen.

Hinweise zum Unterricht

Methodisch kann die Arbeit mit der Auftaktseite durch folgende Impulse gesteuert werden:

- Beschreibt, was hier abgebildet ist.
- Was wisst ihr darüber?
- Welche Zusammenhänge könnte es geben?
- Vergleicht das Frühstück mit eurem eigenen Frühstück/Pausenbrot.

Mögliche erste Sicherung kann über eine Mindmap (Überschrift: „Landwirte versorgen uns") erfolgen.

Didaktische Struktur

Bezüge zum Lehrplan / Kompetenzübersicht
Die Schülerinnen und Schüler erwerben …
- **Fachkompetenz:** Sie untersuchen Lage und Ausstattungspotenzial verschiedener Extremräume, ihre Verletzbarkeit sowie angepasste Lebens- und Wirtschaftsweisen.
- **Methodenkompetenz:** Sie zeichnen und beschreiben Klimadiagramme (M7) und verorten Extremräume auf den Kontinenten bzw. im Gradnetz (M5, M6). Sie führen einen einfachen geowissenschaftlichen Versuch durch (M2).

- **Kommunikationskompetenz:** Sie erstellen Lernplakate im Team und präsentieren Sachverhalte und Entwicklungen unter Verwendung von Fachbegriffen (K1, K2, K3).
- **Urteilskompetenz:** Sie erkennen und würdigen die Einzigartigkeit des Naturraums und die in Extremräumen vorherrschenden angepassten Lebens- und Wirtschaftsweisen (U5).

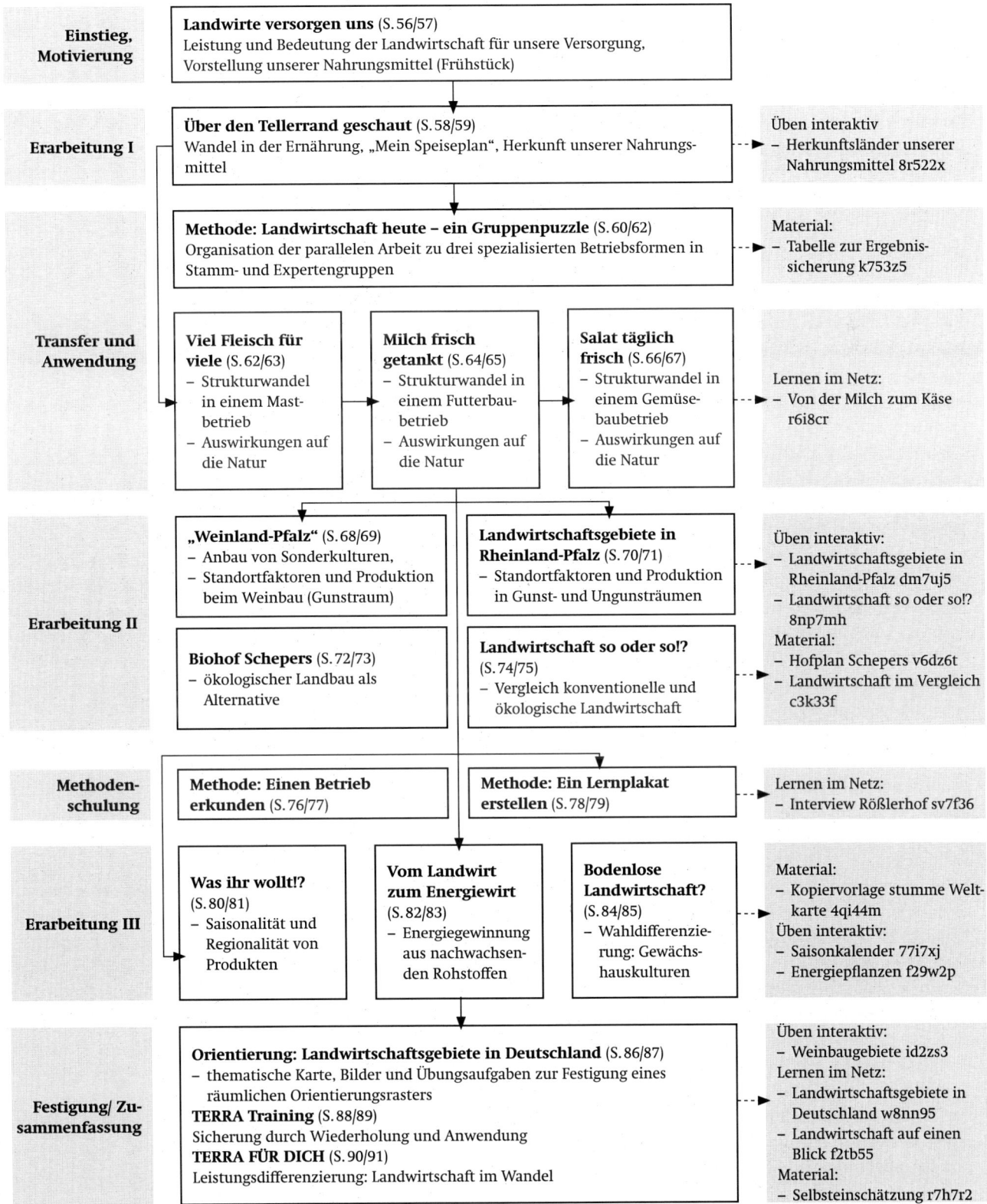

Einstieg, Motivierung	**Landwirte versorgen uns** (S. 56/57) Leistung und Bedeutung der Landwirtschaft für unsere Versorgung, Vorstellung unserer Nahrungsmittel (Frühstück)		
Erarbeitung I	**Über den Tellerrand geschaut** (S. 58/59) Wandel in der Ernährung, „Mein Speiseplan", Herkunft unserer Nahrungsmittel		Üben interaktiv – Herkunftsländer unserer Nahrungsmittel 8r522x
	Methode: Landwirtschaft heute – ein Gruppenpuzzle (S. 60/62) Organisation der parallelen Arbeit zu drei spezialisierten Betriebsformen in Stamm- und Expertengruppen		Material: – Tabelle zur Ergebnissicherung k753z5
Transfer und Anwendung	**Viel Fleisch für viele** (S. 62/63) – Strukturwandel in einem Mastbetrieb – Auswirkungen auf die Natur	**Milch frisch getankt** (S. 64/65) – Strukturwandel in einem Futterbaubetrieb – Auswirkungen auf die Natur	**Salat täglich frisch** (S. 66/67) – Strukturwandel in einem Gemüsebaubetrieb – Auswirkungen auf die Natur	Lernen im Netz: – Von der Milch zum Käse r6i8cr
Erarbeitung II	**„Weinland-Pfalz"** (S. 68/69) – Anbau von Sonderkulturen, – Standortfaktoren und Produktion beim Weinbau (Gunstraum)	**Landwirtschaftsgebiete in Rheinland-Pfalz** (S. 70/71) – Standortfaktoren und Produktion in Gunst- und Ungunsträumen		Üben interaktiv: – Landwirtschaftsgebiete in Rheinland-Pfalz dm7uj5 – Landwirtschaft so oder so!? 8np7mh Material: – Hofplan Schepers v6dz6t – Landwirtschaft im Vergleich c3k33f
	Biohof Schepers (S. 72/73) – ökologischer Landbau als Alternative	**Landwirtschaft so oder so!?** (S. 74/75) – Vergleich konventionelle und ökologische Landwirtschaft		
Methodenschulung	**Methode: Einen Betrieb erkunden** (S. 76/77)	**Methode: Ein Lernplakat erstellen** (S. 78/79)		Lernen im Netz: – Interview Rößlerhof sv7f36
Erarbeitung III	**Was ihr wollt!?** (S. 80/81) – Saisonalität und Regionalität von Produkten	**Vom Landwirt zum Energiewirt** (S. 82/83) – Energiegewinnung aus nachwachsenden Rohstoffen	**Bodenlose Landwirtschaft?** (S. 84/85) – Wahldifferenzierung: Gewächshauskulturen	Material: – Kopiervorlage stumme Weltkarte 4qi44m Üben interaktiv: – Saisonkalender 77i7xj – Energiepflanzen f29w2p
Festigung/ Zusammenfassung	**Orientierung: Landwirtschaftsgebiete in Deutschland** (S. 86/87) – thematische Karte, Bilder und Übungsaufgaben zur Festigung eines räumlichen Orientierungsrasters **TERRA Training** (S. 88/89) Sicherung durch Wiederholung und Anwendung **TERRA FÜR DICH** (S. 90/91) Leistungsdifferenzierung: Landwirtschaft im Wandel		Üben interaktiv: – Weinbaugebiete id2zs3 Lernen im Netz: – Landwirtschaftsgebiete in Deutschland w8nn95 – Landwirtschaft auf einen Blick f2tb55 Material: – Selbsteinschätzung r7h7r2

Über den Tellerrand geschaut

Kompetenzen

Die Schülerinnen und Schüler können ...
- die Veränderungen unserer heutigen Ernährungsgewohnheiten im Vergleich zu früher erkennen und erklären;
- einen Speiseplan über ihr eigenes Essverhalten erstellen und diesen auswerten;
- eine Kartenskizze mit den Herkunftsländern ihrer Nahrungsmittel erstellen;
- die Herkunft ihrer Nahrungsmittel kritisch reflektieren.

Grundbegriffe

Ernährungsgewohnheiten, Konsumverhalten

Sachinformationen

Wir haben heute viel höhere Erwartungen an unsere Nahrung als frühere Generationen. Das Essen soll nicht nur satt machen, sondern auch appetitlich aussehen, duften und schmecken. Zugleich erwarten wir, dass es unserer Gesundheit guttut. Und nicht zuletzt sollen die Lebensmittel lange haltbar, einfach zuzubereiten und bezahlbar sein. Das erscheint uns heute selbstverständlich, war jedoch keineswegs immer so.

Im 18. Jahrhundert, zur Zeit der Industrialisierung, stiegen die Bevölkerungszahlen sprunghaft. Gleichzeitig wurden die Ressourcen knapp und die Lebenshaltungskosten zogen kräftig an. Fleisch wurde nur noch selten verzehrt, Hunger breitete sich aus. Um die Bevölkerung besser satt zu kriegen, wurde der Anbau robuster Getreidesorten vorangetrieben. So erhielten Mais, Reis und Kartoffeln neben Brot einen unverzichtbaren Platz auf dem Speisezettel. Neue technologische Entwicklungen veränderten die Herstellung von Lebensmitteln im 19. Jahrhundert. Nun war es möglich, Lebensmittel luftdicht zu verpacken, sie zu kühlen und zu gefrieren. Durch die Erfindung der Dampfmaschine konnten Lebensmittel erstmals in größeren Mengen mit der Eisenbahn transportiert werden.

Heutzutage gibt es in Europa deutlich mehr Lebensmittel, als wir benötigen. Durch das Überangebot an Nahrung haben wir mit Übergewicht und anderen Zivilisationskrankheiten zu kämpfen. Die moderne Lebensmittelindustrie versorgt uns mit vielfältigen und praktischen Lebensmitteln für jeden Bedarf. Wir müssen aber auch lernen, mit der Fülle verantwortungsvoll umzugehen. Nicht nur in Deutschland, in ganz Europa ist der Sonntagsbraten zum Alltagsbraten geworden. In Deutschland essen 85 Prozent der Bevölkerung täglich oder nahezu täglich Fleisch und Wurst. Ein Deutscher isst im Durchschnitt im Laufe seines Lebens vier Rinder, vier Schafe, zwölf Gänse, 37 Enten, 46 Schweine, 46 Puten und 945 Hühner.

„Aus deutschen Landen frisch auf den Tisch" – dieser bekannte und mittlerweile alte Werbeslogan ist für viele Nahrungsmittel, die auf unserer Speisekarte stehen, schon längst nicht mehr gültig. Die Globalisierung macht auch vor der Landwirtschaft und der Lebensmittelindustrie nicht halt. Darüber hinaus lernen wir Speisen anderer Länder kennen.

Hinweise zum Unterricht

Die vorliegende Doppelseite soll Schülerinnen und Schüler auf handlungsorientierte Weise über die Zwiespältigkeit unserer heutigen Ernährung und eines internationalen Lebensmittelmarktes informieren und für selbige sensibilisieren.

Bei der Recherche nach den Herkunftsländern bzw. -regionen der Produkte können zum Beispiel auch kurze Interviews mit lokalen Lebensmittelhändlern durchgeführt werden, um Informationslücken zu schließen.

Die Doppelseite kann aufgrund der Materialfülle und thematischen Ausrichtung auch in zwei Unterrichtsstunden behandelt werden. Als Vorbereitung auf die Unterrichtsstunde sollen die Schülerinnen und Schüler alltägliche Nahrungsmittel wie Kakao, Bananen oder Erdbeeren (mit Hinweis auf das Herkunftsland) mitbringen.

Lösung der Basisaufgaben

1 Vergleiche die Ernährungsgewohnheiten von 1900 und 2011 (Grafik 1).

a) Nenne zunächst die wichtigsten Veränderungen. **(AFB I)**

Heute essen wir deutlich mehr Fleisch, Zitrusfrüchte, Öle/Fette, Fisch und Eier. Auch wird heute mehr Gemüse/Salat und Obst verzehrt.

Dagegen werden deutlich weniger Kartoffeln und Brot verbraucht. Lediglich Milch-/Butter-/Käseprodukte haben im Vergleich zu früher nur geringfügig abgenommen.

b) Stelle Vermutungen zu den Ursachen für diese Veränderungen an. **(AFB II)**

Die Veränderungen unserer Essgewohnheiten haben viele Gründe: größeres und ganzjährig verfügbares Nahrungsmittelangebot (Obst und Gemüse), günstigere Lebensmittelpreise, Lebensmittelüberschuss, günstigere Nahrungsmittelproduktion (Fleisch), bessere Transport-, Lager- und Konservierungsmöglichkeiten, größeres Angebot an Tiefkühlwaren usw.

c) Beschreibe die Probleme, die sich aus den Veränderungen unserer Essgewohnheiten ergeben. **(AFB I)**

Die Voraussetzungen für gesunde Ernährung waren in Deutschland noch nie so gut wie heute. Nur nutzt dies nicht jeder. Die Deutschen essen zu wenig Obst und Gemüse, zu viel Fett und Fleisch, dafür hat sich die Kartoffelmenge deutlich reduziert. Und die Menschen bewegen sich zu wenig. Laut der aktuellen EsKiMo-Studie konsumieren deutsche Kinder und Jugendliche zu wenige pflanzliche Lebensmittel – insbesondere Gemüse, Obst, Brot, Kartoffeln und andere kohlenhydratreiche Beilagen. Nur 6% der Jungen und 7% der Mädchen essen täglich ausreichend Gemüse. Außerdem werden zu viele fettreiche, tierische Lebensmittel (Fleisch und Wurst) und deutlich zu viele Süßigkeiten gegessen.

2 Mein Speiseplan:

a) Überprüfe dein eigenes Essverhalten. Erstelle einen Speiseplan. (AFB I)

Individuelle Schülerlösung.

b) Vergleiche deine Ernährungsgewohnheiten mit den Aussagen der Grafik 1. (AFB II)

Die Ernährung war früher sehr einfach, Fleisch gab es nur am Sonntag und sonst gab es einfache Hausmannskost. Auch wurden drei Mahlzeiten am Tag zu sich genommen – und zwar in der Regel gemeinsam und zu Hause. Die Männer kamen mittags heim, die Schule endete zur Mittagszeit. Die Familie versammelte sich um den Esstisch. Auch wurden viele frische Nahrungsmittel aus eigener Produktion (Nutzgarten) gegessen.

Heute nehmen viele Menschen ihr Mittagessen in der Kantine, am Arbeitsplatz, als Snack oder in einem (Schnell-)Restaurant ein. Stress im Job verhindert Mahlzeiten in Ruhe. Aus Zeitmangel geht der Trend zu Tiefkühlwaren und Fertiggerichten.

Das Frühstück ist die Mahlzeit, die noch am häufigsten zu Hause gegessen wird. Aber auch hier gibt es immer mehr Menschen, die ihren Kaffee und ihr Croissant unterwegs essen.

Anwendungsaufgaben

3 Im Supermarkt finden wir alles. Doch nicht alle Nahrungsmittel stammen aus Deutschland: Woher kommen unsere alltäglichen Nahrungsmittel wie Kakao, Bananen oder Erdbeeren?

a) Recherchiere die Herkunftsländer oder -regionen deiner Nahrungsmittel. Erstelle eine Tabelle mit den Herkunftsländern der Produkte und den passenden Atlassignaturen. Nimm deinen Atlas zu Hilfe. (AFB II)

Die Aufgabe soll verdeutlichen, dass Schülerinnen und Schüler heute täglich mit Produkten aus der ganzen Welt (tropische Agrarprodukte) in Kontakt sind. Bei der Auswahl der Produkte für die Herkunftsrecherche sollte man Wert darauf legen, dass es sich um landwirtschaftliche Erzeugnisse handelt, die nicht oder wenig verarbeitet wurden. Folgende Produkte haben sich bei Erprobungen als geeignet erwiesen: Milch, Butter, Eier, Äpfel, Bananen, Paprika, Tomaten, Rosinen und Sonnenblumenöl.

b) Gestalte eine Kartenskizze (Weltkarte) der Herkunftsländer. Nutze die vorgegebenen Atlassignaturen der Produkte. Formuliere eine passende Überschrift für deine Weltkarte. (AFB I)

Individuelle Schülerlösung.

c) Unser Essen hat heute einen weiten Weg hinter sich. Begründe die Aussage. (AFB II)

Heute werden fast 7% der weltweit gehandelten Agrargüter nach Deutschland eingeführt. Einen besonders hohen Anteil haben Obst- und Südfrüchte sowie Fleisch- und Fleischerzeugnisse. Die meisten Nahrungsmittel sind in der Regel das ganze Jahr in Deutschland verfügbar.

Medientipps

– Wissenswertes rund um Landwirtschaft, Ernährung und Verbraucherschutz: www.was-wir-essen.de

– Seite vom Bundesministerium für Ernährung und Landwirtschaft: www.bmel.de

– Robert-Koch-Institut mit der EsKiMo-Studie „Was essen unsere Kinder?": www.rki.de

– Hier kann man per Code die Herkunft der Nahrungsmittel verfolgen: www.fairtrade-deutschland.de/produkte/fairtrade-code

– Fleischatlas 2014. Daten und Fakten über Tiere als Nahrungsmittel: www.bund.net/fileadmin/bundnet/publikationen/landwirtschaft/140108_bund_landwirtschaft_fleischatlas_2014.pdf

Üben interaktiv: Herkunftsländer unserer Nahrungsmittel (Online-Code 8r522x)

Unterrichtsvorschlag

Unterrichtsphase	Inhaltlicher Schwerpunkt	Methodisches Vorgehen / Sozialform	Medien / Materialien
Einstieg	SuS präsentieren ihre mitgebrachten Nahrungsmittel (Hausaufgabe) bzw. ihr Pausenbrot – Was essen wir? – War das schon immer so?	UG: Hypothesen aufstellen	Frühstücksbox SB S.57 oder alltägliche Nahrungsmittel
Erarbeitung I	Ernährungsgewohnheiten früher – heute	EA oder PA	SB S.58/59, Aufg. 1
Ergebnissicherung I	Ernährungsgewohnheiten früher – heute	UG: Zusammenfassung	
Erarbeitung II	Herkunft unserer Nahrungsmittel	UG	SB S.58/59, Aufg. 3a,b, Atlas
Ergebnissicherung II	Herkunft unserer Nahrungsmittel	UG/Diskussion: Zusammenfassung	SB S.58/59, Aufg. 3c
Hausaufgabe	Mein Speiseplan		SB S.58/59, Aufg. 2

Landwirtschaft heute – ein Gruppenpuzzle

Kompetenzen

Die Schülerinnen und Schüler können …
- Inhalte eines selbst gewählten Teilthemas selbstständig erarbeiten und die auftauchenden Fragen mit ihren Mitschülerinnen und Mitschülern klären;
- ihre Ergebnisse in einer Gruppe präsentieren;
- die einzelnen Betriebe vorstellen;
- Mechanisierung und Spezialisierung als Aspekte des Wandels hin zu modernen Landwirtschaftsbetrieben unterschiedlicher Betriebsformen erläutern;
- mögliche Auswirkungen der konventionellen Landwirtschaft auf die Natur benennen.

Grundbegriffe

Mechanisierung, Spezialisierung, Strukturwandel

Hinweise zum Unterricht

Das Gruppenpuzzle ist eine spezielle Form kooperativen Lernens, die sich gut für den Erdkundeunterricht eignet. Die konstruktivistische Herangehensweise zielt neben Sachkompetenzen in besonderer Weise auf soziale Kompetenzen und fördert die Aktivierung der Schülerinnen und Schüler im Unterricht, da ihnen hier strukturiert Raum für selbstständige Wissenserarbeitung, gegenseitige Hilfestellung und gegenseitige Vermittlung gegeben wird. Der zu lernende Unterrichtsstoff wird dazu in einzelne, voneinander unabhängige Themen aufgeteilt.

Zu Beginn bilden die Schülerinnen und Schüler sogenannte Stammgruppen, die alle denselben Arbeitsauftrag erhalten. Die Schülerinnen und Schüler haben nun die Möglichkeit, sich das Teilthema (Fleisch, Milch oder Salat) auszuwählen, mit dem sie sich am liebsten beschäftigen wollen oder dessen Anspruchsniveau sie als für sich geeignet ansehen. Nun finden sich aus allen Stammgruppen diejenigen zusammen, die dasselbe Teilthema gewählt haben. Sie bilden eine Expertengruppe. Zunächst erarbeiten die Schülerinnen und Schüler in den Expertengruppen die Untersuchungsfragen ihres Teilthemas gemeinsam – wenn dabei Probleme auftreten, haben sie die Möglichkeit, sich gegenseitig zu helfen, da alle Mitglieder der Expertengruppe mit demselben Thema beschäftigt sind. Nach der Erarbeitungsphase sollten die Mitglieder innerhalb der Expertengruppe nun auch eine Sicherung der Inhalte leisten und sich überlegen, wie sie den anderen ihre Arbeitsergebnisse vermitteln können.

Im Anschluss finden sich die Schülerinnen und Schüler wieder in den Stammgruppen zusammen.

Damit der übergreifende Arbeitsauftrag von der Stammgruppe gelöst werden kann, müssen die Schülerinnen und Schüler dort nacheinander ihr Spezialwissen aus den verschiedenen Expertengruppen einbringen. Hilfreich ist es, in dieser Phase auch eine Hilfestellung für die Sicherung der Teilthemen vorzubereiten. Dies kann zum Beispiel eine (vorgegebene) Tabellenstruktur sein. Abschließend lösen die Schülerinnen und Schüler den gemeinsamen Arbeitsauftrag und bereiten eine Präsentation ihrer Ergebnisse vor. In unserem konkreten Beispiel sollen die Stammgruppen den farblich hervorgehobenen Arbeitsauftrag auf Seite 60 lösen.

Dazu müssen die Gruppen aus mindestens drei Mitgliedern bestehen, da in jeder Gruppe das Spezialwissen aus drei Expertengruppen benötigt wird. Es können aber auch Sechsergruppen gebildet werden, sodass jeweils zwei Schülerinnen und Schüler einer Gruppe dasselbe Teilthema auswählen.

Damit der Lernprozess erfolgreich verläuft, sind mehrere didaktische Steuerungselemente erforderlich. Dazu gehören Hinweise der Lehrerin/des Lehrers zum Ablauf des Gruppenpuzzles, zur Nutzung der Tabelle für die Ergebnissicherung, zur Vermittlung in den Stammgruppen und zu Möglichkeiten der Präsentation. Die Schülerinnen und Schüler können zum Beispiel darauf hingewiesen werden, dass sie sich untereinander Kontrollfragen stellen können, um nach dem Austausch des Spezialwissens den Erfolg der Vermittlung zu überprüfen.

Der große Vorteil dieser Methode kooperativen Lernens liegt darin, dass die Schülerinnen und Schüler Verantwortung übernehmen müssen und so stets in den Lernprozess involviert sind, was zu der hohen zielgerichteten Aktivierung führt.

Die Durchführung dieses Gruppenpuzzles erfordert drei Unterrichtsstunden:

1. Stunde: Einstieg; Aufgabe und Methode erläutern, Stammgruppen einteilen und darin nochmals den Arbeitsauftrag klären. Wahl des Teilthemas/der Expertengruppe, Beginn der Arbeit in den Expertengruppen.
2. Stunde: Expertentraining; alle Schülerinnen und Schüler werden zu Experten ihres Teilthemas und kommen in der Expertengruppe zu einem gemeinsamen Ergebnis, das in der (vorgegeben) Tabelle gesichert wird.
3. Stunde: Bericht der Experten in den Stammgruppen, Sichern der Vermittlung aller Ergebnisse in der Tabelle. Formulieren einer Antwort zum Arbeitsauftrag. Vorstellen der Ergebnisse.

In einer möglichen Reflexionsphase können folgende Aspekte besprochen werden: Inhalte, Vorgehensweise und Zusammenarbeit in den einzelnen Gruppen.

Medientipps

Brüning, Ludger; Tobias Saum: Erfolgreich unterrichten durch kooperatives Lernen. Strategien zur Schüleraktivierung. Neue Deutsche Schule Verlagsgesellschaft mbh, Essen, 2006

Sliwka, Anne: Kooperation und Individualität: Drei Methoden zum Lernen in Gruppen. In: Lernwelten, Heft 2, 1999, S. 71ff.

Lösung des gemeinsamen Arbeitsauftrages

1 Findet heraus, welche Bedeutung die natürlichen Bedingungen haben und wie stark die Landwirtschaft von Hightech bestimmt wird. Wie hat der Technikeinsatz das Leben der Landwirte verändert? Welche Auswirkungen hat diese Technik auf die Natur? **(AFB II)**

Die Landwirtschaft wird in allen drei untersuchten Betriebsformen heute von moderner Technik bestimmt. Die natürlichen Bedingungen spielen zum Teil noch eine wichtige Rolle, aber auch einige andere Standortfaktoren wie zum Beispiel das Vorhandensein von Tierärzten sind von Bedeutung. Das Leben der Landwirte hat sich stark verändert, da sie heute viel größere Betriebe leiten und dazu viele mechanische und computergesteuerte Maschinen nutzen müssen. Die Intensivierung der Produktion geschah unter anderem über einen stärkeren Einsatz von Dünger und die Vergrößerung der Tierbestände. Bei übermäßigem Eintrag können Dünger und Gülle das Grundwasser belasten und so die Natur schädigen.

Untersuchungsfragen für die Expertengruppen:

1 Porträt des Hofs: Beschreibt die wesentlichen Besonderheiten des Hofs. Geht dabei auf die Lage (Wo?), die Menschen (Wer?) und die Art des Betriebs (Was?) genauer ein. **(AFB I)**

2 Beschreibt den Alltag eines Landwirts. **(AFB I)**

3 Wandel der Produktion:
a) Beschreibt, wie sich die Produktion auf dem Hof in den letzten 50 Jahren verändert hat. **(AFB I)**
b) Erklärt diese Veränderungen. **(AFB II)**

4 Erläutert die Auswirkungen der Landwirtschaft auf die Natur. **(AFB II)**

5 Stellt ihr weitere Beobachtungen fest?
Lösungen siehe nächste Seiten

2

Viel Fleisch für viele

Sachinformationen

28,3 Millionen Schweine werden in Deutschland zur Fleischerzeugung gehalten (November 2014). Damit ist Deutschland innerhalb der EU mit einem Anteil von rund 20 Prozent der größte und weltweit der viertgrößte Schweineerzeuger. Insgesamt gibt es heute 26 800 Betriebe mit Schweinehaltung in Deutschland, pro Betrieb sind dies demnach im Durchschnitt etwa 1060 Tiere. Die landwirtschaftliche Tierhaltung in Rheinland-Pfalz befindet sich weiter auf dem Rückzug. Der Schweinebestand im Land schrumpft schneller als der Rinderbestand. Die arbeitsintensive Zucht betreiben nur noch wenige Betriebe. Die Zahl der Schweine, die in 300 Betrieben standen, sank im Zeitraum von November 2013 bis November 2014 geringfügig auf 203 900. Von Mai 2004 bis November 2014 ging der Bestand um 37 Prozent zurück. Der Schweinebestand in Deutschland nahm binnen eines Jahres um 0,4 Prozent auf 28,2 Millionen Tiere zu. Damit verringerte sich der rheinland-pfälzische Anteil auf 0,7 Prozent. Der Rückgang dürfte laut Darstellung der Statistiker vor allem auf die Änderungen in der Tierschutz-Nutztierhaltungsverordnung und den Kostendruck infolge hoher Futtermittelpreise zurückzuführen sein.

Gehalten werden Schweine meistens im Stall (Mastschweine: gesetzliche Vorgabe $0,75\,m^2$, Zuchtsau: $2,25\,m^2$) und dort überwiegend auf sogenannten Voll- oder Teilspaltenböden – das sind Böden, die von Spalten unterbrochen werden, durch die Kot und Urin hindurchlaufen kann. Auslauf ist nur in der ökologischen Schweinehaltung vorgeschrieben – dort sind auch keine Vollspaltenböden erlaubt.

Medientipps

Statistisches Landesamt Rheinland-Pfalz:
www.statistik.rlp.de/wirtschaft/landwirtschaft

Dienstleistungszentren Ländlicher Raum: www.dlr.rlp.de

Mögliche Lösungen der Expertengruppe „Fleisch"

1 Portrait des Hofes
- Hof Roth liegt in der Nähe von Simmern, im Hunsrück, etwa 400 m ü. NN.
- zwei Arbeitskräfte (Herr Roth und Ehefrau)
- Mastbetrieb, Veredlungsbetrieb

2 Alltag
- frühes Aufstehen (6:30 Uhr), Arbeitszeit von ca. 07:00 – 18:30 Uhr, danach Büroarbeiten

3 Wandel der Produktion
- Spezialisierung auf Schweinezucht und Futteranbau (Getreide), Beendigung Rinderhaltung
- Intensivierung: heute Massentierhaltung (800 Mastschweine)
- Mechanisierung: Einsatz von computergesteuerten Futter- und Klimaanlagen

4 Auswirkungen auf die Natur
- Gülle und Gase wie Methan können Boden/Atmosphäre/ Grundwasser belasten

5 weitere Beobachtungen
Individuelle Schülerlösung.

Milch frisch getankt

Sachinformationen

Die Milchproduktion spielt in Rheinland-Pfalz eine größere Rolle als die Fleischproduktion. Der Eifelkreis Bitburg-Prüm produziert die größten Mengen Milch im Land. Gehalten werden die Rinder überwiegend in Laufställen. Dort können sie sich frei bewegen. In modernen Ställen (ca. 10 m² pro Kuh) stehen ihnen meist eingestreute Liegeplätze zur Verfügung, es gibt Stall- und Futtergänge und auch Auslauf. In Rheinland-Pfalz entfällt etwa ein Drittel der Rinderbestände auf Milchkühe (119 900 Tiere, Stand November 2014).

Milchprodukte werden immer billiger. Der rapide Preisverfall an den internationalen Märkten ist eine Katastrophe für die Milchbauern – insbesondere die kleinen Betriebe werden auf längere Sicht nicht überleben können. Die dritte Krise in sechs Jahren sorgt für einen weiteren Preissturz für Milchprodukte im Supermarkt. Die Ursachen sind vielfältig: steigende Kosten auf den Höfen (Energie, Futtermittel), die Abschaffung der EU-Milchquoten führen zu einer erhöhten Produktion, aber gravierender ist die sinkende Nachfrage (China, Russland). Im Moment (September 2015) machen die Milchbauern ca. 1000 Euro Verlust pro Milchkuh im Jahr, das bedeutet Einkommensverluste von 20 bis 30 Prozent.

Hinweise zum Unterricht

Die Familie Schwalen produziert nicht nur Milch und Futterpflanzen auf ihrem Hof, sondern sie betreibt mit Pflanzenabfällen und Gülle der Kühe eine Biogasanlage. Daher besteht die Möglichkeit, die Doppelseite „Vom Landwirt zum Energiewirt" (Seite 82/83) im Anschluss zu behandeln.

Medientipps

- Statistisches Landesamt Rheinland-Pfalz: www.statistik.rlp.de/wirtschaft/landwirtschaft
- Dienstleistungszentren Ländlicher Raum: www.dlr.rlp.de

- Lernen im Netz: Von der Milch zum Käse (Online-Code r6i8cr)

Mögliche Lösungen der Expertengruppe „Milch"

1 Portrait des Hofes
- Hof Schwalen in der Nähe von Prüm, in der Eifel
- drei Arbeitskräfte (Frau und Herr Schwalen, ein bis zwei Auszubildende)
- Futterbaubetrieb

2 Alltag
- frühes Aufstehen (6:00 Uhr), Arbeitszeit von ca. 06:15 Uhr bis 18:30 Uhr, danach saisonbedingt Feldarbeit bis abends (20:00 Uhr)

3 Wandel der Produktion
- Spezialisierung auf Milchviehhaltung und Grünlandwirtschaft, Beendigung Schweinezucht
- Intensivierung: neue Rinderzüchtungen und Erhöhung Milchviehbestand
- Mechanisierung: Nutzung computergesteuerter Futterautomaten und Melkanlagen

4 Auswirkungen auf die Natur
- neuer Stall → mehr Kühe → höherer Futtermittelbedarf → verstärkter Einsatz von Düngemitteln → Belastung Grundwasser

5 weitere Beobachtungen
Individuelle Schülerlösung.

Salat täglich frisch

Sachinformationen

Die erwerbsmäßige Erzeugung von Gemüse konzentriert sich in Rheinland-Pfalz im Rhein-Pfalz-Kreis. Neben dem Weinanbau ist der Gemüseanbau in der Vorderpfalz der wichtigste Landwirtschaftssektor. Die in diesem Landkreis ansässigen 142 Betriebe bauten im Jahr 2012 auf einer Fläche von fast 11 500 Hektar Gemüse an. Sie bewirtschafteten damit 59 Prozent der Freilandflächen für Gemüse im Land. In Rheinland-Pfalz bauten nach Angaben des Statistischen Landesamtes im vergangenen Jahr 487 Betriebe auf 19 400 Hektar Freilandflächen über 40 verschiedene Gemüsearten an. Zum Vergleich: Im Jahr 2000 erstreckte sich die Gemüseanbaufläche auf 13 900 Hektar. Neben dem Rhein-Pfalz-Kreis verfügten die landwirtschaftlichen Betriebe im benachbarten Landkreis Germersheim mit 3 600 Hektar über größere Gemüseanbauflächen. Der Anbau von Gemüse unter hohen begehbaren Schutzabdeckungen, wie z. B. Gewächshäusern, ist in Rheinland-Pfalz mit 58 Hektar von geringer Bedeutung. Die Gemüse anbauenden Betriebe wurden im Laufe der Jahre immer größer. Während heute ein Betrieb auf durchschnittlich 40 Hektar Gemüse anbaut, waren es im Jahr 2000 erst 15 Hektar. Von den insgesamt 490 Betrieben verfügte knapp ein Drittel über eine Anbaufläche von 20 Hektar und mehr. Sie bewirtschafteten 86 Prozent der gesamten Anbaufläche des Landes.

Der Freilandgemüseanbau im Lande verlagert sich immer mehr in Regionen mit den besten Boden- und Klimagegebenheiten. Da im linksrheinischen Rheintal, im Raum Worms–Ludwigshafen–Germersheim, die Bedingungen für den Anbau von Gemüse besonders günstig sind, hat sich das wohl bedeutendste geschlossene Freilandgemüseanbaugebiet Deutschlands entwickelt. Nicht umsonst trägt diese Region den Beinamen „Gemüsegarten Deutschlands". Gute Bodenbedingungen, beispielsweise Lössböden, sowie eine Jahresdurchschnittstemperatur von 10,9 °C und Niederschlagsmengen von rund 550 mm bedingen auf rund 19 000 Hektar den Anbau von Radies, Möhren, Bundzwiebeln, Blumenkohl, Spargel und vielem mehr. Schon jetzt entsprechen die Niederschlagsmengen nicht dem Bedarf der Pflanzen, weshalb zusätzlich bewässert werden muss.

Medientipps

Statistisches Landesamt Rheinland-Pfalz:
www.statistik.rlp.de/wirtschaft/landwirtschaft

Dienstleistungszentren Ländlicher Raum: www.dlr.rlp.de

Mögliche Lösungen der Expertengruppe „Salat/Gemüse"

1 Portrait des Hofes
- Hof Renner in der Nähe von Ludwigshafen, in der Vorderpfalz, etwa 100 m ü. NN.
- Herr Renner und vier Familienmitglieder, 33 Angestellte, ca. 200 Saisonarbeiter
- Gemüseanbaubetrieb

2 Alltag
- frühes Aufstehen (5:00 Uhr), Arbeitszeit von 6:00 bis maximal 22:00 Uhr (saisonbedingt)

3 Wandel der Produktion
- Spezialisierung durch Intensivanbau auf größerer Nutzfläche
- Mechanisierung: Nutzung von Beregnungsanlagen und Salatwaschmaschine (mit Sprudelbad und Tauchbecken)

4 Auswirkungen auf die Natur
- übermäßiges Düngen kann zur Belastung des Grundwassers führen

5 weitere Beobachtungen
Individuelle Schülerlösung.

„Weinland-Pfalz"

Kompetenzen

Die Schülerinnen und Schüler können …
- den Weinbau beschreiben und untersuchen;
- den Weinbau als Sonder- bzw. Dauerkultur benennen;
- Stationen und Wege der Weinproduktion vom Erzeuger zum Verbraucher visualisieren;
- den Wandel in der Produktion (z. B. Mechanisierung, ökologischer Landbau) begründen;
- eine Betriebserkundung planen und durchführen.

Grundbegriffe

Dauerkultur, Sonderkultur, ökologischer Landbau, Mechanisierung, Strukturwandel

Sachinformationen

Mitte der 1930er-Jahre wurde zur Förderung des Weinabsatzes und des Fremdenverkehrs die „Deutsche Weinstraße" kreiert. Sie führt am Fuße des steilen Ostrandes des Pfälzerwaldes, der Haardt, durch die vorderpfälzische Hügellandschaft. In der Tourismuswerbung wird dieses Gebiet gerne als „die Toskana Deutschlands" bezeichnet, weil Klima und Vegetation mediterranen Verhältnissen ähneln.

Was Rebflächen und Erntemengen angeht, sind Rheinhessen und die Pfalz mit Abstand die bedeutendsten Weinbaugebiete in Deutschland. Der Weinbau prägt das Bild der Kulturlandschaft und ist eine wesentliche Grundlage für die touristische Attraktivität der Region.

Hinweise zum Unterricht

Das Thema geht unser Bundesland an! Je nach Schulstandort kennen viele die Weinlandschaften und haben persönliche Beziehungen dazu. Bestenfalls sind auch Schülerinnen und Schüler der Klasse aus einem Winzerbetrieb. Das sollte vorher in Erfahrung gebracht werden. Es könnte dann konkret exemplarisch gearbeitet werden, ein Hof der Umgebung könnte dann vorgestellt und im Idealfall auch besucht werden. In diesem Fall wäre die Methode „Einen Betrieb erkunden" (Seite 76/77) vorzuziehen und umzusetzen. Die Informationen der Seiten wären dann mit den Erfahrungen vor Ort abzugleichen.

Alternativ könnten aktuelle Werbekampagnen in Zeitungen und Wochenblättern genutzt werden.

Hinweise zu den Materialien

Foto 1: Die Aufnahme (Blickrichtung etwa von NO nach SW) zeigt im Vordergrund die Hügellandschaft der Vorderpfalz, überwiegend mit Weinbergen, und im Hintergrund den steilen, ab 300 m Höhe bewaldeten Ostrand der Haardt.

Lösung der Basisaufgaben

1 Anbau von Sonderkulturen:

a) Was wird wo angebaut? Nenne mithilfe der Karte 2 jeweils drei Beispiele. (AFB I)

Wein: an der Deutschen Weinstraße am Fuße der Haardt von Bad Dürkheim im Norden über Edenkoben bis Bad Bergzabern im Süden

Obst: im Hügelland der Vorderpfalz bei Niederkirchen

Tabak: Schwerpunkt bei Herxheim

Zuckerrüben: in der Ebene entlang des Rheins vor allem von Mutterstadt im Norden über Weingarten bis Rheinzabern im Süden

b) Nenne günstige Voraussetzungen für den Anbau von Sonderkulturen. (AFB I)

Sonderkulturen stellen hohe Anforderungen an den Boden (z. B. Wärmespeicherfähigkeit) und das Klima (Temperatur, Niederschläge). Entscheidend sind unter anderem die Länge der Vegetationszeit oder die topografische Situation (z. B. die Höhe über dem Meeresspiegel oder die Hangneigung).

2 Erläutere mithilfe der Tabelle 6 das alte Sprichwort „Der Weinberg will das ganze Jahr seinen Herrn sehen". (AFB II)

Aus dem Arbeitskalender lässt sich unschwer ablesen, dass ein Winzer das ganze Jahr über zu tun hat. Der Weinstock verlangt viel Pflege, der Arbeitsaufwand ist enorm hoch. Zu jeder Jahreszeit und bei jedem Wetter muss im Freien die beschwerliche und intensive Arbeit, weitgehend von Hand, getan werden. Die spätere Qualität des Weines entscheidet sich im Weinberg. Unter den unterschiedlichen Arbeiten in den Spitzenzeiten sind im Januar und Februar das Rebenschneiden, im Sommer die Laubarbeiten und im Herbst die Traubenernte. Vorwiegend in den Wintermonaten finden die Kellerarbeiten vom Keltern bis zum Abfüllen des neuen Weinjahrganges statt.

3 Beschreibe die Fotos 3 und 5: Vergleiche die Weinlese mit dem Vollernter und „von Hand". (AFB II)

Der Traubenvollernter ist eine etwa drei Meter hohe Maschine mit einem motorisierten Fahrgestell und gabelförmigen Rüttlern an den Innenseiten. Durch Vibration werden die Trauben schonend vom Rebstock gelöst und dann aufgefangen. Die Arbeitsleistung eines Vollernters, der sogar nachts eingesetzt werden kann, entspricht der von 30 bis 40 Erntehelfern. Weil Kaufpreis und Betriebskosten sehr hoch sind, schließen sich oft mehrere Winzer zur gemeinschaftlichen Nutzung eines solchen Geräts zusammen. Im Vergleich zur Lese von Hand ist der Vollernter schneller, flexibler und preiswerter.

Die stundenlang in gebückter Haltung körperlich sehr anstrengende und zeitraubende Lese von Hand ist selten geworden. Sie wird fast nur noch durchgeführt bei steilen, terrassierten Hängen, bei kleinen Flächen oder bei Beerenauslesen mit dem Ziel höchster Qualität.

4 Arbeite mit der Tabelle 7:

a) Beschreibe den Anteil von Rheinland-Pfalz am deutschen Weinbau insgesamt. **(AFB I)**

Hier befinden sich sechs der 13 deutschen Anbaugebiete (Atlas); es ist das bedeutendste Weinanbaugebiet in Deutschland mit einem Anteil von zwei Dritteln der Rebfläche, zwei Dritteln der Weinmosterntemenge und der Hälfte der Anzahl der Betriebe.

b) Vergleiche die Weinanbaugebiete innerhalb von Rheinland-Pfalz miteinander. **(AFB II)**

Unter den sechs rheinland-pfälzischen Weinanbaugebieten gibt es große Unterschiede. In allen Bereichen liegen Rheinhessen und die Pfalz an der Spitze, während vor allem Ahr und Mittelrhein nur geringe Anteile aufweisen. Eine hauptsächliche Begründung dafür ist das Relief der engen Flusstäler mit Steillagen, schwer erreichbaren terrassierten Hängen und kleinen Flächen. Rheinhessen hat den größten Anteil an ökologisch bearbeiteten Flächen.

5 Der Winzer arbeitet nicht nur im Weinberg und im Weinkeller. Erkläre, mit welchen weiteren Tätigkeiten sich ein Winzer auskennen muss (Text 4). **(AFB II)**

Im Text werden das Abfüllen, Verkorken und Etikettieren genannt. Ein Weingutsbesitzer muss auch Verwaltungsarbeiten (z. B. Buchhaltung) erledigen und über Werbemaßnahmen (Marketing) für den Verkauf und Versand seiner Produkte sorgen. Über den Text hinaus kann das Spektrum der Bereiche, in denen der Winzer bewandert sein muss, ausgedehnt werden auf:

- Kenntnisse in Biologie, Chemie und Physik in Bezug auf Pflanzen, Boden, Klima, Schädlinge und Düngung;
- Umgang mit Technik (Maschinen bis Computer);
- gesetzliche Regelungen (Agrarwirtschaft, Gesundheit);
- Direktvermarktung z. B. über Hofladen, Fremdenzimmer.

Anwendungsaufgaben

6 Recherchiere für den Weinbau den Weg vom Erzeuger zum Verbraucher und stelle ihn zeichnerisch dar. **(AFB II)**

siehe unten

7 Weinreben brauchen Wärme:

a) Skizziere die Sonneneinstrahlung auf einer Ebene und an einem Hang. **(AFB I)**

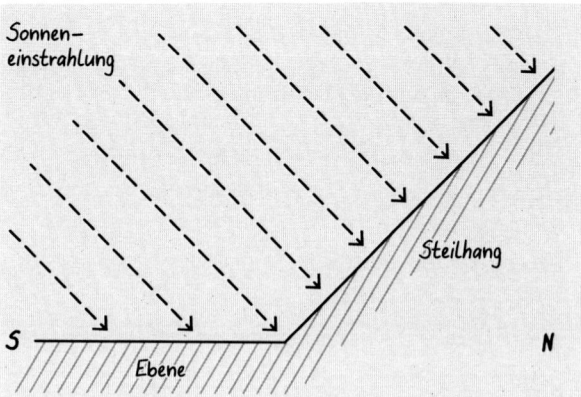

b) Begründe, warum Weinreben bevorzugt an Südhängen angebaut werden. **(AFB II)**

Auf den Südhängen und in Steillagen mit mehr als 30 % Steigung können durch die hohe Sonnenstrahlungsintensität und die starke Erwärmung des Bodens höchste Qualitäten erzielt werden.

Tipp

Betriebserkundung in einem Weingut oder in einer Winzergenossenschaft (s. o.).

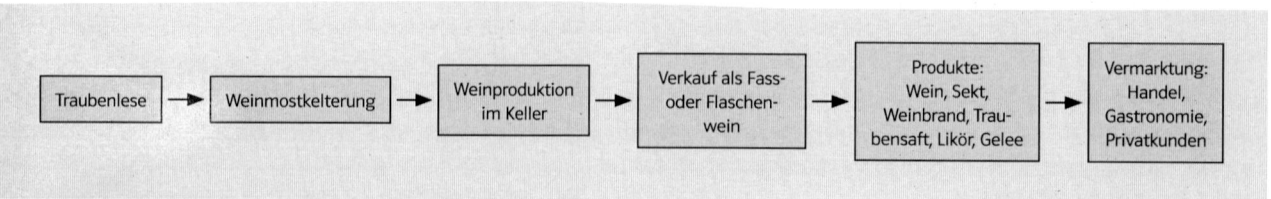

Lösung zu Aufgabe 6: vom Erzeuger zum Verbraucher

Unterrichtsvorschlag

Unterrichtsphase	Inhaltlicher Schwerpunkt	Methodisches Vorgehen/Sozialform	Medien/Materialien
Einstieg	Weinwerbung aus Rheinland-Pfalz	Präsentation/ LV/SV	Zeitschriften, Zeitungen
Erarbeitung I	Arbeit eines Winzers	EA/PA	SB S. 68/69, M3–6, Aufg. 2 und 3
Ergebnissicherung I	Arbeit eines Winzers	UG/ EA	Tafelanschrieb, Tabelle mit Skizzen
Erarbeitung II	Weinbau in Rheinland-Pfalz und Deutschland im Vergleich	GA/EA	SB S. 68/69, M2, 7, Aufg. 2 und 4
Vertiefung	„Es wird wärmer in Deutschland" Folgen der Klimaerwärmung	UG: neue Rebsorten, frühere Lese, Trockenproblematik, neue „Urlaubszeiten" des Winzers?	

Landwirtschaftsgebiete in Rheinland-Pfalz

Kompetenzen

Die Schülerinnen und Schüler können …
- eine thematische Karte zur landwirtschaftlichen Nutzung auswerten;
- verschiedene Formen landwirtschaftlicher Produktion in unterschiedlichen Räumen von Rheinland-Pfalz beschreiben und untersuchen;
- wesentliche raumspezifische Strukturen und Merkmale sowie deren Verteilung erkennen und begründen;
- einzelne Landwirtschaftsgebiete benennen und auf der Karte verorten;
- Fotos beschreiben und den Angaben der thematischen Karte zuordnen.

Grundbegriffe

Großlandschaft, Gunstraum, Kulturlandschaft, Sonderkultur, thematische Karte

Sachinformationen

Unterschiedliche Landwirtschaftsgebiete ergeben sich aus den natürlichen Standortbedingungen wie Höhenlage, Exposition zur Hauptwindrichtung, Oberflächenformen, Böden oder Klima. In Zonen oder Regionen mit vergleichbarer physisch-geographischer Ausstattung werden häufig identische Produkte angebaut. Andererseits spezialisiert sich die Landwirtschaft in besonderen Gunsträumen oder in der Nähe zu den Verbrauchern (z. B. Gemüse, Obst).
Die Auswertung der thematischen Karte trägt zur räumlichen Orientierung bei und vermittelt topografische Kenntnisse.

Hinweise zum Unterricht

Diese Doppelseite ist deduktiv strukturiert und liefert nach den Einzelbeispielen einen ersten Gesamtüberblick. Die Methoden „Bilder beschreiben" und „Thematische Karte auswerten" werden einbezogen, letztere Methode sollte also am Beispiel Landwirtschaft vorgezogen werden. Damit wird mindestens eine Schulstunde gefüllt. Eine Klimabeschreibung soll hier nur vorbereitend über die angegebenen Daten erfolgen, die Methode „Klimadiagramm zeichnen und auswerten" kommt erst im folgenden Themenblock zum Einsatz.

Lösung der Basisaufgaben

1 Landwirtschaft in Bildern:
a) Beschreibe die Fotos 1–3. **(AFB I)**
   1 Mittelgebirge, relativ hoch und steil, bewaldet
   2 Flusstal mit steilen Hängen, Siedlung am Ufer, am Hang Burgruine, Weinbau in Steillagen, Wald auf den Höhen
   3 Ebene mit großen Feldern, maschinelle Ernte von Zuckerrüben (Sonderkultur)
b) Ordne die Fotos passenden Landschaften in Rheinland-Pfalz zu. **(AFB II)**
   1 nicht eindeutig lokalisierbar: Westerwald, Eifel, Hunsrück, Pfälzer Bergland, Pfälzerwald
   2 Mosel- oder Mittelrheintal
   3 Oberrheinisches Tiefland: Vorderpfalz oder südliches Rheinhessen

2 Landschaften in Rheinland-Pfalz:
a) Ordne jeder Landschaft in Karte 4 die jeweiligen landwirtschaftlichen Nutzungen zu: Wald, Viehhaltung (Wiese oder Weide), Ackerbau oder Sonderkulturen. **(AFB II)**
   Westerwald: Wald (Holzgewinnung), Felder und Wiesen gemischt, Ackerbau (Roggen, Gerste, Raps, Kartoffeln), Viehhaltung (Wiesen und Weiden), Hühner und Puten
   Eifel: Wald (Holzgewinnung), Felder und Wiesen gemischt, Ackerbau (Roggen, Gerste, Raps, Kartoffeln), Viehhaltung (Wiesen und Weiden), Milchkühe und Mastrinder, Schweine, Schafe, Hühner und Puten
   Moseltal: Weinbau, vereinzelt Obst
   Mittelrheintal: Weinbau
   Hunsrück: Wald (Holzgewinnung), Felder und Wiesen gemischt, Ackerbau (Roggen, Gerste, Raps, Kartoffeln), Viehhaltung (Wiesen und Weiden)
   Pfälzer Bergland: Wald (Holzgewinnung), Felder und Wiesen gemischt, Ackerbau (Roggen, Gerste, Raps, Kartoffeln), am Glan Obst, Viehhaltung (Wiesen und Weiden)
   Pfälzerwald: überwiegend Wald (Holzgewinnung), vereinzelt Wiesen und Weiden
   Oberrheinisches Tiefland: Dauer- und Sonderkulturen (Wein, Gemüse, Obst, Spargel und Tabak), Ackerbau (Weizen, Mais, Zuckerrüben), Hühner und Puten
   Rheinhessen: Dauer- und Sonderkulturen (Wein, Obst, Gemüse), Ackerbau (Weizen, Mais, Zuckerrüben)

b) Begründe deine Zuordnungen. (AFB II)

Westerwald: Höhenlage (Mittelgebirge), hohe Niederschläge, niedrige Temperaturen, mittlere bis schlechte Böden

Eifel: Höhenlage (Mittelgebirge), hohe Niederschläge, niedrige Temperaturen, mittlere bis schlechte Böden

Moseltal: enges Flusstal mit Steilhängen (günstig für Weinanbau), mildes Klima, relativ geringe Niederschläge, mittlere bis schlechte Böden

Mittelrheintal: enges Flusstal mit Steilhängen (günstig für Weinanbau), mildes Klima, relativ geringe Niederschläge, mittlere bis schlechte Böden

Hunsrück: Höhenlage (Mittelgebirge), niedrige Temperaturen, mittlere bis schlechte Böden

Pfälzer Bergland: Hügelland, mittlere bis schlechte Böden

Pfälzerwald: Mittelgebirge, hohe Niederschläge, sehr schlechte Böden

Oberrheinisches Tiefland: ebene Flächen am Rhein und Hügelland an der Deutschen Weinstraße, Gunstraum für Dauer- und Sonderkulturen, geringe Niederschläge, hohe Temperaturen, sehr gute und gute Böden

Rheinhessen: überwiegend Hügelland, geringe Niederschläge, hohe Temperaturen, sehr gute und gute Böden, Gunstraum

Hinweis: Für die Lösung der Aufgaben a) und b) können auch im Schulbuch die Karten „Rheinland-Pfalz" (S. 31) und „Land- und forstwirtschaftliche Hauptnutzungen in Deutschland" (S. 87) herangezogen werden.

Anwendungsaufgabe

3 Beschreibe Klima, Bodengüte und die hauptsächlichen landwirtschaftlichen Produkte in deiner Heimatregion. (AFB I)
Individuelle Schülerlösung je nach Heimatregion.
Beispiel Bad Kreuznach: Lage zwischen Hunsrück, Pfälzer Bergland und Rheinhessen. Relief teils hügelig, teils eben, geringe Niederschläge, hohe Temperaturen, gute Böden, Weinanbaugebiet Nahe, Obst, Weizen, Mais, Zuckerrüben

Medientipp

Üben interaktiv: Landwirtschaftsgebiete in Rheinland-Pfalz (Online-Code dm7uj5)

Unterrichtsvorschlag

Unterrichtsphase	Inhaltlicher Schwerpunkt	Methodisches Vorgehen / Sozialform	Medien / Materialien
Einstieg	Landwirtschaft in Deutschland – Sehen	Bildbeschreibung EA	SB S. 70/71, M1–3, Aufg. 1
Erarbeitung	Auswertung der thematischen Karte	EA/PA	SB S. 70/71, M4, Aufg. 2
Ergebnissicherung	Auswertung der thematischen Karte	PA/GA/gemeinsam: Übertragung in Kartenkopie oder Tafelskizze	Tafel/Heft

Biohof Schepers

Kompetenzen

Die Schülerinnen und Schüler können …
- die Strukturen eines ökologischen Mischbetriebs mit geschlossener Kreislaufwirtschaft beschreiben und untersuchen;
- die Vor- und Nachteile des ökologischen Landbaus nennen und erklären;
- die ökologisch orientierte Landwirtschaft als alternative Produktionsform beurteilen.

Grundbegriff
ökologischer Landbau

Sachinformationen

Im Jahr 2013 wurden in Deutschland 6,3 Prozent der landwirtschaftlichen Nutzfläche ökologisch bewirtschaftet. Zahlreiche Bio-Verbände wie Demeter oder Bioland haben strenge Richtlinien aufgestellt und verleihen ihren Mitgliedern Gütesiegel für kontrolliert ökologische Qualität. Das Demetersiegel steht dabei zusätzlich für biologisch-dynamischen Anbau im anthroposophischen Sinne.

Der Schepershof liegt zusammen mit fünf anderen Ökohöfen im Windrather Tal, einem zusammenhängenden landwirtschaftlichen Gebiet mitten im schmalen Grüngürtel zwischen südlichem Ruhrgebiet, Wuppertal, Düsseldorf und Velbert. Die Vermarktung erfolgt über den eigenen Hofladen, gemeinsam mit den anderen Höfen über den Talhandel sowie über eine Abokiste (BioAbo), die den Abonnenten wöchentlich ins Haus geliefert wird.

Der Ackerbau erfolgt auf Braunerde auf Lehmboden. Je Schlag (= 4 ha) wird in vielfältiger Fruchtfolge angebaut:
1. + 2. Jahr: zweijähriges Kleegras (Gras und Rotklee)
3. Jahr: Kartoffeln (3,5 ha) und Futterrüben (0,5 ha)
4. Jahr: Weizen (2 ha) und Dinkel (2 ha)
5. Jahr: Roggen (2 ha) und Hafer (2 ha)
Bevorzugt werden langstielige Sorten (viel Stroh für das Vieh sowie gute Durchwurzelung des Bodens infolge entsprechend kräftiger Wurzeln) sowie traditionelle, standortangepasste Sorten. Das Saatgut wird durch Ausleseverfahren und Vermehrungsanbau auf dem Hof erzeugt.

Gedüngt wird mit Jauche (= Harn), kompostiertem Mist (= Kot mit Stroh gemischt) und evtl. kohlensaurem Kalk ($CaCO_3$), um das Bodenleben nachhaltig zu ernähren.

Hinweise zum Unterricht

Bioprodukte erfreuen sich einer zunehmenden Beliebtheit, doch werden nicht viele Schülerinnen und Schüler die Möglichkeit zum Direktkauf beim Erzeuger nutzen können. Die detaillierte Auseinandersetzung mit einem Hofbeispiel kann zeigen, welche Betriebsstrukturen und Wirtschaftsweisen typisch sind.

Durch den Vergleich mit den landwirtschaftlichen Erzeugern, die auf den vorangegangenen Seiten dargestellt wurden, lassen sich Argumente kritisch betrachten.

Hinweise zu den Materialien

Die Materialien 1 und 3 werden mithilfe der Aufgaben 1 und 2 ausgewertet (siehe Abschnitt „Lösung der Basisaufgaben"). Material 2 verdeutlicht, welche rasante Entwicklung der ökologische Landbau in den letzten Jahrzehnten erlebt hat. Dem liegt eine enorme Nachfragesteigerung zugrunde, die nicht zuletzt aufgrund von Lebensmittelskandalen (z. B. BSE-Krise zu Beginn des Jahrtausends), die das mediale Bild konventioneller landwirtschaftlicher Produkte prägten, zustande kam.

Tafelbild

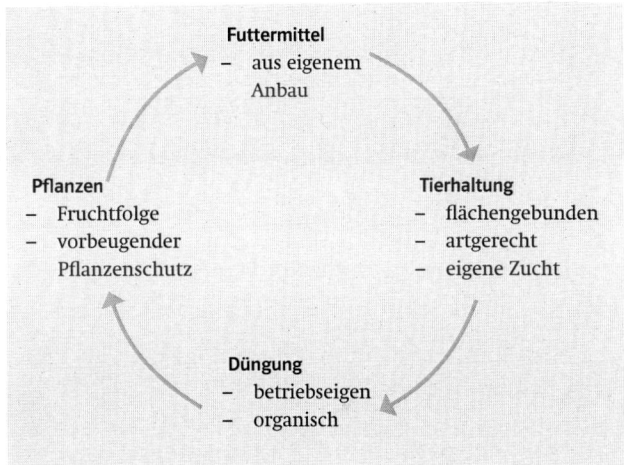

Futtermittel
– aus eigenem Anbau

Tierhaltung
– flächengebunden
– artgerecht
– eigene Zucht

Düngung
– betriebseigen
– organisch

Pflanzen
– Fruchtfolge
– vorbeugender Pflanzenschutz

Lösung der Basisaufgaben

1 Beschreibe das Prinzip der ökologischen Landwirtschaft. (AFB I)

Das Schema des ökologischen Landbaus (M1) zeigt die geschlossene Kreislaufwirtschaft eines Mischbetriebs mit vielseitigem Ackerbau und artenreicher Viehzucht: Der Boden wird organisch und mit betriebseigenen Nährstoffen gedüngt, auf ihm werden Pflanzen in vielfältiger Fruchtfolge und mit biologischem Pflanzenschutz (z. B. durch Nützlinge, Mischkultur …) angebaut.

Die Pflanzen dienen als hofeigenes Futtermittel für die Viehzucht bzw. werden als Getreide u. a. vermarktet oder weiterverarbeitet. Pflanzenreste düngen wiederum den Boden.

Die Tierhaltung erfolgt flächengebunden, artgerecht und geht meist aus eigener Zucht hervor. Die aus der Tierhaltung gewonnenen Nahrungsmittel (Milch, Milchprodukte, Fleisch, Wurst etc.) werden vermarktet, in der Tierhaltung anfallender Mist und Jauche werden als organischer Dünger für den Boden verwendet. Hofeigene Abfälle der Nahrungsmittelproduktion werden kompostiert und ebenfalls als Dünger verwendet.

2 Vergleiche die Wirtschaftsweise des Schepershofes mit dem Schema 1. (AFB II)

Die Arbeitsweise des Schepershofes entspricht dem Schema des ökologischen Landbaus in vollem Umfang: biologische Düngung mit Gülle, kompostiertem Mist, Fruchtfolge, Weiterverarbeitung der erzeugten Produkte aus Ackerbau und Viehzucht auf dem Hof, Stroh als Einstreu für die Ställe, Direktvermarktung, Nutzung regenerativer Energie. Auch das Saatgut wird auf dem Hof selbst vermehrt.

Anwendungsaufgabe

3 Suche nach Logos für ökologisch erzeugte Produkte und informiere dich über die Richtlinien dieser Logos. Stelle diese in einem Kurzvortrag vor. (AFB II)
Individuelle Schülerlösung.

Medientipp

nähere Informationen zu den einzelnen Verbänden z. B. unter www.bundesprogramm-oekolandbau.de

Unterrichtsvorschlag

Unterrichtsphase	Inhaltlicher Schwerpunkt	Methodisches Vorgehen / Sozialform	Medien / Materialien
Einstieg	Der Schepershof – ein Mischbetrieb	UG	SB S. 72/73, M3
Erarbeitung I	Schema des ökologischen Landbaus	PA/GA	SB S. 72/73, M1, 3, Aufg. 1 und 2
Sicherung	Schema des ökologischen Landbaus	SV	TB
Vertiefung I	Die Bedeutung des ökologischen Landbaus	UG	SB S. 72/73, M2
Vertiefung II	Logos ökologisch erzeugter Produkte	EA/HA	SB S. 72/73, Aufg. 3

Landwirtschaft so oder so!?

Kompetenzen

Die Schülerinnen und Schüler können …
- den konventionellen mit dem ökologischen Landbau vergleichen;
- am Beispiel der Tierhaltung verschiedene Formen landwirtschaftlicher Produktion beschreiben und untersuchen;
- Vor- und Nachteile verschiedener Arten der Tierhaltung abwägen;
- eine eigene Meinung zum Thema entwickeln und vertreten.

Grundbegriffe

Massentierhaltung, konventionelle Landwirtschaft, ökologischer Landbau, artgerechte Tierhaltung

Sachinformationen

Die konventionelle Landwirtschaft nimmt – nicht nur in Bezug auf die Fläche – in Deutschland einen großen Teil der landwirtschaftlichen Betriebe ein. Ein Großteil der vom Verbraucher gekauften Waren stammt aus diesem Bereich und doch geht es den konventionellen landwirtschaftlichen Betrieben in Deutschland nicht gut. Neben dem Konkurrenzdruck (auch aus dem Ausland) ist hierfür u. a. auch ein geändertes Verbraucherverhalten verantwortlich. So gilt heute auch beim Kauf landwirtschaftlicher Waren und Produkte längst nicht mehr: Quantität geht vor Qualität. Umweltbewusstes Verhalten und die Angst um die eigene Gesundheit sind hier z. B. Antriebskräfte. Medienberichte über Massentierhaltungen oder Tierkrankheiten, über Tierquälerei und chemische Rückstände im Fleisch taten hier ihr Übriges. Doch können die ökologisch wirtschaftenden Betriebe den heutigen Bedarf an Eiern, Milch, Fleisch und Getreide nicht voll decken – weder in Bezug auf die Menge noch mit Blick auf das zu bedienende Preissegment.

Hinweise zum Unterricht

Das Thema Tierhaltung ist i. d. R. ein emotional und gerne diskutierter Unterrichtsinhalt für die Schülerinnen und Schüler. Neben der Empathie gegenüber den Tieren spielen hier auch Grundeinstellungen eine Rolle – zum Beispiel in Bezug auf Ernährungsgewohnheiten, Fleischkonsum usw. Die Gegenüberstellung von ökologisch und konventionell wirtschaftendem Betrieb kann als Zusammenfassung oder im Sinne eines Brainstormings genutzt werden, da auf den übrigen Seiten des Schülerbuchkapitels diese Fragen auch angesprochen werden.

Lösung der Basisaufgaben

1 Schweinemast so oder so?

a) Beschreibe das Prinzip des konventionellen Schweinemastbetriebs. (AFB I)

Das Schema eines konventionellen Schweinemastbetriebs (M1) unterscheidet sich in wesentlichen Punkten vom Produktionsschema des ökologischen Anbaus (SB S.72): Der Boden wird nicht nur organisch und mit betriebseigenen Nährstoffen gedüngt, sondern ihm wird auch Mineraldünger zugeführt.

Die Pflanzen, die chemisch geschützt werden, dienen zwar als hofeigenes Futtermittel für die Viehzucht, es werden aber (Kraft-)Futtermittel zugekauft.

Überschüssige Gülle kann vom Boden nicht aufgenommen werden und in das Grundwasser gelangen.

Die aus der Tierhaltung gewonnenen Nahrungsmittel werden verkauft und in Schlachthöfen weiterverarbeitet.

b) Vergleiche die ökologische mit der konventionellen Landwirtschaft. (AFB II)

- **Betriebsmittelaufwand für Pflanzenschutz:** Die Ausgaben sind in den ökologischen Betrieben fast gleich Null, während sie beim konventionellen Wirtschaften ein hohes Kostenvolumen ausmachen. Gründe hierfür sind vor allem konzeptioneller Art, da beim ökologischen Landbau der Pflanzenschutz biologisch und in der Regel kostenneutral erfolgt.

- **Betriebsmittelaufwand für Düngemittel:** Die Ausgaben sind auch hier in den ökologischen Betrieben deutlich geringer, während sie beim konventionellen Wirtschaften ein hohes Kostenvolumen ausmachen. Gründe hierfür sind vor allem konzeptioneller Art, da beim ökologischen Landbau der Einsatz von natürlichen Düngemitteln erfolgt, der in der Regel kostenneutral ist.

- **Ferkel:** Die Wurfzahlen in der ökologischen Haltung mit den dafür geeigneten Rassen und Kreuzungen sind deutlich geringer. Im Schnitt werden je Sau 20 Ferkel geboren, im Vergleich dazu bringt es eine „konventionelle Sau" einer Hochleistungsrasse auf 25 Ferkel.

- **Erträge an Weizen:** Die Weizenerträge des ökologischen Betriebs liegen deutlich unter denen des konventionellen Betriebs. Im ökologischen Landbau wird großer Wert auf den Umweltschutz und die Qualität der Ware gelegt. Die Erntemengen spielen eine untergeordnete Rolle. Im konventionellen Landbau werden heute mit großem Know-how und technischem Einsatz möglichst große Mengen produziert.

- **Preise für Weizen:** Die Weizenpreise des ökologischen Betriebs liegen deutlich über denen des konventionellen Betriebs. Im ökologischen Landbau wird großer Wert auf den Umweltschutz und die Qualität der Ware gelegt. Die Verbraucher sind bereit, hier einen höheren Preis in Kauf zu nehmen. Im konventionellen Landbau wird heute mit großem Know-how und technischem Einsatz zu möglichst geringen Preisen produziert (vgl. Erträge).

- **Personalaufwand:** Im ökologischen Landbau liegt der Personalaufwand deutlich über dem des konventionellen Betriebs. Im konventionellen Betrieb muss der Grad der Mechanisierung hoch sein, um eine große Ernte zu garantieren. Die Personalkosten müssen nach Möglichkeit gering gehalten werden, damit der Betrieb konkurrenzfähig bleibt. Im ökologischen Landbau hingegen werden höhere Preise von den Verbrauchern in Kauf genommen; die Organisation des Betriebs orientiert sich eher an den Prinzipien der Ökologie.

2 Begründe, warum „Bioprodukte" meist teurer als vergleichbare Produkte aus herkömmlicher Landwirtschaft sind. **(AFB II)**
Im ökologischen Landbau werden mit höherem Personalaufwand niedrigere Erträge erzielt (vgl. Material 5 bzw. Aufgabe 1b). Der niedrigere Betriebsmittelaufwand kann dieses nicht ausgleichen. Die „Bioprodukte" werden also in der Regel die teureren Produkte sein.

Anwendungsaufgabe

3 Deine Meinung ist gefragt: „Landwirtschaft oder Verbraucher, was sollte sich ändern?". Diskutiert. **(AFB III)**
Individuelle Schülerlösung.

Medientipps

Landwirtschaft im Vergleich (Online-Code c3k33f)
Üben interaktiv: Landwirtschaft so oder so!?
(Online-Code 8np7mh)

Unterrichtsvorschlag

Unterrichtsphase	Inhaltlicher Schwerpunkt	Methodisches Vorgehen / Sozialform	Medien / Materialien
Einstieg	Schweinemast so oder so? Auswertung der Fotos	UG	SB S. 74/75, M3, 4
Erarbeitung I	Schema eines konventionellen Schweinemastbetriebs	PA/GA	SB S. 74/75, M1, Aufg. 1a
Sicherung I	Prinzip der konventionellen Schweinemast	SV	
Erarbeitung II	Unterschiede zwischen konventioneller und ökologischer Landwirtschaft	PA/GA	SB S. 74/75, M2, 5, Aufg. 1b und 2
Sicherung II	Unterschiede zwischen konventioneller und ökologischer Landwirtschaft	SV	
Vertiefung	Zukunft der Landwirtschaft	UG	SB S. 74/75, Aufg. 3
Hausaufgabe	Preisunterschiede	HA: Findet im Supermarkt/Biomarkt/ auf dem Markt heraus, welche Preisunterschiede für Fleisch aus unterschiedlicher Tierhaltung gelten.	

Einen Betrieb erkunden

Kompetenzen

Die Schülerinnen und Schüler können …
- themenbezogene Befragungen planen und vorbereiten, insbesondere Fragebögen erstellen;
- eine Betriebserkundung im Nahraum angeleitet durchführen;
- Ergebnisse einer eigenen Erhebung auswerten und dazu geeignete Darstellungsformen wählen.

Grundbegriffe

Betriebserkundung, ökologischer Landbau

Hinweise zum Unterricht

Die Methodenseite zur Betriebserkundung ist erst gegen Ende des Themenblocks „Landwirte versorgen uns" eingeordnet, damit die Schülerinnen und Schüler auf Vorwissen zurückgreifen können und somit eine Hilfe bei der Ausgestaltung einer fachlich tiefer gehenden Fragestellung haben. Zugleich erleichtern es diese Kenntnisse, Beobachtungen in einem landwirtschaftlichen Betrieb einzuordnen, und stellen somit eine Entlastung der Erkundung dar. Selbstverständlich kann aber eine Erkundung auch ein sinnvoller Einstieg in die Thematik sein.

Die Vor- und Nachbereitung einer Betriebserkundung sollte immer mit intensiver Beteiligung der Schülerinnen und Schüler erfolgen. Dazu gehören sicher auch die Recherche möglicher Erkundungsziele sowie die Kontaktaufnahme.

Zwar ist hier ein landwirtschaftlicher Betrieb gewählt, aber natürlich lässt sich die Methode auch auf Handwerksbetriebe etc. übertragen.

Die Vorbereitung, Durchführung und Nachbereitung sind sehr zeitaufwendig. Idealerweise könnte man z. B. einen Wandertag oder eine Projektwoche für ein solches Vorhaben nutzen.

Die landwirtschaftlichen Verbände stellen oft den Kontakt zu Betrieben her, die mit Schulklassen besichtigt werden können.

Lösung der Basisaufgabe

1 Führt eine Betriebserkundung in eurem Heimatraum durch. (AFB II/III)

Individuelle Schülerlösung.

Medientipps

Weitere Informationen zum Hof Sander:
www.bio-mit-gesicht.de/6442.html

Lernen im Netz: Interview Rößlerhof (Online-Code sv7f36)

Ein Lernplakat erstellen

Kompetenzen

Die Schülerinnen und Schüler können ...
- ein Lernplakat adressatengemäß gestalten;
- Ergebnisse mithilfe eines Lernplakats in angemessener Form präsentieren.

Grundbegriff
Lernplakat

Sachinformation

Die Gestaltung eines Lernplakats erweist sich dort als geeignete Vorgehensweise, wo es notwendig ist, einen komplexen Sachverhalt einer großen Anzahl von Personen mitzuteilen. Ein Lernplakat wird mit der Intention erstellt, dem Betrachter die Zusammenhänge eines Themas verständlich und klar werden zu lassen. Mithilfe eines Lernplakats lassen sich Informationen auf großem Format darstellen, wobei diese Informationen variantenreich aufbereitet werden sollten: Die Präsentation erfolgt daher nicht nur in Form von Texten, sondern auch durch Bilder, Zeichnungen, Tabellen, Fotos etc.

Ein Lernplakat sollte im Wesentlichen drei Anforderungen genügen:
- die Informationen sollten in kurzer und präziser Weise präsentiert werden;
- die Darstellung sollte übersichtlich sein;
- die Dokumentation sollte durch gestalterische Elemente aufgelockert werden.

Mit der Gestaltung eines Lernplakats kann erst begonnen werden, wenn der Prozess des Sammelns und Ordnens von Informationen bereits abgeschlossen ist. Formen der Informationsbeschaffung sind beispielsweise:
- Literatursuche,
- Internetrecherche,
- Erkundung vor Ort,
- Interview/Expertenbefragung.

Hinweise zum Unterricht

Die Methodenseite zur Gestaltung eines Lernplakats knüpft thematisch an die vorhergehende Seite „Einen Betrieb erkunden" an: Die während des Unterrichtsgangs gewonnenen Ergebnisse sollen in die Arbeit am Lernplakat einfließen.

Bevor mit der Arbeit am Lernplakat begonnen wird, sollte geklärt werden, wie die Ausstattung bezüglich der gestalterischen Möglichkeiten zu beurteilen ist. Die Bereitstellung der erforderlichen Materialien sollte ebenfalls frühzeitig gesichert werden.

Bevor die Ergebnisse endgültig zu Papier gebracht werden, ist es ratsam, von den Schülerinnen und Schülern einen Entwurf anfertigen zu lassen.

Sinnvoll erscheint es, an das Erstellen des Lernplakats eine Abschlussreflexion anzufügen.

Lösung der Basisaufgabe

1 Gestaltet ein Lernplakat mithilfe der von euch gewählten Themen einer Betriebserkundung. **(AFB II/III)**
Individuelle Schülerlösung.

Anwendungsaufgabe

2 Wählt weitere Themen aus dem Erdkundeunterricht und gestaltet Lernplakate dazu. **(AFB II/III)**
Individuelle Schülerlösung.

Was ihr wollt!?

Kompetenzen

Die Schülerinnen und Schüler können …
- Fotos, Tabellen und Quellentexte zielgerichtet auswerten;
- die Verfügbarkeit von Nahrungsmitteln zu jeder Jahreszeit kritisch hinterfragen;
- ihre eigene Ernährungsweise in Bezug auf Folgewirkungen für Mensch und Natur kritisch betrachten.

Grundbegriffe

regionale Produkte, saisonale Produkte

Sachinformationen

Die Verfügbarkeit von Nahrungsmitteln zu jeder Jahreszeit, der sich diese Vertiefungsseite lehrplangemäß widmet, ist für unsere Schülerinnen und Schüler eine Selbstverständlichkeit. Umso lohnenswerter ist es, diese Tatsache zu hinterfragen und ihre Folgewirkungen kritisch zu betrachten.

Exemplarisch werden im Schulbuch spanische Erdbeerimporte im Februar betrachtet. Über die aufwendigen Transportwege informiert der Autorentext. Darüber hinaus wird vielfach von hohen Rückständen von Pflanzenschutzmitteln bei frühen Früchten berichtet. Beim Anbau unter Folie können Schimmelpilze, Milben und Bakterien gut gedeihen, die entsprechend bekämpft werden.

Hinweise zum Material

Eine regionale ökologische Alternative wird in Material 4 vorgestellt: Grüne Kisten, Biokisten oder Ökokisten erfreuen sich zunehmender Beliebtheit. Im Jahr 2014 gibt es über 110 Anbieter in Deutschland. Ein großer Teil von ihnen ist im Verband Ökokiste e. V. zusammengeschlossen (siehe Medientipps).

Hinweise zum Unterricht

Aufgabe 1 ist als arbeitsteilige Partnerarbeit angelegt. Partner A soll in einer stummen Weltkarte (siehe Online-Code) die Herkunftsländer der Erdbeeren verzeichnen. Partner B soll in einem Diagramm die Preisentwicklung der Erdbeeren verzeichnen. Es bietet sich an, die Schülerinnen und Schüler nach Neigung wählen zu lassen, welche Teilaufgabe sie bevorzugen.

Lösung der Basisaufgaben

1 Erdbeeren zu jeder Jahreszeit! Arbeitet zu zweit mit Tabelle 2:
Partner A: Zeichne die Herkunftsländer der Erdbeeren in eine stumme Weltkarte (siehe Online-Code 4qi44m) ein und trage den dazu passenden Monat ein. **(AFB II)**
Karte siehe nächste Seite
Partner B: Stelle die Preisentwicklung der Erdbeeren in einem Diagramm dar. **(AFB II)**

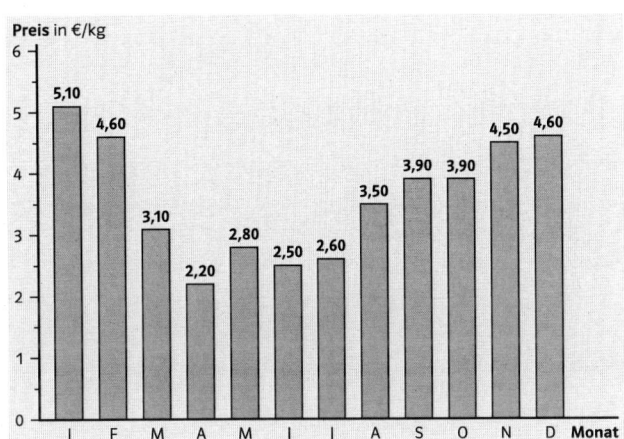

Erdbeerangebot auf einem deutschen Großmarkt

Beantwortet gemeinsam folgende Aufgabe: Erklärt, wie die unterschiedlichen Preise zustandekommen. **(AFB II)**
Grundsätzlich gilt: Je weiter das Herkunftsland der Erdbeere entfernt ist, desto höher ist der Preis der Erdbeeren. Allerdings werden die niedrigsten Preise im April für spanische und italienische Erdbeeren erzielt. Offensichtlich ist der Verbraucher bereit, für deutsche Produkte ab Mai höhere Preise zu zahlen. Weiterhin steigt dann (in der klassischen Erdbeerzeit) die Nachfrage, während die Märkte im April noch übersättigt sind.

2 Erläutere die Besonderheiten der „Grünen Kiste" (Text 4). Erkläre dabei die Begriffe „regional" und „saisonal". **(AFB II)**
Der Verbraucher kann wöchentlich Produkte bestellen, die in einer „Grünen Kiste" nach Hause geliefert werden. Es handelt sich dabei in erster Linie um regionale und saisonale Waren von lokalen Biohöfen, also um Waren aus der Region, die derzeit Saison haben.

3 Erdbeeren zu jeder Jahreszeit? Diskutiert. **(AFB III)**
Individuelle Schülerlösung.

Anwendungsaufgabe

4 Benenne jeweils die Monate, in denen es die kleinste und die größte Auswahl an Obst und Gemüse aus Deutschland gibt. Begründe. **(AFB II)**

Die kleinste Auswahl an Obst und Gemüse aus Deutschland gibt es im Januar, Februar und März, also in den Wintermonaten, in denen die niedrigen Temperaturen das Pflanzenwachstum verhindern. Die größte Auswahl besteht hingegen in den Monaten Juni, Juli, August und September, wenn die Verfügbarkeit von Wasser, Licht und Wärme am höchsten ist.

Medientipps

Verband Ökokiste e. V.: www.oekokiste.de

Material: Kopiervorlage stumme Weltkarte (Online-Code 4qi44m)
Üben interaktiv: Saisonkalender (Online-Code 77i7xj)

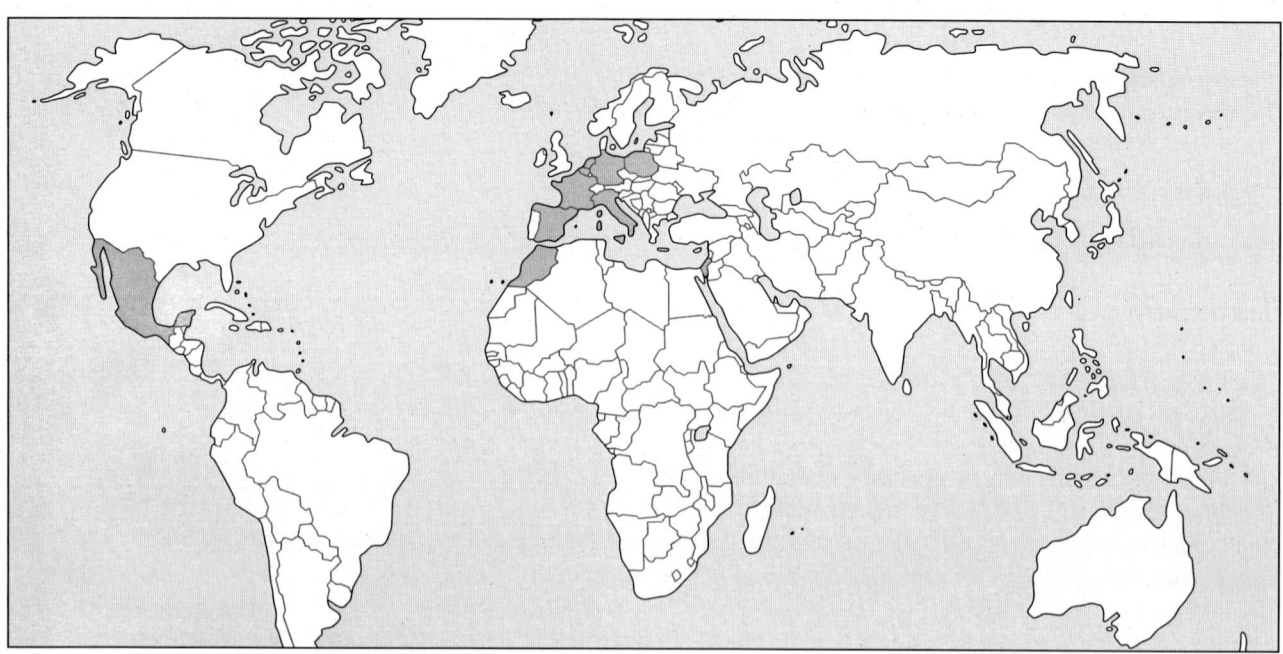

Lösungsvorschlag zu Aufgabe 1: Herkunftsländer der Erdbeeren

Unterrichtsvorschlag

Unterrichtsphase	Inhaltlicher Schwerpunkt	Methodisches Vorgehen / Sozialform	Medien / Materialien
Einstieg	Erdbeeren im Winter? Auswertung der Fotos	UG	SB S. 80/81, M1, 3
Erarbeitung I	Erdbeerangebot an einem deutschen Großmarkt	PA/GA	SB S. 80/81, M2, Aufg. 1
Sicherung I	Erdbeerangebot an einem deutschen Großmarkt	SV	
Vertiefung	Erdbeeren zu jeder Jahreszeit?	Diskussion	SB S. 80/81, Aufg. 3
Erarbeitung II	Die „Grüne Kiste"	PA/GA	SB S. 80/81, M4, Aufg. 2
Sicherung II	Die „Grüne Kiste"	SV	
Hausaufgabe	Saisonkalender	EA	SB S. 80/81, Aufg. 4, M5

Vom Landwirt zum Energiewirt

Kompetenzen

Die Schülerinnen und Schüler können …
- den alternativen Ansatz der Energiegewinnung aus nachwachsenden Rohstoffen in Leidenborn beschreiben und erläutern;
- Vor- und Nachteile der Energie aus nachwachsenden Rohstoffen nennen;
- eine eigene kritische Meinung zum Thema entwickeln und vertreten.

Grundbegriffe

Monokultur, nachwachsende Rohstoffe, Biogas

Sachinformationen

Vom Landwirt zum Energiewirt! Dieses Motto zieht sich gegenwärtig quer durch alle Gesprächsrunden, die sich mit der Zukunft der Landwirtschaft und mit erneuerbaren Energien befassen. Je stärker die Preise für Erdöl und Erdgas steigen und je deutlicher die Risiken einer politischen Abhängigkeit von den Förderländern werden, desto mehr rücken regenerative Energiequellen ins Zentrum des Interesses. Neben Wind- und Solarenergie ist das in zunehmendem Maße auch die Bioenergie. Besonders die Produktion von Biogas, aus dem wiederum Strom und Wärme erzeugt werden können, erweist sich als lohnend für die Landwirtschaft.

Nicht erst seit Fukushima und der „Energiewende" ist der Zusammenhang zwischen Mais und Biogas zum Thema geworden. In keinem anderen Land der Welt gibt es so viele Biogasanlagen wie in Deutschland. Mit der Neufassung des Erneuerbare-Energien-Gesetzes (EEG) von 2004 hat der Gesetzgeber einen lukrativen Anreiz für den Bau von Biogasanlagen geschaffen. Durch verschiedene Preisaufschläge, die über einen Zeitraum von 20 Jahren garantiert sind, wird der Einsatz nachwachsender Rohstoffe und innovativer Technologien gefördert.

Mit seiner Novelle des EEG hat Bundeswirtschaftsminister Sigmar Gabriel (SPD) einer ganzen Branche den Kampf angesagt. Die Vergütungssätze für Biogasanlagen sind seit dem 1. August 2014 um bis zu 43 Prozent gekappt worden. Das Ergebnis: Der Zubau neuer Anlagen bricht voraussichtlich um 80 Prozent ein. Trotzdem liegt die Vergütung nach der EEG-Novelle immer noch um 26 Prozent über der Grundvergütung für konventionelle Biogasanlagen.

In Deutschland gibt es rund 8 000 Biogasanlagen (2014), die im Jahr 2014 rund 24,3 Terawattstunden Strom produzierten – und damit knapp sieben Millionen Haushalte versorgt haben. In der Summe entspricht das der Bevölkerung der Städte Berlin, Hamburg, München, Köln und Frankfurt. Wäre der Strom in Kohlekraftwerken erzeugt worden, wären dabei rund 17,6 Mio. Tonnen CO_2 in die Atmosphäre gelangt – Strom aus Biomasse liegt bei einem Viertel dieses Wertes und hat die Umwelt damit um 13,2 Mio. Tonnen CO_2 entlastet.

Aber die Bioenergie ist nicht nur immer noch finanziell attraktiv, sie ist auch unverzichtbar für das Gelingen der Energiewende. Denn wer die Netzstabilität und sichere Stromversorgung trotz wachsender Anteile von Sonnen- und Windenergie nicht gefährden will, braucht Energie aus Biogas. Sie deckt ähnlich wie fossile Kraftwerke dauerhaft den Bedarf, kann aber auch die schwankende Stromerzeugung aus Wind und Sonne ausgleichen. Durch die dezentrale Kombination von Sonne oder Wind und Biogas wird eine stabile Stromeinspeisung gewährleistet. Das Biogas lässt sich außerdem speichern und kann so Versorgungsengpässe ausgleichen.

Hermann Schwalen ist nicht nur Milchbauer (SB S. 64/65), sondern neuerdings auch Energiewirt. Neben der konventionellen Landwirtschaft betreibt seine Firma „Bioenergie Schwalen" eine strom- und wärmeerzeugende Biogasanlage sowie eine Hackschnitzelanlage mit Fernwärmenetz. Per Gasleitung gelangt das Biogas zum Blockheizkraftwerk von Johann Reuland, ebenfalls Landwirt in Leidenborn. Mit dieser Technik wird fast das ganze Eifeldorf mit Wärme und Energie versorgt.

Hinweise zum Unterricht

Das Thema erneuerbare Energien begegnet den Schülerinnen und Schülern regelmäßig in den Medien. Die unterrichtliche Auseinandersetzung stellt somit einen aktuellen Beitrag zur kritischen Medienbetrachtung dar. Das Thema wird kontrovers diskutiert und eine klare Antwort fehlt. Daher können auch alternative Unterrichtsformen – Planspiel oder Dilemma-Methode – hier Einsatz finden. Das Thema ist zukunftsorientiert und höchst aktuell. Informationen finden sich zahlreich im Internet.

Lösung der Basisaufgaben

1 Beschreibe den Weg der Energiegewinnung aus Mais mithilfe der Grafik 5. (AFB I)

Die Energiepflanzen wie Mais oder Raps werden zur Energiegewinnung in Biogasanlagen genutzt. Mais, Getreide und minderwertiges Viehfutter werden zunächst durch Vergären im Silo haltbar gemacht. Bei Bedarf kann die Silage zusammen mit der Gülle und dem Mist in der Biogasanlage verarbeitet werden. Biogas ist ein brennbares Gas, das durch Vergärung von Biomasse jeder Art entsteht. Es wird in Biogasanlagen hergestellt, wozu sowohl Abfälle als auch nachwachsende Rohstoffe vergoren werden. Biogas wird in einem Blockheizkraftwerk für die Strom- und Wärmeerzeugung genutzt; der Strom wird vollständig ins Netz eingespeist, die ca. 60 Prozent ausmachende Abwärme kann vor Ort genutzt werden.

2 Begründe, warum man bei Biogas von einer erneuerbaren Energie spricht. (AFB II)

Zu den erneuerbaren Energien gehören die Energien aus Wasserkraft, Fotovoltaik und Solartechnik, die Windenergie und die Gezeitenenergie – sowie Energie, die durch Wärmepumpen oder durch geothermische Verfahren zugänglich ist.

Zur zweiten Gruppe zählt unter anderem Energie, die sich durch Verbrennung von Biodiesel gewinnen lässt. Biodiesel wird zum Beispiel aus Mais oder Raps hergestellt.

3 Erstelle eine Tabelle mit den Vor- und Nachteilen der Energiegewinnung aus nachwachsenden Rohstoffen. (AFB II)
Lösungsvorschlag siehe Tabelle unten

4 Wie viel Hektar Mais werden benötigt, um die Haushalte deiner Klasse ein Jahr lang mit Strom zu versorgen? Berechne. (AFB II)
Es können zur Beantwortung die Daten in M5 genutzt werden. Der abgedeckte Jahresbedarf an Strom kann der Einfachheit halber von zwei bis drei auf 2,5 Personen in fünf Haushalten angesetzt werden.
Die Antworten fallen individuell aus. Es wird zum Beispiel eine Klassenstärke von 25 Schülerinnen und Schülern angenommen. Diese leben (statistisch) in einem Haushalt mit je 2,5 Personen. Die Berechnung erfolgt über die einfache Formel:
1 ha Mais entspricht 5 Haushalten
X ha Mais entsprechen 25 Haushalten
Bei 25 Schülerinnen und Schülern werden fünf Hektar Mais benötigt.

Anwendungsaufgabe

5 Würdest du eher der Auffassung von Landwirt Schwalen oder der von Landwirt Helmer zustimmen? Begründe. (AFB II)
Individuelle Schülerlösung.
Herr Schwalen: geschlossener Kreislauf, da die Pflanzenabfälle und die Gülle der Kühe in der Biogasanlage verarbeitet werden; das Dorf kann zu 100 % mit Wärme und Strom versorgt werden; Biogasanlagen liefern verlässlich das ganze Jahr Energie; Sicherung von Arbeitsplätzen.
Herr Helmer: immer weniger Flächen für den Anbau von Nahrungsmittelpflanzen; Ausbreitung von Monokulturen mit negativen Auswirkungen auf die Natur; Belästigung von Siedlungsflächen mit unangenehmen Gerüchen.

Medientipps

- Homepage der Fachagentur für nachwachsende Rohstoffe: www.fnr.de
- Homepage vom Bundesministerium für Umwelt, Naturschutz, Bau und Reaktorsicherheit: www.bmub.bund.de
- Homepage des Bundesministeriums für Ernährung und Landwirtschaft: www.bmel.de

Üben interaktiv: Energiepflanzen (Online-Code f29w2p)

Vorteile	Nachteile
– Die endlichen Ressourcen, die heute genutzt werden, können entlastet werden. Wärme und Strom werden – für ein ganzes Dorf – zeitgleich erzeugt. – Durch die Nutzung von erneuerbaren Energien (Pflanzenreste, Gülle/Mist) kann die Umweltbilanz verbessert werden. – Es werden neue Arbeitsplätze geschaffen und somit werden die wirtschaftlichen Möglichkeiten der Bauernhöfe erweitert. – Die Energie ist preiswerter als die aus fossilen Energieträgern. – Kurze Anbaudauer, da die Energiepflanzen (Mais, Gerste, Roggen) geerntet werden können, wenn die Pflanze noch grün ist. Energiepflanzen als Biomasse sind lagerfähig. – Durch das stete Nachwachsen entsteht keine Rohstoffknappheit. – Keine Entstehung giftiger Nebenprodukte und Abfälle, welche die Natur oder die Menschen – vor allem Nachkommen – belasten. – Es senkt die Abhängigkeit von fossilen Energieträgern.	– Die weltweite Versorgung mit Lebensmitteln wird sich zwangsläufig verschlechtern, wenn Autobenzin durch Biokraftstoff ersetzt wird. – Der Anbau von nachwachsenden Rohstoffen nimmt große landwirtschaftliche Flächen ein – die erforderlichen Mengen und Anbauflächen stehen in der Natur nicht zur Verfügung. – Nicht alles kann aus Naturstoffen gewonnen werden. – Die Förderung durch das Erneuerbare-Energien-Gesetz; diese führt dazu, dass Landwirte Energiepflanzen zur Erzeugung von Biogas anbauen, denn dies wird vom Staat gefördert. – Die intensivere Landbewirtschaftung hat ebenfalls ungünstige Auswirkungen auf Boden, Grundwasser und Artenvielfalt. – Durch die weltweit wachsende Bevölkerung werden Nahrungsmittel knapp.

Lösungsvorschlag zu Aufgabe 3: Vor- und Nachteile der Energiegewinnung aus nachwachsenden Rohstoffen

Unterrichtsvorschlag

Unterrichtsphase	Inhaltlicher Schwerpunkt	Methodisches Vorgehen / Sozialform	Medien / Materialien
Einstieg	Biogasanlage auf dem Hof Schwalen	im UG beschreiben und Hypothesen aufstellen	SB S. 82, M 2
Erarbeitung I	Energiegewinnung aus Mais (Energiepflanze)	EA oder PA	SB S. 82/83, Aufg. 1 und 2
Ergebnissicherung I	Zusammenfassung	UG	
Erarbeitung II	Vor- und Nachteile nachwachsender Rohstoffe	PA oder GA	SB S. 82/83, Aufg. 3
Ergebnissicherung II / Diskussion	Zusammenfassung	UG oder Rollenspiel/ Diskussion (evtl. Recherche)	SB S. 82/83, Aufg. 5
Hausaufgabe	Flächenverbrauch nachwachsender Rohstoffe	EA	SB S. 82/83, Aufg. 4

Bodenlose Landwirtschaft?

Kompetenzen

Die Schülerinnen und Schüler können …
- Texte und Grafiken kriteriengeleitet auswerten;
- den Anbau in Gewächshäusern beschreiben;
- die Entwicklung und Bedeutung der niederländischen Gewächshauskulturen erläutern;
- Vor- und Nachteile des Anbaus unter Glas benennen;
- eine eigene Meinung zum Thema entwickeln und diese begründen.

Grundbegriffe

Strukturwandel, Spezialisierung, Intensivierung

Sachinformationen

Für viele Verbraucher ist es eine Selbstverständlichkeit, dass Erdbeeren, Tomaten, Paprika oder Gurken zu jeder Jahreszeit erhältlich sind. Bereits vor mehr als einhundert Jahren stellten sich niederländische Landwirte auf solche Kundenerwartungen ein und machten sich durch die Produktion in Gewächshäusern unabhängig von den klassischen Standortfaktoren Boden und Klima. Die nicht unerheblichen Investitionen wurden erwirtschaftet durch Massenproduktion, termingerechte Belieferung der Verbrauchermärkte, Qualität und Preis der Waren. Die bodenunabhängigen spezialisierten Glashausanbaukulturen, von denen u.a. auch technische Unternehmen des Gewächshausbaus, der Installation und Wartung der Heizungs- und Beregnungsanlagen sowie der Großhandel, die Verpackungsindustrie oder das Logistik- und Transportwesen profitieren, sind von großer Bedeutung für die niederländische Volkswirtschaft und ein wichtiger Bestandteil ihrer Exporte. Im Westland entstand die weltweit größte zusammenhängende Gewächshausfläche, die das Landschaftsbild erheblich veränderte.

Hinweise zum Unterricht

Hier handelt es sich um eine binnendifferenzierte Doppelseite je nach Lernstil: links für die Schülerinnen und Schüler, die gern abstraktes Material in Form von Texten bearbeiten, rechts für die Schülerinnen und Schüler, die besser mit anschaulichem Material (Bilder, Grafiken) zurechtkommen. Alle Materialien sind typisch geographisch und sollten im Laufe der Zeit von allen beherrscht werden. Die Präsentation der Ergebnisse sollte dann für alle Schülerinnen und Schüler mit einer Auswahl der Materialien erfolgen: M2–5 werden dann exemplarisch vorgestellt. Die Lehrerin/der Lehrer kann mit den Schülerinnen und Schülern auch die Medienauswahl vergleichend bewerten, Vor- und Nachteile herausstellen. Eine Lerntypen- bzw. Lernstilerhebung böte sich vorbereitend oder nachbereitend an.

Lösung der Basisaufgaben

Seite 84: Arbeit mit Texten

1 Arbeite mit den Texten und dem Foto: Stelle die Vorteile der Gewächshauskulturen für Landwirte und Verbraucher zusammen. (AFB I/II)

Die Gewächshauskultur erlaubt effiziente, ganzjährige und gewinnbringende Produktion unabhängig von Boden und Klima durch Spezialisierung und Intensivierung. Optimale Klimabedingungen für die Pflanzen, Zufuhr von Nährstoffen und Tröpfchenbewässerung werden von Computern gesteuert. Die Produktion auf Steinwolle statt Erde ist sauber und frei von Ungeziefer und Unkraut. Die Schädlingsbekämpfung erfolgt durch natürliche Feinde, die Bestäubung (z.B. der Tomaten) durch Hummeln. Keimfrei können Obst und Gemüse von höchster Qualität produziert werden und gelangen dank kurzer Transportwege frisch zum Verbraucher.

2 Erläutere mögliche Nachteile einer Pflanzenzucht unter Glas. (AFB II)

Die Überbauung solch großer Flächen wirkt sich negativ auf die ökologische Ausstattung und das Aussehen der Landschaft aus. Des Weiteren ist ein hoher Energie- und Kostenaufwand für die Beheizung und ständige künstliche Beleuchtung der Gewächshäuser erforderlich.

3 „Gewächshauskultur – von Natur keine Spur." Nimm Stellung zu dieser Schlagzeile. (AFB III)

Individuelle Schülerlösung.
Als Boden dient ein erdähnliches Substrat aus Steinwolle und Kokosfasern, die Nährstoffzufuhr und andere natürliche Bedingungen des Landbaus im Freien sind ausgeschaltet.

4 „Wir machen unser Klima selber", sagen niederländische Landwirte zum Anbau in Gewächshäusern. Erkläre diese Aussage. (AFB II)

Im Gewächshaus können die klimatischen Bedingungen (Wärme, Licht, Niederschlag, Luftfeuchtigkeit) von der Natur unabhängig computergesteuert je nach Bedarf geregelt werden.

S. 85 Arbeit mit Grafiken

1 Arbeite mit Satellitenbild 4 und Grafik 2. Beschreibe die Ausdehnung der Gewächshauskulturen in den Niederlanden. (AFB I)

Auf dem Satellitenbild sind deutlich die Nordsee, der Verlauf der niederländischen Küste sowie ein Teil des Mündungsbereiches des Rheins, der Neue Wasserweg, mit den ausgedehnten Hafenanlagen von Rotterdam (Europoort) zu erkennen. Im nördlichen Teil des Bildausschnitts befindet sich die Stadt Den Haag.
Auf dem Foto erscheinen Siedlungen, Industrie- und Hafenanlagen grau-braun, Acker- oder Waldflächen, Wiesen und Weiden grün.

Die grau-weiße Fläche, die in der Bildmitte rund zehn mal zehn Kilometer einnimmt, markiert die das Sonnenlicht reflektierenden Glasdächer der Gewächshäuser im Westland. Es handelt sich um die größte zusammenhängende Gewächshausfläche der Welt.

Im Zeitraum von 2000 bis 2010 ist die Gesamtfläche der Gewächshauskulturen mit knapp 110 000 Hektar relativ gleich geblieben. Während die Fläche der Baumschulen und mehrjährigen Pflanzen sich kaum verändert hat, ist die Fläche für Gemüse stetig gesunken, während diejenige für Blumen nachfragebedingt gestiegen ist.

2 Begründe die Bedeutung und Entwicklung der Gewächshauskulturen in den Niederlanden (Satellitenbild 4, Grafiken 2 und 3). **(AFB II)**

Gewächshauskulturen nehmen im Westland und in anderen Regionen der Niederlande so große Flächen ein, dass sie sogar auf Satellitenbildern erkennbar sind. Weil in den Gewächshäusern ganzjährig produziert werden kann, erzeugen sie einen nicht unerheblichen Anteil der niederländischen Agrargüter. Tomaten und Paprika nehmen mit steigender Tendenz die größten Flächen beim Gemüsebau ein, bei den Blumen sind es die Topfpflanzen.

In den Niederlanden spielt die leistungsfähige Landwirtschaft sowohl beim Anteil an den Beschäftigten als auch am BIP eine Rolle. Die Niederlande zählen zu den größten Agrarexporteuren der Welt.

3 Erläutere die wirtschaftliche Bedeutung des Verkaufs von niederländischen Agrargütern nach Deutschland. (Grafik 5, Text) **(AFB II)**

Die Palette der von Deutschland aus den Niederlanden bezogenen Agrargüter reicht von Obst und Gemüse bis zu Kakao(-produkten). Bei sechs der in Grafik 5 enthaltenen Produkte sind die Niederlande der wichtigste Lieferant für Deutschland. Die niederländischen Landwirte leisten einen wichtigen Beitrag zur Versorgung der deutschen Bevölkerung mit Agrarprodukten. Dem Text 6 ist zu entnehmen, dass diese Lieferungen nach Deutschland ein Viertel des gesamten Wertes der niederländischen Agrarexporte ausmachen und dass Deutschland der wichtigste Kunde der niederländischen Landwirtschaft ist.

4 Arbeite mit Satellitenbild 4 und Foto 1. Beurteile die Auswirkungen auf das Landschaftsbild. **(AFB III)**

Die Überbauung solch großer Flächen (siehe Aufgabe 1), verbunden mit der erforderlichen Infrastruktur (z. B. Verkehrswege), wirkt sich negativ aus auf die ökologische Ausstattung und das Aussehen der Landschaft.

Medientipp

Ein Lernstrategietest ist zu finden z. B. unter:
Uhlenwinkel, Anke: Binnendifferenzierung im Geographieunterricht. In: Praxis Geographie H. 3/2008: Binnendifferenzierung. Braunschweig: Westermann

Landwirtschaftsgebiete in Deutschland

Kompetenzen

Die Schülerinnen und Schüler können ...
- die räumlichen Strukturen der Landwirtschaft in Deutschland beschreiben;
- die Grundlagen der räumlichen Verteilung landwirtschaftlicher Strukturen am Beispiel vom Weinbau und Waldgebieten erkennen und begründen;
- Orientierungskompetenz in Bezug auf das Thema Landwirtschaft in Deutschland entwickeln und erlangen.

Grundbegriffe

Gunst- und Ungunsträume, Sonderkultur

Sachinformationen

Die Raumstrukturen der Landwirtschaft in Deutschland sind grundsätzlich durch die natürlichen Standortbedingungen der einzelnen Regionen geprägt. In Gebieten vergleichbarer physisch-geographischer Ausstattung finden sich auch oft identische Anbauprodukte. Eine Ausnahme bilden zum Beispiel Sonderkulturen mit ihrer Nähe zum Verbraucher oder extreme Gunsträume, in denen sich die Landwirtschaft oft spezialisiert hat.

Ein erheblicher Teil der landwirtschaftlichen Kulturen wechselt saisonal oder jahreszeitlich, wenngleich sich in Deutschland auch Dauerkulturen (Wein, Obst) finden lassen.

Hinweise zum Unterricht

Der Unterricht zur vorliegenden Doppelseite kann direkt mit den vier Fotos (M 1–4) beginnen. Ein erstes Brainstorming kann das vorliegende Wissen, aber auch mögliche Lücken/Fragen zum Thema aufzeigen.

Es lässt sich einfach erkennen, dass die landwirtschaftlichen Strukturen in Deutschland nicht willkürlich über das Land verteilt sind. Die vorher betrachteten Einzelstandorte der Höfe (Roth, Schwalen, Renner) lassen sich nun in einen räumlichen Kontext bringen und so auch bewerten bzw. zu generalisierten Ergebnissen überführen. Da die Verteilung vieler Landwirtschaftszonen und -regionen der Verteilung von Flüssen oder landschaftlichen Großregionen folgt, dient die Auseinandersetzung mit der Karte (M5) zudem der generellen Orientierung der Schülerinnen und Schüler.

Tipps

- Neben der Klimakarte im Atlas (Aufgabe 3a) können die Schülerinnen und Schüler auch die Landwirtschaftskarte in Rheinland-Pfalz (SB S.71) nutzen.
- Aufgabe 1 kann in der Klasse auch als Quiz durchgeführt werden.

Lösung der Basisaufgaben

1 Begebt euch zu zweit mit Karte 5 auf Entdeckungsreise: Partner A beschreibt ein Gebiet anhand von Lage, Bodenqualität und Nutzung. Partner B nennt den Namen des Gebiets. Wechselt euch ab und nennt möglichst viele verschiedene Nutzungsarten. (AFB I)
Individuelle Schülerlösung.

2 Du fährst mit dem Schiff von Basel aus den Rhein abwärts, um Produkte direkt vom Erzeuger zu kaufen. Nenne die Produkte, die du beim Passieren der niederländischen Grenze an Bord hast. (AFB I)
Wein (Baden-Württemberg, Rheinland-Pfalz), Obst (Baden-Württemberg, Nordrhein-Westfalen), Gemüse (Baden-Württemberg, Rheinland-Pfalz, Nordrhein-Westfalen), Milch (Nordrhein-Westfalen), Holz (Schwarzwald, Taunus)

3 Weinbau- und Waldgebiete in Deutschland:
a) Partner A: Lokalisiere drei wichtige Weinbaugebiete in Deutschland. (AFB I)
Weinbau findet sich in Deutschland hauptsächlich an Flüssen, zum Beispiel im Rheintal südlich von Koblenz (Mittelrheintal), in Rheinhessen und östlich vom Pfälzer Wald (Pfalz) und östlich vom Schwarzwald (Baden) sowie im Moseltal, im Maintal bei Würzburg und Neckartal, am Mittellauf der Saale und an der Elbe nördlich von Dresden.
Partner B: Lokalisiere drei wichtige Waldgebiete in Deutschland. (AFB I)
Die Verteilung der Wälder folgt der Verbreitung der deutschen Mittelgebirge (Eifel, Hunsrück, Taunus, Pfälzer Wald, Schwarzwald, Schwäbische Alb, Rothaargebirge, Bayerischer Wald, Harz, Thüringer Wald, Erzgebirge, etc.) sowie den gebirgsvorgelagerten Regionen in Deutschland.
b) Gemeinsamer Auftrag: Vergleicht und begründet die Verbreitung der Weinbau- und Waldgebiete in Deutschland. (AFB II)
siehe Tabelle nächste Seite

4 Ordne die Fotos 1–4 begründet einem Landwirtschaftsgebiet zu. (AFB II)
- Weinbau an der Deutschen Weinstraße: östlich vom Pfälzer Wald (Rheinpfalz), gute Bodengüte, klimatische Gunst
- Aufforstung nördlich von Dessau: Flusslage (Elbe), geringe Bodengüte
- Getreideernte in der Soester Börde: nördlich vom Sauerland, Ackerbau auf guten Böden, flach
- Hopfenernte in der Hallertau: gute Bodengüte, Tallage, mildes Klima

Medientipps

Üben interaktiv: Weinanbaugebiete Deutschlands
(Online-Code id2zs3)
Lernen im Netz: Landwirtschaftsgebiete in Deutschland
(Online-Code w8nn95)

Weinbaugebiete	Waldgebiete
Es handelt sich um die klimatischen Gunsträume in Deutschland. In den benannten Flusstälern herrscht ein Klima vor, das als Gunst bezeichnet werden kann. Im Vergleich zum Umland findet man hier i.d.R. einen frühen Frühlingseinzug (besonders Oberrheintal), Schnee und Frost sind relativ gering, gemäßigter mittlerer Jahresniederschlag, höhere Temperaturen. Durch ihre Exposition sind die Talhänge (Südhang) zudem in Bezug auf die Sonneneinstrahlung begünstigt.	Gründe sind vor allem die Standortbedingungen: Die hohe Reliefenergie, die vorherrschenden Böden, das vergleichsweise kühlere Klima, die z.T. ungünstigere Hydrologie der Räume machen eine landwirtschaftliche Nutzung unrentabel oder sogar unmöglich. Diese Gebiete sind auch traditionell eher forstwirtschaftlich genutzt worden. Ähnliche Gründe gelten für die weiteren deutschen Waldgebiete im Osten und Norden Deutschlands. Hier tritt die Reliefenergie als Grund jedoch zurück, während die Böden (z.B. sandige Böden) an Bedeutung gewinnen.

Lösungsvorschlag zu Aufgabe 3b: Verbreitung der Weinbau- und Waldgebiete in Deutschland

Unterrichtsvorschlag

Unterrichtsphase	Inhaltlicher Schwerpunkt	Methodisches Vorgehen/Sozialform	Medien/Materialien
Einstieg	Landwirtschaft in Deutschland: räumliche Strukturen	UG: Hypothesen aufstellen	SB S. 86/87, Aufg. 4, M1–4
Erarbeitung	Lokalisierung von Informationen zur Landwirtschaft in Deutschland	EA oder PA	SB S. 86/87, M5, Aufg. 1–3, (Atlas)
Ergebnissicherung	Zusammenfassung	UG	SB S. 86/87, M5, Aufg. 1–3

TERRA TRAINING

Wichtige Begriffe

artgerechte Tierhaltung, Biogas, Dauerkultur, konventionelle Landwirtschaft, Massentierhaltung, Mechanisierung, Monokultur, nachwachsende Rohstoffe, ökologischer Landbau, Sonderkultur, Spezialisierung, Strukturwandel

Lösung der Aufgaben

Kennen und verstehen

1 Findest du die Begriffe? (AFB I)

a) Nutzung des Bodens über viele Jahre durch dieselbe Pflanzenart.
Dauerkultur

b) Moderne Maschinen ersetzen menschliche Arbeitskraft.
Mechanisierung

c) Bewirtschaftung, die weitgehend auf chemische Unkraut- oder Schädlingsbekämpfungsmittel verzichtet.
ökologischer Landbau

d) Form der Tierhaltung, bei der die Bedürfnisse der Tiere berücksichtigt werden.
artgerechte Tierhaltung

e) Konzentration eines Betriebs auf wenige Erzeugnisse.
Spezialisierung

f) Anbau von Pflanzen, die eine besondere Pflege benötigen.
Sonderkultur

g) Rohstoffe, die in der Landwirtschaft oder in der Forstwirtschaft erzeugt werden und nicht als Nahrungs- oder Futtermittel verwendet werden.
nachwachsende Rohstoffe

h) Aus pflanzlichen und tierischen Abfällen und Rohstoffen erzeugtes Gas, das zur Energieerzeugung eingesetzt wird.
Biogas

i) Starke Veränderung der Arbeitswelt (alte Berufe verschwinden, neue kommen hinzu), die sich auch im Aussehen der Betriebe und ganzer Regionen bemerkbar macht.
Strukturwandel

2 Bilderrätsel

Löse das Rätsel und erkläre den Begriff. (AFB II)
Landwirtschaft: dient der Erzeugung von tierischen und pflanzlichen Nahrungsmitteln.

3 Richtig oder falsch?

Verbessere die falschen Aussagen und schreibe sie richtig auf. (AFB II)

a) Ein Grünlandbetrieb heißt so, weil er biologisch wirtschaftet.
Falsch. Unter Grünland werden Wiesen und Weiden verstanden. Ein Grünlandbetrieb betreibt also Viehzucht; er wirtschaftet aber nicht notwendigerweise biologisch.

b) Bei der ökologisch nachhaltigen Landwirtschaft steht der Erhalt der natürlichen Lebensgrundlagen im Mittelpunkt.
Richtig.

c) In Rheinland-Pfalz sind bewaldete Flächen vor allem in Tälern und Senken zu finden.
Falsch. Geschlossene Waldgebiete finden sich v. a. auf den Höhenzügen der Mittelgebirge (vgl. Karte S. 71).

d) In der Pfalz wird viel Weinbau betrieben, weil das Klima besonders mild ist.
Richtig.

e) Die Landwirtschaft wird in Zukunft ganz ohne Boden auskommen können.
Falsch. Bodenlose Landwirtschaft erfordert einen hohen Energieeinsatz und ist deshalb nur für empfindliche Pflanzen wie z. B. Tomaten lohnenswert.

4 Außenseiter-Aufgaben: Landwirtschaft in Deutschland

a) Betrachte die vier Fotos. Entscheide, welche Nutzpflanze nicht zu den anderen in der Gruppe passt und begründe deine Entscheidung. (AFB II)
Mögliche Antwort: Bei Apfel, Hopfen und Mais handelt es sich um eine Sonderkultur.

b) Vergleiche die folgenden Begriffe. Nenne das Wort, das deiner Meinung nach nicht zu den anderen passt und begründe deine Entscheidung:
Eifel – Dauerkultur – Weinbau – warmes Klima (AFB II)
Mögliche Antwort: Bei Weinbau handelt es sich um eine Dauerkultur, die warmes Klima benötigt. Hierzu passt nicht der Begriff Eifel.

Fachmethoden anwenden

5 Kartenskizze zeichnen

Fertige auf Grundlage der Karte 5 auf der Seite 87 eine Karten-skizze zu den Waldgebieten Deutschlands an. Orientiere dich an den Methodenschritten der Seite 30/31. **(AFB II)**
Individuelle Schülerlösung.

Beurteilen und bewerten

6 Welcher Hof gehört wohin?

Ordne die Begriffe Gemüsebau-, Futterbau- und Veredelungs-betrieb den Höfen A, B und C (Grafik 2) zu. Begründe deine Entscheidung. **(AFB II)**

A = Gemüsebaubetrieb, da sowohl fruchtbarer Boden als auch mit den Städten ein großer Absatzmarkt vorhanden sind.

B = Futterbaubetrieb, da aufgrund der hohen Niederschläge und des weniger guten Bodens die anderen Betriebsformen dort keine guten Erträge erzielen würden.

C = Veredelungsbetrieb, da kein besonders fruchtbarer Boden vorhanden ist und die Nähe zum Schlachthof und zum Hafen gegeben ist.

7 Massentierhaltung

Massentierhaltung ist umstritten. Erörtere Vor- und Nachteile aus unterschiedlichen Perspektiven. **(AFB III)**
Die Argumente sind vielfältig (vgl. SB S. 74/75). Beispielhafte Nennungen könnten sein:

Pro	Kontra
viel Fleisch für wenig Geld	wenig Qualität für das Geld
nationale und internationale Konkurrenzfähigkeit gesichert	Umdenken der Verbraucher wird künftig Biobauern stützen
viel Produktion auf wenig Raum	Kreislauf des Betriebs nicht geschlossen – produziert mehr Gülle als tragbar
Tiere dienen der Fleischproduk-tion und sollten entsprechend gehalten werden	Tierschutz ist nicht ausreichend gewahrt
Massentierhaltung ermöglicht effizienten Einsatz an Medika-menten und Aufbaumitteln	Tiere oft physisch und psychisch krank

Handeln

8 Schulessen planen

Stell dir vor, du möchtest ein leckeres Menü für die Schul-mensa zubereiten.
Erstelle einen Speiseplan, in dem nur regionales Obst und Gemüse der aktuellen Jahreszeit verarbeitet werden. **(AFB II)**
Individuelle Schülerlösung.

Medientipps

Selbsteinschätzung (Online-Code r7h7r2)
Landwirtschaft auf einen Blick (Online-Code f2tb55)

TERRA FÜR DICH: Landwirtschaft im Wandel

Kompetenzen

Die Schülerinnen und Schüler können …
- den Strukturwandel der deutschen Landwirtschaft beschreiben;
- erklären, wie sich die Produktionsweise und die Struktur der Betriebe entwickelt haben;
- die Bedeutung der Landwirtschaft in Deutschland darstellen;
- traditionelle und neue Funktionen der Landwirtschaft erläutern und beurteilen;
- zukünftige Entwicklungsmöglichkeiten der Landwirtschaft abschätzen;
- zum gesellschaftlichen und wirtschaftlichen Stellenwert der Landwirtschaft und ihrer Produkte ein begründetes Urteil abgeben.

Grundbegriffe

Strukturwandel, Mechanisierung, Intensivierung, Spezialisierung, konventionelle Landwirtschaft, ökologischer Landbau, Massentierhaltung, Monokultur, Sonderkultur, nachwachsende Rohstoffe, Biogas

Sachinformationen

Der „Agrarbericht 2015" formuliert auf den Seiten 8 und 9 als agrarpolitisches Leitbild der Bundesregierung attraktive, lebenswerte und vitale Räume mit wirtschaftlichen, sozialen und ökologischen Entwicklungsperspektiven sowie eine nachhaltige, ökologisch verantwortbare umwelt- und ressourcenschonende, ökonomisch leistungs- und wettbewerbsfähige, multifunktional ausgerichtete Land-, Forst- und Fischereiwirtschaft mit vorzugsweise landwirtschaftlichen Familienbetrieben und Unternehmen mit bäuerlicher Wirtschaftsweise.
Die Landwirtschaft ist die Basis der gesamten Ernährungswirtschaft von der Nahrungsmittelindustrie über das Handwerk (z. B. Metzger, Bäcker) bis zur Gastronomie. Die deutsche Land- und Ernährungswirtschaft
- erzeugt sichere, gesunde und bezahlbare Lebensmittel,
- leistet ihren Beitrag zur Sicherung der Welternährung,
- trägt bei zur Versorgung mit erneuerbaren Energien und nachwachsenden Rohstoffen und
- widmet sich der Pflege einer vielfältigen und artenreichen Kulturlandschaft.
Die Agrarpolitik der Bundesregierung
- schafft für die deutsche Landwirtschaft verlässliche Rahmenbedingungen,
- vermittelt zwischen den Anforderungen der Verbraucherinnen und Verbraucher, den Erfordernissen des Umwelt- und Naturschutzes als auch den ökonomischen Interessen der Landwirtschaft und

- trägt zu einer besseren Akzeptanz der modernen, nachhaltigen Landwirtschaft und zur Wertschätzung der Landwirtschaft und ihrer Erzeugnisse und Leistungen bei.

Hinweise zum Unterricht

Nun sind die Schülerinnen und Schüler selbst angesprochen, ohne die Lehrerin/den Lehrer Basiswissen („Werde sicher!") zu erarbeiten und im Sinne der Binnendifferenzierung höhere Anforderungen („Fordere dich!") anzugehen. Jede/r Schüler/in sollte selbst entscheiden, was sie/er bearbeitet, die Differenzierung geht über Abstraktion, Schnelligkeit, Komplexität der Fragestellungen. Natürlich kann diese Doppelseite auch gut in den Unterricht integriert, gemeinsam bearbeitet und besprochen werden, wenn die Lehrerin/der Lehrer die Inhalte als besonders wichtig erachtet.

Lösung der Aufgaben „Werde sicher!"

1 Beschreibe mithilfe der Fotos 1 und der Tabelle 2, wie sich die Landwirtschaft zwischen 1950 und 2012 verändert hat. (AFB I)
In sämtlichen hier aufgelisteten Bereichen hat sich ein Wandel vollzogen.
Die Zahl der Erwerbstätigen in der Landwirtschaft nahm ab, die Anzahl der Betriebe ebenfalls. Die verbleibenden Betriebe werden größer. Die Leistungsfähigkeit der modernen Landwirtschaft spiegelt die Tatsache wider, dass ein Landwirt 2012 dreizehnmal so viele Menschen ernährt wie 1950. Bei allen hier verzeichneten Produkten ist dank Mechanisierung, Intensivierung und Spezialisierung eine Ertragssteigerung festzustellen: durch modernere Technik und Neuerungen in den Bereichen Feld- und Stallarbeiten, Pflanzen- und Tierzucht, Düngemittel, Pflanzenschutz- und Schädlingsbekämpfungsmittel. Die harte Arbeit der Tiere wird heute von Maschinen erledigt, die arbeitsintensive Handarbeit durch Maschinen oder Roboter ersetzt.

2 Erkläre, welche Auswirkungen dieser Strukturwandel auf den Berufsalltag und die Ausbildung der Landwirte hat. (AFB II)
Im Vergleich zu früher ist anstrengende körperliche Arbeit heute weniger geworden. Die Tätigkeitsfelder des Landwirts sind vielfältiger, die Ansprüche an seine Fähigkeiten und Kenntnisse stiegen. Jahrelange Ausbildung (auch an Universitäten und Hochschulen) und lebenslanges Lernen sind unabdingbar. In vielen Bereichen muss er sich auskennen: von der Biologie (Pflanzen, Tiere), Chemie, Physik, Technik, Boden- und Klimakunde, Recht, Betriebswirtschaft, Marketing bis hin zum Umweltschutz.

3 Untersuche noch einmal die Beispielbetriebe aus dem Gruppenpuzzle (Seite 62 bis 67). Erkläre, welche Veränderungen sich dort jeweils vollzogen haben. Verwende dabei die Begriffe Intensivierung, Spezialisierung und Mechanisierung. (AFB II)

S. 62/63: Schweinemast Roth

Intensivierung: Flächenvergrößerung, Kostensenkung durch Umstellung auf Veredelungswirtschaft, Computereinsatz

Spezialisierung: Schweinemast

Mechanisierung: leistungsfähigere Maschinen

Kostendruck führt auch in Zukunft zu weiterer Vergrößerung der Fläche und Anzahl der Tiere.

S. 64/65: Milchviehhaltung Schwalen

Intensivierung: Vergrößerung der Fläche, Stallhaltung der Kühe führt zu Steigerung der Milchleistung, Computereinsatz

Spezialisierung: Milchkühe und Grünlandwirtschaft

Mechanisierung: Maschinen, Melk- und Futterroboter

S. 66/67: Gemüsebau Renner

Intensivierung: größere Nutzfläche, mehr saisonale Arbeitskräfte, Computereinsatz

Spezialisierung: Salat- und Lauchanbau

Mechanisierung: Traktoren, Pflanzmaschinen, Beregnungsanlagen

Wirtschaftlicher Wettbewerb macht auch zukünftig Erweiterung der Anbaufläche und Modernisierung des Maschinenparks notwendig.

Lösung der Aufgaben „Fordere dich!"

1 „Höfe suchen Bauern" – Zwei von drei deutschen Landwirten suchen einen Nachfolger, der ihren Betrieb übernehmen will. Begründe, warum heutzutage der Beruf des Landwirts für viele Menschen nicht mehr so attraktiv ist. (AFB II)

Die Gründe, warum jemand nicht in der Landwirtschaft arbeiten möchte, sind vielfältig: lange Arbeitszeiten, wenig Urlaub, geringer Verdienst, Problem, einen (Ehe-)Partner zu finden, geringer Gestaltungsspielraum wegen Einengung durch gesetzliche Vorgaben, pessimistische Einschätzung der Zukunftsperspektiven, schlechtes Image des Berufs in Teilen der Öffentlichkeit (Landwirt wird als „Umweltsünder" angesehen).

2 Arbeite mit der Grafik 1: Setze dich mit den Stichwörtern aus der Grafik auseinander und erläutere aus deiner Sicht, wie die Zukunft der Landwirtschaft in Deutschland aussehen könnte. (AFB II/III)

Entgegen der eher negativen Beurteilung der Tätigkeiten eines Landwirts in Aufgabe 1 zeigen die verschiedenen Stichworte, wie vielseitig, interessant und modern das landwirtschaftliche Berufsfeld ist. Menschen, die Freude an der Natur und am Umgang mit Pflanzen, Tieren, Maschinen und neuen Technologien haben, finden in der Landwirtschaft reichlich Möglichkeiten, selbstständig und verantwortungsbewusst vielfältige Herausforderungen zu bewältigen.

Die Grafik verdeutlicht anschaulich, dass mehrere Entwicklungsmöglichkeiten der Landwirtschaft denkbar sind und dass der einzelne Landwirt sich (auch im Rahmen des agrarpolitischen Leitbildes der Bundesregierung) für oder gegen einzelne dieser Optionen entscheiden kann. Unterschiedliche Lösungswege können anhand der Stichworte von den Schülerinnen und Schülern begründet ausgewählt und diskutiert werden.

3 Begründe, wie wir als Verbraucher die Zukunft der Landwirtschaft beeinflussen können. (AFB II/III)

Grundsätzlich sollte in einer Marktwirtschaft gelten, dass das Verhältnis von Angebot und Nachfrage den Preis bestimmt. Der Verbraucher bestimmt, was und wo er kauft. Der Preis ist für viele Verbraucher mit geringem Einkommen ein limitierender Faktor, wodurch ein Dilemma entsteht: Einerseits wird erwartet, dass Lebensmittel preiswert (wenn nicht gar billig) sind, andererseits sollen sie hygienisch einwandfrei und von bester Qualität sein. Qualität hat jedoch ihren Preis. Die Produktion landwirtschaftlicher Produkte ist in Deutschland arbeits- und kostenintensiv und die Ausgaben für technische Geräte, Energie und Löhne steigen. Der deutsche Landwirt wünscht sich Wertschätzung seiner Arbeit, Verständnis für seine wirtschaftliche Situation und ein angemessenes Einkommen für die von ihm erbrachten Leistungen. Dabei ist er jedoch auch dem Konkurrenzdruck billiger Lebensmittel aus dem Ausland ausgesetzt und höhere Preise sind dann auf dem deutschen Markt kaum erzielbar. Besser verdienenden Verbrauchern fällt es leichter, saisonal und regional einzukaufen, auf artgerechte und umweltschonende Produktion zu achten und die höheren Preise zu bezahlen.

Leben in extremen Räumen

Zum Themenblock

In diesem Themenblock soll das Leben und Wirtschaften des Menschen in verschiedenen Räumen der Erde im Mittelpunkt der Betrachtungen stehen. Dabei sollen die Schülerinnen und Schüler die Veränderungen des Lebens erfahren und reflektieren. Außer der Vermittlung von Kenntnissen und Einsichten über die Lebensverhältnisse des Menschen in diesen Gebieten sollen neben der Tier- und Pflanzenwelt sowie den ökologischen Zusammenhängen auch die Wirtschaftsformen und die Landnutzung in den verschiedenen Räumen dargestellt werden. Die Gefährdung der Lebensräume nimmt dabei eine zentrale Stellung ein. Die Schülerinnen und Schüler lernen die unterschiedlichen Räume als empfindliche und schützenswerte Lebensräume kennen, deren Erhalt durch die zunehmende Nutzung durch den Menschen bedroht ist und einen verantwortungsvollen und bewussten Umgang mit den natürlichen Ressourcen erfordert. Alle Kompetenzbereiche werden mit unterschiedlichem Schwerpunkt integriert. Zwei Methoden werden systematisch eingeführt: Klimadiagramme auswerten und zeichnen sowie eine Mindmap erstellen. Die Sicherung erfolgt über die Doppelseite TERRA Training. Angebote zur Binnendifferenzierung erfolgen für Wüste, Polarregion und Tropen nach Interesse, Präsentation, Text oder Versuch. Bei vielen Doppelseiten wird ein mehrperspektivisches Arbeiten angestrebt, um u. a. auch Vorurteilen und stereotypen Verhaltensweisen entgegenzuwirken.

Zur Auftaktdoppelseite

Die Doppelseite soll mit dem großen Bild der Oase das Interesse der Schüler und Schülerinnen für extreme Räume wecken. Durch menschliche Eingriffe, hier die Bewässerung, entsteht ein künstlich erscheinender Lebensraum inmitten der lebensfeindlichen Wüste. Einzelne Häuser, systematisch angelegte Anbauflächen sowie eine direkte Straßenverbindung sind zu erkennen. Die Schülerinnen und Schüler sollen dazu Fragen stellen können, die motivieren: Wie kann man hier leben? Wie entstand diese grüne Insel? Welche Probleme gibt es für die Menschen dort?
Der Text stellt diese Fragen und soll zu einer ersten Diskussion führen.
Welche Vorstellungen haben die Schülerinnen und Schüler von extremen Räumen? Welche Vorkenntnisse sind vorhanden? Das Bild soll als zentrales Medium auch auf den folgenden Doppelseiten ein wichtiges Arbeitsmittel sein.

Didaktische Struktur

Bezüge zum Lehrplan/Kompetenzübersicht
Die Schülerinnen und Schüler erwerben …
– **Fachkompetenz:** Sie untersuchen Lage und Ausstattungspotenzial verschiedener Extremräume, ihre Verletzbarkeit sowie angepasste Lebens- und Wirtschaftsweisen.
– **Methodenkompetenz:** Sie zeichnen und beschreiben Klimadiagramme (M7) und verorten Extremräume auf den Kontinenten bzw. im Gradnetz (M5, M6). Sie führen einen einfachen geowissenschaftlichen Versuch durch (M2).
– **Kommunikationskompetenz:** Sie erstellen Lernplakate im Team und präsentieren Sachverhalte und Entwicklungen unter Verwendung von Fachbegriffen (K1, K2, K3).
– **Urteilskompetenz:** Sie erkennen und würdigen die Einzigartigkeit des Naturraums und die in Extremräumen vorherrschenden angepassten Lebens- und Wirtschaftsweisen (U5).

Einstieg, Motivierung	**AT Leben in extremen Räumen** (S. 92/93) Was macht einen Extremraum extrem, was macht ihn wertvoll? Wie können Menschen überleben? Welche Gefahren drohen und wie können wir diese Räume schützen?	
Erarbeitung	**Leben im Tropischen Regenwald** (S. 94/95) Wahldifferenzierung nach Lernweg/Perspektive: Leben im Regenwald oder Forschen im Regenwald **Der Tropische Regenwald – ein verletzlicher Gigant** (S. 98/99) Stockwerkbau, Nährstoffkreislauf und Klima **Der Regenwald schrumpft** (S. 102/103) Folgen der Lebens- und Wirtschaftsweisen des Menschen, Zerstörung des Regenwaldes, menschliche Perspektiven	Üben interaktiv – Leben im Tropischen Regenwald s2b397 – Stockwerkbau 87p86n Lernen im Netz – Animation Nährstoffkreislauf 39m29r – Rückgang der Regenwälder zq76jk Hörtipp – Zápara in Gefahr g8s4am
Methodenschulung	**Methode: Klimadiagramme zeichnen und auswerten** (S. 96/97) **Eine Mindmap erstellen** (S. 108/109)	Lernen im Netz – Klimadiagramm zeichnen r8a3cb Material – Auswertungsbogen pq9ig3 Üben interaktiv – Mindmap 7tc9wg
Erweiterung/ Erarbeitung	**Roden – brennen – anbauen – wandern** (S. 100/101) Wanderfeldbau und Selbstversorgung **Die duftende Apotheke** (S. 104/105) Artenvielfalt und Potenzial, Bedrohung durch Nutzung **Produkte aus den Tropen: eine faire Sache?** (S. 106/107) Wahldifferenzierung nach Interesse Beispiel Schokolade und Banane	Lernen im Netz – Leben der Yanomami 2m68j4 – Bananen aus dem Tropischen Regenwald wg4b2n Üben interaktiv – Brandrodungswanderfeldbau v7m7ck – Forschung im Regenwald rt647z
Erarbeitung	**Die vielen Gesichter der Wüste** (S. 110/111) Wüstenformen, Versuch zur Dünenbildung **Ein Nashorn in der Wüste?** (S. 112/113) Klima- und Landschaftswandel **Wie Nomaden in der Wüste leben** (S. 114/115) Leben eines Jungen aus versch. Perspektiven **Grüne Inseln in der Wüste** (S. 116/117, z. T. Erweiterung) Oasentypen, Oasenwirtschaft **Oasen im Wandel** (S. 118/119) Wahldifferenzierung: Aspekte des Oasenlebens	Hörtipp – Unterwegs in der Wüste v7kn5u Üben interaktiv – Nomaden v4z9dj Lernen im Netz – Das Kamel sf2cw7 – Alleskönner Dattelpalme s3n8mm
Erarbeitung	**Leben in den Polargebieten: Nunavut** (S. 120/121) Tradition und Moderne, Reiserouten in die Polargebiete **Arktis und Antarktis – ein Vergleich** (S. 122/123) Wahldifferenzierung abstrakt – anschaulich **Der Kampf der Eismänner** (S. 126/127) Wahldifferenzierung Präsentation: Expeditionen zum Südpol	Hörtipp – Inuit t7r5wm – Entdecker in der Antarktis u2fg98 Üben interaktiv – Arktis und Antarktis fi8ah6
Vertiefung/ Erarbeitung	**Licht an!** (S. 124/125) Polartag und Polarnacht	Material – Versuch zu den Beleuchtungsverhältnissen tn4g5p Lernen im Netz – Tag und Nacht ka45r5 Üben interaktiv – Lückentext Polartag u. Polarnacht i6a49a
Festigung	**TERRA Orientierung: Klimazonen der Erde (S. 128/129) TERRA Training** (S. 130/131) Sicherung durch Wiederholung und Anwendung **TERRA FÜR DICH** (S. 132/133) Niveaudifferenzierung mit Angeboten für schwache/starke Lerner	Üben interaktiv – Klimadiagramme zuordnen f7su4x Hörtipp – „Bis ans Ende der Welt" 4qm23d Material – Selbsteinschätzung 6ng6ag – Diashow Nomaden in d. Mongolei hs3377

Leben im Tropischen Regenwald

Kompetenzen

Die Schülerinnen und Schüler können …
- die Lage des Standorts im Tropischen Regenwald verorten;
- die traditionelle Lebensweise der Tembé beschreiben;
- die Ziele von Forschern erklären;
- einen Tropentag (Temperaturen, Wolkenbildung, Niederschlag) beschreiben.

Grundbegriff
Tropischer Regenwald

Sachinformationen

Um 1900 lebten noch 2,5 Millionen Indigene in Amazonien. Heute sind es nur noch ca. 130 000, diese leben zumeist in Reservaten. Das Reservat der Tembé-Indianer liegt im Gebiet des Flusses Guama und reicht bis zum Gebiet des Gurupi-Flusses. Auf einem Gebiet von 17 000 km² findet man Dörfer verschiedener Größe, in denen 7–50 Familien leben. Die 1 500 Tembé-Indianer ernähren sich autark von Ackerbau (Reis, Mais und Früchte), von Jagd- und Fischfang sowie vom Sammeln verschiedener Waldprodukte. Nicht jedes Dorf hat einen eigenen Ziehbrunnen, daher ist die Wasserversorgung aus Fluss und Bach oft mühsam. Allein die größeren Dörfer besitzen eine Schule, die jedoch nur zeitweise von einem Lehrer betreut wird. Die nächste größere Stadt ist Belém, sieben Autostunden entfernt vom Reservat. Siedler und illegaler Holzeinschlag bedrohen das Gebiet der Tembé zunehmend.

Hinweise zum Unterricht

Diese Doppelseite differenziert nach den Interessen der Schülerinnen und Schüler. Ihnen ist freigestellt, ob sie das Leben im Tropischen Regenwald oder Forschen im Regenwald bearbeiten. Gemeinsam sollen sie nach der Einzelarbeit Aufgaben bearbeiten, in die sie ihre Ergebnisse vorstellen und einfließen lassen.

Hinweise zu den Materialien

Abbildung 2 ist eine modellhafte Darstellung. Es sollte darauf hingewiesen werden, dass natürlich die Höhe oder z. B. die konkrete Lage eines Standortes (kontinental, maritim …) starken Einfluss nehmen können. Die Darstellung an der Tafel als 24-Stunden-Uhr ist für die Vorstellung der Schülerinnen und Schüler auch sehr hilfreich.

Tafelbild

Ein Vorschlag für den „Tag im Tropischen Regenwald": Eine Darstellung mit einer runden Uhr, auf der Temperaturen, Wolkenbildung etc. gemeinsam dargestellt werden, prägt sich den Schülerinnen und Schülern gut ein und verdeutlicht die Buchabbildung.
Als Überschrift könnte auch das Vortragsthema von Dr. Schneider (Aufgabe 4) lohnend sein.

Lösung der Basisaufgaben

1 Leben im Regenwald
a) Beschreibe den Alltag von Cintia. Nutze dazu die Fotos 3 und 6. **(AFB I)**
Cintia lebt in einem einfachen Holzhaus an einem Fluss im Tropischen Regenwald Brasiliens. Wegen der durchgehend warmen Temperaturen benötigt sie weder Schuhe noch ein T-Shirt. Sie ernährt sich von selbst gefangenem Fisch, Maniokwurzeln, den Früchten ihres kleinen Feldes und mit Fleisch vom Markt der nächsten Stadt. Wenn ein Lehrer im Dorf ist, geht sie zur Schule, lernt lesen und schreiben und die Sprachen Portugiesisch und Tembé. Im Tropischen Regenwald gibt es neben den riesigen Bäumen eine Vielzahl weiterer Pflanzen und unzählige Tierarten.

b) Vergleiche Cintias Lebensbedingungen mit deinen. **(AFB II)**
bei uns: kühleres Wetter, andere Kleidung, Steinhäuser mit Strom, Heizung und Wasseranschluss, Ernährung ähnlich, nur mehr Fast Food, regelmäßiger Schulbesuch, viel mehr Fächer
bei uns und bei Cintia: Die Stadt ist verlockend mit ihrem anderen Leben und vielen Angeboten. Jugendliche wollen meist dorthin ziehen

c) Cintias Traum: Schreibe einen Tagebucheintrag. **(AFB II)**
Individuelle Schülerlösung.

2 Forschen im Regenwald
a) Beschreibe die Probleme, die die Forscher auf ihrer Reise haben. **(AFB I)**
extrem lange und anstrengende Anreise, unwegsame Strecken, nur mit Geländewagen passierbar, manchmal muss mit einem Boot weitergefahren werden, hohe Temperaturen und Feuchte sind für Europäer sehr anstrengend, z.T. undurchdringliches Dickicht, Starkregen

b) Nenne Gründe, warum die Forscher solche Strapazen auf sich nehmen. **(AFB II)**
Geographen erforschen Klima, Boden und Vegetation, Biologen Vegetation und Tierwelt, Mediziner sind v. a. an neuen Inhaltsstoffen für Medikamente interessiert. Zusammen können sie sich vieles gegenseitig erklären und helfen.

c) Leite aus deinen Kenntnissen Verhaltensregeln für Touristen ab, die in den Regenwald fahren wollen. **(AFB II/III)**
zusammen bleiben, feste Kleidung tragen, Anstrengungen vermeiden, Nahrung und v. a. viel Wasser mitnehmen, Medikamente mitnehmen, Regenschutz, …

Gemeinsame Aufgabe

3 Der Tropentag

a) Beschreibe, wie sich Temperaturen, Wolken und Regen im Laufe eines Tages verändern. **(AFB I)**

Sonnenaufgang und -untergang verlaufen viel schneller als bei uns, oft innerhalb einer halben Stunde. Die Temperaturen steigen stetig von morgens 5 Uhr bis nachmittags gegen 16 Uhr an, von ca. 20 auf über 30 Grad Celsius. Eine Abkühlung erfolgt erst wieder in der Nacht, tropische Nächte werden kaum kälter als 20 Grad Celsius. Die Luftfeuchtigkeit steigt von ca. 7 Uhr morgens stetig an, Wolken bilden sich. Oft kommt es dann am frühen Nachmittag zu Gewittern mit Starkregen. Am Abend beruhigt sich das Wetter dann wieder. (Dies ist ein Idealablauf, der, je nach Standort, in den Tropen stark modifiziert sein kann!)

b) Vergleiche einen Tropentag mit einem Tag bei uns. **(AFB II)**

In den Tropen können wir einen starken Temperaturzyklus am Tage feststellen, während bei uns diese Temperaturschwankungen oftmals weniger hoch ausfallen. Dafür haben wir in Deutschland starke Temperaturschwankungen im Jahresverlauf, d.h. ausgeprägte Jahreszeiten, die in den Tropen so nicht vorhanden sind.

4 Nimm Stellung zu dem Vortragsthema von Dr. Schneider: „Der Regenwald: Ein Paradies für Pflanzen und Tiere, aber die Hölle für den Menschen". **(AFB III)**

So gut, wie Pflanzen und Tiere an die Temperaturen und Feuchtigkeit angepasst sind, so anstrengend und gefährlich sind diese Bedingungen für den Menschen: Extreme körperliche Belastung (Kreislauf, Wasserverlust) und Infektionsgefahren (Malaria, giftige Pflanzen und Tiere) machen einen Aufenthalt im Tropischen Regenwald oft sehr schwer erträglich. Die Begriffe Paradies und Hölle sind natürlich aus der Bibel entnommen und vermenschlichen die Lebensbedingungen für Tiere und Pflanzen unzulässig. So haben diese auch Stresssituationen, wenn z.B. Starkregen zu Überschwemmungen führen oder Räuber-Beute-Beziehungen durch äußere Einflüsse (z.B. durch den Menschen) verändert werden.

Tipp

Man kann diese Doppelseite mit weiterem Material, das die Schülerinnen und Schüler mitbringen, noch interessanter machen. Vielleicht war auch bereits ein Kind dort und kann berichten.

Die Interessen der Schülerinnen und Schüler sollten bei der Lernwegwahl akzeptiert werden. Sollten z.B. alle nur einem Lernweg folgen wollen, kann später gemeinsam mit der Lehrerin/dem Lehrer das fehlende Material ergänzt werden.

Auch gibt es umfangreiches Filmmaterial dazu. Nur sollte darauf geachtet werden, dass nur Filmausschnitte bearbeitet werden, um die Bilder auch würdigen zu können.

Medientipp

Üben interaktiv: Leben im Tropischen Regenwald (Online-Code s2b397)

Unterrichtsvorschlag

Unterrichtsphase	Inhaltlicher Schwerpunkt	Methodisches Vorgehen/Sozialform	Medien/Materialien
Einstieg	Was interessiert euch am Leben im Tropischen Regenwald? alternativ: Cintia vorstellen alternativ: Maniokbrot verteilen	UG	SB S.94/95, M3, 6
Erarbeitung I	Leben und Forschen im Tropischen Regenwald	EA: Lernwege nach Interessen bearbeiten	SB S.94/95, Aufg. 1 und 2
Sicherung I	Leben und Forschen im Tropischen Regenwald	UG: gegenseitige Vorstellung der Ergebnisse	
Erarbeitung II	Ein Tag in den Tropen	UG: gemeinsame Bearbeitung	SB S.94/95, M2, Aufg. 3
Sicherung II	Ein Tag in den Tropen	gemeinsames Tafelbild „Uhrdarstellung"	Tafel/Heft
Erarbeitung III	Paradies oder Hölle Regenwald?	EA: Stellungnahme zum Vortragsthema	SB S.94/95, M5, Aufg. 4
Hausaufgabe	Cintia zu Besuch in Deutschland	EA: Tagebucheintrag	

3

Klimadiagramme zeichnen und auswerten

Kompetenzen

Die Schülerinnen und Schüler können ...
- ein Klimadiagramm sorgfältig zeichnen;
- ein Klimadiagramm nach angegebenen Schritten auswerten;
- Temperatur- und Niederschlagsberechnungen vornehmen;
- Wetter, Witterung und Klima vergleichend definieren.

Grundbegriff

Klimadiagramm

Sachinformationen

Klimadiagramme sind ein zentrales Hilfsmittel, um das jeweilige Klima der verschiedenen Räume und Orte zu veranschaulichen. Es werden dabei komplexe, abstrakte Sachverhalte dargestellt, die so nicht beobachtbar sind. Man kann nur das Wetter beobachten und messen, das Klima dagegen nur berechnen. Schülerinnen und Schüler dieser Altersstufe können den Unterschied zwischen Wetter, Klima und Witterung schnell begreifen, wenn man im Unterrichtsgespräch z. B. das Klima der Heimatregion mit dem von Urlaubszielen in anderen Klimazonen vergleicht. Auf dieser Doppelseite wird exemplarisch am Diagramm von Manaus die abstrakte Darstellungsart eingeführt und geübt. Daneben werden leichte Berechnungen beispielhaft aufgezeigt.

Hinweise zum Unterricht

Es sollte unbedingt darauf Wert gelegt werden, Klimadiagramme sorgfältig zu zeichnen. Wenn die Schülerinnen und Schüler dies beherrschen, können sie auch mit dem Computerprogramm Klimadiagramme entwerfen und drucken. Indem sie selbst auf Millimeterpapier zeichnen und Einheiten festlegen, werden ihnen die Unterschiede der Werte deutlich und sie problematisieren bereits die Angaben.
Im Übrigen hat in dieser Altersstufe das Zeichnen durchaus Motivationscharakter. Es sollte darauf geachtet werden, dass mit Bleistift und Buntstift, nicht mit Filzstiften gearbeitet wird, auch sollten die richtigen Farben gewählt werden.
Weiterhin sollte verdeutlicht werden, dass der Jahresniederschlagswert ein Summenwert ist, der Jahrestemperaturwert ein Mittelwert. Auch die Skalierung verdient besonderes Augenmerk.

Tafelbild

Exemplarisch sollte ein Klimadiagramm an der Tafel oder dem Whiteboard gemeinsam entwickelt werden.

Lösung der Basisaufgaben

1 Das Wetter kann man beobachten und messen, das Klima nur berechnen. Erkläre diese Aussage. **(AFB II)**

Das Klima kann man nur berechnen, nicht messen. Klima wird durch Temperatur und Niederschlag bestimmt (Wetter). Die durchschnittlichen Verhältnisse des Wetters über einen langen Zeitraum (meist 30 Jahre) ergeben das Klima.

2 Wetter, Witterung und Klima haben für die Landwirtschaft und für den Tourismus eine unterschiedliche Bedeutung.

a) Begründe die Aussage **(AFB II)**

Mit dieser Tabelle kann der unterschiedliche Einfluss vergleichend begründet werden.

	Landwirtschaft	**Tourismus**
Wetter	Feldbestellung, Feldbearbeitung, Erntezeitpunkt, Erntequalität	Tagesausflüge
Witterung	Feldarbeiten	Ausflugsplanung
Klima	mögliche Anbaufrüchte, Bewässerung, Planung des Einsatzes von Aushilfsarbeitern	Interesse der Touristen an der Zielregion, Ausstattung der Unterkünfte

b) Nenne jeweils zwei Beispiele. **(AFB I)**

Individuelle Schülerlösung, Begründung mit Atlaskarten (z. B. Sommereinzug, Klimazonen ...)

Anwendungsaufgabe

3 Prima Klima?

a) Suche auf Seite 226 die Klimadaten für Mainz und zeichne dazu ein Klimadiagramm. **(AFB II)**
Individuelle Schülerlösung.

b) Vergleiche die Klimadiagramme von Mainz und Manaus. Welche Unterschiede stellst du fest? **(AFB II)**
Unterschiedliche Höchst- und Niedrigsttemperaturen, Verlauf der Niederschläge: im Bereich der Tropischen Regenwälder ganzjährig hoch und gleichmäßig. Unterscheidung von Tageszeiten- und Jahreszeitenklima möglich.

Manaus/Brasilien/80m	**Mainz/Deutschland/94m**
Jahrestemperatur: 27 °C, konstante Temperatur	Jahrestemperatur: 10 °C kältester Monat: Januar (1 °C) wärmster Monat: Juli (19 °C)
Gesamtniederschlag: 2272 mm höchster N: März (330 mm) niedrigster N: August (50 mm)	Gesamtniederschlag: 515 mm höchster N: August (57 mm) niedrigster N: Februar (30mm)
Temperatur ganzjährig konstant Niederschlag ganzjährig mit einem Höhepunkt im März	Sommer warm, Winter kalt, im Sommer mehr Niederschlag als im Winter

Tipp

Alternativ können eigene Messungen der Schülerinnen und Schüler zuhause über eine Woche erfolgen. Ausgehend von diesen Werten kann dann zuerst das Heimatwetter und –klima erarbeitet werden, um dann auf Brasilien zu kommen.

Das Thema Landwirtschaft soll unbedingt über die Aufgabe 2 bearbeitet werden, weil hier wichtige geographische Bezüge hergestellt werden.

Medientipps

Klimadiagramme im Internet: www.klimadiagramme.de

Lernen im Netz: Klimadiagramm zeichnen (Online-Code r8a3cb)
Material: Auswertungsbogen (Online-Code pq9ig3)

Unterrichtsvorschlag

Unterrichtsphase	Inhaltlicher Schwerpunkt	Methodisches Vorgehen / Sozialform	Medien / Materialien
Einstieg	Anfrage von einem Tourismusunternehmen: Wetter, Witterung, Klima?	UG: Können Geographen helfen? Es fehlen die Angaben für eine Brasilientour auf dem Amazonas!	
Erarbeitung I	Klimadaten von Manaus	PA: Klimadiagramm gemeinsam zeichnen	SB S. 96/97, Text „Klimadiagramme zeichnen", Tafel/Whiteboard
Ergebnissicherung I	Klimadaten von Manaus	EA: Übertrag ins Heft	Heft
Erarbeitung II	Vergleich mit Mainz	EA/PA	SB S. 96/97, Aufg. 3
Ergebnissicherung II	Tages- und Jahreszeitenklima	UG: Vergleich der beiden Diagramme	Tafel/Heft

Der Tropische Regenwald – ein verletzlicher Gigant

Kompetenzen

Die Schülerinnen und Schüler können …
- den Artenreichtum beschreiben;
- den Stockwerkbau des Regenwaldes beschreiben und erklären;
- den verkürzten Nährstoffkreislauf beschreiben;
- die Verletzlichkeit durch menschliche Einflüsse erkennen.

Grundbegriffe
Stockwerkbau, Nährstoffkreislauf, Ökosystem

Sachinformationen

Die immerfeuchten Tropen zeichnen sich durch optimale Temperatur- und Niederschlagsbedingungen für das Pflanzenwachstum, aber auch durch schlechte pedologische Bedingungen aus. Durch die seit dem Paläogen anhaltende chemische Verwitterung des Ausgangsgesteins gibt es vorrangig Zwei- und Einschicht-Tonminerale, die mit geringer Austauschkapazität nur eine geringe Speicherkapazität für Nährstoffionen bieten. Sie sind ausgelaugt und für die Landwirtschaft wenig geeignet. Ausgeglichen werden diese ungünstigen Bedingungen des Bodens durch Wurzelpilze, die Mykorrhiza. So entsteht eine Symbiose zwischen Baum und Pilz: Der Baum führt dem Pilz Assimilate, also Zucker aus der Photosynthese zu, der Pilz gibt dem Baum v.a. Phosphate aus dem Boden. Dies ist der „Trick" der Natur, ohne den niemals diese gigantische Ansammlung von Biomasse hätte stattfinden können.

Hinweise zum Unterricht

Das Klima der Tropen ist bereits besprochen und kann so auf die Bedingungen innerhalb der einzelnen Stockwerke vertiefend bezogen werden. Ein wichtiger Schwerpunkt ist der Nährstoffkreislauf, der im Tropenwald nur über die obersten humosen Schichten zusammen mit der Mykorrhiza abläuft. Dieser sollte – im Vergleich zum mitteleuropäischen Wald, in dem die Wurzeln bis zu zwei Meter tief in den Mineralboden reichen – an der Tafel entwickelt werden.
Der Vergleich mit dem Tropenhaus hilft, die klimatischen Bedingungen nachzuvollziehen.

Hinweise zu den Materialien

Foto 2: Dieses Foto zeigt den Tropischen Regenwald im Tropenhaus, also künstlich erzeugt, verkleinert, isoliert und modellhaft. Kinder erleben dies trotzdem als etwas Besonderes. Als Einstiegsbild ist es gut geeignet, um die Dimensionen deutlich zu machen. Der spätere Vergleich zum Original ist auch beeindruckend.

Tafelbild

Nährstoffkreislauf mit zwei Varianten vergleichend anzeichnen: Tropen verkürzt, Mitteleuropa bis in die tiefen B-Horizonte gehend

Lösung der Basisaufgaben

1 Übertrage die Tabelle zum Stockwerkbau des Tropischen Regenwaldes in dein Heft und ergänze sie. (AFB I)

Stockwerk	Höhe	Bewuchs
Baumriesen	bis 60 m	Baumkronen
Kronenschicht	30–40 m	geschlossenes Blätterdach
Baumschicht	10–30 m	dichte Waldvegetation, Schlingpflanzen
Kraut- und Strauch-schicht	0–10 m	sehr dichte Vegetation

2 Beschreibe die klimatischen Gegebenheiten in den verschiedenen Stockwerken. (AFB II)
Der Lichteinfall nimmt von oben nach unten hin drastisch ab, am Boden ist es dunkel.
Die Temperatur nimmt von oben nach unten ab: im oberen Kronenbereich im Schatten ca. 35 Grad, bei Sonne über 50 Grad Celsius. Am Boden ca. 25–28 Grad Celsius, Idealtemperaturen für Organismen.
Die Luftfeuchtigkeit nimmt von oben nach unten hin stark zu, da am Boden die stärkste Beschattung und geringste Verdunstung erfolgt.

3 Vergleiche den Aufbau des Tropischen Regenwaldes mit einem Mischwald in Deutschland (Grafik 3). (AFB II)
Der Tropische Regenwald ist durch einen gegliederten Stockwerkbau gekennzeichnet, der sich über eine Höhe von bis zu 60 m erstrecken kann. Die Pflanzen sind extrem angepasst an die damit verbundene Beleuchtungsintensität.
Unser Wald ist zumeist ein von Menschen gepflanzter und bewirtschafteter Wald. Die Stockwerke sind dadurch kaum noch erkennbar: Üblicherweise beobachten wir eine gleichhohe Baumschicht und – wenn überhaupt – als Jungwuchs bzw. Naturverjüngung eine niedrige weitere Baumschicht. Manchmal gibt es auch eine Strauchschicht. In regelmäßigen Abständen werden die Bestände ausgedünnt, die unteren Schichten dann auch wieder dadurch teilweise entfernt.

4 Arbeite mit der Grafik 3: Entwickle ein Lernplakat zum Nährstoffkreislauf im Tropischen Regenwald. **(AFB II)**.
Individuelle Schülerlösung in Anlehnung an die Methode „Ein Lernplakat erstellen" auf S. 78/79.

5 Begründe, warum es sich beim Tropischen Regenwald um einen „sehr verletzlichen Giganten" handelt. **(AFB II/III)**
Die Verletzlichkeit lässt sich besonders mit dem ausgelaugten Boden und der extremen Abhängigkeit von den Bodenpilzen an den Pflanzenwurzeln (Mykorrhiza) erklären. Ohne sie kann der Tropische Regenwald nicht existieren. Menschliche Einflüsse wie flächenhafte Rodung oder auch nur die gezielte Baumrodung vernichten diese Symbiose. Damit kann ein Folgewald schlechter wachsen, Landwirtschaft kann auf diesem Boden auch nur sehr schlecht durchgeführt werden.

Anwendungsaufgabe

6 Welche Klimawerte muss der Gärtner im Tropenhaus einstellen? Erläutere dies anhand des Klimadiagramms von Manaus (Seite 97). **(AFB II)**
ungefähr eine Durchschnittstemperatur von 25–28 °C, immer hohe Luftfeuchtigkeit durch häufige Beregnung

Tipp

Sehr lohnend ist ein Besuch in einem Tropenhaus in einem botanischen Garten, z. B. im Rahmen eines Klassenausflugs.
Alternativ eignet sich natürlich eine Exkursion in einen Wald – fächerübergreifend angelegt mit dem Fach Biologie.
Ein weiterer Anlass für eine nähere Beschäftigung wären die Waldjugendspiele in dieser Klassenstufe. Auch im Rahmen dieser kann eine erste praktische Walderfahrung erfolgen.

Medientipps

Lernen im Netz: Animation Nähstoffkreislauf
(Online-Code 39m29r)
Üben interaktiv: Stockwerkbau (Online-Code 87p86n)
Hörtipp: Zápara in Gefahr (Online-Code g8s4am)

Unterrichtsvorschlag

Unterrichtsphase	Inhaltlicher Schwerpunkt	Methodisches Vorgehen / Sozialform	Medien / Materialien
Einstieg	Hörspiel Tropischer Regenwald		Hörtipp: Zápara in Gefahr (Online-Code)
alternativer Einstieg	Tropenhausbesuch	UG: Anforderungen an ein Tropenhaus	SB S. 98/99, M 2
Erarbeitung I	Stockwerkbau	EA/PA: erste Schülerzeichnung, Vergleich mit M3	SB S. 98/99, Aufg. 1, 2; M 3, Heft/Tafel
Ergebnissicherung I	Stockwerkbau	Tafelbild erarbeiten	Tafel/Heft
Erarbeitung II	Verletzlichkeit: Nährstoffkreislauf, Bodenpilze	UG	SB S. 98/99, M 3, Aufg. 5
Ergebnissicherung II	Der Tropische Regenwald: ein verletzlicher Gigant	Erweiterung des Tafelbildes und Heftübernahme	
Transfer	Anforderungen an ein Tropenhaus	UG, EA	SB S. 98/99, Aufg. 6

Roden – brennen – anbauen – wandern

Kompetenzen

Die Schülerinnen und Schüler können …
- den Brandrodungswanderfeldbau beschreiben und erklären;
- den Ertrag und Nutzungsdauer beschreiben;
- die Zusammenhänge zwischen Boden und Nutzungsmöglichkeiten erklären.

Grundbegriffe

Äquator, Selbstversorgung, Wanderfeldbau

Sachinformationen

Der Wanderfeldbau ist die klassische Methode der Landwirtschaft im Amazonasbecken.

Zu Beginn der Trockenzeit roden die Bauern den Wald, indem sie das Unterholz schlagen und größere Bäume fällen. Einige Monate nach dem Fällen werden diese verbrannt. Die in den Pflanzen gespeicherten Nährstoffe werden als fruchtbare Asche dem Boden als Düngemittel zugeführt. Da die Mykorhizza bei der Brandrodung zerstört wird, hat der Boden keine Möglichkeit, die freien Nährstoffe aufzunehmen. Sie werden von den Niederschlägen fortgeschwemmt. Die mit der Regenzeit sofort einsetzende Pflanzzeit soll möglichst viele Nährstoffe an die Pflanzen binden. Doch nach mehreren Jahren ist der Nährstoffgehalt des Bodens so gering, dass eine landwirtschaftliche Nutzung nicht mehr lohnt. Das Feld wird aufgegeben und ein neues gerodet. Die ehemaligen Felder bleiben mindestens 50 Jahre brach liegen. Die ursprüngliche Artenvielfalt entwickelt sich allerdings erst in viel größeren Zeitabständen (> 100 Jahre) wieder.

Diese angepasste Nutzung ermöglicht eine nachhaltige Bearbeitung, die die Eingriffe durch den Menschen begrenzt hält; die Flächen des nach und nach entstehenden Sekundärwaldes sind klein. Die ökologische Bewertung von Sekundärwald hat auch zu einer Aufwertung geführt, da man hier eine durchaus hohe Artenzahl fand (freilich kein Vergleich zum Primärwald). Kritisch wird die Nutzung erst durch das Bevölkerungswachstum, so kommt es schnell zu einer Übernutzung. Die „ökologische Benachteiligung der Tropen" mit der Bodendegradation wird schnell deutlich (nächste DS).

Hinweise zum Unterricht

Angepasste Nutzung durch die Yanomami heißt nicht, dass dies unbedingt bewusst so entstanden ist; vielmehr war der Bevölkerungsdruck so gering, dass sich diese Form der Nutzung herausgebildet und auch über lange Zeit funktioniert hat.

Hinweise zu den Materialien

Foto 2: Dieses Bild eignet sich sehr gut als Einstiegsbild (Blick vom Flugzeug herab); es kann von den Schülerinnen und Schülern genau beobachtet, beschrieben und bereits als Faustskizze festgehalten werden, die später mit Grafik 4 verglichen werden kann.

Tafelbild

Entstehung der Skizzen an der Tafel oder am Whiteboard, angelehnt an Modell 4

Lösung der Basisaufgaben

1 Beschreibe das Foto 2 und ordne den Buchstaben A – E folgende Begriffe zu: Tropischer Regenwald, frisch gerodetes Feld, bebautes Feld, Sekundärwald, vor kurzem aufgegebenes Feld. (AFB I/II)
Man sieht eine große Rodungsinsel, auf der die verschiedenen Schritte des Wanderfeldbaus deutlich werden:
A – Sekundärwald
B – vor kurzem aufgegebenes Feld
C – frisch gerodetes Feld
D – bebautes Feld
E – Tropischer Regenwald/Primärwald
Die Grenzen der genauen Zuordnung sind nicht immer ganz scharf.

2 Entwirf in Anlehnung an Schaubild 4 eine Skizze, welche die heutige Situation des Wanderfeldbaus zeigt. (AFB II)
Individuelle Schülerlösung; der Tropische Regenwald wird stark zurückgedrängt und es gibt überwiegend Ackerland. Sekundärwaldflächen entstehen kaum noch, Siedlungen können vermehrt eingezeichnet sein. Neue Entwicklung möglich: Die Entfernung zwischen Siedlung und Acker wird immer größer.

3 Partnerarbeit:
Was kann wo angebaut werden? Überlegt eine sinnvolle Nutzung der Brandrodungsinsel mit Anbauprodukten. Arbeitet dabei mit Foto 2 und Grafik 5. Entwerft zusammen eine Skizze und begründet anschließend eure Entscheidung. (AFB II/III)
Individuelle Schülerlösung; Fotoauswertung und Grafikauswertung zusammen, eine abgestimmte Anbaureihenfolge soll entstehen und begründet werden. Das erste Nutzungsjahr wird keine Probleme bereiten, allerdings können ab dem zweiten Jahr immer weniger Feldfrüchte erfolgreich angebaut werden, da die Bodenfruchtbarkeit schnell und stark zurückgeht. Die Nahrungsprodukte Mais, Reis und Erdnuss fallen aus. Bei Baumwolle liegt der Ertrag im vierten Jahr noch bei über 40%. Dies liegt daran, dass die Baumwolle im Gegensatz zu den anderen Kulturpflanzen eine mehrjährige Pflanze ist. Daraus er-

gibt sich die Notwendigkeit, entweder mit vielen kleinen Flächen zu arbeiten (um so immer wieder frische Anbauzonen zu gewinnen) oder gleich neue, größere Flächen in weiterer Entfernung anzulegen. Auf längere Sicht erzwingt das die Erschließung und Kultivierung im Regenwald. Der Boden der gerodeten Flächen wird allerdings wieder schnell auslaugen, sodass dieser Teufelskreis weiter geht. Von Schülerinnen und Schülern vorgeschlagene mögliche Düngungen (Humus; Kunstdünger wäre zu teuer und darüber hinaus kaum wirksam) können allerdings auch dauerhaft diese Situation nicht auffangen.

Anwendungsaufgabe

4⟩ Erkläre mithilfe deines Wissens aus den vorherigen Seiten die Zusammenhänge zwischen Ertrag und Nutzungsdauer (Diagramm 5). **(AFB II/III)**

Die Böden sind ausgelaugt und verfügen über wenige Nährstoffe. Diese werden über die Wurzel-Pilz-Symbiose in einem kurz geschlossenen Nährstoffkreislauf erschlossen. Wird die Primärvegetation Wald gerodet, fällt dieser „Trick" aus, sodass die landwirtschaftliche Nutzbarkeit stark eingeschränkt wird. Die für die Ernährung wichtigen Pflanzen wie Mais, Reis und Erdnuss gedeihen nur gut im ersten Anbaujahr.

Medientipps

Lernen im Netz: Leben der Yanomami (Online-Code 2m68j4)
Üben interaktiv: Brandrodungswanderfeldbau (Online-Code v7m7ck)

Unterrichtsvorschlag

Unterrichtsphase	Inhaltlicher Schwerpunkt	Methodisches Vorgehen/Sozialform	Medien/Materialien
Einstieg	Flug über Regenwaldgebiet am Amazonas	LV, UG	SB S. 100/101, Aufg. 1, M 2
Erarbeitung I	Wanderfeldbau heute (Bevölkerungsentwicklung)	EA	SB S. 100/101, Aufg. 2, M 4, 5
Ergebnissicherung I	Wanderfeldbau heute	UG: Präsentation und Diskussion	Heft/Tafel/Whiteboard
Erarbeitung II	Brandrodung im Tropischen Regenwald	PA	SB S. 100/101, Aufg. 3, M 2, 5
Ergebnissicherung II	Brandrodung im Tropischen Regenwald	UG: Präsentation und Diskussion	Heft/Tafel/Whiteboard
Vertiefung	Ertrag und Nutzungsdauer	EA/PA	SB S. 100/101, Aufg. 4, M 5

Der Regenwald schrumpft

Kompetenzen

Die Schülerinnen und Schüler können ...
- die Ursachen der Regenwaldzerstörung benennen;
- die globale Regenwaldverteilung und -zerstörung beschreiben;
- die Regenwaldzerstörung aus unterschiedlichen Perspektiven beurteilen.

Grundbegriffe

Tropischer Regenwald, Stockwerkbau

Sachinformationen

Der Jahrhunderte alte Brandrodungswanderfeldbau hatte durchaus Einfluss auf die Regenwaldbestände, allerdings war dieser überschaubar. Die auf dieser Doppelseite zu besprechenden Ursachen für die Regenwaldzerstörung sind unvergleichlich größere Eingriffe, die das Ökosystem in seinem Fortbestand extrem gefährden.

Seit 1970 hat sich in Brasilien die Zahl der Rinder mehr als verdoppelt und dem Land damit weltweit zum zweitgrößten Rinderbestand (nach Indien) verholfen. Dies ist in erster Linie auf die weiträumige Erschließung neuer Weideflächen in den tropischen Wald- und Savannengebieten zurückzuführen. Ab 1970 wurde die landwirtschaftliche Nutzfläche stark erweitert, davon fielen 75 % auf die Ausdehnung der Weideflächen; 70 % der Flächen sind größer als 1000 ha.

Um an diese großen Flächen zu kommen, werden Brandrodungen im großen Stil durchgeführt, die man auch gut aus dem Flugzeug oder auf Satellitenbildern erkennen kann. Dabei geht es ausschließlich um die schnelle Flächenerweiterung, die Asche wird durch Starkregen abgespült. Die in die Atmosphäre entweichenden hohen Mengen an Kohlendioxid verstärken den weltweiten Prozess der Erwärmung durch den Treibhauseffekt. Aber auch die Holzwirtschaft führt zu einer dramatischen Zerstörung: Die einzelnen tropischen Hölzer sind aufgrund ihrer Färbung, Härte und (u. a. durch den hohen Ölgehalt bedingt) Beständigkeit sehr beliebt und erzielen auf dem Weltmarkt hohe Preise. Zu den Hauptexporteuren gehören Malaysia, Indonesien und Gabun. Bürgerproteste führten dazu, dass zunehmend mit dem Prädikat geworben wird, es handele sich um Holz aus kontrolliertem bzw. selektivem Einschlag oder aus Plantagenwirtschaft. Gerade die Plantagenwirtschaft wird immer weiter vorangetrieben, die dafür erforderlichen Flächen waren ehemalige Tropenwälder. Vor Ort werden Holz- und Holzprodukte von einer internationalen Organisation zertifiziert.

Auch wenn die internationale Empörung über die Regenwaldzerstörung zu einem partiellen Umdenken geführt haben mag, auch wenn Entwicklungshilfe konkret zur Erhaltung von Regenwald eingesetzt wird, auch wenn die betroffenen Staaten einen verantwortungsvollen Umgang mit dieser Ressource postulieren, so ist für die aktuelle Situation festzustellen: Die Regenwaldzerstörung geht fast unvermindert weiter und wird – gerade vor dem Hintergrund der Ressourcenabhängigkeit der betroffenen Entwicklungs- und Schwellenländer – aus heutiger Sicht in diesem Jahrhundert dynamisch voranschreiten.

Hinweise zum Unterricht

Die Doppelseite versucht, die Regenwaldzerstörung zu beschreiben und ansatzweise zu erklären. Wichtig ist dabei, diese ökologische Katastrophe auf die Ebene der betroffenen Menschen zu transferieren. So werden auch verschiedene Handlungen aus der jeweiligen Perspektive für die Schülerinnen und Schüler verständlicher. Eine monokausale Katastrophenpädagogik sollte vermieden werden, ebenso zu einfache und schnelle Aufforderungen, das eigene Tun und Handeln zu überdenken; diese Aufforderung ist zu kurzschrittig, für diese Altersstufe auch potenziell opportunistisch angelegt.

Lösung der Basisaufgaben

1 Erläutere anhand der Fotos 1 die Ursachen der Regenwaldzerstörung. (AFB I)
- der Bau von Infrastruktur, z. B. neuer Straßen und Siedlungen;
- großflächige Brandrodung zur Schaffung der für Weidewirtschaft und Holzplantagen benötigten Flächen;
- irreversible Zerstörung der Böden nach Abholzung durch Nährstoffverluste und Erosion

2 Geographen sprechen von einem Regenwaldgürtel. Erkläre dies mithilfe des Atlas. (AFB II)
Mithilfe einer entsprechenden Atlaskarte zu den Klima- und Vegetationszonen der Erde kann man gut erkennen, dass sich die Gebiete mit Regenwaldklima mehr oder weniger gürtelartig entlang des Äquators erstrecken. Unterbrochen und beeinflusst wird dieser „Gürtel" von der Land-Meer-Verteilung und dem Verlauf von Gebirgszügen. Durch die fortgesetzte Regenwaldzerstörung bekommt dieser Gürtel aber immer mehr „Löcher".

3 „Alles eine Frage der Perspektive":
a) Schreibe einen Dialog zwischen Herrn Nachez und einem Yanomami zur Regenwaldzerstörung. Sucht dabei Argumente aus der Sicht der beiden Personen. (AFB II/III)
Individuelle Schülerlösung.

b) Beurteile die Positionen und äußere deine Meinung dazu. (AFB III)

Individuelle Antworten und Diskussion

Herr Nachez: Er ist arm, muss für seine Familie sorgen und hat sich auf staatliche Versprechungen verlassen. Ökologische Aspekte und Argumente beschäftigen ihn in seiner Situation wenig, geht es doch um das Überleben.

Yanomami-Indianer: Die Heimat, der Naturraum wird durch Fremde und Eindringlinge zerstört; damit auch Mythen und Traditionen. Er wird wahrscheinlich kein Verständnis für diese Handlungen haben, er kennt die Hintergründe nicht, weiß aber aus Erzählungen, dass die Regierung nicht ehrlich war.

4 Beschreibe Grafik 3. Welche Kontinente sind vom Regenwaldrückgang betroffen? Arbeite mit dem Atlas. (AFB I/II)

Amerika: heute noch knapp 40 % des ursprünglichen Regenwaldes vorhanden;

Afrika: noch knapp 40 % vorhanden;

Asien: nur noch knapp 20 % vorhanden. Besonders in Asien ist die voranschreitende Vernichtung in den letzten Jahren erschreckend hoch. Insgesamt lässt sich keinerlei positiver Trend ausmachen.

Anwendungsaufgabe

5 Forscher warnen vor einem biologischen Ausverkauf des Regenwaldes: „Ihr wisst doch gar nicht, was ihr zerstört! Da helfen auch neue Nutzungsformen wenig!" Erläutere diese Meinung. (AFB II/III)

Der Artenreichtum des Regenwaldes ist im wahrsten Sinne des Wortes unermesslich. Bisher können Forscher keine genauen Angaben über die Zahl der Pflanzen- und Tierarten machen. Gerade die Medizin weist darauf hin, dass sehr viele Medikamente und ihre Wirkungszusammensetzungen zumindest auf den Naturstoffen des Tropischen Regenwaldes basieren. Für die Entwicklung neuer Impfstoffe werden im Regenwald Stoffe gesucht, das gilt aber auch für die Bekämpfung noch nicht genau erforschter Krankheiten. Vor diesem Hintergrund gilt: Es wird zerstört, was noch gar nicht entdeckt werden konnte. Dies wäre ein fahrlässiges Verhalten des Menschen gerade für die zukünftigen Generationen.

Medientipp

Lernen im Netz: Rückgang der Regenwälder
(Online-Code zq76jk)

Unterrichtsvorschlag

Unterrichtsphase	Inhaltlicher Schwerpunkt	Methodisches Vorgehen/Sozialform	Medien/Materialien
Einstieg	Erschließung des Tropischen Regenwaldes in Brasilien	UG: Brainstorming, danach Bilder	SB S. 102/103, M 1 A–D
Erarbeitung I	Rückgang des Regenwaldes	EA	SB S. 102/103, Aufg. 4, M 3, Atlas
Ergebnissicherung I	Rückgang des Regenwaldes	EA/PA: Präsentation auf Folie	Folie, Wandkarte
Erarbeitung II	„Alles eine Frage der Perspektive"	PA	SB S. 102/103, Aufg. 3, M 2, 4
Ergebnissicherung II	„Alles eine Frage der Perspektive"	UG: Vorstellung in Rollen vor der Klasse und Diskussion	
Vertiefung	Ausverkauf des Regenwaldes?	EA/ HA	SB S. 102/103, Aufg. 5

Die duftende Apotheke

Kompetenzen

Die Schülerinnen und Schüler können …
- die Artenvielfalt des Regenwaldes erkennen;
- die Erforschung des Regenwaldes beschreiben;
- das medizinische Potenzial der genetischen Vielfalt des Regenwaldes beschreiben;
- Interessenkonflikte benennen.

Grundbegriffe

Tropischer Regenwald, Artenvielfalt

Sachinformationen

Nachdem sich Mitte der 1970er-Jahre die ersten Forscher direkt in die Kronenregion des Regenwaldes begaben, revolutionierten deren Ergebnisse die gängigen Vorstellungen von der Artenvielfalt unseres Planeten. Der Insektenkundler Terry Erwin kam bei seinen Hochrechnungen über die Anzahl der Gliedertiere (Insekten, Spinnen, Krebse) in den Tropen auf 30 Millionen Arten. Aber auch ganz vorsichtige Schätzungen gehen von 5–10 Millionen Tier- und Pflanzenarten auf der Erde aus, von denen 50–70% (hauptsächlich Insekten) in den Tropen beheimatet sind. Der Nobelpreisträger Wilson berichtet von der Entdeckung neuer Ameisenarten nach der Fällung eines Baumriesen. Im Auftrag der Kosmetikindustrie werden mit dem sog. Headspace-Verfahren Gerüche einzelner Blüten mit einem Geruchs-Recorder entschlüsselt und aufgezeichnet; dabei werden über einzelne Blüten Glaskolben gestülpt, das Glas schließt die mit Duftmolekülen durchsetzte Luft um die Blüte. Der Duft wird dann in einer Mikroampulle gesammelt, später im Labor analysiert und synthetisch nachgebildet.

Gerade aber die medizinische Anwendung von bisher unbekannten Inhaltsstoffen ist von großer Bedeutung, vor allem bei Tropenkrankheiten, aber auch z. B. bei AIDS. Interessenkonflikte gibt es mittlerweile zwischen den Industriestaaten, die zumeist an den Inhaltsstoffen interessiert ist, und den Entwicklungsländern, in denen die Wälder wachsen. Patentrechtsverfahren müssen sicherstellen, dass keine Ausbeutung der Geberländer mehr stattfindet. Auch entwickelt sich eine eigene Industrie in diesen Ländern, die ebenfalls an der Vermarktung der Produkte teilhaben muss.

Hinweise zum Unterricht

Auf dieser Doppelseite soll u. a. gezeigt werden, dass die einheimischen Forscher im Mittelpunkt stehen und ihr Wissen den Forschern z. B. aus Deutschland mitteilen. Dieser Perspektivwechsel ist wichtig, damit die wahre Abhängigkeit der Industrieländer deutlich wird. Nur so kann auch eine Diskussion um Interessen auf Augenhöhe erfolgen, die von den Schülerinnen und Schülern geführt werden soll. Der Zugang kann sowohl über einzelne Medikamente oder Krankheiten, als auch über eigene Kosmetika erfolgen. Letztere können die Schülerinnen und Schüler evtl. auch mitbringen. Damit ist der Lebensweltbezug gut hergestellt.

Hinweise zu den Materialien

Foto 1: Dieses Foto eignet sich für einen problemorientierten Stundeneinstieg. Die Tatsache, dass ein Einheimischer einem Gast Wissen vermittelt (und nicht wie gewohnt umgekehrt), kann von den Schülerinnen und Schülern diskutiert und bewertet werden.

Lösungen der Basisaufgaben

1 Beschreibe mithilfe von Grafik 4, wie der Regenwald erforscht wird. (AFB I)

Im Kronendach des Regenwaldes ist eine sechseckige Plattform angebracht. Diese Forschungsstation ist über ein Luftschiff zu erreichen. Auf der Plattform befinden sich Behälter für wissenschaftliche Geräte, ein Nachtfangschirm mit ultraviolettem Licht, ein Träger mit Gas-Messinstrumenten und ein Zelt. Ein Generator am Boden versorgt die Station mit Strom. Von der Plattform können die Forscherinnen und Forscher mithilfe eines Seils mit Pedalwinde in den Regenwald hinuntergelassen werden. Ein Tragseil mit Klimamessgeräten reicht von der Plattform in den dichten Regenwald hinein. Das eigentliche Camp befindet sich in 3–5 km Entfernung zur Forschungsstation.

2 Analysiere die Daten zur Artenvielfalt (Tabelle 5). Welche Folgen lassen sich ableiten? (AFB II)

Die drei Beispielstaaten, die im Gebiet des Tropischen Regenwaldes liegen, sind alle kleiner als das Gebiet der Bundesrepublik Deutschland. Die Artenvielfalt in diesen Staaten aber übersteigt die der Bundesrepublik um ein Vielfaches. Beispielsweise gibt es in Malaysia, das nicht einmal halb so groß ist, doppelt so viele Säugetiere und Vögel. Bei Reptilien bzw. Amphibien ist der Unterschied noch höher.

3 Erläutere die Aussage: „Wer den Regenwald zerstört, vernichtet unsere Apotheke von morgen." **(AFB II)**

In jedem vierten Medikament befinden sich heute Stoffe, die aus Regenwaldpflanzen gewonnen wurden. Und auch im Hinblick auf die Heilung von Allergien gewinnt der Regenwald mehr und mehr an Bedeutung. Allerdings gehen viele für uns nützliche und in Zukunft vielleicht überlebensnotwendige Wirkstoffe bei der Zerstörung des Regenwaldes unwiederbringlich verloren.

4 Ordne den Ziffern in der Grafik 4 die entsprechenden Begriffe zu. **(AFB II)**

1: sechseckige Plattform; 2: Behälter für wissenschaftliche Apparate; 3: Nachtfangschirm mit ultraviolettem Licht; 4: Träger mit Gasmessgeräten; 5: Luftschiff; 6: Zelt; 7: Tragseil; 8: Kletterseil; 9: Generator; 10: Camp in 3 – 5 km Entfernung

Anwendungsaufgabe

5 Formuliere zwei Hauptaussagen der Tabelle 5. **(AFB II)**

Deutschland hat zwar die größte Fläche, allerdings die niedrigste Artenvielfalt.
In den Tropen ist die Artenvielfalt höher als in der gemäßigten Zone.

Medientipps

Kosmetika und evtl. Medikamente mitbringen, dabei Beipackzettel beachten

Üben interaktiv: Forschung im Regenwald (Online-Code rt647z)

Unterrichtsvorschlag

Unterrichtsphase	Inhaltlicher Schwerpunkt	Methodisches Vorgehen / Sozialform	Medien / Materialien
Einstieg	Begegnung mit dem Thema	UG: Eindrücke der SuS	originale Medien: Kosmetika, Medikamente
Erarbeitung I	Erforschung der Artenvielfalt	PA: A: Aufg. 1; B: Aufg. 2; Aufg. 4 gemeinsam	SB S. 104/105, Aufg. 1/2, 4
Ergebnissicherung I	Erforschung der Artenvielfalt	UG: gemeinsame Vorstellung	
Erarbeitung II	„Wer den Regenwald zerstört, vernichtet unsere Apotheke von morgen!"	GA: Argumente sammeln	SB S. 104/105, Aufg. 3, Tafel/Heft
Ergebnissicherung II	Interessenkonflikte	UG: Präsentation, Diskussion der Interessenkonflikte, Aufstellung eines Regelkataloges für die Erforschung des Regenwaldes	SB S. 104/105

Produkte aus den Tropen: eine faire Sache?

Kompetenzen

Die Schülerinnen und Schüler können ...
- den Begriff der Monokultur am Beispiel tropischer Plantagenprodukte (Banane, Kakao) erklären;
- die mit dem Anbau in Monokultur verbundenen Probleme nennen;
- den Begriff Fairtrade definieren;
- die Preiszusammensetzung zwischen einer gewöhnlichen Banane (bzw. Schokolade) und der jeweiligen Fairtrade-Variante vergleichen und aus dem Vergleich heraus die wesentlichen Unterschiede erläutern;
- ihr eigenes Konsumverhalten kritisch reflektieren.

Grundbegriffe
Monokultur, Plantage, Fairtrade

Sachinformationen

Die Tropen sind nicht nur ein einzigartiger Natur- und Kulturraum, sie sind auch Anbaugebiet für eine Vielzahl von Produkten, die uns meist täglich begegnen. Mit Banane und Kakao thematisiert diese Doppelseite zwei „Klassiker" unter den Cash Crops. So positiv unsere geschmacklichen Assoziationen mit beiden Produkten sind, so problematisch sind in vielen Fällen die Bedingungen bei Anbau, Ernte und Handel. Hinzu kommt, dass der Lebensraum der vor Ort ansässigen Bevölkerung vielfach durch die Anbauform der Monokultur und dem damit verbundenen Pestizid- und Düngemitteleinsatz degradiert und chemisch stark belastet wird. Fairtrade-Standards sorgen dafür, dass gewisse Substanzen erst gar nicht auf die Plantage gebracht werden dürfen und dass zumindest umweltschonender angebaut wird (Förderung des biologischen Anbaus, Verbot gentechnisch veränderter Organismen). Hinzu kommt, dass die Partner der Fairtrade-Unternehmen, meist kleinbäuerlich organisierte Verbände, mit Mindestpreisen kalkulieren können und mehr verdienen. Verbesserungen der Arbeitsbedingungen, das Verbot der Kinderarbeit und Investitionen in Gemeinschaftsprojekte zur Verbesserung der Lebensbedingungen vor Ort (z.B. durch den Bau von Schulen) sind weitere wichtige Ziele. Die Nachfrage nach fairen Produkten steigt seit Jahren an. So konnte die Anzahl der Kleinbauern im Fairtrade-System Ende 2011 erstmals die 1-Millionen-Marke übersteigen.

Hinweise zum Unterricht

Fairtrade-Produkte sind Schülerinnen und Schülern der Sekundarstufe I meist aus ihrem eigenen Alltag bekannt. Es lohnt, sich hier bereits nach eigenen Erfahrungen zu fragen. Besonders interessant ist in diesem Zusammenhang auch der faire Handel von klassischen Produkten wie Kakao, Bananen, Tee oder Kaffee, bis hin zu unserer Kleidung – ein Thema, was im Rahmen einer Vertiefungsphase lohnenswert erscheint und über eine Hausaufgabe (siehe Recherchehinweis im Unterrichtsvorschlag) oder eine weitere Unterrichtseinheit Beachtung finden kann. Wichtig ist bei dieser Doppelseite das Angebot zur Wahldifferenzierung. Die Schülerinnen und Schüler können zwischen dem Aufgabenblock 1 (Schokolade) und 2 (Banane) selbst nach Interesse entscheiden. Dabei erscheinen für beide Anbauprodukte (Kakao und Banane) Kinder in Erzählung und Bildern, die ansprechend und damit motivierend auf die gleichaltrigen Schülerinnen und Schüler wirken sollen.

Die Erfolgsgeschichte um die „Gute Schokolade" soll dazu dienen, bei all den traurigen Geschichten um die leckeren Produkte auch eine positive aufzuzeigen, gerade auch weil bei diesem Beispiel Schüler Einsatz zeigen. Sollte sich aus diesem Thema mehr entwickeln, können Sie als Lehrkraft viele Hilfestellungen anbieten. Zum Beispiel könnten engagierte Schülerinnnen und Schüler den Verkauf von Fairtrade-Produkten im Schulkiosk oder im Rahmen von Schulfesten organisieren. Darüber hinaus kann eine Zertifizierung als „Fairtrade-Schule" angestrebt werden (siehe Medientipp)!

Lösung der Basisaufgaben

1 Fairer Handel mit der Schokolade:
a) Erkläre, was die Fairtrade-Schokolade von einer normalen unterscheidet. Manuels Erzählung, Text 1 und Tabelle 5 helfen dir dabei. **(AFB I)**
Unterschiede:
- keine Kinderarbeit,
- bessere Arbeitsbedingungen auf den Plantagen,
- gerechter Handel (mehr Lohn für die Arbeiter),
- höherer Preis für den Verbraucher,
- häufig auch gesamtgesellschaftliche Vorteile für die Menschen vor Ort.

b) Weniger als 1% der in Deutschland verkauften Schokolade ist fair gehandelt. Einigen entschlossenen Schülern war das zu wenig. Bewerte die Schokoaktion und die „Gute Schokolade" der Schüler mithilfe von Text 2 und einer eigenständigen Recherche. **(AFB II)**
Die „Gute Schokolade" ist:
- fairtrade-zertifiziert;
- klimaneutral, da 20 Cent des Verkaufspreises von 1 € pro Tafel an die Schüler-Organisation Plant-for-the-planet gehen. Diese pflanzt davon Bäume;
- deutschlandweit in vielen Supermarktregalen zu finden.

2 Fairer Handel mit der Banane:

a) Erkläre, was die Fairtrade-Banane von einer normalen unterscheidet. Manuels Erzählung und Tabelle 5 helfen dir dabei. **(AFB II)**

Unterschiede:
- keine Kinderarbeit,
- bessere Arbeitsbedingungen auf den Plantagen,
- gerechter Handel (mehr Lohn für die Arbeiter),
- höherer Preis für den Verbraucher,
- häufig auch gesamtgesellschaftliche Vorteile für die Menschen vor Ort.

b) Fairtrade bedeutet fairer Handel. „Fair ist dabei vor allem …" Schreibe den Text weiter. Verwende dazu Manuels Bericht (Text 3) und die Ergebnisse aus der Teilaufgabe a. **(AFB II)**

Individuelle Schülerlösung.

Gemeinsame Aufgabe

3 Formuliert zusammen eine Definition des Begriffs Fairtrade und diskutiert, ob ihr bereit seid, mehr Geld für gerecht gehandelte Produkte auszugeben. **(AFB III)**

Individuelle Schülerlösung, zum Beispiel:

Fairtrade ist ein englischer Begriff, der „fairen Handel" oder „gerechten Handel" mit Produkten meint.

Fairtrade-Produkte müssen als solche mit einem Fairtrade-Siegel gekennzeichnet sein. Besitzt ein Produkt ein solches Siegel, ist davon auszugehen, dass nachgewiesen wurde, dass die Plantagenarbeiter mehr Geld für ihre Produkte verdienen und damit besser leben können, Kinderarbeit verboten ist, und dass auch Gelder zur Verbesserung von Leistungen im sozialen Bereich (Schulen, Krankenhäuser, sauberes Trinkwasser, etc.) aus den Gewinnen bereitgestellt werden. Hinzu kommt, dass mit der Umwelt schonender umgegangen wird, sodass häufig auf den Einsatz giftiger Chemikalien (Pestizide und Düngemittel) verzichtet wird.

Medientipps

Lernen im Netz: Bananen aus dem Tropischen Regenwald (Online-Code wg4b2n)

Schokolade

Zur „guten Schokolade":
www.plant-for-the-planet.org/de/informieren/die-gute-schokolade
Herstellung von Fairtrade-Schokolade:
www.youtube.com/watch?v=dt0tW5ut93o
ARD MEDIATHEK-Beitrag: Schmutzige Schokolade (Dokumentation, 43 Minuten): www.ardmediathek.de/das-erste/reportage-dokumentation/schmutzige-schokolade?documentId=8577084
Schokoladenmuseum Köln: www.schokoladenmuseum.de

Banane

Infos rund um die Banane: www.bananen-seite.de
Wie wachsen Bananen? (Dole-Filmclip):
www.youtube.com/watch?v=ueIyYtRpYJ8

Fairtrade

Fairtrade Report (jährlich neu erscheinend):
www.fairtrade-deutschland.de/top/materialien/download/#c1572
Lehrermaterialien Fairtrade Deutschland:
www.fairtrade-deutschland.de/mitmachen/materialien
Fairtrade-Schule werden:
www.fairtrade-schools.de/ueber-fairtrade-schools

Unterrichtsvorschlag

Unterrichtsphase	Inhaltlicher Schwerpunkt	Methodisches Vorgehen / Sozialform	Medien / Materialien
Einstieg	Tropische Anbauprodukte	UG	Mindmap / Tafel
Erarbeitung I	weltweite Anbauregionen	PA: Anbauregionen (Tropengürtel) unter Berücksichtigung klimatischer Aspekte ausfindig machen	Atlas
Ergebnissicherung I	Tropische Anbaugebiete	SV	Weltkarte
Erarbeitung II	Kakao – normal vs. fairtrade Banane – normal vs. fairtrade	GA (wahldifferenziert)	SB S. 106/107, Aufg. 1 oder 2; Aufg. 3
Ergebnissicherung II	Kakao – normal vs. fairtrade Banane – normal vs. fairtrade	SV	Tafel
Erarbeitung III	Fairtrade	UG: gemeinsame Definition und Diskussion	Tafel
Hausaufgabe	Recherche nach weiteren Fairtrade-Produkten (z. B. Kleidung) und aktuellen Umsatzzahlen	EA	Internet z. B. www.fairtrade-deutschland.de

Eine Mindmap erstellen

Kompetenzen

Die Schülerinnen und Schüler können …
- die wichtigsten Inhalte einer Unterrichtsstunde oder -reihe hierarchisch ordnen;
- anschauliche Zeichnungen anlegen;
- Zusammenhänge beschreiben und erklären.

Hinweise zum Unterricht

Mindmapping ist eine Memorierungsmethode, die so früh wie möglich eingeübt und kontinuierlich bis in die Oberstufe trainiert werden sollte. Im Sinne einer Methodenprogression wird im Band 2 aus der Mindmap eine Conceptmap entwickelt, in Band 3 dann ein komplexes Wirkungsgefüge.

Der Einsatz einer Mindmap ist vielfältig:
- zu Beginn einer Unterrichtsreihe zum Sammeln und ständigen Ergänzen von Aspekten eines Themas,
- am Ende der Unterrichtsreihe zum Sammeln und Zusammenfassen,
- zu Beginn einer einzelnen Stunde,
- am Ende der Stunde zur Ergebnissicherung.

Mindmaps ordnen Inhalte eines Themas, indem sie diese hierarchisch organisieren, aber noch keine Entwicklungen mit Pfeilen verfolgen.
Der individuelle Charakter sollte ebenso beachtet werden wie die Überlegung, dass hier eine Benotung nicht sehr sinnvoll ist. Es soll unbedingt darauf geachtet werden, dass die Verschriftlichung nur die Verwendung der Fachworte vorsieht, ansonsten sind es Bilder und kleine Zeichnungen mit wichtigen Ankerfunktionen; diese relativieren den sonst so hohen Stellenwert von Begriffen und Sätzen. Mithilfe der Bilder können auch Zusammenhänge zwischen verschiedenen Ästen schülernah veranschaulicht werden.
Die Schulbuchseite zeigt die schrittweise Erstellung einer Mindmap am Beispiel des Tropischen Regenwaldes.

Lösung der Basisaufgabe

1 Übertrage die angefangene Mindmap zum Thema „Tropischer Regenwald" in dein Heft und gestalte sie weiter aus. (AFB II)
Individuelle Schülerlösung.

Medientipps

Buzan, Tony: Kopf-Training – Anleitung zum kreativen Denken. München: Goldmann 1993

Wilhelmi, Volker: Mind Maps – eine strukturierende Lernhilfe. In: Geographie heute, Heft 224/2004: Leistung. Seelze: Friedrich Verlag 2004

Üben interaktiv: Mindmap (Online-Code 7tc9wg)

Die vielen Gesichter der Wüste

Kompetenzen

Die Schülerinnen und Schüler können …
- die Entstehung und flächenmäßige Ausdehnung der drei Wüstenformen beschreiben und erklären;
- Libyen topografisch erfassen;
- die Beschreibung von Bildern und das Zeichnen einer Kartenskizze trainieren;
- einen einfachen Versuch nach Anleitung durchführen und diesen weiterentwickeln.

Grundbegriffe

Wüste, Wüstenformen, Serir, Hamada, Erg, Wadi, Wendekreis

Sachinformationen

Die Wüstenfahrt von Tripolis über Ghadamis nach Ghat stellt den Raum der hier vorgestellten Wüsten-Doppelseite vor. Es wird dabei deutlich, dass Wüste nicht primär aus Sanddünen, sondern aus Steinen und Geröll besteht: ca. 70 % Hamada, 10 % Serir und 20 % Erg. Die Tagesroute entlang der drei Wüstentypen wird erfahren, auch könnte dies aus der Sicht eines Autoreifens schülernah erzählt werden. Die hervorgehobenen Fachbegriffe bzw. die in der Marginalspalte definierten Wüstentypen sollten Lernstoff sein.

Hinweise zum Unterricht

Diese Stunde ist prädestiniert für ein sich entwickelndes farbiges Tafelbild, das die drei Wüstenformen in ihrer Genese aufnimmt.

Hinweise zu den Materialien

Die Reihenfolge der Aufgaben ist sehr bewusst gewählt: Zuerst soll möglichst der Versuch bearbeitet werden (zusammen mit veranschaulichenden Bildern), um – von ihm ausgehend – die Dünenbildung besser erklären und verstehen zu können. Zudem hat der Versuch mit seiner prozessorientieren Variante (s. u.) einen höheren Zeitanspruch; ein Einsatz am Ende der Stunde hätte nur noch bestätigenden Charakter und damit weniger Ertrag.

Lösung der Basisaufgaben

1 Versuch zur Dünenbildung
a) Führe den Versuch durch. **(AFB I)**
   genaue Versuchsdurchführung nach Anleitung (Material 3), noch ohne Protokoll
b) Wie könnte eine Dünenwanderung gestoppt werden? Entwickelt dazu selbst einen weiteren Versuch. **(AFB III)**
   Ein Hindernis muss eingebaut werden; z. B. kleine Stöckchen stoppen die Dünenwanderung.

2 Die Wüstenformen:
a) Beschreibe die Fotos und ordne sie den Wüstenformen zu. **(AFB I)**
   linkes Bild: Felswüste mit stark verwittertem Fels, dazwischen Schutt und Sand – Hamada
   mittleres Bild: Kieswüste mit weiter Ebene mit ausgeblasenem Sand – Serir
   rechtes Bild: Sandwüste mit aufgewehten Dünen – Erg
b) Erkläre die Unterschiede. **(AFB II)**
   Physikalische Verwitterung (extreme Temperaturunterschiede, Frostsprengung, Insolation) zerkleinert die Felsen. Durch Winderosion werden die Teilchen unterschiedlich weit – je nach Größe und Gewicht – verfrachtet; auch kann hier Wassertransport hinzukommen und die Teilchen runden. Wassererosion spielt v. a. in Wadis eine große Rolle.

3 Beschreibe mithilfe deines Atlas die Verbreitung der Wüstengebiete der Erde. **(AFB I)**
   Es fallen mehrere Schwerpunkte auf. Da sind zum einen die großen Wüsten im Bereich der Wendekreise (Tropen und Subtropen) zu nennen (z. B. Sahara). Weiterhin gibt es auch im Inneren der Kontinente der gemäßigten Zone Wüsten (z. B. Wüste Gobi). Schließlich gibt es noch Wüsten, die sich als schmale Küstenwüsten an den Westseiten der Kontinente finden lassen (z. B. Wüste Atacama).

Anwendungsaufgabe

4 Die Wüstentour
a) Zeichne eine Kartenskizze von Libyen mit den Wüstenformen und trage den Weg der Reisenden ein. **(AFB II)**
   Individuelle Zeichnung, entweder abpausen oder möglichst genau – mit hartem spitzem Bleistift – abzeichnen.
b) Stelle dar, welche klimatischen Herausforderungen zu bestehen sind. **(AFB II)**
   Es ist am Tag extrem trocken und heiß, ohne Schatten. Zur Nacht kann es stark abkühlen. Innerhalb kurzer Zeit können Starkregen aufkommen. Der Niederschlag kann kaum versickern und füllt die Wadis schnell auf, die dann zu reißenden Strömen werden. Diese Bedingungen bedeuten für eine Expedition größte Herausforderungen an die Menschen und das Material.

Tipp

Versuch (Material 3): Im Sinne des prozessorientierten Unterrichtens können den Schülerinnen und Schülern einige Gegenstände zur Auswahl bereitgelegt werden, die Impulscharakter haben und bei Bedarf auch eingesetzt werden könnten (Stöcke, Bleistifte, Stroh, Pappkarton …).

Medientipp

Hörtipp: Unterwegs in der Wüste (Online-Code v7kn5u)

Vorschlag für die Hausaufgabe

Beschreibe eine Reise durch die Wüste aus der Sicht eines Autoreifens. Du kannst die Geschichte im Schulbuch und die Karte zu Hilfe nehmen. Die Begriffe Serir, Erg und Hamada sollten Verwendung finden. Wenn du magst, kannst du ein Bild dazu anfertigen. Beginne z. B. wie folgt: „Meine Fahrt beginnt in Tripolis. Ich rolle gemütlich über eine ebene Teerdecke. Doch halt, was war das? Vor mir endet die Straße. Beim Verlassen spüre ich einen festen Schlag …"

Unterrichtsvorschlag

Unterrichtsphase	Inhaltlicher Schwerpunkt	Methodisches Vorgehen / Sozialform	Medien / Materialien
Einstieg	Fahrt durch die Wüste	UG: Beobachtung der Landschaftsveränderungen, Hypothesenbildung	SB S. 110/111, M 1
Erarbeitung I	Dünenbildung	GA: Versuch	SB S. 110/111, Aufg. 1a, M 3, Materialien nach Anleitung
Ergebnissicherung I	Dünenbildung Wüstenformen	UG: Vergleich der Schülerversuche, Diskussion und Interpretation, Tafelbild mit den drei Wüstenformen	Versuch, Tafel/Heft SB S. 110/111, Aufg. 2
Erarbeitung II	Dünenwanderung stoppen – aber wie?	GA: Weiterentwicklung des Versuchs	SB S. 110/111, Aufg. 1b, M 3
Ergebnissicherung II	Dünenwanderung stoppen – aber wie?	GA: Vergleich/Präsentation/Diskussion	Ergänzung des Tafelbildes/Heft
Ausblick/weitere Möglichkeiten	topografische Vertiefung	UG/ EA	SB S. 110/111, Aufg. 3, 4

Ein Nashorn in der Wüste?

Kompetenzen

Die Schülerinnen und Schüler können …
- das typische Wüstenklima mit seinen exogenen Kräften beschreiben;
- das Klima vor 10 000 Jahren mit seinen Folgen für Tier und Mensch beschreiben;
- eigene Vorstellungen entwickeln und präsentieren;
- miteinander diskutieren und Ergebnisse präsentieren;
- nach eigenen Interessen Arbeitsschwerpunkte auswählen.

Sachinformation

Noch vor 10 000 Jahren blühte in der libyschen Wüste ein savannenähnliches Leben. Davon zeugen die bislang kaum beachteten Felszeichnungen (im Acacus-Gebirge) und Felsgravuren (Wadi Mathendous). Ursache der Wüstenbildung in der Sahara war die allmähliche Abnahme der sommerlichen Sonneneinstrahlung auf der Nordhalbkugel. Damit ist klar, dass der Mensch nicht die Hauptschuld an der Wüstenbildung in Nordafrika trägt. Der aktuelle Klimawandel kann für diese Region insofern interessant werden, als u. U. eine Nordverschiebung der Klimazonen stattfinden wird und so wieder mit mehr Niederschlag zu rechnen wäre. Damit könnte sich unter Umständen langfristig ein Landschaftswandel wieder zurück zu Savannenlandschaft vollziehen (Grafik 3).

Hinweise zum Unterricht

Diese Differenzierungs-Doppelseite fordert die Schülerinnen und Schüler auf, nach ihrem Interesse den Schwerpunkt der ersten Erarbeitungsphase auszuwählen: Entweder die Situation der Vergangenheit vor 10 000 Jahren oder die heutige bzw. zukünftige Situation genauer zu verfolgen. Gemeinsam präsentieren die Schülerinnen und Schüler sich dann ihre Ergebnisse und diskutieren mögliche Landschaftsveränderungen.
Hier lässt sich auch ein interessanter Perspektivwechsel beschreiben: Wie haben die Ureinwohner gelebt? Wo findet man dieses Leben heute (Savannen)? Und auch: Wie wird in 100 Jahren das Leben dort aussehen?

Lösung der Basisaufgaben

1 Vor 10 000 Jahren:
a) Beschreibe Klima und Leben der Ureinwohner in der Sahara. (AFB I)
Genaue Bildbeobachtung der Fotos 1 und 2. Landwirtschaft in der Art der heutigen Feuchtsavannen, Jagd auf wilde Tiere etc. Auch Grafik 3 kann helfen, indem die Landschaftstypen verglichen werden können.
b) Sammle dazu zusätzliche Informationen. Recherchiere in der Schulbibliothek und im Internet. (AFB II)
Individuelle Schülerlösung; Infos sind in Geschichtsbüchern (Vor- und Frühgeschichte) und über Internetsuche zu erreichen.
c) Zeichne ein Bild aus deiner Vorstellung dazu. (AFB II/III)
Individuelle Schülerlösung; freie Fantasie, allerdings sollte die Zeichnung (Savannenfauna und –flora) begründet sein.

2 Heute/in 100 Jahren
a) Vergleiche die Klimawerte von Ghadamis und Saarbrücken. (AFB II)
In Ghadamis sinkt die Temperatur nie unter den Gefrierpunkt, die mittleren Julitemperaturen liegen um ca. 20 Grad höher als in Saarbrücken, die durchschnittliche Jahrestemperatur von Ghadamis ist mehr als doppelt so hoch (Diagramm 4).
Die starken Temperaturschwankungen zwischen Tag und Nacht können bis zu 30 Grad ausmachen, was zu einer extremen Beanspruchung der Gesteine führt, mit der Folge von Sprüngen; diese sind v. a. mit der hohen Sonneneinstrahlung und der nächtlichen Auskühlung zu erklären.
b) Beschreibe das Leben in der Sahara. Sammle dazu zusätzliche Informationen. Recherchiere diese im Internet. (AFB II)
Hier kann auf die vorherige Doppelseite zurückgegriffen werden, indem die verschiedenen Wüstenformen beschrieben werden und diese mit zusätzlichen Informationen (Vorstellungen, Vorwissen, Internetrecherche) kombiniert werden. Es muss klar werden, dass das Wüstenleben an die extremen klimatischen Bedingungen angepasst ist.
c) Zeichne ein Bild aus deiner Vorstellung dazu. (AFB II/III)
Hier sollte der Fantasie freier Raum gegeben werden; die Darstellungen sollten aber begründet werden.

Gemeinsame Aufgabe

3 Stellt euch gegenseitig eure Bilder vor. Vergleicht dabei insbesondere Klima sowie Landschaft und diskutiert die Ergebnisse. (AFB II)

Die Vorstellung kann in Partner- oder Gruppenarbeit oder auch vorn an Tafel oder Whiteboard erfolgen. Die Diskussion sollte mit fachlichen Begründungen (z. B. über das Klimadiagramm, Zusatzinformationen) erfolgen. Grafik 3 könnte auch aufgelegt werden; auf dieser Abbildung können die Landschaftsveränderungen gut aufgezeigt und erklärt werden.

Vorschlag für Zusatzaufgabe

4 Welche Expeditionskleidung würdest du in die Sahara mitnehmen? Begründe deine Ausführungen.

warmer Schlafsack, warme Kleidung für den Abend, leichte Baumwollhemden und -hosen (langärmelig), Sonnenhut, Sonnencreme und -brille, drei Liter Wasser für jeden Tag

Unterrichtsvorschlag

Unterrichtsphase	Inhaltlicher Schwerpunkt	Methodisches Vorgehen / Sozialform	Medien / Materialien
Einstieg	Ein Nashorn in der Wüste?	UG: Hypothesenbildung, Transfer zu heute	SB S. 112/113, M1–3, Savannenbilder
Erarbeitung I	Vor 10 000 Jahren – und in 100 Jahren?	EA: Erarbeitung nach Interessen	SB S. 112/113, Aufg. 1 oder 2
Ergebnissicherung I	Vor 10 000 Jahren – und in 100 Jahren?	EA: Zeichnung eines Bildes und Präsentation	SB S. 112/113, Aufg. 1c oder 2c
Erarbeitung II	Vor 10 000 Jahren – und in 100 Jahren?	PA	SB S. 112/113, Aufg. 3, M 3
Ergebnissicherung II	Diskussion und Präsentation	PA/GA	
Erarbeitung III/ Vertiefung	Zusatzaufgabe zu Expeditionskleidung	EA/PA	

3

Wie Nomaden in der Wüste leben

Kompetenzen

Die Schülerinnen und Schüler können …
- die verschiedenen Aspekte des Wüstenlebens (Siedlungsgeschichte, Oase, Tourismus, Wohnen …) beschreiben;
- den Alltag von Achmed mit dem eigenen vergleichen;
- besondere eigene Interessen und Bedürfnisse beschreiben und vergleichend bewerten.

Grundbegriffe

Nomaden, Oasen

Sachinformationen

Das Wort Tuareg ist arabischen Ursprungs und bedeutet „Bewohner der Targa" (alter Ortsname für ein Tal). Die Tuareg bezeichnen sich selbst nicht so, sondern nach ihrer Sprache als Kel Tamasheq. Die Tuareg sind ein zu den Berbern zählendes Volk im nordwestlichen Afrika, das sich im ersten Jahrhundert vor Christus in der Sahara ausbreitete und später bis in die Sahelzone vordrang. Im 19. Jahrhundert eroberten sie Teile des Niger. Sie leisteten Widerstand gegen die französische Kolonialmacht und schlossen 1917 schließlich einen Friedensvertrag mit Frankreich. Die meisten Tuareg sind nomadische Viehzüchter, daneben gibt es traditionell noch Schmiede, Kamelzüchter und Karawanenführer. Sie sind mehrheitlich Muslime und leben teilweise noch immer in einer Gesellschaft, die hierarchisch zwischen den herrschenden Adeligen und den statustiefen Vasallen (früher auch Sklaven aus Schwarzafrika) aufgebaut ist. Der Lebensraum der Tuareg befindet sich im Gebiet der heutigen Staaten Mali, Algerien, Niger, Libyen, Mauretanien, Burkina Faso und Nigeria. Sie zählen etwa eine Million Menschen. Sie werden auch das „blaue Volk" genannt, da sie ihre Kleidung traditionell mit Indigo färben. In den letzten Jahren kam es immer wieder zu Aufständen der Tuareg, die sich dabei behindert fühlten, ihre traditionelle nomadische Lebensweise fortzuführen. 2013 kam es zu einer vorübergehenden Teilung von Mali nach einem Aufstand. Auch stellt die voranschreitende Islamisierung der Region ein durchaus auch globales Problem dar, da hier Rückzugszonen islamistischer Terrororganisationen vermutet werden. Die Ländergrenzen sind z.T. mittlerweile vermint und können von den Tuareg nicht mehr einfach passiert werden. Das betrifft v.a. auch die alten Salzkarawanen und andere Handelswege. Die Tuareg haben verbreitet Sonderrechte bei der Zugehörigkeit zu Staaten, werden aber zunehmend gezwungen, ein sesshaftes Leben zu führen.

Hinweise zum Unterricht

Die Veranschaulichung des Tagesablaufs eines Kindes steht im Mittelpunkt, dabei soll auf die Lebenssituation in diesem Raum aufmerksam gemacht werden. Bei den Schülerinnen und Schülern soll die Neugier geweckt werden, mehr über den Jungen Achmed vom Stamme der Tuareg-Nomaden zu erfahren.
Zunächst geht es um eine Schilderung der besonderen Lebensbedingungen in diesem Raum. Zur Erarbeitung der natürlichen Besonderheiten der Wüsten sowie der Wohnsituation, der Versorgungslage und vor allem auch der Schulbedingungen können der Text und ergänzend die abgestimmten Fotos genutzt werden. Die konkreten Aufgaben 1a – c nehmen das Medium Brief in den Mittelpunkt, sodass die Schülerinnen und Schüler sich in bestimmte Rollen hineindenken müssen. Ein Vergleich zum eigenen Leben soll hergestellt werden.
In der Vertiefung soll dann der expandierende Wüstentourismus im Mittelpunkt stehen; eine kritische Bewertung der stereotypen Vorstellungen über Wüstenbilder soll mit den Schülerinnen und Schülern geleistet werden.

Tafelbild

Bei Bedarf kann eine topografische Skizze an der Tafel entwickelt werden: Lebensraum der Tuareg, Ländergrenzen der Sahelregion, u.U. Unruhegebiete, Einzeichnen der vorgeschlagenen eigenen Reisevorschläge.

Lösung der Basisaufgaben

1 Achmeds Leben – ein Briefwechsel
Erstelle zusammen mit einem Partner einen Briefwechsel zu Achmeds Leben. Berücksichtigt die Themen Wohnung, Bekleidung, Ernährung, Schule und Natur. Sprecht darüber hinaus von euren Zukunftsträumen. **(AFB II/III)**
a) Partner A: Beschreibe in einem Brief den Alltag aus der Sicht von Achmed.
   Individuelle Schülerlösung.
b) Partner B: Beschreibe in einem Brief deinen eigenen Alltag.
   Individuelle Schülerlösung.
c) Vergleicht gemeinsam die Briefe und diskutiert dabei folgende Fragen: Worauf könntet ihr verzichten? Was ist euch besonders wichtig?
   Ortswechsel: Was würde euch besonders interessieren, wenn ihr für zwei Wochen die Rollen tauschen könntet?
   Wie könnte eine zufriedene Zukunft für euch beide aussehen?
   Auch hier sind individuelle Antworten gefordert. Wichtig sind dabei die Diskussion bzw. Klärung: Was heißt „zufriedene Zukunft" eigentlich? Insgesamt kann durchaus auch der Lebensstandard unserer Gesellschaft mit den Schülern im Vergleich zu Achmeds Möglichkeiten kritisch beurteilt werden. Vielen Schülerinnen und Schülern fällt unsere teilweise „Übersättigung" nämlich peinlich auf, wenn sie diese im Brief an Achmed schildern sollen.

Anwendungsaufgabe

2 Wüstentourismus
Untersuche das Angebot des Reisebüros (Text 7) kritisch.
a) Welches Wüstenbild wird vermittelt? Diskutiere. **(AFB III)**
   Es wird das Bild eines unbeschwerten Abenteuerlebens in der Wüste vermittelt. Die Wüstenvölker werden pauschalisiert und somit gleichgestellt, ohne sie überhaupt zu kennen. Die Wüste besteht aus Sand (Erg) und nachts sieht man einen ausgeprägten Sternenhimmel. Die aktuellen Probleme, Veränderungen oder auch Unruhen werden nicht erwähnt.
b) Entwirf einen eigenen Reisevorschlag und begründe das Programm. **(AFB III)**
   Individuelle Schülerlösung. Wichtige Element sind Atlasarbeit und Präsentation vorn an der Wandkarte oder am Whiteboard. Dazu könnten u. U. auch Reisewarnungen vom Außenministerium mit einbezogen und diskutiert werden.
c) Vergleicht weitere Angebote von Reisebüros miteinander. **(AFB II)**
   Individuelle Schülerlösung. Wichtig wäre hier ein Vergleich von Reiseprospekten und eine anschließende Präsentation des Ergebnisses z. B. über Poster. Der Schwerpunkt des Vergleichs ist das vermittelte Bild der Einwohner.

Medientipps

Üben interaktiv: Nomaden (Online-Code v4z9dj)
Lernen im Netz: Das Kamel (Online-Code sf2cw7)

Unterrichtsvorschlag

Unterrichtsphase	Inhaltlicher Schwerpunkt	Methodisches Vorgehen / Sozialform	Medien / Materialien
Einstieg	Aktuelle Meldungen aus einem Sahelland	UG	Zeitung, Fernsehen
Erarbeitung I	Achmeds Leben – ein Briefwechsel	aPA	SB S. 114/115, Aufg. 1a, b
Ergebnissicherung I	Achmeds Leben – ein Briefwechsel	PA: gemeinsame Präsentation	SB S. 114/115, Aufg. 1a, b
Vertiefung I	„Zufriedene Zukunft" – was heißt das für Achmed und für uns?	UG: Diskussion	SB S. 114/115, Aufg. 1c
Vertiefung II	Wüstentourismus	UG/PA/GA: kritische Beurteilung des Angebots parallel: Anlage einer Tafelskizze zur Topografie der Sahelstaaten, Tuareggebiet, Reisevorschläge etc.	SB S. 114/115, Aufg. 2

Grüne Inseln in der Wüste

Kompetenzen

Die Schülerinnen und Schüler können …
- Profil und Funktionsweise der vorgestellten Oasentypen beschreiben;
- die existenzielle Bedeutung des Wassers für das Oasenleben erläutern;
- die besondere Bedeutung der Dattelpalme erklären;
- den Versuch zum artesischen Brunnen durchführen und auswerten.

Grundbegriffe

Oasen, artesischer Brunnen

Sachinformationen

Mit einer Oase wird landläufig die Vorstellung von paradiesischen Palmen an einer Wasserstelle, die der lebensfeindlichen Hitze und Sand trotzt, verbunden. Oasen sind nichts anderes als fruchtbare Stellen in der Wüste, an denen Pflanzen im Boden genügend Wasser finden, um zu wachsen; doch um zusätzlich dem Menschen das Leben in einer Oase zu ermöglichen, muss immer wieder hart gearbeitet werden.

Durch die europäischen Forschungsreisen im 19. Jahrhundert gewann man erste Erkenntnisse von diesen faszinierenden Lebensinseln in der Wüste. Sesshafte Oasenbauern, die Landwirtschaft in traditioneller Form betrieben, und Nomaden nutzten die Oasen nachhaltig. Manche entwickelten sich zu großen Kultur- und Handelszentren, die ganze Wüstenregionen versorgten. In den Oasen bildeten sich Lebensgemeinschaften, die optimale Anpassungsformen an ungünstige Klimabedingungen entwickelten. Die traditionellen Organisationssysteme, wie die kunstvollen Bewässerungssysteme und die kollektive Nutzung der Wasservorräte, zeigten die Oasenwirtschaft als optimale Anpassungsform an eine unwirtliche Umwelt.

Oasen sind gekennzeichnet durch ihre Lage in ariden Gebieten in einem weitgehend unbesiedelten Umland. Voraussetzung ist nutzbares Wasser, das in einem eng begrenzten Raum den Anbau von Kulturpflanzen mithilfe von Bewässerung ermöglicht. Der Dattelpalme kommt dabei eine dominante Stellung zu. Sie kann bis zu 200 Jahre alt werden. Extreme Temperaturen von mehr als 50 Grad Celsius machen ihr nichts aus.

Hinweise zum Unterricht

Im Sinne des Einstiegstyps „Originaler Gegenstand" können getrocknete Datteln, eventuell durch ein Foto ergänzt, den Schülerinnen und Schülern zum Probieren mitgebracht werden. Über die Beschreibung und das Formulieren von Leitfragen kann zur Erarbeitung des Vorkommens und Nutzungsmöglichkeiten der Datteln übergeleitet werden.

Hinweise zu den Materialien

Versuch 6: Es ist wichtig, hier einen transparenten und vor allem sehr flexiblen Schlauch zu verwenden, der sich gut über die Trichterenden ziehen lässt und leicht vom Nagel durchstochen werden kann.

Lösung der Basisaufgaben

1 Man kann Oasen nach der Art des Wasservorkommens einteilen. Beschreibe die Zeichnungen 2 und 3 und erkläre Paul, … **(AFB I/II)**

Hier sollen anhand der Grafiken die Oasentypen vergleichend beschrieben werden.

a) woher das Wasser kommt und

In Oasen mit Oberflächenwasser wie z. B. einer Flussoase durchfließt ein sogenannter Fremdlingsfluss die Wüste. Das Wasser wird über z. T. sehr große Entfernungen aus niederschlagsreichen Gebieten transportiert.

In Grundwasseroasen sammelt sich das Wasser auf einer wasserundurchlässigen Schicht. Fallen Niederschläge im Gebirge, versickert das Wasser, bis es auf diese Schicht trifft. Es fließt dann unterirdisch zum niedrigsten Punkt. Dort, wo das Grundwasser nahe unter dem Wüstenboden ansteht, kann es durch Brunnen angezapft werden.

b) wie es genutzt werden kann. (Beachte auch die Lage von Siedlungen und Anbauflächen.)

Das in den Oasen vorhandene Wasser dient der Landwirtschaft (sogenannte Oasenwirtschaft). Auf den Grafiken ist zu erkennen, dass die Gärten sehr zentral um die Wasserstellen liegen. Die Siedlungen liegen außerhalb der fruchtbaren (bewässerten) Gebiete. So geht keine landwirtschaftliche Nutzfläche verloren.

Anwendungsaufgabe

2 Artesischer Brunnen: **(AFB II)**

a) Führe den Versuch 6 durch.

Durch den Versuch wird deutlich, wie eine Grundwasseroase entsteht.

b) Erläutere, wofür das Material des Versuchs in der Natur steht.

Trichter	= Gebirge
Nagel	= anzubohrende Stelle
Kunststoffwanne	= Boden
Wasserschlauch	= wasserundurchlässige und -führende Schicht
Gießkanne	= Wolken
Wasser	= Niederschlag

c) Vergleiche deine Ergebnisse mit dem Foto 5.

Individuelle Schülerlösung.

Erweiterung

3 Beschreibe die Oase Tinerhir (Bild 4) und fertige eine Skizze der Oasenlandschaft an. **(AFB I)**

Individuelle Schülerlösung in Anlehnung an die Methode „Bilder beschreiben und erleben" auf S. 44/45.

4 Erläutere die Bedeutung der Oase für die Menschen in der Wüste. **(AFB II)**

Ohne Wasser wäre ein Leben in der Wüste nicht möglich. Die meisten zum Leben notwendigen Güter erzeugen die Oasenbauern traditionell selbst.

An vielen Stellen in der Wüste ist der Boden sehr fruchtbar. Neben Licht und Wärme benötigen die Pflanzen zum Wachsen jedoch auch genügend Wasser. Wenn also der Boden ausreichend und regelmäßig bewässert wird, entstehen gute Voraussetzungen für den Anbau verschiedener Nutzpflanzen.

Medientipp

Lernen im Netz: Alleskönner Dattelpalme
(Online-Code s3n8mm)

Unterrichtsvorschlag

Unterrichtsphase	Inhaltlicher Schwerpunkt	Methodisches Vorgehen / Sozialform	Medien / Materialien
Einstieg	„Grüne Inseln in der Wüste?" alternativ: „Wie kommt das Wasser in die Wüste?"	UG	SB S. 116/117, M 4, 5 und 7
Erarbeitung I	Verschiedene Oasentypen Bedeutung der Oase für die Menschen in der Wüste	EA oder PA	SB S. 116/117, Aufg. 1 (Basis) sowie 3 und 4 (Erweiterung)
Sicherung I	Verschiedene Oasentypen Bedeutung der Oase für die Menschen in der Wüste	UG: Vergleich der Ergebnisse	
Erarbeitung II	Funktionsweise eines artesischen Brunnens	Schüler- oder Lehrerversuch	SB S. 116/117, Aufg. 2

Oasen im Wandel

Kompetenzen

Die Schülerinnen und Schüler können …
- den tief greifenden Wandel der Oasen in den letzten Jahrzehnten beschreiben und begründen;
- intensive Landwirtschaft und Erdölförderung in der Wüste beschreiben;
- die zentrale Bedeutung der Wasservorräte und ihre Endlichkeit erkennen;
- die Veränderungen im Leben der Menschen (Arbeit, Versorgung, Infrastruktur) nennen und mithilfe einer Mindmap erklären;
- Oasenstädte und Erdölfelder in der algerischen und libyschen Sahara lokalisieren.

Grundbegriffe

Wüste, Oase

Sachinformationen

Die Oasen sind entscheidenden Veränderungen unterworfen: Die Siedlungen werden durch (oft zwangsweisen) Zuzug von Nomaden größer, die wirtschaftlichen Tätigkeiten werden zunehmend diversifiziert und v.a. die agrarische Produktion wird dramatisch intensiviert. Der sog. „Arabische Frühling" könnte im Falle einer Stabilisierung der Sicherheitslage ein Wachstum des Tourismus zur Folge haben, allerdings kann dies aus heutiger Sicht nur vermutet werden. Libyen z.B. erlebte nach dem Umsturz des diktatorischen Regimes eine Phase extremer Instabilität und Gewalt.

Als 8. Weltwunder wird der „große künstliche Fluss" bezeichnet, der die Landwirtschaft in der libyschen Wüste mit Wasser versorgt. Seit 1984 transportiert ein 4 000 km langes unterirdisches Röhrensystem (Durchmesser von 4 m) Wasser vom Kufra-Becken hin zu den neuen Anbauflächen im Land, aber vor allem auch zu den Großstädten des Nordens. Dabei werden fossile, also nicht erneuerbare Wasservorräte in 450 m Tiefe angezapft, die – bei gleich bleibender Nutzung – schätzungsweise nur noch 30–40 Jahre fließen. Damit werden z.B. Kufra und Murzuk vorübergehend zu einer Kornkammer, jedoch sinkt auch der Grundwasserspiegel ständig. Natürliche Oasen werden so zerstört und das Wasser wird von den gigantischen Bewässerungskarussellen ineffektiv genutzt: Zwei Drittel der Berieselung verdunsten bei einer Außentemperatur von ca. 50 Grad Celsius, ehe sie den Boden erreicht haben.

Die Erdölgewinnung und der Verkauf hatten Libyen in den vergangenen Jahrzehnten zu einem der reichsten Länder Afrikas gemacht. Traditioneller Tauschhandel und Selbstversorgung der Bevölkerung werden mit diesen Entwicklungen stark zurückgedrängt.

Hinweise zum Unterricht

Oasen haben schon immer hohen Motivationscharakter bei Schülerinnen und Schülern, sie sind umwoben von Geschichten, die bereits seit dem Kindergarten bekannt sind.

Als Einstieg bietet sich ein Tafelbild an, das eine klassische Oase zeigt (Wiederholung der vorherigen Stunde). Diesem klassischen Oasenbild können Fotos von heute gegenübergestellt werden. Der Vorstellung, dass Oasen kleine ländliche Siedlungen sind, kann auch entgegengewirkt werden, indem das Bild einer Oasenstadt gezeigt wird. Diese Gegenüberstellung stellt die lohnenden Fragen der Stunde: Wo sind die Oasengärten geblieben, wo ist der Wochenmarkt und wo sind vor allem die Kamele und Dattelpalmen?

Die Doppelseite differenziert nach Schülerinteresse: Entweder wird mit einem Schaubild (anschaulich) oder mit dem Text (abstrakt) gearbeitet.

Tafelbild

Entwurf eines Stadtplans der Oase mit Legende, in welchen die Veränderungen gut eingetragen werden können.

Lösung der Basisaufgaben

1 Arbeite mit dem Schaubild 5.

a) Beschreibe das Schema aus der Sicht einer alten Einwohnerin. **(AFB II)**

Mögliche Antworten: Hier wird v.a. die alte Siedlung mit der Moschee und den Oasengärten sowie die Veränderung beschrieben, alles neue wie z.B. das Bewässerungsland oder die Freizeitflächen ist möglicherweise für die alte Einwohnerin kaum zu fassen und zu verstehen.

b) Erkläre die nicht beschrifteten Teile. **(AFB II)**

Der Lkw bringt Wasser und Lebensmittel über eine neue Straße, Busse bringen Touristen zu den Sport- und Freizeitflächen, die hellbraunen Flächen könnten Neubaugebiete sein mit Einwohnern, die z.B. auf Raffinerien arbeiten (Pendler).

c) Entwirf eine Tabelle, in der du die traditionelle und die moderne Oase nach Bevölkerung, Arbeitsplätzen, Verkehrsanbindung und weiteren Merkmalen vergleichst. **(AFB II)**

traditionelle Oase	moderne Oase
abnehmende Bevölkerung, Überalterung	Bevölkerungszunahme, junge Menschen
weniger Arbeitsplätze, Tourismus?	neue Arbeitsplätze, z.B. Raffinerie, Tourismus
schlechte Anbindung, mit dem Auto nicht erreichbar, zu eng	neue Straßen führen direkt hin, Autoparkplätze
Bedeutungsverlust des Marktes, Oasengärten sterben	Großhändler, Lkw-Anlieferung

2 Arbeite mit den Texten.

a) Die Lebensverhältnisse der Menschen haben sich sehr verändert. Entwirf eine Mindmap, die diese Entwicklungen aufzeigt. **(AFB II)**

Entwurf einer Mindmap mit Bildern zu den Hauptästen: Wohnen, Arbeiten, Erreichbarkeit, Freizeit.... Hervorragend geeignet, um auch die Abhängigkeiten und Bezüge zwischen den Aspekten aufzuzeigen. Man kann daraus – mit beschrifteten Pfeilen versehen – auch eine Conceptmap entwickeln.

b) Schreibe einen kurzen Zeitungsartikel darüber und überlege dir eine treffende Überschrift. **(AFB II)**

Individuelle Schülerlösung: Hier kann aber – auch gerade bei der Besprechung – das dritte oder sogar vierte Raumkonzept umgesetzt werden (Wie empfinden die Betroffenen die Veränderungen? Wie wird für diese Oase in der Zeitung geworben?)

Gemeinsame Aufgabe

3 Arbeitet mit dem Atlas:

a) Findet heraus, in welche großen Städte die Bewohner aus den Oasen der algerischen und libyschen Sahara gewandert sein können. **(AFB II)**

z. B. Tripolis, Bengasi, Al-Khums, Misurata, Algier, Oran

b) Lokalisiert wichtige Erdölfelder in der Sahara. **(AFB I)**

Erdölfelder in Nordlibyen: z. B. Qued Tahara, Harnada, Waha, Serir; Erdölfelder in Algerien: z. B. In Amenas, Ohanet, Hassi Messaoud

Unterrichtsvorschlag

Unterrichtsphase	Inhaltlicher Schwerpunkt	Methodisches Vorgehen / Sozialform	Medien / Materialien
Einstieg	Klassische Oase versus moderne Oase	UG	SB S. 116/117, M 4, 5, 7; SB S. 118/119, M 1–4
Erarbeitung I	Oasen im Wandel	EA: nach Interesse	SB S. 118/119, Aufg. 1 oder 2
Ergebnissicherung I	Oasen im Wandel	EA/PA: Präsentation	
Erarbeitung II	Oasen im Wandel	PA	SB S. 118/119, Aufg. 3 Atlas, Wandkarte
Vertiefung	Veränderungen in der Oase	UG: Diskussion und Beurteilung; Überschrift für die Stunde?	

Leben in den Polargebieten: Nunavut

Kompetenzen

Die Schülerinnen und Schüler können …
- die früheren Lebensweisen der Inuit und ihre Veränderungen beschreiben;
- die Lage von Nunavut verorten;
- das Leben eines Inuit mit dem eigenen vergleichen und die Bedingungen beurteilen.

Grundbegriff

Polarkreis

Sachinformationen

Es gilt heute als gesichert, dass die Inuit ca. 3 000 v.Chr. über die Beringstraße nach Alaska einwanderten. Etwa 1000 n. Chr. erfolgte eine erneute Wanderung über Kanada nach Grönland. In Grönland leben heute ca 45 000 Inuit, in Alaska und Kanada je ca. 32 000 und einige Tausend in Sibirien. Trotz großer räumlicher Entfernungen zwischen den einzelnen Bevölkerungsgruppen weisen die Inuitvölker fast überall eine ähnliche Kultur und Sprache auf. Die Inuit jagten bis Mitte des 20. Jahrhunderts Robben, Walrosse, Wale, Eisbären und Karibus. Das Töten der Tiere und das Zerlegen der Beute erfolgte nach strengen Riten. Jagen gingen die Männer, um Kleidung und Weiterverarbeitung der Jagdbeute kümmerten sich die Frauen. Die nomadische Lebensweise war begründet im Verfolgen der Beutetiere, bei ausreichenden Jagdwildvorkommen waren sie aber auch ortsfest. Sie lebten in Familiengruppen in Behausungen, die je nach verfügbarem Material aus Stein, Treibholz, Walknochen und Grassoden erbaut wurden. Im Sommer dienten luftige Zelte als Unterkünfte, das Iglu wurde nur auf Reisen angelegt. Sie bewegten sich in Kajaks und Hundeschlitten fort, im Sommer dienten die Schlittenhunde als Tragetiere. Nicht zuletzt, weil viele Schlittenhunde der Tollwut zum Opfer fielen, stiegen die Inuit auf Motorschlitten und Motorboote um.

Seit dem 2. Weltkrieg ist die Inuitkultur einem weitgehenden Wandel unterworfen. Nach Walfängern und Pelzhändlern kamen multinationale Konzerne auf der Suche nach Erdöl, Erdgas, Uran, Blei und Zink und bedingten tief greifende Veränderungen. Die Menschen wurden sesshaft, die meisten bewohnen heute Häuser im Einheitsstil der Regierungssiedlungen für Ureinwohner. Die Jagd wurde durch internationale Schutzmaßnahmen stark eingeschränkt, der Handel mit Fellen und Elfenbein kam aufgrund von Einfuhrsperren in vielen Staaten zum Erliegen. Eine weitere Ursache des Niedergangs der Jagd ist die mit der Klimaerwärmung einhergehende Nordwanderung der arktischen Tierwelt und die Ausbreitung von Krankheiten unter den Tieren, hervorgerufen durch Parasiten.

Kanadisches Territorium Nunavut:

Im Jahr 1999 trat ein Autonomieabkommen in Kraft und das größte und jüngste kanadische Territorium, Nunavut, wurde im Norden der Provinz Manitoba begründet. Es umfasst neben dem Gebiet im Westen der Hudson Bay die Inseln zwischen Kanada und Grönland. Mit etwa 2 000 000 km² ist es ca. sechs Mal so groß wie Deutschland bei einer Bevölkerungszahl von ca. 32 000 kanadischen Inuit, das entspricht 1% der kanadischen Gesamtbevölkerung. Für das Recht auf Selbstverwaltung verzichteten die Inuit auf weitere Landforderungen und künftige Ansprüche auf territoriale Eigenstaatlichkeit.

Nach wie vor lebt über ein Viertel der Inuit in Nunavut von Sozialhilfe. Viele haben den rasanten Übergang von traditionellem Leben zum Leben in einem modernen Staatswesen noch nicht verkraftet. Sie empfinden es als „Leben zwischen zwei Welten". Zahlreiche Menschen flüchten auch in den Alkohol- und Drogenkonsum. Nach wie vor gibt es zu wenige Arbeitsplätze. Aufgrund mangelnder Qualifikation sind diese zudem nicht sehr anspruchsvoll und entsprechend schlecht bezahlt. Die Schaffung von Arbeitsplätzen und Schulen sowie der Ausbau der Infrastruktur sind die wichtigsten Aufgaben der Territorialregierung.

Nunavut besitzt bedeutende Vorkommen von Blei, Silber, Zink, Erdöl und Erdgas und verfügt damit über Entwicklungspotenziale, deren Auswirkungen auf die arktische Umwelt jedoch noch nicht abzusehen sind. In Zukunft soll verstärkt in die Tourismusbranche investiert werden, auch gewinnt die Inuitkunst eine immer größere wirtschaftliche Bedeutung.

Hinweise zum Unterricht

Es sollte unbedingt darauf geachtet werden, keine Vorurteile und stereotypen Bewertungen fremder Lebensweisen bei den Schülerinnen und Schülern zu verankern. Deshalb wurde auch darauf verzichtet, Alkohol- und Drogenkonsum, Perspektivlosigkeit und Armut als Schwerpunkt aufzunehmen. Sicher gibt es diese Probleme, aber sie stellen sich insgesamt differenzierter dar. Die Schülerinnen und Schüler kennen und nutzen sehr wohl Internet, Freizeitclubs, Discos und Einkaufscenter, diese sind allerdings oft weit entfernt und nur mit Schwierigkeiten erreichbar. Dafür gibt es andere Freizeitmöglichkeiten, die unsere Kinder gar nicht kennen und erst über sie erfahren müssen.

Der Klimawandel, der auf dieser Doppelseite nur angerissen wird, bewirkt im Übrigen sehr interessante Veränderungen im Leben der Inuit: Die Landwirtschaft breitet sich nach und nach aus, es wird darüber nachgedacht, Viehhaltung einzuführen, Kartoffeln werden bereits angebaut, sogar Erdbeeren stehen auf Versuchspflanzungen.

Lösung der Basisaufgaben

1 Partnerarbeit: „Das Leben von Levi hätte ich mir anders vorgestellt."

a) Wählt einen Schwerpunkt, den ihr besonders interessant findet, und stellt dazu die wichtigsten Informationen zusammen. **(AFB II)**

b) Präsentiert der Klasse euer Ergebnis. **(AFB II)**

c) Vergleicht die Lebensbedingungen mit euren und beurteilt sie. **(AFB III)**

Individuelle Schülerlösungen.

z. B.: Levi lebt mit seiner Familie in einem modernen Holzhaus – Iglus gibt es dafür nicht mehr. Diese werden nur noch selten genutzt, während der Jagd und als Attraktion für die Touristen. Freizeit: Levi darf seinen Vater manchmal bei der Jagd begleiten, dann fangen sie Fische, Enten und Karibus.

2 Arbeite mit der Karte 2: Welche Staaten grenzen an das Nordpolarmeer? **(AFB I)**

Russland, Norwegen, Kanada, Alaska (USA), Island, Grönland (Dänemark)

3 Stelle die Formen der Landnutzung auf Karte 2 in einer Tabelle zusammen. **(AFB I)**

Region	Landnutzung
Grönland und angrenzende Inseln	große Teile der Insel (v. a. Norden, Mitte und Osten) sind aufgrund der Vergletscherung nicht landwirtschaftlich nutzbar. An den Küsten ist saisonal allenfalls Jagd möglich. Im Südwesten und Westen gibt es Gebiete mit Tundrenvegetation. Hier könnten Siedlungen angelegt und Weidewirtschaft (z. B. Rentiere) betrieben werden. Ackerbau und Holzwirtschaft sind nicht möglich.
Nordostkanada (Region Nunavut)	Zu großen Teilen gibt es hier Tundrenvegetation. Ackerbau und Holzwirtschaft sind nicht möglich. Hier könnten aber Siedlungen angelegt und eingeschränkt Weidewirtschaft betrieben oder Jagd (z. B. auf Karibus, Robben) ausgeübt werden.

Anwendungsaufgabe

4 Reise durch das Nordpolargebiet:

a) Stelle eine interessante Reiseroute zusammen, auf der du möglichst viele Landschaften, Vegetationsformen und Tiere kennenlernst. **(AFB II)**

Individuelle Schülerlösung; hier sollte mit Karte 2 und thematischen Karten im Atlas oder auch einer entsprechenden Wandkarte gearbeitet werden.

b) Informiere dich über ein Tier aus den Polarregionen und bereite ein Kurzreferat dazu vor. **(AFB II)**

Individuelle Schülerlösung; z. B. Eisbär, Elch, Wal…

Medientipps

Hörtipp: Inuit (Online-Code t7r5wm)

Tourismusunternehmen haben in eigenen spezialisierten Katalogen die Polarregionen entdeckt (vergleiche hierzu auch die Seiten 170/171 „Extremtourismus im Eis")

Filme: Über das Internet sind aktuelle Kurzfilme zum Leben der Inuit erreichbar.

Unterrichtsvorschlag

Unterrichtsphase	Inhaltlicher Schwerpunkt	Methodisches Vorgehen / Sozialform	Medien / Materialien
Einstieg	Leben der Inuit heute	UG: aktuelle Bilder oder Filmsequenz	SB S. 120/121, M 1/ Film (Internet)
Erarbeitung I	Das Leben von Levi	PA	SB S. 120/121, Aufg. 1
Ergebnissicherung I	Das Leben von Levi	PA: Präsentation der Ergebnisse, Vergleich mit dem eigenem Leben	
Vertiefung I	topografische Verortung von Nunavut	LV	SB S. 120/121, M 2, Atlas
Ergebnissicherung II	topografische Verortung von Nunavut	EA: Kartenskizze	SB S. 120/121, Aufg. 2
Vertiefung II	Lebensbedingungen in Nunavut	UG: Diskussion und Vergleich	SB S. 120/121, Aufg. 3
Hausaufgabe	Reise durch das Nordpolargebiet	EA	SB S. 120/121, Aufg. 4

Arktis und Antarktis – ein Vergleich

Kompetenzen

Die Schülerinnen und Schüler können …
- die geographische Lage von Arktis und Antarktis beschreiben;
- unterschiedliche Merkmale von Arktis und Antarktis erkennen und nennen;
- unterschiedliche Meereis- und Landeisformen charakterisieren;
- die erarbeiteten Kenntnisse auf die Planung einer Reise transferieren.

Grundbegriffe

Arktis, Antarktis, Pol

Sachinformationen

Im engen klimatischen Sinne umfasst die Polarzone das Gebiet, in dem arktisches Klima herrscht. Dementsprechend hat das Südpolargebiet, die Antarktis, seine Grenze bei ca. 60 Grad S und das Nordpolargebiet, die Arktis, sehr unterschiedlich zwischen 60 Grad N (Labrador) und 72 Grad N (Skandinavien). Eine einfachere (mathematische) Definition der beiden Polargebiete bezeichnet die nördlich bzw. südlich der jeweiligen Polarkreise (66,5 Grad N/S) liegenden Gebiete.

Gemeinsamkeiten sind: arktisches Klima mit kalter Polarluft, geringe Niederschlagsmengen, Umlagerung von Schelfeis an den Küsten sowie von Treib- und Packeis sowie Eisbergen.

Aber es gibt auch unterschiedliche Merkmale bei Gestalt und Klima: Das Nordpolargebiet wird durch ein – bisher zumindest – zugefrorenes Meer gebildet, in dem es im Sommer eisfreie Gebiete gibt. Auf den angrenzenden Landflächen erstreckt sich die Tundra, die angepassten Tier- und Pflanzenarten einen sensiblen Lebensraum bietet. Dagegen besteht die Antarktis aus einem Kontinent, der allseitig von einem eisbedeckten Meer umgeben ist. Nur 2 % der Oberfläche sind eisfrei, die Eismassen sind bis zu 4 000 m mächtig. Die ganzjährige Eisbedeckung verhindert Bodenbildung und Pflanzenwuchs.

Die oben genannte aktuelle Klimaveränderung führt v.a. in der Arktis zu schnellen und starken Veränderungen des Lebensraums; die im Sommer nun frei werdenden und damit schiffbaren Nordost- und Südostpassagen werden zunehmend als globale Handelsrouten genutzt. Zudem sind Plattformen für die Erdöl- und Erdgassuche im Bau bzw. geplant, die Suche nach seltenen Ressourcen wird vorangetrieben. All diese Entwicklungen führen zu einer neuartigen Bedrohung der Arktis: Umweltzerstörung.

Beide Regionen werden zunehmend von Kreuzfahrtschiffen angesteuert und sind damit von einem beginnenden Massentourismus betroffen. Auch hierdurch können die sensiblen Ökosysteme belastet werden (siehe hierzu auch die Seiten 170/171).

Hinweise zum Unterricht

Diese Doppelseite versteht sich als Differenzierungsangebot, das sich nach dem Schülerinteresse richtet. Zwei Lerntypen werden dabei angesprochen:

Für die analytisch denkenden und gerne mit abstraktem Material arbeitenden Schülerinnen und Schüler sind Text und Karten vorgesehen. Für die bildhaft denkenden und mehr anschaulich ausgerichteten Schülerinnen und Schüler sind v.a. Fotos und Profile vorgesehen.

Für beide Lerntypen wurden gemeinsame Aufgaben entwickelt, für deren Beantwortung das Vorwissen der Einzelarbeit benötigt wird. Die Schülerinnen und Schüler stellen sich dazu gegenseitig ihre Ergebnisse genau vor und setzen diese dann „in Wert", indem sie sich in die Rolle eines Reiseveranstalters versetzen. Damit werden die Fachkenntnisse über Arktis und Antarktis verlebendigt, eine Relevanz für die Schülerwelt wird hergestellt.

Lösung der Basisaufgaben

1 Mit Karten und Text arbeiten:

a) Vergleiche die Ausdehnung von Arktis und Antarktis. (AFB II)

Die Arktis bilden ausgehend vom Nordpol ganzjährig zugefrorene Teile des Nordpolarmeeres sowie die angrenzenden saisonal zugefrorenen Meeresbereiche mit vorherrschenden Packeis, Treibeis und Eisbergen. Weiterhin zählen Teile der angrenzenden Kontinente sowie Grönland und eine Reihe weiterer Inseln zur Arktis.

Die Antarktis umfasst den antarktischen Kontinent, einige Inseln und die umgebenden Meeresbereiche.

b) Erstelle eine Tabelle, in der du Arktis und Antarktis vergleichst. (AFB I, II)

Merkmale	Arktis	Antarktis
Gesamtfläche	22,1 Mio. km²	51,8 Mio. km²
Landfläche	7,8 Mio. km²	12,4 Mio. km²
Klima	Jahresmitteltemperatur: -18 Grad Celsius (Nordpol), geringe Niederschläge als Schnee	Jahresmitteltemperatur: -49 Grad Celsius (Südpol), geringe Niederschläge als Schnee
Bewohner	verschiedene indigene Stämme, z.B. Inuit	v.a. Wissenschaftler, keine Ureinwohner
Fauna	Eisbär, Polarfuchs, Robben …	Pinguine, Wale, Robben …
Bodenschätze	Erdöl, Erdgas, Gold, Kohle …	Erdöl, Erdgas, Kohle, Eisen …

2 Mit Fotos, Profilen und Text arbeiten:

a) Beschreibe die Eisformen auf den Bildern 5 bis 7. (AFB I)

Treibeis: Gürtel aus einzelnen, schwimmenden Eisschollen.

Eisberge: bestehen aus Süßwasser, brechen aus Gletschern ab, können bis zu 10 000 km² groß und bis zu 30 Jahre alt werden.

Schelfeis: wird an den Küsten der polaren Gebiete an der Oberseite vom Niederschlag, an der Unterseite vom Meerwasser genährt, ragt vom Kontinent ins Meer hinein.

b) Erstelle eine Tabelle, in der du Arktis und Antarktis vergleichst. (AFB II)

Merkmale	Arktis	Antarktis
Aufbau	zugefrorenes Meer und angrenzende Kontinente	eisbedeckter Kontinent, von Meer umgeben
Vegetation	Tundra in eisfreien Zonen	keine Vegetation (außer Pionierpflanzen wie Flechten)
Eisformen	v. a. Treibeis und Eisberge	v. a. Schelfeis, Treibeis und Eisberge

Gemeinsame Aufgabe

3 An das Expertenteam:

a) Stellt euch eure Ergebnisse vor und vergleicht diese. (AFB II) Gegenseitige Schülerpräsentationen.

b) Reiseveranstalter bieten auch Reisen in die Polarregionen an. Sie werben: „Eine Fahrt in die weiße Wüste!" Erklärt diesen Begriff und vergleicht die Polarregionen mit der Wüste Sahara (Menschen, Ausbreitung, Klima, Vegetation). (AFB II)

„Weiße Wüste" kennzeichnet die meist einförmige Oberfläche, deren Eis- und Schneebedeckungen genauso endlos erscheinen können wie die weiten Erg-Gebiete der Sahara. Das Klima ist ebenso extrem (hier kalt) und lässt das Vorkommen von Tieren und Pflanzen nur in begrenzten, extrem angepassten Formen zu. Die hier lebenden Menschen müssen sich ebenso der Natur und ihren Bedingungen unterwerfen, indem sie sich gegen die Kälte schützen (Kleidung, Häuser…) und ihre Ernährung dem Angebot anpassen (Fisch- und Robbenjagd). Zugereiste Forscher müssen in der Forschungsstation leben, Touristen sind nur für kurze Zeit den extremen Bedingungen ausgesetzt. Diese „extremen Räume" sind also gut vergleichbar, obwohl ihre Bedingungen stark voneinander abweichen.

c) Die beste Reisezeit für die Antarktis: Wertet die Daten der Klimatabelle im Anhang (S. 228/229) aus und begründet eure Entscheidung. (AFB II/III)

Die beste Reisezeit richtet sich weniger nach der Kälte, sondern vielmehr nach den Beleuchtungsverhältnissen.

Arktis: 21.3. – 23.9. Polartag, die Sonne geht in dieser Zeit am Nordpol nicht unter. Es finden daher Urlaubsreisen in unserem Sommer statt.

Antarktis: 23.9. – 21.3. Polartag am Südpol. Es finden daher Urlaubsreisen in unserem Winter statt.

Medientipp

Üben interaktiv: Arktis und Antarktis (Online-Code fi8ah6)

Unterrichtsvorschlag

Unterrichtsphase	Inhaltlicher Schwerpunkt	Methodisches Vorgehen / Sozialform	Medien / Materialien
Einstieg	Reiseveranstalter: Angebot zweier Reisen in Arktis und Antarktis	UG: Welche Informationen braucht der Veranstalter?	Reiseprospekte
Erarbeitung I	Arktis und Antarktis im Vergleich	EA: interessengeleitet	SB S. 122/123, Aufg. 1 oder 2
Ergebnissicherung I	Arktis und Antarktis im Vergleich	PA: gegenseitige Präsentation	SB S. 122/123, Heft
Erarbeitung II	Beratung des Reiseveranstalters	PA/GA	SB S. 122/123, Aufg. 3
Ergebnissicherung II	Arktis und Antarktis im Vergleich	PA/GA: Präsentation und Diskussion der Ergebnisse	Heft/Tafel
Vertiefung	Tourismus in Polargebieten?	UG: kritische Diskussion	

3

Licht an!

Kompetenzen

Die Schülerinnen und Schüler können …
- die Entstehung von Polartag und Polarnacht erklären;
- anhand ihrer Erkenntnisse eine begründete Standortentscheidung treffen;
- wesentliche thematische Aspekte in ansprechender und Interesse weckender Weise gestalten;
- mithilfe einer Anleitung einen einfachen Versuch durchführen.

Sachinformationen

Polartag und Polarnacht entstehen durch den Schiefstand der Erde. Die Neigung beträgt 23,5 Grad, wodurch eine Zu- beziehungsweise Abneigung der Pole zur Sonne entsteht. Im Nordsommer, also vom 21. März bis 23. September eines Jahres, ist der Nordpol der Sonne zugeneigt. Am Pol selbst geht die Sonne nicht unter, d.h. sie sinkt nicht unter den Horizont. Die Dauer des Polartages nimmt vom Nordpol in Richtung des nördlichen Polarkreises ab. Südlich des nördlichen Polarkreises gibt es keinen Polartag.

Umgekehrt verhält es sich, wenn der Nordpol von der Sonne abgeneigt ist. Die Polarnacht dauert vom 23. September bis zum 21. März. In dieser Zeit steigt die Sonne nicht über den Horizont. Der 23. September und der 21. März sind die beiden Tage der Tagundnachtgleiche: Tag und Nacht dauern jeweils genau 12 Stunden an.

Das Phänomen des Polartags und der Polarnacht ereignet sich umgekehrt am Südpol. Daher unterscheidet man auch zwischen Nord- und Südsommer bzw. zwischen Nord- und Südwinter.

Da es sich ohnehin um eine für die Schülerinnen und Schüler abstrakte und somit schwierige Vorstellung handelt, werden Polartag und Polarnacht nur am Beispiel der Nordhalbkugel erklärt. Die Unterscheidung zwischen Nord-/Südsommer und Nord-/Südwinter wird nicht vorgenommen.

Um das Thema für Schülerinnen und Schüler interessant zu gestalten, arbeiten diese handlungsorientiert. Sie sollen sich gedanklich in die Lage versetzen, ein Lichtcafé zu eröffnen. Solche Cafés finden sich in skandinavischen Ländern. Viele Menschen verbringen hier während der Polarnacht einige Stunden des Tages, um Tageslicht zu genießen, das von speziellen Tageslichtlampen erzeugt wird. Die helle Atmosphäre verstärkt die Wirkung der Tageslichtlampen zusätzlich. Auf diese Weise soll der Körper die notwendige Dosis Tageslicht erhalten. Diese braucht der Mensch, um Vitamin D zu produzieren, das beispielsweise das Immunsystem beeinflusst sowie Müdigkeit und Depressionen entgegenwirkt. Über normale Zimmerbeleuchtung kann dies nicht geschehen. Die Tageslichtlampen erzeugen ein Licht, das hundertmal heller ist.

Hinweise zum Unterricht

Auf dieser Doppelseite können die Schülerinnen und Schüler wählen, auf welche Art sie den Themenkomplex bearbeiten wollen. Die Aufgaben bleiben dabei gleich. Dadurch haben die Schülerinnen und Schüler die Möglichkeit, selbst zu entscheiden, wie sie zu den gewünschten Ergebnissen gelangen: durch die Auseinandersetzung mit einem Text oder durch die Durchführung eines einfachen Versuchs.

Hinweise zu den Materialien

Material 1: Die Grafik zeigt die Schrägstellung der Erdachse und die entsprechenden Lichtverhältnisse am 21. Juni und am 21. Dezember. Somit wird für die Schülerinnen und Schüler ersichtlich, dass die Zuneigung zur Sonne den Polartag verursacht und die Abneigung von der Sonne zur Polarnacht führt. Anhand der Darstellung kann auch thematisiert werden, dass Polartag am Nordpol gleichzeitig Polarnacht am Südpol bedeutet und umgekehrt.

Foto 3: Dieses Foto zeigt ein Lichtcafé und kann für den Unterrichtseinstieg verwendet werden. Dazu beschreiben die Schülerinnen und Schüler zunächst das Foto und stellen anschließend Vermutungen zur ungewohnten Umgebung an.

Material 5: Hier zeigt sich die Dauer von Polartag und Polarnacht in Abhängigkeit von der Lage im Gradnetz. Dieses Material verdeutlicht außerdem die Tagundnachtgleiche. Dargestellt ist nur der Bereich zwischen Polarkreis und Pol der Nordhalbkugel. Zur Standortentscheidung sollte dieses Material unbedingt herangezogen werden.

Lösung der Basisaufgaben

1 Du selbst willst in Norwegen ein Lichtcafé eröffnen. Dafür brauchst du Geld, einen geeigneten Standort und die passende Werbung.

a) Um einen Geldgeber von deiner Idee eines Lichtcafés zu überzeugen, erläuterst du die Entstehung von Polartag und Polarnacht. (AFB II)

Polartag und Polarnacht entstehen, weil die Erdachse geneigt ist. Dadurch ist eine Hälfte der Erde der Sonne zugeneigt, während die andere Hälfte der Sonne abgeneigt ist. Polartag herrscht auf der der Sonne zugeneigten Seite, allerdings nur zwischen dem Polarkreis und dem Pol. Am Pol dauert der Polartag ebenso wie die Polarnacht ein halbes Jahr. In Richtung des Polarkreises nimmt die Dauer jeweils ab.

b) Wähle mithilfe des Atlas einen geeigneten Standort aus und begründe deine Entscheidung. **(AFB II)**

Der Standort muss nördlich des nördlichen Polarkreises oder südlich des südlichen Polarkreises liegen. Da ein Lichtcafé nur während der Polarnacht gewinnbringend sein kann, sollte die Dauer der Polarnacht nicht zu kurz sein. Orte wie Bodø oder Narvik sind daher nicht zu wählen. Beachtet man zusätzlich noch die Bevölkerungsdichte, die für ein rentables Café ebenfalls wichtig ist, scheiden Standorte in unmittelbarer Nähe des Pols ebenfalls aus.

c) Gestalte ein Werbeplakat für ein Lichtcafé. **(AFB III)**

Individuelle Schülerlösung. Davon unabhängig sollte aber ein Hinweis auf die Polarnacht als Grund für den Besuch eine Lichtcafés enthalten sein. Außerdem sollte die Sonne (oder eine Tageslichtlampe) als unbedingt notwendig für die Funktionsfähigkeit des menschlichen Körpers angeführt werden.

Medientipps

Material: Versuch zu den Beleuchtungsverhältnissen (Online-Code tn4g5p)
Lernen im Netz: Tag und Nacht (Online-Code ka45r5)
Üben interaktiv: Lückentext Polartag und Polarnacht (Online-Code i6a49a)

Unterrichtsvorschlag

Unterrichtsphase	Inhaltlicher Schwerpunkt	Methodisches Vorgehen / Sozialform	Medien / Materialien
Einstieg	Begegnung mit dem Thema	UG: Eindrücke der SuS	SB S. 124, M 3
Erarbeitung	Eröffnung eines Lichtcafés	EA/PA/GA: Bearbeitung nach Interesse (Text oder Versuch)	SB S. 124/125, Aufg. 1, Atlas, Globus, Taschenlampe, Klebestreifen
Ergebnissicherung	Eröffnung eines Lichtcafés	UG: Ergebnispräsentation	Plakate, Atlas
Vertiefung/Hausaufgabe	Lichtcafé in Deutschland?	UG	

Der Kampf der Eismänner

Kompetenzen

Die Schülerinnen und Schüler können …
- den Wettlauf um den Südpol nachvollziehen;
- die Schwierigkeiten und Gefahren einer solchen Expedition erkennen;
- den Witterungsverhältnissen angepasste Entscheidungen treffen und begründen. Dabei wägen sie unterschiedliche Möglichkeiten ab, verwerfen und favorisieren einzelne;
- eigene Überlegungen mit denen anderer vergleichen und diese diskutieren. Im Abgleich mit den realen Ereignissen erkennen sie richtige/falsche Entscheidungen.

Grundbegriffe
Pol, Polarkreis

Sachinformationen

Der Wettkampf um den Südpol war ein mediales Ereignis. Die Vorherrschaft über dieses Gebiet war so bedeutend, da der Nordpol angeblich bereits durch Robert Peary bzw. Frederic Cook erreicht war. Es galt einen unbekannten und von Menschenhand bisher unberührten Flecken Erde zu entdecken.

Die Expeditionen zum Pol forderten ihren Tribut. Die Kälte und das Eis setzten Menschen, Tieren und Maschinen massiv zu. Robert Scott und seine Mannschaften sind nicht die einzigen Todesopfer solcher Expeditionen in eine lebensfeindliche Umgebung. Von besonderer Bedeutung für den Erfolg des Wettlaufs um den Südpol war die Wahl des Verkehrsmittels. Die Huskys, die Roald Amundsen einsetzte, verhalfen ihm zum Sieg. Die Hunde waren an die Verhältnisse besser angepasst. In 55 Tagen legten Amundsen und seine Mannschaft über 1500 Kilometer Wegstrecke zurück.

Die sibirischen Ponys, die Scott ausgewählt hatte, hielten zwar der Kälte stand, kamen jedoch nicht voran, weil sie zu tief im Schnee einsanken. Die zusätzlich mitgenommenen Motorschlitten versagten schnell im Kampf gegen Schnee und Eis. Zwar erreichte Scott den Südpol, jedoch 35 Tage nach Amundsen. Durch die lange Dauer der erfolglosen Reise Scotts fehlte es letztlich an Nahrung. Nur 18 Kilometer vom nächsten Vorratsdepot entfernt verhungerten der Brite und seine Begleiter. Im Tod wurde Scott als Held gefeiert.

Hinweise zum Unterricht

Auf dieser Doppelseite können die Schülerinnen und Schüler wählen, auf welche Art sie die Ergebnisse sichern wollen. Die Aufgaben bleiben dabei gleich. Entweder gestalten sie ein Werbeplakat oder sie verfassen einen Tagebucheintrag.

Die Schülerinnen und Schüler sollten den Text des Schülerbuchs zunächst noch nicht lesen. Zuerst erfolgt die eigene Auseinandersetzung mit den Herausforderungen einer Expedition in die Antarktis. Bearbeiten sie dann die Aufgabe d, die einen Vergleich mit den tatsächlich durchgeführten Expeditionen verlangt, dient ihnen der Text als Arbeitsgrundlage. Auf diese Weise wird eine hohe Motivation erzielt und gleichzeitig verhindert, dass Schüler die Lösungen aus dem Text kopieren, ohne eine eigenständige Auseinandersetzung vollzogen zu haben.

Hinweise zu den Materialien

Karte 3: Die Karte zeigt die beiden Routen der Entdecker Amundsen und Scott. Amundsen entschied sich für eine kürzere Route, die allerdings unerforscht war. Somit schienen die rund 1500 Kilometer erheblich mehr Gefahren zu bergen als die längere Route, für die sich Scott entschied. Diese Route war bis zum 88. Breitengrad bereits erforscht und schien erfolgversprechend und sicher.

Lösung der Basisaufgaben

1 Stell dir vor, du bist 1911 Mitstreiter im Kampf um den Südpol. Durch eisige Kälte, Schnee und Eis wird dein weiter Weg führen. Du musst dich auf diese Expedition vorbereiten, damit du eine Chance auf den Sieg hast. Im Sommer 1910/11 erstellst du die entsprechenden Pläne dafür.

Während das Werbeplakat sich hauptsächlich auf die Darstellung der Vorteile der jeweiligen Überlegungen fokussiert, können in einem Tagebucheintrag auch die Nachteile der verworfenen Überlegungen diskutiert werden.

a) Wähle Verkehrsmittel, Route und Mannschaftsgröße aus Liste 4 aus, mit deren Hilfe du deine Reise durchführen möchtest und begründe deine Entscheidungen. **(AFB II)**
Hinsichtlich des Verkehrsmittels sollte eine Mehrfachnennung erfolgen. Die Huskys sind zum Ziehen eines Schlittens besser geeignet als die sibirischen Ponys. Diese sinken im Schnee zu stark ein. Dennoch ist deren Nennung zunächst sinnvoll. Möglich ist auch die Auswahl der von Menschen gezogenen Schlitten. Allerdings muss dann thematisiert werden, dass die Kälte und die damit einhergehende Belastung des menschlichen Körpers einen dauerhaften Einsatz beim Ziehen des Schlittens unmöglich macht. Daher muss eine größere Mannschaft ausgewählt werden (s. u.). Nicht sinnvoll ist dagegen die Mitnahme von Motorschlitten, da deren Maschinen der extremen Kältebelastung nicht standhalten können.

Zudem sollten Skier und Schneeschuhe ausgewählt werden, damit die Menschen sich ebenfalls in Schnee und Eis bewegen können.

Hinsichtlich der Route sind beide Auswahlmöglichkeiten gleichrangig. Die kürzere Route ist zwar unerforscht, bietet aber den Vorteil des kürzeren Weges, während die erforschte Route mit einer längeren Wegstrecke einhergeht. Hinsichtlich der Mannschaftsgröße ist die Auswahl mehrerer Teams erforderlich. Alleine, mit einem 2er- oder einem

4er-Team hat die Expedition wenig Aussicht auf Erfolg, da sich dann die Schwierigkeit der Versorgung über einen langen Zeitraum ergibt. Der erforderliche Proviant benötigt Stauraum und bringt Gewicht mit sich, welches gezogen werden muss. Mit mehreren Teams dagegen können die Versorgungslager (s. Aufgabe b) beliefert werden, während ein Team sich auf das Erreichen des Südpols konzentriert, dabei aber stets versorgt ist und weniger Gewicht transportieren muss.

b) Du nutzt den Sommer auch zur Errichtung von vier Versorgungslagern. Das Basislager errichtest du unmittelbar an der Küste. Erarbeite eine Vorgehensweise, mit der du und deine Mannschaft die übrigen Versorgungslager anlegen kannst und stelle diese in einer Skizze dar. (AFB II/III)

Da die Position des Basislagers vorgegeben ist, müssen die drei noch zu errichtenden Lager auf der jeweils gewählten Route positioniert werden. Dabei sollte zwischen den einzelnen Lagern ein relativ gleichmäßiger Abstand eingehalten werden, um die Versorgung des jeweiligen Lagers zu gewährleisten. Dazu sind mehrere Teams notwendig.

Die Skizze sollte also die vier Lager in gleichmäßigen Abständen entlang der Route zeigen. Sie kann auch genutzt werden, um nicht nur die Errichtung, sondern auch die Bestückung der Lager zu erklären. Dabei macht sich ein Team auf den Weg zum Pol, während das/die andere/n Team/s zwischen den einzelnen Lagern wechseln, um sie mit neuem Proviant auszustatten (vgl. Skizze).

c) Stellt eure Ergebnisse einander vor und diskutiert die unterschiedlichen Erfolgsaussichten eurer Vorbereitungen. (AFB III)

Individuelle Schülerlösung. Die Diskussion ist sowohl in Kleingruppen als auch im Plenum möglich. Wichtig ist die Einhaltung einer festgelegten Reihenfolge der Ergebnisvorstellung, beispielsweise die der Aufgabenstellung.

d) Vergleicht diese mit den tatsächlich durchgeführten Expeditionen von Amundsen und Scott. (AFB I)

Individuelle Schülerlösung: Nach der Lektüre des Schülertextes werden die eigenen Ergebnisse ggf. korrigiert.

Medientipp

Hörtipp: Entdecker in der Antarktis (Online-Code u2fg98)

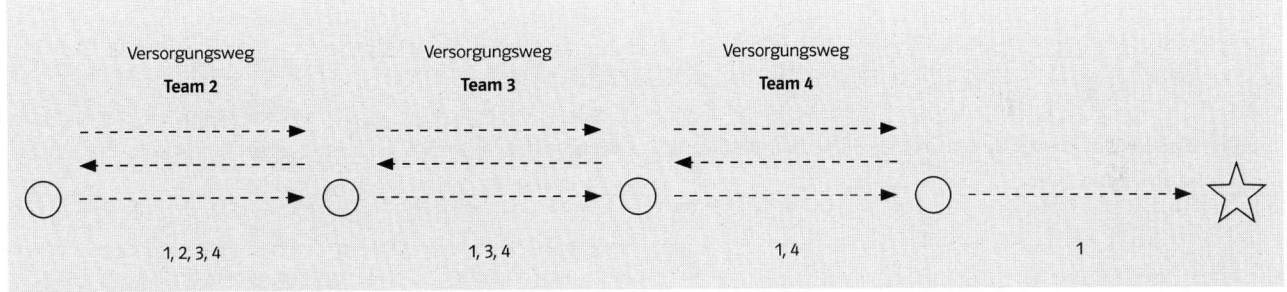

Skizze zu Aufgabe 1b)

Unterrichtsvorschlag

Unterrichtsphase	Inhaltlicher Schwerpunkt	Methodisches Vorgehen / Sozialform	Medien / Materialien
Einstieg	Begegnung mit dem Thema	UG: Eindrücke der SuS	SB S. 126, M 1, 2, Einleitungstext
Erarbeitung	Eine Expedition vorbereiten	EA/PA/GA: Ergebnissicherung nach Interesse	SB S. 126, Aufg. 1 a, b
Ergebnissicherung	Eine Expedition vorbereiten	GA/UG: Ergebnispräsentation und Diskussion	SB S. 126, Aufg. 1 c
Vertiefung/Hausaufgabe	Die Expeditionen von Amundsen und Scott	UG/EA: Abgleich mit Schülertext	SB S. 127

3

Klimazonen der Erde

Kompetenzen

Die Schülerinnen und Schüler können …
- die Klimazonen beschreiben und mit entsprechenden Klimadiagrammen und Bildern in Beziehung setzen;
- sich in einen Menschen einer bestimmten Klimazone hineinversetzen und seine Lebensbedingungen beschreiben.

Grundbegriffe

Klimazonen, Kalte Zone, Gemäßigte Zone, Subtropische Zone, Tropische Zone

Hinweise zum Unterricht

Für diese Klassenstufe ist die Einteilung in die vier Klimazonen wichtig. Es wird allerdings schnell klar, dass diese sich zwar über das Klimadiagramm definieren lassen, in der Realität allerdings die Vegetation anschaulich Auskunft über die Zone gibt. Trotzdem soll der Begriff der Vegetationszone hier nicht unbedingt fallen, vielmehr geht es darum, die Zonen den Schülerinnen und Schülern anschaulich mit dem Bezug zum Menschen und seinem Leben vor Ort zu begründen. Es ist klar, dass eine Zone nicht ideal durch ein Bild oder ein Klimadiagramm repräsentiert und veranschaulicht werden kann. So kann die Lehrerin/ der Lehrer zusätzliches, geeignet erscheinendes Bildmaterial einsetzen.

Hinweise zu den Materialien

Grafik 1 soll die Abhängigkeit zwischen Klima, Vegetation und Nutzung verdeutlichen.

Tafelbild

Dieses Thema ist sehr geeignet, ein dynamisches Tafelbild v.a. zu Aufgabe 4 entstehen zu lassen. Dabei soll eine typische Landschaft mit menschlicher Nutzung entstehen, die dann um ein Klimadiagramm ergänzt werden kann. Auch die Arbeit am Whiteboard ist natürlich dazu sehr geeignet.

Lösung der Basisaufgaben

1 Beschreibe die Fotos und ordne sie den Klimazonen zu. Begründe. **(AFB I/II)**
Beschreibung: individuelle Schülerlösung,
Zuordnung: A – Kalte Zone, B – Gemäßigte Zone,
C – Subtropen, D – Tropen

2 Klimadiagramme:
a) Werte ein Klimadiagramm aus. **(AFB I)**
   Individuelle Schülerlösung entsprechend den Methodenschritten von S. 96/97.
b) In welcher Klimazone liegt die Station? Begründe deine Entscheidung. **(AFB II)**
   Pinang – Tropen (Tageszeitenklima, Jahresmittel der Temperatur 27 Grad Celsius, Gesamtniederschlag 2408 mm);
   Anadyr – Kalte Zone (Jahresmittel der Temperatur -7,6 Grad Celsius, Gesamtniederschlag 336 mm);
   Palermo – Subtropen (Jahresmittel der Temperatur 18,2 Grad Celsius, Gesamtniederschlag 731 mm);
   Berlin – Gemäßigte Zone (Jahresmittel der Temperatur 9 Grad Celsius, Gesamtniederschlag 587 mm).

3 Welche Zone?
Post aus dem Internetcafé:
Du schreibst deinem Nachbarn aus dem Urlaub eine E-Mail nach Hause. Beschreibe dabei Klima, Vegetation, deine Kleidung und deine Beschäftigung. **(AFB II)**
Individuelle Schülerlösung.
Beispiel Tropen:
Ich sitze hier im Cafe, es ist drückend heiß, es herrschen Temperaturen über 30 °C, dazu ist die Luft auch noch sehr feucht. Ich habe nur ein T-Shirt, kurze Hosen und Sandalen an. Heute Nacht konnte ich überhaupt nicht schlafen, es hat sich kaum abgekühlt und es gibt keine Klimaanlage in meinem Zimmer. Gestern war ich in einem gigantischen Wald, dunkel war er und wir haben uns den Weg mit Macheten frei schlagen müssen. Unsere Arbeit geht gut voran, wir haben schon viele Pflanzen bestimmt und möglicherweise sogar eine neue Art gefunden.

4 Arbeite mit Grafik 1.

Beschreibe, wie sich die jeweiligen Bedingungen des Klimas auf das Leben der Menschen auswirken. Wähle eine Klimazone aus. **(AFB II)**

Individuelle Schülerlösung.

z. B. Kalte Zone:

Die Menschen leben in Holzhäusern und arbeiten meist in ihrem Dorf. Sie leben vom Fischfang und hoffen auf mehr Touristen. Autos gibt es kaum, Straßen auch nicht. So geht es meist mit Motorschlitten vorwärts. Im Winter ist es sehr kalt und auch noch tagsüber recht dunkel, da findet unser Leben möglichst im Haus statt. Unsere Schule ist im Dorf, erst die weiterführenden Schulen sind weiter entfernt von hier. Da muss ich dann wahrscheinlich die Woche über auch dort wohnen. Die wenigen Sommermonate von Juni bis Ende August sind aber toll: Die Temperaturen gehen hoch, weit über den Gefrierpunkt, im Mittel bis zu 20 Grad Celsius, da laufen wir auch in T-Shirts rum und müssen aufpassen, keinen Sonnenbrand zu bekommen. Diese Zeit ist allerdings nur kurz. Es wird davon berichtet, dass schon einige Landwirtschaft auf schneefreien Bereichen betreiben können, aber davon habe ich noch nichts gesehen. Das wäre auch schade, denn die Landschaft mit Schnee und Eis finde ich das ganze Jahr über fantastisch!

Medientipps

Üben interaktiv: Klimadiagramme zuordnen
(Online-Code f7su4x)
Hörtipp: „Bis ans Ende der Welt" (Online-Code 4qm23d)

Es gibt kurze Lehrfilme, aber auch interessante YouTube-Filme, die anschaulich das Leben in einer Klimazone, beispielsweise aus der Sicht eines Kindes, beschreiben.

Unterrichtsvorschlag

Unterrichtsphase	Inhaltlicher Schwerpunkt	Methodisches Vorgehen / Sozialform	Medien / Materialien
Einstieg	Flug vom Nordpol bis zum Äquator	UG	Weltkarte, Atlas SB S. 128/129, Aufg. 1
Erarbeitung I	Klimazonen der Erde	EA	SB S. 128/129, Aufg. 2
Ergebnissicherung I	Klimazonen der Erde	EA/PA/UG: Präsentation	
Erarbeitung II	Bedingungen des Klimas auf das Leben der Menschen	PA	SB S. 128/129, Aufg. 4
Ergebnissicherung II	Bedingungen des Klimas auf das Leben der Menschen	PA: Präsentation	
Vertiefung	Internetcafé als Rätsel	UG/EA: Verschriftlichung als Hausaufgabe	SB S. 128/129, Aufg. 3

TERRA TRAINING

Wichtige Begriffe

Antarktis, Äquator, Arktis, Artenvielfalt, Klimadiagramm, Klimazone, Nährstoffkreislauf, Nomaden, Oase, Ökosystem, Plantage, Pol, Polarkreis, Selbstversorger, Stockwerkbau, Tropischer Regenwald, Wanderfeldbau, Wendekreis, Wüste, Wüstenformen

Lösung der Aufgaben

Kennen und verstehen

1 Wüstenform

Foto 1 zeigt eine Wüstenform.

a) Nenne den arabischen und den deutschen Namen für diese Wüstenform. **(AFB I)**

Erg: Sandwüste

b) Nenne den arabischen und den deutschen Namen der zwei anderen Wüstenformen, die du kennengelernt hast. **(AFB I)**

Hamada: Felswüste; Serir: Kieswüste

c) Erläutere, wie diese Wüstenformen entstanden sind. **(AFB II)**

Hamada: nacktes Gestein, entsteht durch Ausblasung des feinkörnigen Verwitterungsmaterials

Serir: Kies und Geröll, entsteht durch Ausblasung des feinen Verwitterungsmaterials, das oft zu Dünen angeweht wird.

Erg: Sand in der Nähe von Serir und Hamada, aus denen der Sand zu Dünen aufgeweht wurde.

2 Bilderrätsel

Finde die Begriffe und erkläre sie. **(AFB II)**

a) **Antarktis:** Südpolargebiet, besteht aus Kontinent, allseitig von eisbedecktem Meer umgeben

b) **Regenwald:** in den inneren Tropen typischer Primärwald, sehr dichte Vegetation, extrem hohe Bäume (bis 60 m), (fast) täglicher Regen, hohe Artenvielfalt, verkürzter Nährstoffkreislauf, Stockwerkbau…

c) **Stockwerkbau:** ineinander gehende Schichten der Vegetation im Regenwald, nach dem Lichtbedarf ausgerichtet; Kraut- und Strauchschicht (bis ca. 10 m), Baum- und Kronenschicht (bis ca. 40 m), Baumriesen (bis ca. 60 m)

3 Nomadenleben der Tuareg

Das Volk der Tuareg lebt seit Jahrhunderten in der Wüste.

a) Beschreibe kurz die traditionelle Lebensweise der Tuareg. **(AFB I)**

Nomaden ziehen mit Kamelkarawanen und Ziegenherden durch das Land. Sie leben traditionell in Zelten, die Aufenthaltszeit am Rastplatz richtet sich nach dem Futterangebot für die Tiere. Sie versorgen sich mit allen lebensnotwendigen Gütern selbst; Tauschhandel ist charakteristisch.

b) Nenne Gründe, warum viele Tuareg sesshaft geworden sind. **(AFB I)**

Viele wohnen in festen Häusern, weil sie nun Ackerbau betreiben können. Lastwagen bringen die Güter in die Stadt, Kamele werden von Geländewagen ersetzt. Die Schulen für die Kinder sind im Ort. Internetcafés gibt es hier auch.

Beurteilen und bewerten

4 Angepasstes Leben

a) Beschreibe die Fotos 2, 4 und 6. **(AFB I)**

Foto 2: Yanomami-Indianer sammeln Maniok als Nahrungsquelle. Sie haben nur einen Lendenschurz an.

Foto 4: Ein Inuit mit Speer auf Robben- oder Fischjagd.

Foto 6: Nomaden auf Kamelen treiben ihre Ziegenherde.

b) Vergleiche die Lebensbedingungen der Menschen. **(AFB II)**

individuelle Schülerlösung; Stichwort: sesshafte und nomadische Lebensweise

c) Beurteile, wie die Menschen die Natur nutzen. **(AFB III)**

Die Menschen haben sich an die Bedingungen der Natur anpassen müssen, um zu überleben. Sie nutzen die Ressourcen im besten Sinne nachhaltig. (Bewusst muss dies allerdings nicht sein, vielmehr wird die Natur durch die geringe Bevölkerungszahl nicht übernutzt.)

d) Schreibe einen zusammenhängenden Text, der auf das Leben zwischen Tradition und Fortschritt aufmerksam machen soll. **(AFB III)**

Individuelle Schülerlösung.

e) Gib den Fotos je eine Überschrift. **(AFB II)**

Individuelle Schülerlösung.

Fachmethoden anwenden

5 Bilder beschreiben

a) Beschreibe das Foto 1 und fertige dazu eine Skizze an (Methode siehe Seite 44). **(AFB I/II)**

Individuelle Schülerlösung.

b) Gib dem Foto eine passende Überschrift. **(AFB II)**

Individuelle Schülerlösung.

6 Klimadiagramme zeichnen und auswerten

a) Zeichne Klimadiagramme zu den Klimastationen von Tabelle 3. **(AFB II)**

Individuelle Schülerlösung entsprechend den Methodenschritten von Seite 96/97.

b) Vergleiche deine Diagramme. **(AFB II)**

Individuelle Schülerlösung: Für den Vergleich bietet sich eine Tabelle an.

c) Ordne die Klimadiagramme 5 und 7 jeweils dem passenden Foto zu (Foto 2, 4 oder 6). Begründe deine Zuordnung. **(AFB II)**

Klimadiagramm 5 und Bild 4: Jahresdurchschnittstemperatur: –1,1 Grad Celsius; sehr kalt im Winter, milder im Sommer: Polargebiete;

Klimadiagramm 7 und Bild 6: Jahresdurchschnittstemperatur: 22,7 Grad Celsius, kaum Niederschlag: Trockensavanne oder Wüste.

Medientipp

Material: Selbsteinschätzung (Online-Code 6ng6ag)

TERRA FÜR DICH: Extremräume

Kompetenzen

Die Schülerinnen und Schüler können …
- Besonderheiten verschiedener Extremräume mithilfe vorgegebener und selbst erstellter Kategorien nennen;
- diese Besonderheiten miteinander vergleichen;
- ihr erworbenes Wissen festigen („Werde sicher!" für leistungsschwächere Schülerinnen und Schüler);
- ihr erworbenes Wissen festigen und vertiefen („Fordere dich!" für leistungsstärkere Schülerinnen und Schüler).

Sachinformationen

Die Mongolei ist mit 1,6 Mio. km² etwa 4,3-mal so groß wie Deutschland. Flächenmäßig ist die Mongolei also durchaus kein kleiner Staat. Sie liegt aber zwischen zwei „Riesen" – Russland, dem größten Staat der Erde und China, dem drittgrößten Staat. Der größte Teil des Landes besteht aus Steppengebieten, also mehr oder weniger bewachsenen Grasländern. Aber auch Hochgebirge und Wüstengebiete nehmen große Regionen des Landes ein. Nur etwa ein Zehntel des Gebietes ist bewaldet. Die Mongolei ist ein Hochland, die durchschnittliche Höhe beträgt 1580 Meter. Durch die Lage in Zentralasien besitzt die Mongolei eines der extremsten Klimate weltweit. Aufgrund des trockenen, ausgeprägten kontinentalen Klimas schwanken die Temperaturen im Laufe des Jahres sehr stark: Im Winter liegen die durchschnittlichen Tagestemperaturen bei –25°C, im Sommer bei +20°C. Der mittlere Jahresniederschlag erreicht 200 bis 220 Millimeter und nimmt von über 400 mm im Norden des Landes auf weniger als 100 mm im Süden der Wüste Gobi ab. Im Jahresgang fallen 80 % bis 90 % der Niederschläge von Mai bis September. Auch die Temperaturdifferenzen zwischen Nacht und Tag sind ungewöhnlich hoch und erreichen bis zu 32°C. Die Winter in der Mongolei sind insgesamt sehr lang, äußerst kalt und eher trocken. Die wenigen Niederschläge fallen eher im Sommer, in dem es sehr heiß werden kann. Im Jahr 2012 lebten rund 3 180 000 Einwohner in der Mongolei, davon etwa eine Million in der Hauptstadt Ulaanbaatar (Ulan Bator). In der Mongolei leben also weniger Einwohner als in Berlin. Damit gehört die Mongolei zu den am dünnsten besiedelten Ländern der Erde (2,03 Einwohner/km²). Fast die Hälfte der Bevölkerung des Landes ist sehr arm, 43 % haben dauerhaft nicht genügend zu Essen.

Hinweise zum Unterricht

Schwächere Schülerinnen und Schüler sollen mithilfe der Seite 132 die wesentlichen Inhalte des Kapitels wiederholen, zusammenfassen, ordnen und miteinander vergleichen. Gerade der Vergleich ist von Bedeutung, zeigen sich meist erst dann die enormen Unterschiede zwischen den thematisierten Extremräumen. Die Tabelle soll vor allem der „Werde sicher!"-Gruppe als Hilfestellung dienen, wesentliche Informationen zusammenzutragen. Damit hat sie inhaltlich gesehen eine Gliederungs- und Ordnungsfunktion.

Sind die relevanten Informationen aus den Vorseiten tabellarisch zusammengetragen, können sie grafisch mithilfe der Methodenseite (Mindmap, S. 108/109) und der weiteren Hilfestellung (M 2) in eine Mindmap umgesetzt werden. Hierzu muss vom Platzbedarf her eine DIN-A4-Seite veranschlagt werden. Leistungsstarke Schülerinnen und Schüler bearbeiten die Seite 133, gehen ähnlich vor, haben aber einen weiteren Extremraum, die Mongolei, zu bearbeiten und in die Mindmap zum Thema Extremräume zu überführen.

Das Filtern und Zusammentragen von Informationen zum Themenblock 3, die tabellarische Auflistung sowie die grafische Umsetzung benötigt Zeit. Im Rahmen einer Einzelstunde ist dies kaum möglich, vor allem weil Schülerinnen und Schüler der Jahrgangsstufe 5/6 viel Zeit zum Zeichnen benötigen.

Lösung der Aufgaben „Werde sicher!"

1 Vergleiche die Extremräume miteinander: **(AFB II)**
a) Übertrage die Tabelle in dein Heft und vervollständige sie.
b) Übertrage nun die angefangene Mindmap zum Thema „Extremräume" in dein Heft und gestalte sie mithilfe deiner zuvor vervollständigten Tabelle weiter aus.

Lösung der Aufgaben „Fordere dich!"

1 Vergleiche das Beispiel Mongolei mit den in diesem Kapitel gezeigten anderen drei Raumbeispielen (Tropischer Regenwald, Wüste, Polargebiete) und gestalte eine Mindmap zum Thema „Extremräume". (Hilfestellung siehe Seite 108) **(AFB III)**

Lösung

In beiden Fällen ergeben sich individuelle Schülerlösungen, als Anhalt kann die hier abgebildete Tabelle dienen.

Medientipps

Material: Diashow Nomaden in der Mongolei
(Online-Code hs3377)

Allgemeine Infos zur Mongolei: www.mongolei.de
Mongolei im World Fact Book: www.cia.gov/library/publications/the-world-factbook/geos/mg.html
Transsibirische Eisenbahn: www.transsib.de

Kategorien (Beispiel)	Tropen (Brasilien)	Wüste (Sahara)	Polargebiete (Arktis & Antarktis)	Mongolei (Zentralasien)
Landschaft	dichter Regenwald (Stockwerkbau), Flüsse wie Amazonas, Brandrodungsflächen	Erg, Serir, Hamada	Eiswüste, Treibeis, Schelfeis, Eisberge, Packeis	Grassteppe mit Gräsern und Kräutern, vereinzelt Bäume, Wüste (kalt)
Leben der Menschen	**Cintia (Tembé)** Indianer, wenig Kleidung nötig, Verkehrsmittel Kanu, Wanderfeldbau, Brandrodung	**Achmed (Tuareg)** Oase, Brunnen, Kamele, Nomade, Tourismus, Erdöl	**Levi (Inuit)** Tourismus, Eisbären, Hundeschlittenrennen, Eisstockschießen, Iglu (traditionell), Erdöl	**Temulen (Mongole)** Nomaden mit Tierherden, Yaks, Deel, Jurte
Klima	Tropen ganzjährig warm & feucht (humid), viele Gewitter	Subtropen trocken (arid), sehr heiß (Tag), sehr kalt (Nacht)	Kalte Zone Jahresmittel der Temperatur um oder unter 0 °C	Gemäßigte Zone, Kontinentalklima, trocken (arid) kurze, heiße Sommer, sehr kalte, lange Winter (-40 °C)
Besonderheiten	duftende Apotheke, Heilpflanzen, Forschung	oftmals jahrelang kein Regen, wenn es regnet, dann sintflutartig, Wadis, Dünen, Frostsprengung	Polarlichter, Polartag, Polarnacht, Lichtcafés	Mongolenpferde, endlose Weite
… z.B. Rekorde	weltweit größte Artenvielfalt	größte Trockenwüste der Erde	Die größten Eisberge können eine Fläche von Rheinland-Pfalz einnehmen.	Ulan Bator ist die kälteste Hauptstadt der Welt

Unterrichtsvorschlag

Unterrichtsphase	Inhaltlicher Schwerpunkt	Methodisches Vorgehen / Sozialform	Medien / Materialien
Einstieg	Extremräume (Reaktivieren von Vorwissen)	UG	Tafel
Erarbeitung	Extremräume	EA/PA: Erstellen einer Tabelle	SB S. 132, „Werde sicher!", Aufg. 1; SB S. 92 –129 SB S. 133, „Fordere dich!", Aufg. 1; SB S. 92 –129, Text S. 133
Ergebnissicherung	Extremräume	SV	Tafel, Folie, OHP
Hausaufgabe	Extremräume	EA: Erstellen einer Mindmap auf Grundlage der im Unterricht erstellten Tabelle	

Tourismus und Erholungsräume

Zum Themenblock

Der Themenblock „Tourismus und Erholungsräume" behandelt im Wesentlichen die drei im Lehrplan formulierten Leitfragen:
- Wohin und warum reisen wir in unserer Freizeit?
- Wodurch werden verschiedene Räume zu beliebten Reisezielen?
- Wie wirken sich verschiedene Tourismusarten auf Umwelt, Wirtschaft und Gesellschaft aus?

Die Fragen werden an verschiedenen Raumbeispielen entfaltet, die dergestalt gewählt wurden, dass u. U. an konkrete Urlaubserfahrungen der Schülerinnen und Schüler angeknüpft werden kann.

So werden zunächst schwerpunktmäßig rheinland-pfälzische Tourismusangebote behandelt. Es schließen sich Themen aus dem Alpenraum sowie von den Küsten (Nordsee, Ostsee, Mittelmeerraum) an. Diese Räume werden hinsichtlich ihres touristischen Potenzials sowie ihrer Infrastruktur untersucht. Beispielhaft wird die Darstellung in der Werbung thematisiert (vgl. u. a. SB S. 140/141).

Wesentliche Fachmethoden werden eingeführt: Einerseits wird die Informationsbeschaffung (SB S. 138/139) am Beispiel der Planung eines Klassenausflugs eingeübt, anderseits die Durchführung eines Rollenspiels am Beispiel eines Nutzungskonflikts im Alpenraum (SB S. 156/157, vgl. auch S. 166/167). Schließlich soll der Themenblock auch grundlegendes topografisches Orientierungswissen zum Kontinent Europa sowie speziell zum Alpenraum vermitteln.

Aufgaben zur Sicherung bietet die Doppelseite TERRA Training. Zur Binnendifferenzierung enthält das Kapitel Angebote zur Interessendifferenzierung (S. 158/159, S. 162/163 und S. 164/165), zur Differenzierung nach Lernweg (S. 160/161) und zur Leistungsdifferenzierung (S. 174/175).

Zur Auftaktdoppelseite

Die Auftaktdoppelseite soll gerade durch die altersgemäßen Comic-Elemente motivierenden Charakter haben. Eine vollständige Auswertung der vielfältigen Inhalte soll zu diesem frühen Zeitpunkt der Unterrichtsreihe noch nicht erfolgen. Die doppelseitige Zeichnung bietet aber vielfältige Gesprächsanlässe, Vorwissen kann problemorientiert abgerufen werden. Die Fülle der Klischees und Überzeichnungen werden Kommentare hervorrufen, die sich fruchtbar für den Unterricht nutzen lassen und aus denen sich die Leitfragen des Themenblocks entwickeln lassen.

Didaktische Struktur

Bezüge zum Lehrplan/Kompetenzübersicht
Die Schülerinnen und Schüler erwerben …
- **Fachkompetenz:** Sie analysieren unterschiedliche Räume nach ihrem touristischen Potenzial; erläutern Entwicklung des Tourismus sowie Auswirkungen auf Umwelt, Wirtschaft und Gesellschaft;

- **Methodenkompetenz:** Sie recherchieren Freizeitangebote in Medien und dokumentieren die Ergebnisse [M2];
- **Kommunikationskompetenz:** Sie beschreiben einfache thematische Karten und werten sie aus [K3];
- **Urteilskompetenz:** Sie wägen unterschiedliche Formen des Freizeitverhaltens gegeneinander ab [U5].

Einstieg, Motivierung

AT Tourismus und Erholungsräume (S. 134/135)
– erste Hinführung: Leitfragen des Themenblocks
– Auswertung einer großformatigen Karikatur

Zusatzangebote im Netz
www.klett.de/online

Erarbeitung

In den Urlaub (S. 136/137)
– Reisegewohnheiten und Reisetrends
– Reiseziele und Reisemotive, Bedeutung des Reisens

Üben interaktiv
– Nachhaltigkeit bf8j3g
Lernen im Netz
– Entdeckungstour Ferienorte 8h7r3w
– Interaktive Karte Ferienorte a45mk5

Methoden-schulung

Methode: Informationen für einen Ausflug sammeln (S. 138/139)
– Informationsrecherche, Dokumentation der Ergebnisse

Erweiterung

„Erlebe die Vielfalt!“: Der Saar-Hunsrück-Steig (S. 140/141)
– Wandertourismus
– Darstellung in der Werbung

Surftipp
– Saar-Hunsrück-Steig eu8is2

Erarbeitung

Wanderbar – Tourismus in Rheinland-Pfalz (S. 142/143)
– naturgeographische Voraussetzungen und touristische Infrastruktur, Saisonverlauf

Üben interaktiv
– Saison cp23be

Erweiterung

Die Alpen in unserem Kopf (S. 144/145)
– Raumvorstellungen

Lernen im Netz
– Animation Höhenstufen za8jd4
– Rundflug über die Alpen yc26uh
– Sanfter Tourismus 4iz59u
Üben interaktiv
– Höhenstufen s5r3cf
– Entstehung der Alpen x69gp9
– Orientierung in den Alpen 6q3j6h
– Verkehrswege am St. Gotthard bk3s4f
– Sanfter Tourismus und Massentourismus ig68ag
Material:
– Tiere in den Alpen p49a7i

Erarbeitung

Der Berg ruft! (S. 146/147)
– Höhenstufen in den Alpen
Wie kommt die Muschel auf den Berg? (S. 148/149)
– Entstehung der Alpen

TERRA Orientierung: Die Alpen (S. 150/151)
– Staaten, Städte, Berge, Flüsse (…) des Alpenraums
– Arbeit mit einem Profil der Alpen

Über und durch die Alpen (S. 152/153)
– Verkehrswege und Verkehrsprobleme
– Gotthard-Basistunnel

Vom Bergbauerndorf zum Touristenzentrum: Wolkenstein (S. 154/155)
– Massentourismus vs. sanfter Tourismus

Methoden-schulung

Methode: Alp(en)traum – ein Rollenspiel (S. 156/157)
– Nutzungskonflikte in den Alpen

Didaktische Struktur (Fortsetzung)

Differenzierung	**Urlaubsinsel Rügen** (S. 158/159) – Differenzierung nach Interessen (Tourismus auf Rügen, Geschichte von Binz, Nationalpark Jasmund, Kreideabbau)	**Die Gezeiten** (S. 160/161) – Leistungsdifferenzierung (Entstehung der Gezeiten)
	Nationalpark Wattenmeer (S. 162/163) – Differenzierung nach Interessen (Perspektive des Umweltschützers, Perspektive des Touristen)	**Künstliche Freizeitwelten** (S. 164/165) – Differenzierung nach Interessen (Tropical Islands, Snow Dome Bispingen)

Surftipp
– Zahlen und Fakten zu Rügen 6k8w4d
Lernen im Netz
– Animation Ebbe und Flut 3ee24x
Hörtipp
– Barfuß durchs Watt 3rm84i
Material
– Das Watt lebt 596hx7

Erarbeitung

Lust auf Sonne (S. 166/167)
– (Massen-)Tourismus im Mittelmeerraum
– Rollenspiel

Üben interaktiv
– Tourismusziel Mallorca 7q5u9b

Erarbeitung

TERRA Orientierung: Feriengebiete in Europa (S. 168/169)
– Reiseziele in Europa

Material
– Übernachtungen in ausgewählten Staaten Europas 97ef9m

Erweiterung

Extremtourismus im Eis (S. 170/171)
– Reisen in die Antarktis

Festigung/Zusammenfassung

TERRA Training (S. 172/173)
– Sicherung durch Wiederholung und Anwendung
TERRA FÜR DICH – Sanfter Tourismus in Kochel (S. 174/175)
– Leistungsdifferenzierung (Urlaubsentwicklung, Urlaubsplanung)

Material
– Selbsteinschätzung rv46y6

In den Urlaub ...

Kompetenzen

Die Schülerinnen und Schüler können ...
- die Bedeutung des Reisens für ein abwechslungsreiches Leben erklären;
- die unterschiedlichen Formen und Intentionen des Reisens miteinander vergleichen;
- die Entwicklung der Reiseverkehrsmittel erläutern;
- den insbesondere durch Flugreisen verursachten CO_2-Ausstoß kritisch beurteilen.

Grundbegriffe

Naherholung, Tourismus, Nachhaltigkeit, Naturschutz

Hinweise zum Unterricht

Der Behandlung dieser Doppelseite kann eine Befragung vorangestellt werden, in der das Reiseverhalten der Schülerinnen und Schüler erhoben wird (siehe Unterrichtsvorschlag).

Dass nachhaltigem Reisen auch aus Sicht der Reisekonzerne eine immer größere Bedeutung zukommt, zeigt exemplarisch der jährliche Nachhaltigkeitsbericht von Studiosus-Reisen (siehe Medientipps).

Hinweise zu den Materialien

Material 2: Die drei Säulen der Nachhaltigkeit werden den Schülerinnen und Schüler hier erstmals vorgestellt. Manche Begrifflichkeit (Ökonomie, Ökologie, Ressourcen, ...) müssen u. U. von der Lehrkraft erläutert werden. Die Thematik wird dann in späteren Jahrgängen vertieft.

Eine Behandlung der drei Säulen der Nachhaltigkeit ist zu diesem frühen Zeitpunkt dennoch lohnenswert, da am Beispiel Reisen eine große Zugänglichkeit erreichbar ist.

Lösung der Basisaufgaben

1 Reisegewohnheiten ändern sich.

a) Beschreibe und erkläre mithilfe der Diagramme 4 und 5 Veränderungen bei der Wahl des Reiseverkehrsmittels und der Reiseziele. **(AFB II)**

Material 4 zeigt, mit welchen Verkehrsmitteln die Deutschen ihr Reiseziel aufsuchen. Die Entwicklung von 1980 bis 2011 ist dargestellt.

Das Auto nimmt nach wie vor die Spitzenstellung ein, die Benutzung des Pkw ist aber seit 1990 rückläufig (ebenso wie die Benutzung von Bus und Bahn). Eindeutig auf dem Vormarsch ist hingegen das Flugzeug. Es hat seinen Marktanteil seit 1990 verdoppelt.

Bei den beliebtesten Reisezielen der Deutschen haben sich nur kleine Veränderungen zwischen 1985 und 2011 ergeben. Beliebtestes Zielland ist nach wie vor Deutschland selbst (vgl. Material 6 und Aufgabe 2). Mittelmeerziele (Spanien/Portugal und Italien) haben inzwischen Österreich den Rang abgelaufen. Dies ist ebenso mit der Zunahme an Flugreisen (s. o.) zu erklären wie der Anstieg an Fernreisen.

b) Welche Folgen hat diese Entwicklung für die Reiseziele und das Reiseverhalten? **(AFB II)**

Durch die Zunahme des Angebots an Flugreisen ist es möglich, auch weiter entfernte Ziele zu besuchen. Außerdem wurden die Flugreisen immer billiger, sodass sich immer mehr Menschen einen Urlaub im weiter entfernten Ausland leisten konnten.

2 Drei Viertel der Urlaube, welche die Deutschen hierzulande verbringen, finden in Bayern, Baden-Württemberg, Schleswig-Holstein, Mecklenburg-Vorpommern und Niedersachsen statt. Begründe. **(AFB II)**

Die aufgeführten Bundesländer haben einen hohen Freizeitwert, der auf ihre naturräumliche Ausstattung zurückzuführen ist. Mittel- und Hochgebirge sowie die Küsten an Nord- und Ostsee bieten Erholungspotenzial. Mithilfe geeigneter Atlaskarten können die Feriengebiete genauer bestimmt werden.

3 Erkläre mithilfe des Modells der drei Säulen der Nachhaltigkeit, was mit nachhaltigem Reisen gemeint sein kann. **(AFB II)**

Nachhaltig zu reisen bedeutet verantwortungsvoll zu reisen. Mit Blick auf die drei Säulen der Nachhaltigkeit kann diese Aussage konkretisiert werden.

Es wird ökologisch verantwortungsvoll gereist: Durch die Wahl von Verkehrsmitteln und Reisezielen wird der CO_2-Ausstoß minimiert oder durch die Unterstützung entsprechender Projekte kompensiert.

Es wird sozial verantwortungsvoll gereist: Faire Gehälter und Arbeitsbedingungen für die im Fremdenverkehr beschäftigten Menschen werden von den Reiseunternehmen unterstützt.

Wenn möglichst viele der durch die Reise verursachten Ausgaben den Einheimischen zugutekommen, kann auch von ökonomischer Nachhaltigkeit gesprochen werden.

4 Bist du in den vergangenen Jahren auf Reisen gewesen? Vergleiche dein Reiseverhalten mit den auf dieser Doppelseite dargestellten Trends. **(AFB II)**

Individuelle Schülerlösung.

Anwendungsaufgabe

5 Wähle eines der beliebtesten Reiseziele der Deutschen (Diagramm 6) und erkläre, was diese Region ihren Gästen bietet. Recherchiere dazu in verschiedenen Quellen (z. B. Reiseführer, Internet). **(AFB II/III)**

Individuelle Schülerlösung.

Medientipps

WWF Deutschland: Der touristische Klima-Fußabdruck.
www.wwf.de/fileadmin/fm-wwf/Publikationen-PDF/
Der_touristische_Klima-Fussabdruck.pdf

Nachhaltigkeitsbericht von Studiosus-Reisen:
http://nachhaltigkeit.studiosus.com/2014/1.-Vorwort

Üben interaktiv: Nachhaltigkeit (Online-Code bf8j3g)
Lernen im Netz: Entdeckungstour Ferienorte
(Online-Code 8h7r3w)
Interaktive Karte Ferienorte (Online-Code a45mk5)

Unterrichtsvorschlag

Unterrichtsphase	Inhaltlicher Schwerpunkt	Methodisches Vorgehen / Sozialform	Medien / Materialien
Einstieg	Bedeutung des Reisens für den Einzelnen: Schülerberichte, Brainstorming alternativ: Befragung zum Reiseverhalten der Schüler	Schülerberichte Befragung	vgl. Methode „Eine Befragung durchführen", SB S. 212/213
Erarbeitung I	Reisegewohnheiten	aPA/GA	SB S. 136/137, Aufg. 1 und 2
Erarbeitung II	Der Trend zum nachhaltigen Reisen	LV/EA	SB S. 136/137, M2, Aufg. 3
Hausaufgabe	Reiseziele	EA	SB S. 136/137, Aufg. 5

Informationen für einen Ausflug sammeln

Kompetenzen

Die Schülerinnen und Schüler können …
- Informationen in selbst gewählten Medien recherchieren;
- ihre Rechercheergebnisse dokumentieren und präsentieren;
- die Planung für einen Schulausflug in Schritten selbständig vornehmen.

Sachinformationen

Wandertage und Schulausflüge dienen nicht nur dazu, den Schülerinnen und Schülern eine Auszeit aus dem Schulalltag zu gönnen. Sie können und sollen vielmehr an den Unterricht angebunden sein, denn wenn die Schülerinnen und Schüler außerhalb des üblichen Lernorts Schule und mit zumindest teilweise selbst bestimmtem Programm agieren dürfen, erhöht dies sowohl die intrinsische Motivation für den Unterrichtsstoff als auch die Aufmerksamkeit.

Ein weiterer Pluspunkt ist, dass sich hierdurch die Möglichkeit eines echten handlungsorientierten Lernens ergeben soll, bei der nicht der kognitive, sondern der haptische Lerneingangskanal im Vordergrund steht.

Es ist besonders empfehlenswert, dass nicht die Lehrerin/der Lehrer allein plant (und die Schülerinnen und Schüler passiv konsumieren), sondern die Schülerinnen und Schüler beteiligt werden, noch besser: maßgeblich die Fahrt gestalten. Damit werden sie in die Verantwortung genommen und haben ein eigenes Interesse am Gelingen der Fahrt. Umfangreiche Vorbereitungen sind zu treffen, und diese nehmen Zeit in Anspruch. Die Lehrerin/der Lehrer gibt Hinweise und Hilfen, überprüft natürlich auch die Machbarkeit der Vorhaben, hält sich ansonsten aber möglichst im Hintergrund.

Hinweise zum Unterricht

Die Schritte 1–3 geben in sinnvoller Reihenfolge an, wie sich die Schülerinnen und Schüler dem Vorhaben nähern können. Die einzelnen Aufgaben können von mehreren Gruppen bearbeitet werden.

Die Ergebnisse der einzelnen Gruppen sollten dann allen vorgestellt und im Plenum diskutiert werden, um danach eine gemeinsame Planung zu beschließen und diese schriftlich auch für alle zusammenzustellen.

Lösung der Basisaufgaben

1 Plant einen Tag in Mainz. Was wollt ihr besichtigen? Begründet eure Auswahl. **(AFB I/II)**
Individuelle Schülerlösung. Eine allgemeingültige Lösung der Aufgabe ist nicht angestrebt, wohl aber ein Vergleich, der zu einer Diskussion einlädt.

2 Verortet die Fotos 2 und 3 im Stadtplan. In welche Himmelsrichtung wurde wohl fotografiert? **(AFB II)**
Der Fastnachtsbrunnen befindet sich auf dem Schillerplatz mittig im Stadtplanausschnitt (M4, SB S.139). Von dort wurde zum Dom, also nach Osten, fotografiert.
Auf dem Foto M3 ist die Front des Theaters erkennbar. Das Foto muss also vom Gutenbergplatz aus aufgenommen sein. Die Markierung in den Pflastersteinen zeigt, dass der Fotograf nach Nordwesten geblickt hat.

Anwendungsaufgaben

3 Führt die Informationsrecherche für Ausflugsziele in eurer Umgebung durch. **(AFB I/II)**
Individuelle Schülerlösung.

Medientipp

Der am geographischen Institut der Universität Mainz ansässige Verein „Geographie für Alle" bietet für die Altersstufe sehr geeignete Programme in Mainz an: www.geographie-fuer-alle.de

Unterrichtsvorschlag

Unterrichtsphase	Inhaltlicher Schwerpunkt	Methodisches Vorgehen / Sozialform	Medien / Materialien
Einstieg	Wie planen wir einen Klassenausflug? Was ist zu beachten?	UG	
Erarbeitung	Einen Ausflug planen	GA: Erarbeitung und Bearbeitung der Planungsschritte	SB S.138/139, Text; Aufg. 1; Internetzugang
Ergebnissicherung	Einen Ausflug planen	SV: Präsentationen der Ergebnisse	
Hausaufgabe	Informationsrecherche zu einem Ausflugsziel in der eigenen Umgebung	EA	SB S.138/139, Aufg. 3

„Erlebe die Vielfalt!": der Saar-Hunsrück-Steig

Kompetenzen

Die Schülerinnen und Schüler können …
- Werbestrategien in Ansätzen erkennen und benennen;
- den Begriff Höhenmeter verstehen;
- die Bedeutung der Höhenmeter für eine Wanderung erkennen;
- verstehen, dass sich die Steigung aus dem Verhältnis aus Wegstrecke und Höhenmetern ergibt.

Sachinformationen

Der Saar-Hunsrück-Steig ist ein 2007 eröffneter Fernwanderweg. Er erhielt die Auszeichnung eines Premiumwanderweges, europaweit die höchste Auszeichnung für einen Wanderweg. Die 218 Kilometer lange Strecke wurde 2015 über Rhaunen und Kastellaun bis Boppard am Rhein verlängert. Neben dem nun 415 Kilometer langen Steig gibt es zahlreiche „Traumschleifen", die zusätzliche Wandermöglichkeiten bieten. Diese haben in der Regel den gleichen Start- und Zielpunkt, sodass Tageswanderungen möglich sind.

Der Saar-Hunsrück-Steig ist als naturnaher Wanderweg angelegt, der über 70 % auf natürlichen Wegen verläuft. Daher führt er meist auch nicht direkt durch Ortschaften hindurch. Somit sind Einkehr- und Unterkunftsmöglichkeiten relativ rar. Besonders reizvoll wird der Steig durch seinen Verlauf durch den Naturpark Saar-Hunsrück. Dieses 2055 Quadratkilometer große Gebiet zeigt die Vielfalt der Mittelgebirgs- und Flusslandschaft von Hunsrück, Saar-, Nied-, Ruwer- und Nahetal.

Der Anspruch der einzelnen Etappen des Saar-Hunsrück-Steigs ist sehr unterschiedlich. Etappen mit geringen Höhendifferenzen stehen solchen mit erheblichen Höhendifferenzen gegenüber.

Das Logo dient neben Werbezwecken auch der Beschilderung des Wanderweges, sodass man sich nicht verläuft. In seiner Gestaltung finden sich die wesentlichen Elemente, die den Saar-Hunsrück-Steig prägen, wieder: Die grüne Farbe repräsentiert die Waldfläche, die in weiten Teilen die Mittelgebirgsfläche des Hunsrücks bedeckt. Die blaue Farbe steht für die Flusslandschaften von Saar, Ruwer, Nied und Nahe. Der Name des Steig findet sich in einem großen geschwungenen S und einem H wieder, wobei das S gleichsam den Wanderweg selbst darstellen soll. Die „Traumschleifen" entlang des Steigs sind mit einem vergleichbaren Logo ausgeschildert. Auch hier finden sich die Buchstaben S und H, um die Zugehörigkeit zum Saar-Hunsrück-Steig zu kennzeichnen. Die Hintergrundfarbe jedoch unterscheidet sich.

Hinweise zum Unterricht

Auf dieser Doppelseite verlangt die Aufgabenstellung das Verständnis eines Höhenprofils. Zur Wiederholung kann die Seite 22/23 im Schulbuch genutzt werden.

Hinweise zu den Materialien

Material 4: Die Karte zeigt die Etappen 9 bis 12 des Saar-Hunsrück-Steigs. Darunter findet sich ein Höhenprofil, dass die zu überwindenden Höhendifferenzen darstellt. Anhand dieses Profils ist es möglich, die Ansprüche der jeweiligen Etappen zu unterscheiden und die Bedeutung der Höhenmeter für eine Wanderung zu verstehen.

Lösung der Basisaufgaben

1 Reiseziele in der Werbung:

a) Erkläre den Werbeslogan „Erlebe die Vielfalt!" mithilfe der Materialien. (AFB II)

Die Vielfalt ergibt sich aus den unterschiedlichen Naturlandschaften, die auf dem Weg zu sehen sind. Neben der Mittelgebirgslandschaft des Hunsrücks finden sich die Flusslandschaften von Saar, Nied, Ruwer und Nahe. Auch die Pfade, die zur Wanderung genutzt werden, sind unterschiedlich. Zwar sind die meisten Wege natürliche Pfade, doch gibt es auch gebaute Stegwege, wie auf Bild 2 zu erkennen ist. Die Lehrtafeln gestalten die Wanderung außerdem abwechslungsreich (vgl. Bild 3). Die Wanderung durch Naturschutzgebiete erhöht die Vielfalt ebenfalls.

b) Beschreibe erste Eindrücke zu Logo 5. (AFB I)

Individuelle Schülerlösung. Denkbar sind Assoziationen bezüglich der Farben (grün = Wald; blau = Wasser). Auch die Buchstaben können bereits erkannt und richtig zugeordnet werden. Es ist allerdings auch möglich, dass die Schülerinnen und Schüler nur Eindrücke hinsichtlich des Gefallens ausdrücken. Dabei kann ihnen das Logo ansprechend vorkommen, aber auch als langweilig empfunden werden.

c) Erkläre die Bedeutung der einzelnen Bildelemente des Logos 5. Erläutere, welche Wirkung beim Betrachter erzielt werden soll und vergleiche diese mit deinen ersten Eindrücken. (AFB II)

Die grüne Farbe steht für die ausgedehnten Waldflächen des Hunsrücks, während die blaue Farbe die unterschiedlichen Flusslandschaften, besonders jene der Saar, darstellt. Die Buchstabe S für Saar und H für Hunsrück bilden die Initialen des Namens des Steigs und zeigen gleichzeitig den geschlungenen Wanderweg, der an beide farblich unterschiedenen Landschaften grenzt.

Es soll somit die Wirkung erzielt werden, dass es sich um einen abwechslungsreichen und naturnahen Wanderweg handelt (Farbwahl wird mit Wald und Wasser verbunden). Außerdem wirkt das geschwungene S sanft. Logos erwecken in der Regel großes Vertrauen beim Betrachter, da mit diesen ein hoher Wiedererkennungswert verbunden ist.

Anwendungsaufgabe

2 Stellt euch vor, ihr wollt gemeinsam eine Klassenfahrt machen. Euer Weg soll zwischen Nonnweiler und Idar-Oberstein verlaufen. (Etappen 9 bis 12). In Kleingruppen plant ihr ein Programm für fünf Tage.

a) Beschreibt den Anspruch der einzelnen Etappen anhand der Karte und des Höhenprofils 4. **(AFB I)**

Die Etappen sind in ihrem Anspruch sehr unterschiedlich. Während die Streckenkilometer 13 bis 22 auf den Erbeskopf – mit 816 Metern Höhe der höchste Berg des Landes Rheinland-Pfalz – führen und somit als sehr anspruchsvoll gelten dürfen, verlaufen die Streckenkilometer 26 bis 38 mit nur geringen Höhendifferenzen. Diese Wegstrecke erscheint also wenig anstrengend. Auch sollen die Schülerinnen und Schüler hier bereits auf das Verhältnis zwischen Wegstrecke und Höhendifferenz eingehen, um die Steigung zu ermitteln. Dabei kann der Streckenanfang (Kilometer 1 bis 6) als Beispiel dienen. Hier sind etwa 300 Höhenmeter auf einer Strecke von sechs Kilometern zu überwinden, die Steigung liegt also bei ungefähr 5 %. Die gleiche Höhendifferenz von etwa 300 Metern findet sich auch im drei Kilometer kurzen Abstieg vom Erbeskopf (Kilometer 22 bis 25). Die Steigung beträgt hier somit ca. 10 %.

b) Erstellt einen sinnvollen Zeitplan. Überlegt euch, wie lange ihr am Tag wandern und welche Strecke ihr zurücklegen wollt. Legt außerdem fest, wo ihr eine Rast machen möchtet. **(AFB II/III)**

Hier sind unterschiedliche Schülerlösungen möglich. Wichtig ist, dass die Zeit, die zur Wanderung veranschlagt wird, vier bis fünf Stunden nicht übersteigt (max. 15 Kilometer am Tag). Rastzeiten müssen zusätzlich addiert werden. Eine längere Wanderzeit schließt sich dadurch aus. Auch sollte die Wegstrecke nicht mehr als drei bis vier Kilometer betragen. In Bereichen mit steilen (z. B. Kilometer 37 bis 39 mit ca. 9 % Steigung) oder langen Aufstiegen (z. B. Kilometer 54 bis 55 mit 7 % Steigung) müssen längere Gehzeiten bedacht werden. Auch die Häufigkeit der Rast sollte dann erhöht werden.

c) Stellt das entworfene Programm in der Klasse vor und entscheidet euch begründet für ein Ergebnis. **(AFB II)**

Individuelle Schülerlösung. Übermäßig lange oder anstrengende Wanderetappen sollen dabei als solche erkannt werden. Möglicherweise kommt es auch zu einer neuen Kombination von Wanderstrecken und Rastpunkten, die viele Vorteile miteinander verbindet.

Medientipps

Surftipp: Saar-Hunsrück-Steig (Online-Code eu8is2)

Unterrichtsvorschlag

Unterrichtsphase	Inhaltlicher Schwerpunkt	Methodisches Vorgehen / Sozialform	Medien / Materialien
Einstieg	Der Saar-Hunsrück-Steig	UG: Begegnung mit dem Thema Eindrücke der SuS	Werbeslogan „Erlebe die Vielfalt!" oder Logo 5
Erarbeitung I	Reiseziele in der Werbung	EA/PA	SB S. 140/141, Aufg. 1
Ergebnissicherung I	Reiseziele in der Werbung	PA: Ergebnispräsentation	Ergebnisse, SB S. 140/141
Erarbeitung II	Planung einer Wanderung	GA	SB S. 141, Aufg. 2a, b, M4
Ergebnissicherung II	Planung einer Wanderung	UG: Ergebnispräsentation und Diskussion; ggf. Erstellung eines Gemeinschaftsprodukts	Schülerergebnisse
Hausaufgabe	Der Saar-Hunsrück-Steig	Rechercheaufgabe: Recherchiere auf der Homepage des Saar-Hunsrück-Steigs Sehenswertes auf den Etappen 9 bis 12. Integriere drei dieser Sehenswürdigkeiten in das Wanderprogramm der Klassenfahrt.	Surftipp (Online-Code eu8is2)

Wanderbar – Tourismus in Rheinland-Pfalz

Kompetenzen

Die Schülerinnen und Schüler können …
- den Begriff Infrastruktur verstehen und erklären;
- die Bedeutung der Infrastruktur für die Wirtschaft einer Region erkennen;
- die Bedeutung des Tourismus als Wirtschaftszweig für strukturschwache Regionen nachvollziehen und belegen;
- den Ausbau und die Förderung des Tourismus in Rheinland-Pfalz begründen;
- die Problematik der Saisonabhängigkeit der Tourismusbranche erklären;
- Regionen hinsichtlich ihres touristischen Potenzials vergleichen und Unterschiede begründen.

Grundbegriffe
Infrastruktur, Saison

Sachinformationen

Rheinland-Pfalz ist ein touristisch reizvolles Bundesland. Hier vereinen sich vielfältige Naturlandschaften mit kulturellen Sehenswürdigkeiten. Die Mittelgebirge Hunsrück, Eifel und Westerwald stehen den Flusslandschaften von Rhein, Mosel, Ahr, Nahe, Saar und Lahn gegenüber. Zahlreiche Burgen und Schlösser bilden die kulturellen Denkmäler vergangener Zeiten. Die Spuren der Römer sind allgegenwärtig, beispielsweise in Gebäuden wie der Porta Nigra in Trier. Die erstklassigen Weinlagen bringen international beachtete Weine hervor, sodass auch das kulinarische Erlebnis ein Aushängeschild des rheinland-pfälzischen Tourismus ist. Eine Verbindung all dieser touristischen Möglichkeiten ergibt sich im Wandern bzw. Radwandern. Daher liegt auf den Wandermöglichkeiten und dem Ausbau von Wander- und Radwanderwegen ein besonderes Augenmerk. Mittlerweile finden sich in Rheinland-Pfalz fünf Fernwanderwege, die diverse Auszeichnungen vorweisen können (vgl. Saar-Hunsrück-Steig, SB S.140/141).

Der Tourismus wird als Wirtschaftszweig für das Bundesland zunehmend bedeutsamer. Im Jahr 2013 besuchten 8 971 782 Touristen Rheinland-Pfalz mit einer durchschnittlichen Aufenthaltsdauer von drei Tagen. Der Ausbau des Tourismus ist dabei aktive Entwicklung und Förderung der rheinland-pfälzischen Wirtschaft. Die strukturschwachen Regionen, besonders Hunsrück, Eifel und Westerwald, profitieren enorm von den geschaffenen Arbeitsplätzen in der Tourismusbranche. Die Investitionen in das Verkehrsnetz tragen zu einer verbesserten Vernetzung bei, wie beispielsweise der vierspurige Ausbau der B50 als Verbindungsstraße zum Flughafen Hahn im Hunsrück unter Beweis stellt. Dass damit auch eine allgemeine wirtschaftliche Entwicklung vorangetrieben wird, zeigt sich an der Erweiterung dieser Verkehrsstrasse im Bau des Hochmoselübergangs, der zu einer Fernstraßenverbindung zwischen den belgischen und niederländischen Nordseehäfen und dem Rhein-Main-Gebiet führt. Den Durchgangsgebieten des Fernverkehrs wie Hunsrück und Eifel bieten sich neue wirtschaftliche Möglichkeiten, um weitere Arbeitsplätze zu schaffen und die wirtschaftliche Entwicklung zu fördern. Auslöser für derartige Entwicklungsmöglichkeiten können der Tourismus und die damit einhergehenden Investitionen sein.

Hinweise zu den Materialien

Karte 4: Die Karte zeigt die Gästezahlen der einzelnen Tourismusregionen in Rheinland-Pfalz. Außerdem finden sich Signaturen zu kulturellen Sehenswürdigkeiten. Diese sind in besonderem Maße entlang des Rheins zu finden, doch auch die Mosel kann solche aufweisen. In den Tourismusregionen Hunsrück, Eifel, Westerwald-Lahn, Naheland und Pfalz sind kulturelle Sehenswürdigkeiten nur in geringer Zahl vorhanden. Daher ist es wichtig, mit den Schülerinnen und Schülern zu erarbeiten, dass hier landschaftliche Reize das touristische Potenzial kennzeichnen. Dabei kann die Bearbeitung der vorhergehenden Doppelseite im Schulbuch (S.140/141: „Erlebe die Vielfalt!": der Saar-Hunsrück-Steig) hilfreich sein.

Material 5: Im Diagramm wird die Anzahl der Gäste in der Skala in 1000 angegeben. In der Abbildung selbst finden sich über den Säulen die konkreten Zahlen aufgelistet. Die Darstellung in 1000 ist für die Schülerinnen und Schüler dieser Jahrgangsstufe kaum nachvollziehbar und kann in dieser Grafik zu Missverständnissen führen. Daher sollte eine kurze Thematisierung vor der inhaltlichen Auseinandersetzung erfolgen, um Missverständnissen vorzubeugen und dennoch eine Heranführung an unterschiedliche Skalendarstellung zu gewährleisten: So werden Schülerinnen und Schüler eine Sensibilität für die Bedeutung des genauen Lesens von Abbildungen entwickeln.

Lösung der Basisaufgaben

1 Beschreibe mithilfe der Karte 4 die regionale Verteilung des Tourismus in Rheinland-Pfalz. Stelle begründete Vermutungen an, worin die Attraktivität der einzelnen Tourismusregionen besteht. **(AFB I/II)**

Die führenden Tourismusregionen mit den höchsten Gästezahlen sind Mosel-Saar, das Rheintal und die Pfalz. Mosel-Saar und das Rheintal sind attraktive Flusslandschaften, ebenso landschaftlich attraktiv ist der Pfälzer Wald. Außerdem handelt es sich um Weinbaugebiete, die auch kulinarische Erlebnisse versprechen (vgl. dazu „Weinland-Pfalz", SB S.68/69). Besonders das Rheintal lockt außerdem mit zahlreichen kulturellen Sehenswürdigkeiten. Einige dieser finden sich auch in der Tourismusregion Mosel-Saar. In der Pfalz sucht man solche hingegen vergeblich (Ausnahme: Trifels). Dies festigt die Annahme, dass ausschließlich landschaftliche und kulinarische Reize diese Region attraktiv erscheinen lassen.

Die geringsten Gästezahlen weisen die Mittelgebirge Hunsrück und Westerwald-Lahn auf. Auch die Regionen Ahr und Naheland verzeichnen geringere Besucherzahlen. Hier kann angeführt werden, dass es kaum kulturelle Sehenswürdigkeiten gibt. Die Landschaften des Hunsrücks und des Westerwalds sind zwar landschaftlich attraktiv, durch ihre Höhenlagen aber auch anspruchsvoller bei Wanderungen. Außerdem ist denkbar, dass Besuche dieser Regionen als Tagesausflüge angeschlossen werden. Mit einer Unterkunft in Trier (Mosel-Saar) oder in Koblenz (Rheintal) kann eine Tagestour in den Hunsrück oder die Eifel ohne große Umstände unternommen werden.

2 Tourismus im Monatsvergleich:

a) Werte das Diagramm 5 hinsichtlich der jahreszeitlichen Verteilung der Gästeanzahl aus. **(AFB II)**

Die höchsten Gästezahlen werden in den Sommermonaten erreicht. Das Maximum ist im August zu verzeichnen, knapp darunter liegen die Gästezahlen des Septembers und des Julis. Es ist deutlich zu erkennen, dass die Hauptsaison von Mai bis Oktober andauert. In diesen Monaten besuchen jeweils über 900 000 Menschen Rheinland-Pfalz. Der April läutet die Saison mit über 660 000 Besuchern ein.

In den Wintermonaten hingegen wird Rheinland-Pfalz nur schwach besucht. Die geringste Besucherzahl ist im Januar zu finden. Insgesamt weisen Dezember, Januar und Februar nur niedrige Zahlen auf. Im Januar kann nur knapp ein Drittel der Besucherzahl des Augusts erreicht werden.

b) Erkläre mithilfe der Informationen im Text, welche Auswirkungen sich aus dieser Verteilung für strukturschwache Regionen ergeben. **(AFB II)**

In der Sommersaison ergibt sich ein hoher Bedarf an Arbeitskräften, die die Angebote für Touristen bedienen. Darunter zählen Beschäftigte in Hotels und Restaurants, aber auch in Museen, Baudenkmälern, Schwimmbädern und anderen Freizeiteinrichtungen. Auch öffentliche Verkehrsmittel werden in dieser Zeit stärker frequentiert. Lässt die Zahl der Besucher nach der Hauptsaison im November deutlich nach, reduziert sich auch der Arbeitskräftebedarf erheblich. Hotels und Restaurants sowie Baudenkmäler und andere Freizeiteinrichtungen müssen Umsatzeinbußen hinnehmen. Dies stellt eine große Herausforderung dar. In strukturschwachen Regionen ist das Ende der Hauptsaison besonders problematisch, da hier kaum alternative Beschäftigungsmöglichkeiten zu finden sind.

3 Vergleiche deine Heimatregion mit einer weiteren Tourismusregion, die du in diesem Buch bereits kennengelernt hast. Begründe die Unterschiede zwischen den Regionen. **(AFB II)**
Individuelle Schülerlösung.

Anwendungsaufgabe

4 Vergleiche deine Heimatregion mit einer weiteren Tourismusregion, die du in diesem Buch bereits kennengelernt hast. Begründe die Unterschiede zwischen den Regionen. **(AFB II und III)**

Diese Aufgabe sollte mit einer Recherche verbunden werden. Dabei suchen die Schülerinnen und Schüler nach touristischen Angeboten in ihrem Heimatraum.

Ein Vergleich kann mit einer anderen Region angestellt werden, die im SB vorgestellt werden. Dabei bieten sich beispielsweise an:
- die Pfalz; vgl. SB S. 68 f.,
- die Alpen; vgl. SB S. 146 ff.,
- Rügen; vgl. SB S. 158 f.,
- die Nordsee; vgl. SB S. 162 f.,
- Mallorca; vgl. SB S. 166 f.

Medientipp

Üben interaktiv: Saison (Online-Code cp23be)

Unterrichtsvorschlag

Unterrichtsphase	Inhaltlicher Schwerpunkt	Methodisches Vorgehen / Sozialform	Medien / Materialien
Einstieg	Tourismus in Rheinland-Pfalz	UG: Begegnung mit dem Thema Eindrücke der SuS	SB S. 142/143, Fotos 1–3
Erarbeitung I	Tourismus in Rheinland-Pfalz	EA/PA	SB S. 142/143, Aufg. 1
Ergebnissicherung I	Tourismus in Rheinland-Pfalz	UG: Ergebnispräsentation	Ergebnisse, SB S. 142/143, M 4
Erarbeitung II	Tourismus im Monatsvergleich	UG: Besprechung des Diagramms 5 (Skalenproblematik) PA	SB S. 142/143, Aufg. 2a, b
Ergebnissicherung II	Tourismus im Monatsvergleich	UG: Ergebnispräsentation	Ergebnisse, SB S. 143, M 5
Hausaufgabe	Unterschiede zwischen Regionen	EA	SB S. 143, Aufg. 3 Surftipp, SB (Vergleichsraum)

Die Alpen in unserem Kopf

Kompetenzen

Die Schülerinnen und Schüler können …
- in Ansätzen die Subjektivität von Wahrnehmungen erkennen und reflektieren;
- unterschiedliche subjektive Wahrnehmungen desselben Sachverhaltes erkennen.

Grundbegriffe

Raumwahrnehmung, Raumkonstruktion

Sachinformationen

Die dem Erweiterungsbereich zuzuordnende Doppelseite widmet sich lehrplangemäß Fragen der Raumwahrnehmung und -konstruktion. Der objektiv gegebene Raum wird vom Individuum zu einem subjektiv erlebten Raum umgeformt. Verschiedene Aspekte wirken auf den Wahrnehmungsvorgang ein und filtern diesen. Zu nennen sind beispielsweise die eigene Persönlichkeit der Schülerin oder des Schülers und ihr bzw. sein Vorwissen. Die Ergebnisse der subjektiven Raumwahrnehmung sollen sichtbar gemacht werden, indem die Schülerinnen und Schüler ihre Vorstellung vom Alpenraum, ihre „Alpen im Kopf", zeichnerisch darstellen.
Der anschließende Vergleich der Schülerarbeiten ermöglicht, Unterschiede herauszuarbeiten und die zugrunde liegenden Ursachen zu begründen und zu diskutieren. Erst wenn sich Schüler auf diesem Wege mit der Subjektivität von Raumwahrnehmungen auseinandergesetzt haben, können sie Einflussfaktoren auf die eigene Wahrnehmung (alte und neue Medien, Werbung) identifizieren und es können Raumdarstellungen (z.B. Tourismuswerbung) problematisiert und Klischees und Stereotype fundiert hinterfragt werden (vgl. Aufgabe 2 im SB S.145).

Hinweise zum Material bzw. zum Unterricht

Die Auswertung der Bilder 3–6 auf Seite 145 (Aufgabe 1) hat lediglich Angebotscharakter. Bei ausreichender Zeit ist vorzuziehen, dass die Schülerinnen und Schüler selbst unvoreingenommen von den Bildern im Schulbuch ihr Bild der Alpen zu Papier bringen.

Lösung der Basisaufgaben

1 Alpenbilder im Vergleich:
a) Vergleicht die Bilder 3 bis 6: Was fällt euch auf? (AFB II)
Individuelle Schülerlösung.
Es sollte als wesentlicher Unterschied herausgearbeitet werden, dass in Bild 3 und 6 die menschliche Nutzung dargestellt ist, während in Bild 4 und 5 die Naturlandschaft dominiert.
b) Diskutiert in der Klasse, woher die unterschiedlichen Darstellungsweisen und Schwerpunkte der Zeichnungen kommen können. (AFB III)
Individuelle Schülerlösung. Als ein möglicher Aspekt können Vorerfahrungen und Interessen der Schülerinnen und Schüler benannt werden: Haben Anabel und Rodrigo bereits Urlaub in den Alpen gemacht und touristische Einrichtungen, die auf den Bildern zu sehen sind, genutzt? Ist Clara besonders an Tieren interessiert und hat sie deshalb ihr Motiv gewählt?

2 Die Alpen in der Werbung:
a) Recherchiert Beispiele, bei denen die Alpen in der Werbung vorkommen. (AFB II)
Individuelle Schülerlösung. Markantes Beispiel ist der Gipfel des Matterhorns, der die Toblerone-Packungen ziert. Diverse Milchprodukte werben mit der Bezeichnung „Alpenmilch".
b) Erläutert mögliche Gründe, die die Werbemacher dazu veranlasst haben, mit den Alpen für ihre Produkte zu werben. (AFB II)
Die Alpen werden mit unberührter Natur gleichgesetzt und sollen somit Kunden zum Kauf von Schokolade oder Milch motivieren. Die Produkte sind somit vermeintlich besonders gesund, frisch und natürlich.

Anwendungsaufgabe

3 Arbeite mit deinem Partner. (AFB II/III)
a) Macht ein Gedankenspiel. Wählt ein gemeinsames Thema aus, z.B. die Nordsee und malt ein Bild dazu.
b) Besprecht eure Ergebnisse.
Individuelle Schülerlösung.

Unterrichtsvorschlag

Unterrichtsphase	Inhaltlicher Schwerpunkt	Methodisches Vorgehen / Sozialform	Medien / Materialien
Einstieg	Die Alpen im Kopf	EA: Erstellung individueller Schülerzeichnungen	Bücher zunächst geschlossen halten!
Erarbeitung	Die Alpen im Kopf	UG: Auswertung der Schülerergebnisse	SB S. 144/145, M3–6; Aufg. 1a
Vertiefung	Alpenbilder im Vergleich	Diskussion: Suche nach Ursachen	SB S. 144/145, M3–6; Aufg. 1b
Hausaufgabe	Die Alpen in der Werbung	EA	SB S. 144/145, M3–6; Aufg. 2

Der Berg ruft!

Kompetenzen

Die Schülerinnen und Schüler können ...
- die Begriffe Hochgebirge, Vegetationszeit, Höhenstufe und Höhengrenze definieren;
- den höhenzonalen Aufbau eines Hochgebirges und den Wandel der Vegetation mithilfe eines Modells beschreiben und begründen;
- ihre Kenntnisse auf ein Realfoto übertragen;
- die Abhängigkeit der Höhenstufen und Höhengrenzen von der Temperatur erklären;
- die Vor- und Nachteile der Arbeit mit einem Realfoto bzw. einem Modell begründen.

Grundbegriff
Höhenstufe

Sachinformationen

Der höhenzonale Aufbau eines Hochgebirges ist in grundlegenden Zügen vergleichbar. Mit zunehmender Höhe sinkt die Temperatur um 0,5 bis 0,6 Grad Celsius pro 100 Meter (feuchtadiabatische Abkühlung). Damit verändert sich auch die Vegetationszeit. Dabei ist zu beachten, dass die Ansprüche der Pflanzen unterschiedlich sind. Insgesamt ergeben sich daraus die charakteristischen Höhenstufen mit den zugehörigen Höhengrenzen. Die Höhengrenzen dürfen aber nicht als absolute Höhenangabe verstanden werden, da sie variieren. So können Hangneigung und Exposition beispielsweise eine Rolle spielen. Die Veränderungen der Vegetation gestalten sich fließend, sodass der Begriff der Höhengrenze missverständlich ist. Gemeint ist nicht zwingend eine scharfe Oberkante als vielmehr der Punkt, oberhalb dessen ein Wachstum für bestimmte Pflanzen oder Pflanzen generell nicht mehr möglich ist. Einzig die Grenze des Bergwaldes, also die Nadelwaldgrenze, die gleichzeitig die Baumgrenze markiert, ist in der Regel relativ scharf ausgeprägt, da ab einer bestimmten Höhe kein Baumwachstum mehr möglich ist. Allerdings gilt auch hier, dass andere Faktoren wie die Exposition Einfluss nehmen können. In diesem Zusammenhang ist auch die Umnutzung des Bergwaldes durch den Menschen zu beachten. Dies sollte mit den Schülerinnen und Schülern thematisiert werden, um Missverständnissen vorzubeugen, die in der Begegnung mit der Realität entstehen könnten.
Die Höhenstufen werden durch den Menschen unterschiedlich genutzt. Während die Obst- und Rebenstufe intensiv landwirtschaftlich genutzt wird, dominiert in der Laub- und Mischwald- sowie in der Nadelwaldstufe die forstwirtschaftliche Nutzung, wobei auch eine landwirtschaftliche Nutzung beispielsweise als Weidefläche möglich ist. Die Mattenstufe wird heute vor allem touristisch genutzt, diente früher aber der traditionellen Almwirtschaft. Die Fels- und Schneestufe liegt in einer Höhe, die ein Pflanzenwachstum nahezu vollständig ausschließt und ist für den Menschen kaum/nicht nutzbar.

Hinweise zum Unterricht

Der Einstieg kann auf unterschiedliche Weise erfolgen. Eine Fantasiereise ist ebenso denkbar wie eine Bildbeschreibung. Auch kann in Anlehnung an die vorangegangene Doppelseite im Schulbuch eine Annäherung über Schülervorstellungen erfolgen.

Lösung der Basisaufgaben

1 Im Tal beginnt Jannik mit seinen Eltern den Aufstieg zum Gipfel. Beschreibe anhand des Modells 3 die Veränderungen der Vegetation und erkläre mithilfe des Texts, wie diese zustande kommen. **(AFB I/II)**

Zunächst führt die Wanderung durch die Obst- und Rebenstufe, die vor allem durch landwirtschaftliche Nutzpflanzen geprägt ist. Es handelt sich um eine vom Menschen angelegte Kulturlandschaft. In der anschließenden Laub- und Mischwaldstufe beginnt ein geschlossener Wald. Hauptsächlich finden sich Laubbäume, mit zunehmender Höhe jedoch auch vermehrt Nadelbäume. Diese dominieren die anschließende Nadelwaldstufe. Wandert man weiter nach oben, werden die Nadelbäume immer kleiner und krummer, bis sie schließlich gar nicht mehr vorkommen. Die Mattenstufe ist gekennzeichnet durch das Wachstum von niedrigen Sträuchern, Gras und Kräutern. Das vermehrt auftretende Geröll kündigt den Übergang in die Schnee- und Felsstufe an, in der ein Pflanzenwachstum (fast) vollständig ausgeschlossen ist.
Die Veränderungen der Vegetation sind durch die abnehmende Temperatur zu erklären. Die Vegetationszeit verkürzt sich. Je höher man aufsteigt, desto kälter wird es und umso widerstandsfähiger müssen die Pflanzen sein.

Anwendungsaufgabe

2 Höhenstufen abgrenzen:
a) Fertige eine Skizze zur Fotografie 2 an und übertrage in diese die Höhenstufen und Höhengrenzen aus dem Modell 3. **(AFB I/II)**
Individuelle Schülerlösung, siehe nächste Seite.
b) Stelle die Schwierigkeiten dar, die sich beim Erstellen der Skizze ergeben. **(AFB II)**
Die Höhenstufen und besonders die Höhengrenzen sind in der Realität weniger klar abzugrenzen. Hier sind die Übergänge fließender und unterscheiden sich, je nachdem, welche Stelle des Fotos man betrachtet. Auch ist die Nutzung nicht so deutlich unterschieden, wie dies das Modell vorgibt. In der landwirtschaftlich genutzten Obst- und Rebenstufe des Fotos finden sich mitunter auch kleinere Ansammlungen von Laubbäumen. Auch ist keine scharfe Bergwaldgrenze (Nadelwaldgrenze) erkennbar (besonders links auf dem Foto). Die Mattenstufe ist auf dem Realfoto nicht zu erkennen.

c) Fotografie oder Modell: Was eignet sich wofür? Lege dazu eine Tabelle an. **(AFB II)**
siehe Tabelle unten

d) Bewerte die jeweiligen Möglichkeiten und Grenzen von Fotografie und Modell. **(AFB III)**

Beide bergen Vor- und Nachteile, sodass die jeweilige Eignung je nach Verwendungszweck geprüft werden muss. Während die Fotografie sehr genau ist und Einzelheiten abbildet, liegt genau in dieser Komplexität auch ein Nachteil. Sie ist häufig nicht vergleichbar. Trotzdem ist die Fotografie sehr gut geeignet, um Erkenntnisse zu gewinnen oder zu überprüfen. Außerdem kann man Kenntnisse leichter auf die Realität übertragen und somit wiederentdecken.

Das Modell dagegen ist durch seine Vereinfachung und Generalisierung auf wesentliche Aspekte beschränkt und dadurch in der Regel leichter verständlich als die komplexe Realität. Zusammenhänge sind gut darstellbar. Auch ist eine hohe Vergleichbarkeit gegeben. Jedoch ist die Abbildung in der Realität so nicht wiederzufinden, sodass die Übertragbarkeit schwieriger leistbar ist.

Medientipps

Lernen im Netz: Animation Höhenstufen (Online-Code za8jd4)
Üben interaktiv: Höhenstufen (Online-Code s5r3cf)
Material: Tiere in den Alpen (Online-Code p49a7i)

Lösungsvorschlag zu Aufgabe 2a: Skizze zum Foto

	Fotografie	Modell
Informationsgehalt	Ausschnitt der Realität; bestimmter Blickwinkel; nicht allgemeingültig	hohe Informationsdichte; Generalisierung; Zusammenfassung wesentlicher Aspekte
Genauigkeit	Einzelheiten erkennbar; Komplexität	Generalisierung; Zusammenfassung einzelner Details; wenig genau
Anschaulichkeit/ Verständlichkeit	real und widererkennbar; dem Betrachter eher vertraut; sehr komplex	leicht verständlich; auf das Wesentliche beschränkt; nicht in der Realität wiederzufinden
Abbildung der Realität	bildet die Realität aus einem bestimmten Blickwinkel mit einer bestimmten Intention ab	nur als grobes Vorstellungsmuster zu verstehen

Tabelle zu Aufgabe 2c: Vergleich Fotografie / Modell

Unterrichtsvorschlag

Unterrichtsphase	Inhaltlicher Schwerpunkt	Methodisches Vorgehen / Sozialform	Medien / Materialien
Einstieg	Abwechslungsreiche Alpen	UG: Begegnung mit dem Thema Eindrücke der SuS	Fantasiereise, SB S. 146, M 2
Erarbeitung I	Höhenstufen	PA	SB S. 146/147, Aufg. 1
Ergebnissicherung I	Höhenstufen	UG: Ergebnispräsentation	SB S. 147, M 3
Erarbeitung II	Höhenstufen abgrenzen	EA PA	SB S. 146/147, Aufg. 2a,b Aufg. 2c
Ergebnissicherung II	Höhenstufen abgrenzen	UG: Ergebnispräsentation	SB S. 146/147, M 2, 3
Hausaufgabe	Medien im Vergleich		SB S. 146/147, Aufg. 2d

Wie kommt die Muschel auf den Berg?

Kompetenzen

Die Schülerinnen und Schüler können …
- erläutern, dass bei der Alpenentstehung riesige Gesteinsmassen durch ungeheure Kräfte geradezu „geknetet" und hochgedrückt wurden;
- sich bewusst machen, dass die Hochgebirgsentstehung unvorstellbar lange Zeiträume erfordert;
- einen eigenen Versuch zur Alpenentstehung planen, durchführen und auswerten.

Sachinformationen

Auf dieser Doppelseite sollen in sehr vereinfachter, aber nicht verfälschter Form die komplizierten Verhältnisse bei einem Hochgebirge wie den Alpen dargestellt werden.

Die Berechtigung dieser Kapitelüberschrift ergibt sich ganz wesentlich aus den erfahrungsgemäß starken Interessen der Schülerinnen und Schüler an dieser Thematik, aber auch den methodischen Möglichkeiten des Einsatzes originaler Gegenstände und eines einprägsamen Modellversuchs.

Die Alpen sind das Resultat der Kollision zweier Kontinentalplatten der äußeren Erdschale – der Afrikanischen Platte und der Europäischen Platte – angetrieben von Strömungen im glutflüssigen Erdinnern. Durch diese Kollision wurden die am Grund eines vorzeitlichen Ozeans (Tethys) angesammelten Sedimente umgewandelt, aufeinandergeschoben und in die Höhe gehoben. Dieses Höhenwachstum setzt sich stellenweise heute noch fort: Der Innenbogen des Gebirgskörpers hebt sich um zwei Millimeter pro Jahr.

Im Detail: Die Entstehungszeit der alpinen Gesteine datiert ins Erdmittelalter. Vor allem während der Muschelkalk-, Jura-, und Kreidezeit wurden sie in breiten, flachen Becken der Tethys (s. o.) abgelagert. Von Nord nach Süd werden die helvetische, penninische, ostalpine und südalpine Zone unterschieden. Während der Jurazeit verbreitete sich die Tethys sogar vorübergehend, und es bildete sich dabei (im penninischen Raum) neue ozeanische Kruste (Abbildung M4). Seit der Kreidezeit verringerte sich der Abstand zwischen Europa und Afrika mit Unterbrechungen immer mehr, und es kam zunächst zur Faltenbildung.

Schließlich wurden enorme Steinmassen über manchmal Hunderte von Kilometern verschoben: die Tiroler und Salzburger Kalkalpen um 200 bis 300 km! Das Matterhorn ist nichts anders als ein Stück Afrika, das auf den Sedimentablagerungen des vorzeitlichen Ozeans nach Norden transportiert wurde.

Bei den Faltungs- und Überschiebungsvorgängen wurden die Gesteinspakete vorübergehend auch nach unten in die plastischen Bereiche des Erdinnern gedrückt. Als Gegenbewegung (zur Erhaltung des Schwimmgleichgewichts der Erdkruste) erfolgte anschließend die bis heute andauernde Heraushebung der Alpen im Neogen (v. a. Miozän und später), verbunden mit kräftiger Abtragung.

Lösung der Basisaufgaben

1 Die Muschel auf dem Berg:
a) Erkläre, wie die Muschel in Foto 1 auf einen Berg in den Alpen kommt. (AFB II)
Die Muschel ist ein Fossil, dass vor vielen Millionen Jahren durch das Meer auf einem (noch nicht vorhandenen) Gipfel in den späteren Alpen angelagert wurde. Durch Hebungsvorgänge sowie Druck von den Seiten wurde das Gebirge geformt und die Muschel auf den Gipfel des Berges gehoben.
b) Beschreibe die Entstehung der Falten im Gebirge. (AFB I)
Bei seitlichem Druck und den Hebungsvorgängen wurden die Gesteinsschichten zusammengeschoben und zu mächtigen Falten aufgeworfen.

2 Arbeite mit dem Atlas: Lokalisiere vier Alpengipfel mit einer Höhe von über 4 000 Metern. (AFB I)
z. B. Matterhorn, 4 478 m, Monte Rosa, 4 634 m (Walliser Alpen); Jungfrau, 4 158 m, Finsteraarhorn, 4 274 m (Berner Alpen); Piz Bernina, 4 049 m (Rätische Alpen); Gran Paradiso, 4 061 m (Grajische Alpen); Barre des Ecrins, 4 102 m (Dauphiné-Alpen)

Anwendungsaufgabe

3 Ein Schülerversuch:
a) Plane mithilfe der Materialien in den Fotos 3 und 5 sowie der Grafiken 4 und 6 einen Versuch, der die Entstehung von Faltengebirgen verdeutlicht. (AFB II/III)
b) Du siehst zwei Zeichnungen vom Anfang und vom Ende des Versuchs. Ergänze sie durch zwei weitere Zeichnungen in deinem Heft und beschreibe die Durchführung. (AFB II)
c) Vergleiche den Endzustand deines Versuchs mit Foto 3. (AFB II)
Dieser Versuch wird mit einem Stapel von etwa drei unterschiedlich farbigen Handtüchern durchgeführt, die auf einer glatten Tischplatte flach liegen.
Es muss den Schülerinnen und Schülern allerdings stets klar sein, dass jedes der weichen Handtücher einer in Wirklichkeit harten Gesteinsschicht entspricht – vorstellungsmäßig nicht immer ganz leicht nachzuvollziehen. Erwartet wird, dass eine Schülerin/ein Schüler der jeweiligen Gruppe zunächst die Hände auf den Außenrand der Frotteetücher legt und das Ganze dann beidhändig zusammenschiebt. Man beobachtet dabei: zunächst Wellung, dann steilere Falten, die später umkippen: liegende Falten, schon vergleichbar mit einer Überschiebungsdecke (vgl. Foto 5 Schülerbuch S. 149 und Tafelbild). Besonders der Vergleich mit dem Foto 2 folgt der Analogiebildung. Die jeweiligen Phasen des Versuchs (= Phasen der Alpenentstehung) werden als Momentaufnahmen im Tafelbild gesichert.

Medientipp

Üben interaktiv: Entstehung der Alpen (Online-Code x69gp9)

Unterrichtsvorschlag

Unterrichtsphase	Inhaltlicher Schwerpunkt	Methodisches Vorgehen / Sozialform	Medien / Materialien
Einstieg	„Wie kommt die Muschel auf den Berg?"	UG: Wie kommen Spuren von Wassertieren auf alpine Berggipfel?	Fossil von einem Alpengipfel
Erarbeitung I	Entstehung der Alpen (Schülerversuch/Text)	GA: Entwicklung der Idee der Alpenentstehung mithilfe von Handtüchern	SB S. 149, M3–M6, Aufg. 3 S. 148/149, Text, Aufg. 1
Erarbeitung II	Rekorde der Alpen	PA: Atlasarbeit	SB S. 149, Aufg. 2, Atlasarbeit
Ergebnissicherung	Materialauswertung entlang der Aufgaben 1–3	UG: Erarbeitung des Tafelbildes	

TERRA ORIENTIERUNG: Die Alpen

Kompetenzen

Die Schülerinnen und Schüler können …
– ihre Fähigkeiten zur räumlichen Orientierung erweitern.

Hinweise zum Unterricht

Die Arbeit mit der Orientierungsseite unterliegt anderen Notwendigkeiten als die Beschäftigung mit den Themenseiten. In einem Dreier-Schritt können sich die Schülerinnen und Schüler dem Themenbereich Orientierung nähern.
Wiederholung: M4 verlangt von den Lernenden eine klassische Atlasarbeit. Im Vordergrund steht hier die Kenntnis grundlegender topografischer Wissensbestände. Es ist zusätzlich bedeutsam, dass alle topografischen Details an einer Wandkarte gezeigt werden.
Das Profil der Alpen verdeutlicht die Unterschiede zwischen den nördlichen und den südlichen Alpen. Dies soll gerade durch die Ballonfahrt herausgearbeitet werden.

Lösung der Basisaufgaben

1 Arbeite mit dem Atlas. (AFB I)
a) Liste die Staaten auf, die Anteil an den Alpen haben.
   Deutschland, Schweiz, Österreich, Liechtenstein, Italien, Frankreich, Slowenien
b) Nenne Städte, die in Längstälern liegen.
   z. B. Innsbruck, Bozen, Trient
c) Nenne den höchsten Alpengipfel.
   Wo liegen die meisten Gipfel über 4000 m Höhe?
   Mont Blanc, 4810 m
   Die meisten Gipfel über 4000 m Höhe liegen in den Westalpen.

2 Wer kennt sich gut aus? (AFB I)
Arbeite mit Karte 4 und benenne die:
a) Städte 1 bis 14,
   1 Nizza, 2 Grenoble, 3 Genf, 4 Bern, 5 Zürich, 6 Innsbruck, 7 München, 8 Salzburg, 9 Wien, 10 Graz, 11 Ljubljana, 12 Bozen, 13 Mailand, 14 Turin
b) Berge 1 bis 7,
   1 Mont Blanc, 2 Matterhorn, 3 Monte Rosa, 4 Piz Bernina, 5 Zugspitze, 6 Großglockner, 7 Ortler
c) Flüsse und Seen a bis h,
   a Rhône, b Genfer See, c Rhein (Vorderrhein), d Bodensee, e Inn, f Adige, g Gardasee, h Po
d) Pässe 1 bis 5,
   1 Col du Mont Cenis, 2 Gotthardpass, 3 San Bernadinopass, 4 Brennerpass, 5 Pass Thurn
e) Staaten 1 bis 7,
   1 Frankreich, 2 Schweiz, 3 Liechtenstein, 4 Deutschland, 5 Österreich, 6 Slowenien, 7 Italien
f) Meere A und B.
   A Ligurisches Meer, B Adriatisches Meer

3 Mit dem Ballon über die Alpen:
Arbeite mit dem Profil 2: Stell dir vor, du fährst mit dem Heißluftballon von Süden nach Norden über die Alpen.
a) Benenne die Gliederung der Alpen. (AFB I)
   Poebene – Südliche Kalkalpen – Zentralalpen – Nördliche Kalkalpen – Alpenvorland
b) Erkläre, über welche Höhenstufen du fährst. (AFB II)
   Obst- und Rebenstufe; Misch- und Laubwaldstufe; Nadelwaldstufe; Mattenstufe; Schnee- und Felsstufe
c) Warum wachsen in großer Höhe keine Pflanzen mehr? Begründe. (AFB II)
   Mit zunehmender Höhe wird die Wachstumszeit, die den Pflanzen zur Verfügung steht, immer kürzer. Deswegen weist jede Höhenstufe eine ganz bestimmte Vegetation auf. In großer Höhe ist diese Zeit sehr kurz und auch nur noch Fels und Geröll bzw. Schnee vorhanden, sodass dort keine Pflanzen mehr wachsen können.

4 Arbeite mit dem Profil und den Fotos:
a) Vergleiche Nördliche und Südliche Kalkalpen (Untergrund, Oberflächenform). (AFB II)
   Die Nördlichen Kalkalpen sind weiter verwittert als die Südlichen Kalkalpen. Die Nördlichen sind gefaltet, wohingegen die Südlichen nur gehoben und gebrochen wirken. Die Oberflächenformen der Nördlichen Kalkalpen wirken schroffer und kantiger, wohingegen die in den Südlichen Kalkalpen gerader und mehr bewachsen wirken. Die Südlichen Kalkalpen sind nicht so hoch wie die Nördlichen Kalkalpen.
b) Ordne die Fotos 1 und 3 den jeweiligen Stellen im Profil zu und begründe deine Entscheidung. (AFB II)
   Foto 1 stammt aus den Nördlichen Kalkalpen. Man kann deutlich die Faltungen erkennen. Außerdem liegt das Allgäu am nördlichen Rand der Alpen im Süden von Deutschland (Bayern).
   Foto 3 stammt aus den südlichen Alpen. Die Dolomiten sind in Italien. Dies kann man auch an den relativ geraden Gesteinen erkennen, die nicht gefaltet sind.
c) In den Kalkalpen findet man gelegentlich Versteinerungen von Meerestieren. Erkläre. (AFB II)
   Die Alpen waren vor vielen Millionen Jahren der Untergrund unter einem Meer. Dies wurde im Laufe der Jahre gehoben und gefaltet (siehe SB S.148/149). Dadurch kann man in den Kalkalpen gelegentlich Versteinerungen von Meerestieren finden.

Medientipps

Üben interaktiv: Orientierung in den Alpen (Online-Code 6q3j6h)
Lernen im Netz: Rundflug über die Alpen (Online-Code yc26uh)

Über und durch die Alpen

Kompetenzen

Die Schülerinnen und Schüler können …
- ausgewählte Ursachen und Probleme des zunehmenden Transitverkehrs durch die Alpen erläutern;
- am Beispiel des Baus des Gotthard-Basistunnels Lösungsansätze für einen zukunftsorientierten Alpentransit erklären;
- einen Perspektivwechsel unternehmen und die Problematik aus Sicht von Touristen, Umweltschützern, Anwohnern und Lkw-Fahrern bewerten.

Grundbegriffe

Pass, Transitverkehr

Sachinformationen

Der gesamte Alpenraum ist aufgrund des Tourismus und der weiteren Zersiedelung und Erschließung mit großen Verkehrsproblemen konfrontiert, die durch den Transitverkehr noch verschärft werden. Dieser steigt immer noch kräftig, da die Warenströme zwischen den europäischen Aktivräumen dieses Hochgebirge überwinden müssen. Deshalb gewannen viele Täler und niedere Alpenübergänge aufgrund ihrer Verkehrsgunst an Bedeutung, so z. B. der Brennerpass (1374 m). Selbst die Bahnlinien, die nur geringe Steigungen bewältigen können und deshalb aufwendige Brücken- und Tunnelbauten benötigen, sind ausgelastet.
So kann z. B. auch der alte Gotthardbahntunnel den Kapazitätszuwachs der Bahn, auf den die Schweiz im Transit vor allem setzt, kaum noch verkraften. Insofern liegt der Ausbau dieser Strecke zu einer neuen Alpentransversale nahe.

Hinweise zum Unterricht

Detaillierte Informationen zur Geschichte, zum Bauzustand, zu technischen Daten usw. sind im Internet tagesaktuell abrufbar (siehe Medientipps). Der auf dieser Seite ermöglichte Blick mit Webcams auf die Baustellen dürfte Schülerinnen und Schüler dieser Altersstufe begeistern und Interesse für die Thematik wecken.

Lösung der Basisaufgaben

1 Beschreibe die Fotos 3 und 4 und ordne den Fotos die Buchstaben in Grafik 5 zu. **(AFB I/II)**
Foto 3 zeigt die Passstraße im Jahre 1928, die sich in vielen Serpentinen den Berg hinauf windet (B in Grafik 5).
Foto 4 zeigt den Bau des Gotthard-Basistunnels und ist somit aktuell (A in Grafik 5).

2 Werte Tabelle 6 aus. **(AFB II)**
Tabelle 6 zeigt die wichtigsten Tunnelbauten in den Alpen. Dabei sind die Bauwerke nach Alter sortiert. Die jüngsten Tunnelbauten sind mit 34,6 bzw. 57,0 km die längsten. Weiterhin fällt auf, dass zu unterschiedlichen Zeiten Verkehrswege für unterschiedliche Verkehrsträger errichtet wurden. Eine erste Phase dauerte von 1871–1913. In dieser Zeit wurden ausschließlich Eisenbahntunnel gebaut. Erst anschließend setzte nach und nach die Massenmotorisierung ein und der Ausbau der Fernstraßen und Autobahnen wurde notwendig. Infolgedessen wurden bis zum Bau des Gotthardtunnels 1980 wichtige Straßentunnel errichtet. Gegenwärtig wird ein neues, drittes Konzept verfolgt: Die Eisenbahnbasistunnel werden als Ausweg aus der Verkehrsproblematik angesehen.

3 Die schnelle Gotthard-Basistunnel-Verbindung ist umstritten. Nenne Argumente, die ein Tourist, ein Umweltschützer, ein Anwohner und ein Lkw-Fahrer vorbringen würden. **(AFB I/II)**
Individuelle Schülerlösung.

Anwendungsaufgabe

4 Führe eine Recherche durch. Lokalisiere Alpenübergänge, an denen Basistunnel geplant oder möglich sind. **(AFB II)**
Mit dem Bau begonnen wurde am Brenner-Basistunnel.
Der Mont-Cenis-Basistunnel zwischen Italien und Frankreich befindet sich derzeit in Planung (Abkommen zwischen Italien und Frankreich).
(Stand: Herbst 2015)

Medientipps

Homepage der AlpTransit Gotthard AG mit Informationen zum Gotthard-Basistunnel: www.alptransit.ch

Üben interaktiv: Verkehrswege am St. Gotthard (Online-Code bk3s4f)

Unterrichtsvorschlag

Unterrichtsphase	Inhaltlicher Schwerpunkt	Methodisches Vorgehen / Sozialform	Medien / Materialien
Einstieg	Der Bau des Gotthard-Basistunnels	LV: Bildbeschreibung, Internetvideos	SB S. 152, M4, Internet
Erarbeitung I	Über und durch die Alpen: Alpenquerung früher und heute	GA	SB S. 152/153, Text; Aufg. 1 und 2
Erarbeitung II	Pro und Kontra Basistunnel	Rollenspiel	SB S. 152/153, Aufg. 3
Hausaufgabe	Recherche zu weiteren Projekten	EA	SB S. 153, Aufg. 4

Vom Bergbauerndorf zum Touristenzentrum: Wolkenstein

Kompetenzen

Die Schülerinnen und Schüler können …
- die Veränderungen, die der Massentourismus in Wolkenstein auslöste, beschreiben;
- die Folgen des Massentourismus in Wolkenstein beurteilen;
- sanften Tourismus von Massentourismus unterscheiden und beide Formen gegeneinander abwägen.

Grundbegriffe

Massentourismus, sanfter Tourismus, Sommersaison, Wintersaison

Sachinformationen

Das Grödental mit dem Ort Wolkenstein ist ein Quertal der Alpen, das lange Zeit recht abgeschieden war. Kennzeichen dafür ist, dass dort immer noch ladinisch gesprochen wird, eine romanische Sprache. Sommer- und Wintertourismus haben zu tief greifenden Veränderungen in der Erwerbsstruktur geführt, die sich auch im Ortsbild von Wolkenstein erkennen lassen.

Lösung der Basisaufgaben

1 Der Tourismus verändert den Ort.

a) Beschreibe die Fotos 2 und 3. **(AFB I)**

Foto 2 zeigt den Weiler Wolkenstein im Jahre 1930. Unterhalb der Sellagruppe sind vereinzelte Gebäude erkennbar, die teilweise schon touristischen Zwecken zu dienen scheinen. Foto 3 zeigt denselben Bildausschnitt in der Gegenwart. Die gesamte Talfläche ist dicht bebaut. Gebäudeformen und -grundrisse lassen auf eine nahezu ausschließlich touristische Nutzung schließen.

b) Belege die Veränderungen mithilfe der Tabellen 4 und 5. **(AFB II)**

Der oben beschriebene Wandel wird in den Tabellen 4 und 5 dokumentiert. Die Einwohnerzahl Wolkensteins hat sich im Zeitraum von 1930 bis 2012 zwar von 1020 auf 2664 erhöht. Dieses Wachstum ist jedoch nur gering gegenüber den für den Fremdenverkehr angegebenen Zahlen: Gasthöfe und Hotels haben sich von 6 auf 80 vervielfacht, 38 Seilbahn-

anlagen sind entstanden. Die Zahl der Übernachtungen hat von 1950 bis 2012 von 72 000 auf 1 180 529 zugenommen. Dabei dominiert schon seit 1960 die Wintersaison. Mit der Zunahme des Massentourismus ist der Erwerbszweig der Landwirtschaft nahezu weggebrochen (1939: 470 Landwirte, 2012: 35, davon keiner im Vollerwerb).

2 Beurteile die Folgen des Massentourismus in Wolkenstein

a) für die Einwohner,

Neue Arbeitsplätze, Wohlstand und Ausbau der Infrastruktur stehen einem Verlust an Identität und Traditionen gegenüber. Das Urteil muss zwiespältig ausfallen.

b) für die Urlaubsgäste,

Den Urlaubern wird eine optimale touristische Infrastruktur geboten. Seilbahnen und Freizeitanlagen aller Art ermöglichen einen vielfältigen, abwechslungsreichen Urlaub in einer zunehmend künstlichen Ferienlandschaft.

c) für die Umwelt. **(AFB III)**

Verkehr und Abgase, extrem erhöhter Ressourcenverbrauch sowie Abholzung und künstliche Beschneiung sind nur einige der negativen Aspekte, die hier zu nennen sind.

3 Gestalte eine Werbeanzeige des Orts für Touristen. Berücksichtige Sommer- und Wintersaison. **(AFB II)**

Individuelle Schülerlösung.

Anwendungsaufgabe

4 Recherchiere im Internet zum sanften Tourismus, der in anderen Südtiroler Tourismusregionen angestrebt wird und stelle beide Reiseformen gegenüber. **(AFB II/III)**

Unter www.suedtirol.com/sommer/alpine-pearls (Zugriff: September 2015) werden Bemühungen um den sanften Tourismus in ausgewählten Südtiroler Regionen beschrieben. Es wird versucht, die negativen Auswirkungen des Massentourismus zu verringern.

Medientipps

Internetauftritt des Grödentals: www.valgardena.it/de/

Lernen im Netz: Sanfter Tourismus (Online-Code 4iz59u)
Üben interaktiv: Sanfter Tourismus und Massentourismus (Online-Code ig68ag)

Unterrichtsvorschlag

Unterrichtsphase	Inhaltlicher Schwerpunkt	Methodisches Vorgehen/Sozialform	Medien/Materialien
Einstieg	Wolkenstein früher und heute	Bildbeschreibung	SB S. 154/155, M2, 3, Aufg. 1
Erarbeitung I	Massentourismus in Wolkenstein	PA	SB S. 154/155, Text; Aufg. 2
Erarbeitung II	Sommersaison und Wintersaison	GA	SB S. 154/155, Aufg. 3
Hausaufgabe	Recherche zu sanftem Tourismus	EA	SB S. 154/155, Aufg. 4

Alp(en)traum – ein Rollenspiel

Kompetenzen

Die Schülerinnen und Schüler können …
- sich in der Sozialform des Rollenspiels üben;
- Perspektivwechsel vollziehen und somit die Komplexität von Interessenskonflikten erkennen und verstehen;
- verstehen, dass eine Lösung nicht immer für alle Beteiligten akzeptabel ist.

Sachinformationen

Die Skigebiete im Alpenraum sehen sich einer großen Konkurrenz ausgesetzt. Die Attraktivität eines Skigebiets ist daher ausschlaggebend für die Rentabilität eines solchen. Um attraktiv für Touristen zu sein, muss ein Skigebiet in der Regel eine recht große Ausdehnung aufweisen und somit unterschiedliche Möglichkeiten bieten. Auch eine gute Vernetzung ist entscheidend. Verschiedene Pistenverläufe mit unterschiedlichen Anforderungsniveaus erlauben Ski- und Snowboardfahrern Abwechslung.

Andererseits können auch kleine, abgelegene Skigebiete für Touristen interessant sein, wenn nicht nur das Ski fahren im Fokus steht. Landschaftliche Reize mit außergewöhnlicher, fast unberührter Natur ohne touristisch überlaufene Ortschaften sind sicherlich für manche attraktiver als große Skigebiete.

Hinweise zum Unterricht

Anhand dieser Doppelseite kann die Einübung der Methode des Rollenspiels geübt werden. Durch die Einnahme unterschiedlicher Perspektiven erarbeiten die Schülerinnen und Schüler den Sachverhalt intensiv und eigenständig. Die Problematik, die mit dem Zusammenschluss von Skigebieten oder auch der Einrichtung eines Skigebiets einhergeht, kann so genauer hinterfragt werden. Die Schülerinnen und Schüler können selbst erleben, wie komplex solche Entscheidungsfindungsprozesse sind. Sie erkennen, wie viele Faktoren Einfluss auf die Meinung des Einzelnen nehmen: Die eigene Situation, eigene Interessen und Bedürfnisse, aber auch das eigene Weltbild summieren sich zu einer komplexen Anschauung. Da solche Maßnahmen viele Menschen betreffen, ist auch immer ein gewisses Konfliktpotenzial inbegriffen. Um mit diesem umgehen zu können, müssen Kompromisse – so weit möglich – gefunden werden. Gleichzeitig müssen die Beteiligten, im Rollenspiel also die Schülerinnen und Schüler, es aber auch aushalten können, dass ihre Sichtweise und Meinung kaum oder keine Berücksichtigung findet. Auf diese Weise kann mit der Einübung dieser Methode einem Schwarz-Weiß-Denken vorgebeugt werden. Die Schülerinnen und Schüler werden so für die Komplexität der Realität sensibilisiert.

Lösung der Basisaufgaben

1 Bereitet das Rollenspiel vor, indem ihr die Schritte 1 und 2 durchführt. Auf dieser Seite seht ihr Beispiele für Rollenkarten, die teilweise noch ergänzt werden müssen. Außerdem könnt ihr noch andere Gemeindemitglieder zu Wort kommen lassen, beispielsweise den Bürgermeister selbst. (AFB II/III)

Ergänzung Rollenkarte Monika Schranz, Landwirtin, 28
- … Sie fürchtet um den Zustand der Almen und damit um den Weideplatz ihres Jungviehs. Ihr landwirtschaftlicher Betrieb wird durch den Zusammenschluss der Skigebiete gefährdet. Andererseits ergibt sich für sie auch die Möglichkeit, ihr Land gewinnbringend an die Gemeinde zu verkaufen, damit dieses für das Skigebiet genutzt werden kann.

Ergänzung der Rollenkarte Hans Höllhuber, Gastwirt, 55
- … Sie genießen die Ruhe und die fast unberührte Landschaft des hinteren Urgtals. Bei dem Zusammenschluss der Skigebiete könnte er seine Stammkunden verlieren, da diese die Ruhe, die sie bisher an der Gemeinde See schätzen, hier nicht mehr finden können. Auf der anderen Seite birgt die Erweiterung des Skigebiets für ihn auch die Möglichkeit, neue Kunden zu gewinnen.

Ergänzung der Rollenkarte Katharina Hess, Rentnerin, 64:
- … Sie fürchtet um die fast unberührte Natur des hinteren Urgtals. Mit dem Zusammenschluss kommt es ihrer Meinung nach zum Massentourismus, verbunden mit Lärm, Müll und Autos. Sie lehnt das Projekt ab, da die Zerstörung der Landschaft damit einhergeht.

Ergänzung Rollenkarte Tanja Stumpf, Angestellte der Seilbahngesellschaft, 35:
- … Sie befürwortet die Maßnahme. Durch den Zusammenschluss der Skigebiete wird ihr Arbeitsplatz gesichert. Allerdings hofft sie, dass ihre Arbeitszeiten nicht verlängert werden.

Weitere mögliche Gemeindemitglieder:
- Bürgermeister: Er sieht in dem Zusammenschluss eine Erweiterung des touristischen Angebots und somit gewinnbringende Einnahmequellen. Andererseits ist ihm bewusst, dass die Gemeinde für die Maßnahme hohe Ausgaben in Kauf nehmen muss. Dass das Projekt unter den Gemeindemitgliedern so umstritten ist, beunruhigt ihn. Schließlich will er den Bürgerinnen und Bürgern, die ihn gewählt haben, gerecht werden.
- Anwohner 1: Er befürchtet den Massentourismus, der seiner Meinung nach Lärm, Müll und Autoabgase mit sich bringen wird. Da sich das Ortsbild und das Leben in See verändern würden, lehnt er das Projekt ab. Außerdem ist er der Meinung, dass die hohen Investitionen in die Maßnahme besser anderweitig eingebracht würden.

– Anwohnerin 2: Sie ist eine sportbegeisterte Skifahrerin und begrüßt den Zusammenschluss der Skigebiete. Für sie und ihre Familie ergeben sich neue Möglichkeiten beim Ski und Snowboard fahren. Die Skigebiete sind für sie und ihre Familie durch den Bau der Seilbahnen leichter und schneller zu erreichen. Auch ist sie der Meinung, dass die Infrastruktur Sees verbessert werden sollte. Die Einnahmen aus dem Tourismus können dabei hilfreich sein.

2 Führt das Rollenspiel durch (3. Schritt) und wertet es anschließend aus (4. Schritt). **(AFB III)**
Individuelle Schülerlösung.

Unterrichtsvorschlag

Unterrichtsphase	Inhaltlicher Schwerpunkt	Methodisches Vorgehen / Sozialform	Medien / Materialien
Einstieg	Zusammenschluss der Skigebiete?	UG: Eindrücke der SuS Erfassen der Situation, Verortung	SB S. 156, Atlas
Erarbeitung I	Zusammenschluss der Skigebiete?	GA ggf. Hilfekärtchen mit Ergänzungen	SB S. 156/157, Aufg. 1
Erarbeitung II	Zusammenschluss der Skigebiete?	UG (Plenumsdiskussion) Durchführung des Rollenspiels	SB S. 156/157, Aufg. 2 Rollenkarten
Ergebnissicherung	Zusammenschluss der Skigebiete?	UG: Auswertung des Rollenspiels	SB S. 156/157, Aufg. 2
Hausaufgabe	Entscheidungsbegründung durch den Bürgermeister	Aufgabe: „Verfasse als Bürgermeister von See einen Artikel für die örtliche Zeitung, im dem du die im Unterricht erarbeitete Entscheidung bekannt gibst und erläuterst."	

Urlaubsinsel Rügen

Kompetenzen

Die Schülerinnen und Schüler können …
- Tabellen zum Tourismus auf Rügen auswerten;
- die Entwicklung des Tourismus auf Rügen beschreiben;
- die Veränderungen in der Urlaubsgestaltung in Abhängigkeit von der historischen Zeit beschreiben;
- die Besonderheiten der Naturlandschaft und der Steilküste im Nationalpark Jasmund beschreiben;
- die Rügener Kreide und ihre vielfältige Verwendung beschreiben;
- die Entstehung des Kreidegesteins skizzieren.

Hinweise zum Unterricht: Wähle aus!

Die Informationen der Doppelseite sind Differenzierungsangebote und Anregungen zur Urlaubsinsel Rügen. Diese sprechen das individuelle Interesse und den Lernstil der Schülerinnen und Schüler an. Im Schulbuch sind diese Angebote mit den Seiten 160/161 „Die Gezeiten" und 162/163 „Nationalpark Wattenmeer" verknüpft. Die Schülerinnen und Schüler sollen sich individuell für ein Angebot entscheiden. Partnerarbeit oder kleine Gruppen sind möglich. Man kann die Schüler als Hausaufgabe zusätzlich zu ihrem Interessengebiet recherchieren lassen. Ziel sind kleine Präsentationen, z. B. als Vortrag oder kleines Plakat oder Wandzeitung, die die Schülerinnen und Schüler vorstellen und/oder ausstellen.

Lösung der Basisaufgaben

Binz – vom Fischerdorf zum Seebad (A)

1 Erstelle ein Lernplakat zur Geschichte des Seebades Binz.
a) Beschreibe das Foto „Seebrücke in Binz 1911". (AFB I)
   Im Vorder- und Mittelgrund Strandkörbe, einzelne Badegäste in langer Kleidung, Männer in Anzügen, Frauen in Blusen und Röcken – auch am Wasser. Im Hintergrund Seebrücke (einfacher Holzbau).
b) Leite aus den Informationen einen Urlaubstag von damals ab. Beziehe dabei auch die Seebrücke und ihre Funktion ein. (AFB II)
   Individuelle Schülerlösung. Anregungen aus dem Material.
   Text: Warmbadehäuser, Kurhaus, Strandpromenade, Rasender Roland, Seebrücke als Anleger für Ausflugsschiffe
   Bild: Strandkörbe, Kleidung der Gäste, Seebrücke als Anleger für Spazierweg.

Die Kreidefelsen im Nationalpark Jasmund (B)

2 Erstelle ein Lernplakat zu den Kreidefelsen im Nationalpark Jasmund.
a) Erstelle einen Text zu den Prozessen, die an der Kreideküste ständig ablaufen. (AFB II)
   Individuelle Schülerlösung.
b) Erstelle eine Infotafel mit Sicherheitshinweisen für Touristen. (AFB II)
   Individuelle Schülerlösung. Sinngemäß: Vorsicht Steilkante, Abbruchgefahr, Küste ist in Bewegung, Nicht zu nah an die Abbruchkante herantreten.

Tourismus auf Rügen in Zahlen (C)

3 Erstelle mithilfe der Tabellen ein Lernplakat zum Tourismus.
a) Fasse die Argumente der Tabellen zu einem Text zusammen. Verwende dabei die Begriffe Haupt- und Nebensaison. (AFB II)
   Die Anzahl der Beherbungsbetriebe hat sich seit 1997 bis 2011 fast verdoppelt. Der Anstieg verlangsamt sich. Ebenso hat sich die Zahl der Gästeankünfte stark erhöht. Die Anzahl der Übernachtungen hat in den ersten Jahren stark zugenommen, jetzt stagniert sie. Die Gäste bleiben kürzer. Juni, Juli, August ist Hochsaison, in den Wintermonaten Nebensaison.
b) Leite Vorteile und Nachteile für die Rügener und ihre wirtschaftliche Situation ab. (AFB III)
   Vorteile: beliebte Ferienregion mit vielen Gästen bringt Einkommen und Arbeit
   Nachteile: unregelmäßige Einnahmen und Arbeitsangebot über das Jahr

Kreide von Rügen (D)

4 Erstelle ein Lernplakat zum Thema Rügener Kreide.
a) Erstelle eine Übersicht zur Verwendung der Kreide. (AFB I)
   Dünger, Schreibkreide, Industrierohstoff, Heilmittel
b) Erstelle eine Skizzenfolge zur Entstehung des Kreidegesteins. (AFB II)
   Individuelle Schülerlösung. Mögliche Abfolge: flaches Meer mit Meerestieren – Kalküberreste lagern sich am Grund ab – Verfestigung und Sedimentation

Medientipp

Surftipp: Zahlen und Fakten zu Rügen (Online-Code 6k8w4d)

Die Gezeiten

Kompetenzen

Die Schülerinnen und Schüler können …
- die Gezeiten und ihre unterschiedliche Ausprägung beschreiben;
- den Rhythmus der Gezeiten mithilfe der Fachbegriffe erklären;
- einen Tidekalender lesen und dessen Bedeutung für die Schifffahrt, den Tourismus usw. erklären.

Sachinformationen

Die Nordsee ist mit ihren 575 000 km² ein Schelfmeer, d. h. ein Flachmeer (Doggerbank: 15 m) auf dem untermeerischen Saum des europäischen Kontinents. Die in der Nordsee vorherrschenden Winde erzeugen eine Hauptströmungsrichtung gegen den Uhrzeigersinn. Diese Zirkulation wird überlagert von den Einflüssen der Gezeiten. Die beiden Flutwellen, die Silberrinnen- und die Kanalwelle, werden nicht in der flachen Nordsee erzeugt, da das Volumen des Nordseebeckens für eigene Tidenwellen nicht ausreicht, sondern kommen aus dem tiefen Atlantik („Mitschwingen des Nordseewassers"). Die Silberrinnenwellen wandern die Ostküste Englands, die niedersächsische, die schleswig-holsteinische und die jütländische Nordseeküste entlang. Sie wird durch die Kanalwelle nach Osten abgedrängt. Bei einem starken Sturm aus nordwestlicher Richtung wird das aufgewühlte Wasser mit hohen Wellen in die Deutsche Bucht und dann gegen die Küste gepeitscht. Es kann bei Ebbe nicht mehr abfließen. Beim Einsetzen der nächsten Flut steigt das Wasser zwangsläufig über den normalen Stand, sodass es zu Überschwemmungen kommen kann. Während der Tidenhub auf dem offenen Meer unter 2 m liegt (Helgoland: 2,38 m), kann sich der Effekt in günstig gelegenen, sich trichterförmig verengenden Buchten oder im Bereich von Flussmündungen durch die Stauwirkung deutlich verstärken (Deutsche Bucht: 3,62 m).

Gezeiten

Zweimal täglich hebt (Flut) und senkt (Ebbe) sich der Meeresspiegel an den meisten Küsten der Erde. Vom Höchststand des Wassers bis zum nächsten vergehen etwa zwölf Stunden und 25 Minuten. Die Zeiteinheiten nennt man Tide (friesisches Wort für Zeit). Dazwischen liegt der Tiefstand des Wassers. Jeder Tag bringt zwei Tiden (auch Gezeiten genannt). Da die Gezeitenuhr nach dem Mond tickt, treten jeden Tag Hoch- und Niedrigwasser um ca. 50 Minuten verspätet auf. Genau 24 Stunden, 50 Minuten beträgt die scheinbare Umlaufzeit des Mondes um die Erde.

Entstehung der Gezeiten: Es wird absichtlich – aufgrund von physikalisch für Schülerinnen und Schüler nicht nachvollziehbaren Massegesetzen – darauf verzichtet, den Schülerinnen und Schüler die Entstehung der Gezeiten in ihrer vollen Komplexität zu erklären. Sollte dennoch die Frage der Entstehung aufgeworfen werden, bietet sich der Vergleich mit einem Karussell an. Die Drehbewegungen der Erde um die Sonne, die des Mondes um die Erde und die Drehung der Erde um sich selbst bewirken Kräfte (Fliehkraft), die alles, was sich auf der Erde befindet, nach außen ziehen, ähnlich einem Karussell, bei dem man bei der Drehung nach außen gedrückt wird. Außer den Fliehkräften gibt es zwischen Erde und Sonne und Erde und Mond Anziehungskräfte. Bedingt durch den wesentlich größeren Abstand zur Sonne ist die Auswirkung der Anziehungskräfte zwischen Erde und Mond deutlich stärker. Damit sind für die Entstehung von Ebbe und Flut der Einfluss des Mondes und die Fliehkraft verantwortlich.

Gezeitenkalender (evtl. Original-Tidenkalender mitbringen): Über den Gezeitenkalender wird den Schülerinnen und Schülern die Bedeutung von Ebbe und Flut für den Menschen näher gebracht. Als Transfer bietet sich ein Gespräch hinsichtlich der Bedeutung der Gezeiten für die Schifffahrt (kein Hafenzugang, genaues Planen für Gütertransport) an.

Lösung der Basisaufgaben

1 Ben:

a) Arbeite mit Text 6. Beschreibe die unterschiedlichen Wasserstände. (AFB I)

Der Wasserstand an der Küste verändert sich im Laufe des Tages ständig. Dies ist an verschiedenen Küsten unterschiedlich deutlich wahrnehmbar. An der Ostsee oder am Mittelmeer nimmt man die Veränderung kaum wahr. An anderen Küsten beträgt der Unterschied mehrere Meter. In der Bretagne schwankt der Wasserstand der Atlantikküste um bis zu 14 Meter. Dieser Unterschied der Wasserstände ist durch die Gezeiten verursacht.

b) Arbeite mit Text 4: Erkläre folgende Begriffe: Ebbe, Flut, Gezeiten, Niedrigwasser, Hochwasser. (AFB II)

Ebbe: Sinken des Wasserstandes über eine Dauer von sechs Stunden. Das Wasser läuft hierbei ab und der Wattboden fällt trocken.

Flut: Nach dem Niedrigwasser läuft das Wasser wieder auf die Küste auf. Dieser Vorgang dauert auch circa sechs Stunden.

Gezeiten: Schwankung des Wasserstandes bei Ebbe und Flut. Man bezeichnet die Gezeiten auch als Tiden.

Niedrigwasser: der niedrigste Wasserstand, der bei Ebbe erreicht wird.

Hochwasser: Hierbei wird der höchste Wasserstand der Flut erreicht.

c) Bearbeite nun Aufgabe 3a – 3c. (AFB II)

s. u.

2 Karla:

a) Notiere deine Erklärung für folgende Begriffe: Ebbe, Flut, Gezeiten, Niedrigwasser, Hochwasser. (AFB II)

siehe Lösungen zu Aufgabe 1b

b) Überprüfe deine Erklärung mithilfe von Text 4. (AFB III)

Individuelle Schülerlösung.

3 Paula:

a) Bringe folgende Begriffe in die richtige Abfolge: Ebbe, Flut, Hochwasser, auflaufendes Wasser, ablaufendes Wasser, Niedrigwasser.
Tipp: Bist du dir bei einem Begriff nicht mehr sicher, gehe zu Aufgabe 2b. **(AFB II)**
Ebbe – ablaufendes Wasser – Niedrigwasser – auflaufendes Wasser – Flut – Hochwasser

b) Bestimme mithilfe von Grafik 3 den Zeitraum zwischen Hochwasser und Niedrigwasser. **(AFB I)**
Der Zeitraum zwischen Hochwasser und Niedrigwasser beträgt sechs Stunden und zwölf Minuten.

c) Erkläre den Begriff Tidenhub mithilfe von Grafik 3. **(AFB II)**
Der Tidenhub ist der Unterschied des Wasserstandes zwischen Hochwasser und Niedrigwasser. In der Nordsee beträgt dieser in der Regel zwei bis drei Meter.

Arbeitet im Team weiter:

4 Ergebnisse austauschen:

a) Vergleicht eure Ergebnisse.

b) Erklärt euch gegenseitig die Gezeiten. **(AFB II)**
Individuelle Schülerlösung.

Anwendungsaufgaben

5 Für alle, die noch mehr wissen wollen:

a) Warum ist an manchen Stellen im Gezeitenkalender 7 „–" notiert? **(AFB II)**
An den Stellen im Gezeitenkalender, an denen „–" notiert ist, ist das Hochwasser noch am Tag davor oder schon am Tag danach.

b) Der Gezeitenkalender gibt Hoch- und Niedrigwasser für jeden Tag an. Überlegt gemeinsam: Für wen sind solche Kalender wichtig? **(AFB II/III)**
Ein solcher Gezeitenkalender ist für den Schiffsverkehr wichtig, da nicht zu allen Zeiten alle Schiffe in bestimmte Häfen, beispielsweise Hamburg, einlaufen können. Ebenfalls profitieren Fischer und Seeleute von einem Gezeitenkalender, da sie den Mindestwasserstand abwarten müssen, um mit ihren Booten ein- bzw. auslaufen zu können. Auch ist ein solcher Gezeitenkalender für Badegäste interessant, da sie bei Ebbe einen weiteren Weg zum Baden zurücklegen bzw. ganz darauf verzichten müssen. Ebenfalls ist er für Touristen bzw. Wattführungen von enormer Bedeutung, da diese zu bestimmten Zeiten starten müssen, damit sie vor der Flut wieder zurück sind.

c) Leitet aus den Grafiken 5 und 8 eine Erklärung für die Entstehung der Gezeiten ab. **(AFB II/III)**
Die Wassermassen der Meere folgen der Anziehungskraft des Mondes, sodass sich auf der mondzugewandten Seite der Erde ein Wasserberg bildet. Dieser wird durch die Erdumdrehung, ähnlich wie bei einem Karussell, auf der gegenüberliegenden Seite durch die Fliehkraft ausgeglichen.

Medientipp

Lernen im Netz: Animation Ebbe und Flut (Online-Code 3ee24x)

Unterrichtsvorschlag

Unterrichtsphase	Inhaltlicher Schwerpunkt	Methodisches Vorgehen / Sozialform	Medien / Materialien
Einstieg	Wasserunterschiede bei Ebbe und Flut	UG: Bildbeschreibung	SB S. 160, M1, 2
Erarbeitung I	Entstehung von Ebbe und Flut	EA oder GA differenziert nach Verständnis	SB S. 160, Aufg. 1, 2 oder 3
Ergebnissicherung I	Entstehung von Ebbe und Flut	GA	SB S. 160, Aufg. 4
Erarbeitung II	Auswertung eines Gezeitenkalenders	UG	SB S. 160, Aufg. 5
Ergebnissicherung II	Entstehung von Gezeiten	UG	

Nationalpark Wattenmeer

Kompetenzen

Die Schülerinnen und Schüler können …
- die Lage und Ausdehnung des Wattenmeeres beschreiben;
- die Gefahren, die das Wattenmeer bedrohen, nennen und beschreiben;
- erkennen, dass es zu Nutzungskonflikten kommen kann;
- die Notwendigkeit zu einem verantwortlichen Handeln im Raum begründen;
- den Nationalparkgedanken erläutern.

Sachinformationen

Bei einer Wanderung im Küsten- und Strandbereich stößt man einerseits auf zahlreiche Muschelschalen, kleine Krebse, Wurmröhren, Quallen; aber nicht selten auch auf Plastikabfälle, einzelne Schuhe und weitere vom Menschen produzierte Abfälle, die teilweise bereits eine lange Reise hinter sich haben. Das angespülte Material wird darüber hinaus noch vom Wind weiter getragen und an anderen Stellen abgelagert.

Der Naturraum Wattenmeer ist auch ein Wirtschaftsraum, in dem die Einwohner leben und arbeiten. Gleichzeitig ist er insbesondere in den Sommermonaten Erholungsraum für mehrere Millionen Übernachtungsgäste und zahlreiche Tagesgäste. Somit kommt es zwangsläufig zu Nutzungskonflikten. Ziel ist es, den Schülerinnen und Schülern die Einzigartigkeit des Wattenmeeres vor Augen zu führen und sie die Notwendigkeit des Schutzes erkennen zu lassen. Im Mittelpunkt der Unterrichtsstunde steht deshalb der Nationalparkgedanke.

Das Watt als einzigartiger Lebensraum

Vor der niederländischen, deutschen und dänischen Nordseeküste liegt zwischen der Festlandsküste und den vorgelagerten Inseln und Sandbänken eines der bedeutendsten Feuchtgebiete Europas und ein – wegen seiner Größe und seiner besonderen Artenvielfalt – auf der Welt einzigartiger Lebensraum, das Wattenmeer. Es nimmt insgesamt eine Fläche von rund 7500 km² ein. Deutschland partizipiert mit rund 4500 km² am Wattenmeer, davon gehören 2250 km² zu Schleswig-Holstein.

Hinweise zum Unterricht

Gerade das Spannungsfeld zwischen Mensch und Natur wird auf der Doppelseite durch die Differenzierung und das Aufteilen in Umweltschützer und Tourist besonders kritisch betrachtet. Zunehmende Eingriffe in diesen empfindlichen Naturraum, die von den Verursachern kaum wahrgenommen werden, zumal es sich zumeist um Raum belastende Maßnahmen handelt, deren weit reichende Auswirkungen nicht sofort zu erkennen sind, erfordern besondere Schutzmaßnahmen. Diese sollen dann im Aufgreifen des Nationalparkgedankens gefestigt werden.

Lösung der Basisaufgaben

A: Perspektive Umweltschützer

1 Erkläre, warum das Watt für die Tiere sehr wichtig ist. (AFB II)

Im Watt leben viele Tiere und Pflanzen. Sie haben hier ihren Lebensraum und können sich gerade in diesem salzhaltigen Wasser besonders gut entwickeln. Das Wattenmeer ist die Kinderstube vieler Nordseefische. Auch sind hier der Wattwurm, Muscheln und andere Krustentiere ebenso beheimatet wie die Garnelen. Auf den angrenzenden Salzwiesen sammeln sich jedes Jahr im Frühjahr und Herbst Millionen von Zugvögeln. Viele Vögel haben hier ihre Brutplätze und kommen deshalb jedes Jahr wieder. Das Meer bietet vielen Vogelarten ein gutes Nahrungsgebiet. Viele Fische, wie beispielsweise die Scholle, haben hier ihren Lebensraum. Durch die bunten Salzwiesen werden beispielsweise Tagpfauenaugen und andere Schmetterlinge angelockt.

2 Beschreibe die Pflanzenwelt des Wattenmeers. (AFB I)

Die Pflanzenwelt des Wattenmeeres beherbergt seltene Pflanzen, wie beispielsweise den Queller, der Salzwasser verträgt, und den farbenfrohen Strandflieder. Durch das salzhaltige Wasser können nur wenige Pflanzen hier überleben. Haben sie sich allerdings angesiedelt, wird mit der Zeit das Salzwasser ausgespült und weitere Pflanzen können sich dort ausdehnen.

B: Perspektive Tourist

1 Erkläre, warum du als Tourist ans Wattenmeer fährst. (AFB II)

Touristen fahren ans Wattenmeer, da sie hier viele Möglichkeiten der Freizeitgestaltung und der Naturbeobachtung haben. Sie können beispielsweise in den Meerwellen baden, Strandtennis spielen, faulenzen und am Strand lesen oder lange Spaziergänge unternehmen. Auch besteht die Möglichkeit von Fahrradtouren entlang der Küste. Touristen können durch Ferngläser Zugvögel beobachten oder Wattwanderungen unternehmen. Fischkutterfahrten und der Besuch von Seehundbänken sind ebenfalls möglich.

2 Begründe, warum du nicht ohne Begleitung in die Ruhezone eines Nationalparks darfst. (AFB II)

Man darf nur unter Begleitung in die Ruhezone eines Nationalparks, da hier die empfindlichen Lebensräume von zahlreichen Tieren und Pflanzen sind. Könnten sich die Touristen darin frei bewegen, würden sie beispielsweise die Vögel bei der Brut stören bzw. durch Verlassen der Wander- und Reitwege viele seltene Pflanzen zerstören.

Gemeinsame Aufgabe

3 Der Nationalpark Wattenmeer ist etwas Besonderes!
Erkläre dies mit eigenen Worten. **(AFB II)**

Im Nationalpark Wattenmeer leben zahlreiche seltene Tier-
und Pflanzenarten. In ihm gibt es drei verschiedene Schutz-
zonen, die unterschiedlich stark durch den Menschen in
Anspruch genommen werden dürfen. Hier brüten Vögel ihre
Nachkommen aus und suchen Schutz vor Gefahren. Der Nationalpark Wattenmeer beherbergt etwa 2000 Tierarten, wovon
die kleinsten Tiere nur ein Zehntel Millimeter groß sind. Auch
soll gerade in einem Nationalpark die Natur sich möglichst un-
gestört entfalten können. Der Nationalpark Wattenmeer ist
rund 7500 km² groß.

Medientipps

Hörtipp: Barfuß durchs Watt (Online-Code 3rm84i)
Material: Das Watt lebt (Online-Code 596hx7)

Unterrichtsvorschlag

Unterrichtsphase	Inhaltlicher Schwerpunkt	Methodisches Vorgehen / Sozialform	Medien / Materialien
Einstieg	Fiktive Reise an das Wattenmeer	LV: Vorlesen der Geschichte von Carolyn und Tobias	SB S. 162
Erarbeitung I	Perspektive Umweltschützer und Tourist am Wattenmeer	aGA	SB S. 162/163, Aufg. 1 und 2
Ergebnissicherung I	Perspektive Umweltschützer und Tourist	SV: Präsentation der verschiedenen Ergebnisse	
Erarbeitung II	Besonderheit des Nationalparks Watten-meer	UG	SB S. 162, Aufg. 3

Künstliche Freizeitwelten

Grundbegriff

Künstliche Freizeitwelten

Sachinformationen

Die Thematik „Künstliche Freizeitwelten" wird an zwei Fallbeispielen entfaltet, die nach Schülerinteresse differenziert bearbeitet werden können.

Als erstes Beispiel wurde der im Oktober 2006 eröffnete Snow-Dome Bispingen gewählt. Auf 23 000 m² Schneefläche ermöglicht er sowohl Anfängern als auch Fortgeschrittenen ganzjähriges Wintersportvergnügen. Hierbei handelt es sich um eine von fünf deutschen Alpinskihallen. Hinzu kommt die Oberhofer Langlaufhalle.

2013 hatte der Snow-Dome allerdings vorübergehend geschlossen. Ein neues, rentables Konzept wurde erstellt, u. a. mit eingeschränkten Öffnungszeiten. Vor allem die hohen Energiekosten stellen für alle deutschen Skihallenbetreiber ein dauerhaftes Problem dar.

Auch im Falle des zweiten Beispiels, dem Tropical Islands, hat es bereits Probleme mit der Wirtschaftlichkeit gegeben (vgl. Text im Schülerbuch). Die Besucherakzeptanz wurde hier u. a. durch die Errichtung von Übernachtungsmöglichkeiten verbessert. Somit können nun auch Besucher aus größerer Entfernung angesprochen werden.

Ob Vergnügungs- und Freizeitparks, Spaßbäder, Skihallen oder Tiergärten – alle diese Einrichtungen werden unter dem Begriff „künstliche Erlebniswelten" verstanden. Es handelt sich also keineswegs um ein Phänomen der Gegenwart. Zoologische Gärten gelten ebenso wie Weltausstellungen schon im 19. Jahrhundert als Publikumsmagneten. Gegenwärtig beschleunigt sich der Ausbau dieser Freizeitlandschaften jedoch in hohem Maße. Mehr als 40 Mio. Menschen strömen in Deutschland jährlich in rund 60 Freizeitparks. Themenparks wie Legoland oder die Autostadt in Wolfsburg werden gegründet oder ausgebaut. Und gerade in strukturschwachen Räumen wird versucht, durch gezielte Ansiedlung derartiger Projekte den Tourismus zu fördern.

Hinweise zu den Materialien

Karte 1: Diese Karte stellt die Einzugsgebiete von Snow Dome und Tropical Islands dar. Es fällt auf, dass beide Freizeiteinrichtungen in ländlichen Räumen liegen, aber über gute Straßenanbindungen zu den Großstädten Nord- und Ostdeutschlands verfügen. Die Entfernung des Snow Domes zu Hamburg, Bremen und Hannover beträgt jeweils zwischen 50 und 100 km; vergleichbar ist die Lage von Tropical Islands zu Berlin und Potsdam. Nur unwesentlich weiter ist die Entfernung nach Dresden. Es lohnt sich, dies in Beziehung zu Freizeiteinrichtungen aus der Lebenswelt der Schülerinnen und Schüler zu setzen.

Lösung der Basisaufgaben

Thema A: Snow Dome Bispingen

1 Erläutere und bewerte die Standortwahl des Snow Dome Bispingen. (AFB II)

Bispingen weist eine zentrale Lage innerhalb Norddeutschlands auf. Verdichtungsräume wie Hannover, Bremen, Hamburg und Braunschweig/Wolfsburg liegen nicht einmal zwei Autostunden von Bispingen entfernt. Der direkte Autobahnanschluss ist selbst auf der Werbeanzeige angesprochen.

2 Erläutere, wer mit der Werbung für den Snow Dome angesprochen werden soll. (AFB II)

Die Werbung will junge, dynamische Menschen ansprechen, die Norddeutschland nicht nur mit Urlaub an der Nordsee verbinden. Elemente des Nordseeurlaubs (Strandkorb …) werden mit solchen des Wintersports verbunden.

3 Zum Snow Dome gibt es unterschiedliche Meinungen: Stelle in einer Tabelle die Argumente für und gegen künstliche Freizeitwelten, wie den Snow Dome Bispingen, gegenüber. (AFB II)

Argumente für künstliche Erlebniswelten:
- Spaßfaktor
- jahreszeitenunabhängiger Spaß
- großes gastronomisches Angebot

Argumente gegen künstliche Erlebniswelten:
- hohe Eintrittspreise
- Entfremdung von der Natur
- Umweltbelastung, hoher Energiebedarf gerade im Falle von Skihallen und Spaßbädern

4 Erkunde, ob es ähnliche künstliche Freizeitwelten in deiner Umgebung gibt. Informiere deine Mitschüler, was man dort unternehmen kann. (AFB II/III)

Individuelle Schülerlösung. Mögliche Beispiele wären der „Holiday-Park" bei Hassloch oder die Erlebniswelt Nürburgring.

Thema B: Tropical Islands

1 Erläutere und bewerte die Standortwahl von Tropical Islands. (AFB II/III)

Tropical Islands liegt ca. 60 km südlich von Berlin in einem struktur- und einwohnerschwachen Gebiet am Rande des Spreewalds. Ein nahe gelegener Autobahnanschluss existiert.

2 Erläutere, wer mit der Werbung für Tropical Islands angesprochen werden soll. (AFB II)

Die Werbung will verschiedene Zielgruppen, beispielsweise Familien, ansprechen, die vom tropischen Flair angelockt werden sollen.

3 Zu „Tropical Islands" gibt es unterschiedliche Meinungen: Stelle in einer Tabelle die Argumente für und gegen künstliche Freizeitwelten gegenüber. (AFB II)

siehe Aufgabe A/3

4 Erkunde, ob es ähnliche künstliche Freizeitwelten in deiner Umgebung gibt. Informiere deine Mitschüler, was man dort unternehmen kann. (AFB II/III)

siehe Aufgabe A/4

Unterrichtsvorschlag

Unterrichtsphase	Inhaltlicher Schwerpunkt	Methodisches Vorgehen/Sozialform	Medien/Materialien
Einstieg	Künstliche Freizeitwelten	Schülerberichte: Anknüpfung an Schülererfahrungen und Berichte über eigene Erlebnisse	
Erarbeitung	Künstliche Freizeitwelten	aPA/ aGA	SB S. 164/165, Aufg. 1–3
Ergebnissicherung	Künstliche Freizeitwelten	SuS präsentieren Ergebnisse	
Hausaufgabe	Künstliche Freizeitwelten bei uns	EA	SB S. 164, Aufg. 4

4

Lust auf Sonne

Kompetenzen

Die Schülerinnen und Schüler können …
- eine einfache thematische Karte zum Fremdenverkehr am Mittelmeer beschreiben und auswerten;
- Voraussetzungen und Phasen der Entwicklung des Massentourismus am Mittelmeer erarbeiten;
- am Beispiel der Insel Mallorca Vorteile und Probleme des Massentourismus erörtern und aus verschiedenen Perspektiven bewerten.

Grundbegriff

Massentourismus

Sachinformationen

Zunehmender Wohlstand, verlängerte Freizeit und private Mobilität ließen seit den 1950er-Jahren die Mittelmeerküsten zum Ziel eines beginnenden Massentourismus werden, am stärksten durch den Charterflugtourismus gefördert. Im Mittelpunkt standen anfangs die norditalienischen Küsten, ab 1960 griff dann die Entwicklung auch auf Spanien über. Schnell wurden große Hotelkomplexe, die auf die Masse der Reisenden zielten, errichtet; alte Dorfkerne und noch unberührte Landschaften wurden regelrecht „zubetoniert". Mit der Ausweitung des Charterverkehrs wurden auch entferntere Küsten als Reiseziele erschwinglich; ab 1970 zunächst in Tunesien, etwas später dann in Griechenland. Seit den 1980er-Jahren hat der Massentourismus auch die türkische Südküste erreicht.

Lösung der Basisaufgaben

1 Notiere Gründe für die Entstehung des Massentourismus. (AFB I)

Gründe für die Entstehung des Massentourismus waren:
- wirtschaftlicher Aufschwung in den Herkunftsgebieten,
- steigende Einkommen und längerer Urlaub,
- Verbesserung der Verkehrswege,
- Einführung des Ferienflugverkehrs.

2 Werte die beiden Diagramme aus. (AFB II)

Das Diagramm 3 zeigt die Entwicklung des Tourismusaufkommens in ausgewählten südeuropäischen Staaten seit 1970. Erkennbar ist insgesamt eine Zunahme der Touristenzahlen, die Entwicklung verläuft allerdings von Land zu Land recht unterschiedlich. Die Gästezahlen in den klassischen Zielländern Italien, Spanien und Portugal stagnieren seit der Jahrtausendwende bzw. sind leicht rückläufig. Spanien hält aber die Spitzenstellung, die es um 1990 von Italien übernommen hatte.

In Material 4 werden Einwohner und Touristen in Mallorca gegenübergestellt. Während sich die Einwohnerzahlen seit 1960 nur geringfügig verändert haben, ist die Anzahl der jährlichen Einreisen von Touristen massiv angewachsen: von wenigen Hunderttausenden 1960 auf knapp 10 Millionen im Jahr 2010.

3 Tourismus am Mittelmeer: Arbeite mit Atlas und Karte 5.

a) Lokalisiere wichtige Badeküsten. (AFB I)

Viel besuchte Badeküsten finden sich in allen Anrainerstaaten des Mittelmeers: Für das nördliche Mittelmeer sind das Strände in Spanien, Frankreich, Italien, Slowenien, Kroatien, Montenegro, Griechenland und der Türkei. An der Südküste sind Marokko, Algerien, Libyen und Ägypten zu nennen. Zu ergänzen sind noch Israel im Osten sowie die Insel Zypern.

b) Berichte über die Verteilung der Gästeübernachtungen. (AFB II)

Die Gästeübernachtungen konzentrieren sich auf die Staaten Portugal, Spanien, Frankreich, Italien, Tunesien, Griechenland, Türkei und Ägypten. Es fällt auf, dass in Tunesien Touristen aus dem Inland keine und in Ägypten fast keine Rolle spielen.

Anwendungsaufgabe

4 (Zu) viele Touristen am Mittelmeer? Führt mithilfe der Stimmen aus Material 6 ein Rollenspiel durch. (AFB II/III)

Die Methode „Rollenspiel" ist auf der Doppelseite 156/157 eingeführt worden und kann hier erneut angewandt werden.

Medientipp

Üben interaktiv: Tourismusziel Mallorca (Online-Code 7q5u9b)

Unterrichtsvorschlag

Unterrichtsphase	Inhaltlicher Schwerpunkt	Methodisches Vorgehen / Sozialform	Medien / Materialien
Einstieg	Lust auf Sonne	SV: Bildbeschreibung Anknüpfung an Schülererfahrungen	SB S. 166, M2
Erarbeitung	Was erwarten Urlauber am Mittelmeer? Wie kam es zum Massentourismus am Mittelmeer? Welches sind die wichtigsten Zielgebiete?	PA	SB S. 166/167, Text; Aufg. 1–3
Ergebnissicherung	Das Beispiel Mallorca: ein Rollenspiel	Rollenspiel	SB S. 167, M6, Aufg. 4

Feriengebiete in Europa

Hinweise zu den Materialien

Karte 5: Im Mittelpunkt der Doppelseite steht eine komplexe thematische Karte voller topografischer Namen, die den Schülerinnen und Schülern wenig sagen und z.T. schwierig auszusprechen sind.

Darum sollte hier arbeitsteilig vorgegangen werden. Partnerweise oder in Kleingruppen erarbeiten die Schülerinnen und Schüler nach eigenen Interessen einige der Aufgaben 1–10 und stellen die Ergebnisse der Klasse vor.

Zur topografischen Absicherung können die Gruppen eine stumme Karte Europas erhalten, in die sie ihre Ergebnisse eintragen. Es ist zusätzlich bedeutsam, dass alle topografischen Details an einer Wandkarte gezeigt werden.

Lösung der Basisaufgaben

1 Lokalisiere fünf europäische Urlaubslandschaften, in denen vornehmlich Sommertourismus herrscht. **(AFB I)**

Die Schülerinnen und Schüler werden sicherlich vornehmlich Urlaubsregionen in Mitteleuropa nennen (deutsche Mittelgebirge, Ost- und Nordseeküste), in Südeuropa (vor allem Inseln und Küstenlandschaften), vielleicht auch Feriengebiete in Großbritannien oder Skandinavien.

2 Nenne Gebiete, die durch Sommer- und Wintertourismus geprägt sind. **(AFB I)**

Hier sind vor allem die Hochgebirge und die höheren Mittelgebirge in Zentraleuropa aufzuführen, aber auch die höhergelegenen Teile Norwegens oder Rumäniens.

3 In welchen Ländern gibt es besonders viele Großstädte, die für Touristen interessant sind? **(AFB I)**

Die Schülerinnen und Schüler können beispielsweise Italien nennen (Turin, Mailand, Venedig, Florenz, Siena, Rom, Neapel, …), Spanien (Barcelona, Santiago de Compostela, Madrid, Cordoba, Sevilla, Granada, Malaga, …) und Belgien (Brüssel, Gent, Brügge).

4 Familie Sturm aus Hamburg startet ihre Mittelmeerkreuzfahrt in Genua. Wie gelangt sie dorthin? **(AFB I)**

Familie Sturm kann, wie die Flughafensignaturen zeigen, von Hamburg nach Genua fliegen. Es besteht auch die Möglichkeit der Fahrt mit Eisenbahn oder Auto.

5 Familie Yazar aus Idar-Oberstein möchte ihre Verwandtschaft in der Türkei besuchen. Auf welchen Wegen kann sie Istanbul erreichen? **(AFB I)**

Auch hier ist wieder der Flugverkehr zu nennen. Viele der in Deutschland lebenden Türken benutzen das Auto und fahren über Österreich, Ungarn, Rumänien und Bulgarien.

6 Die Fotos (1–4) zeigen vier europäische Ferienlandschaften.
a) Ordne diese von Nord nach Süd. **(AFB II)**
   2 – 1 – 3 – 4

b) Benenne ähnliche Feriengebiete in Europa. Arbeite mit Karte 5 und dem Atlas. **(AFB I)**

Die Fjordlandschaft ist europaweit einzigartig. London als weltweit bedeutende Großstadt kann evtl. mit Paris, Berlin oder Moskau verglichen werden. Ein den Alpen ähnliches Hochgebirge wären die Pyrenäen oder (außerhalb des Kartenausschnitts) der Kaukasus. Der Badebucht auf Ibiza ähneln diverse Strandabschnitte im Mittelmeerraum.

7 In welchem dieser Räume (Fotos 1–4) möchtest du deine Ferien verbringen? Begründe deine Wahl. **(AFB II/III)**

Individuelle Schülerlösung.

8 Insel gesucht: Nicht umsonst wird diese Urlaubsinsel als das „17. deutsche Bundesland" bezeichnet. Nenne die Namen des Staates und der Inselgruppe, zu der die Insel gehört. Begründe, warum sie so bezeichnet wird. **(AFB II)**

Mallorca gehört zur Inselgruppe der Balearen (Spanien). Zur Begründung des Titels „17. deutsches Bundesland" können Aussagen von Seite 166/167 des Schülerbuchs hinzugezogen werden.

9 Erstelle mithilfe von Karte 5 eine Übersicht über die wichtigsten Tourismusangebote in Deutschland. **(AFB I)**

Zu nennen sind der sommerliche Badetourismus an Nord- und Ostsee, Sommer- und Wintertourismus in Mittelgebirgen und den Alpen sowie der Städtetourismus in wichtigen deutschen Großstädten, aber beispielsweise auch in Heidelberg.

10 Nutze den Online-Code 97ef9m:
a) Nenne europäische Länder, in denen der größte Teil der Touristen aus dem Ausland kommt. **(AFB I)**

In drei Staaten beträgt der Anteil ausländischer Touristen an den Übernachtungen über 90%: Zypern, Luxemburg und Malta, also sehr kleine Staaten mit geringer eigener Bevölkerung. Vier Staaten weisen Quoten von über 70% auf: Estland und Island sind bei Touristen beliebt, verfügen aber ebenfalls über geringe Bevölkerungszahlen. Griechenland und Österreich sind dann schon eher als klassische Touristendestinationen zu nennen. Die Staaten mit den absolut höchsten Übernachtungszahlen (Spanien und Italien) führen aufgrund inländischer Übernachtungsanteile diese Ranglisten nicht an.

b) In welchen Ländern machen vor allem Einheimische Ferien? **(AFB I)**

Einheimische machen v.a. in Deutschland (86%), aber auch in Polen sowie den skandinavischen Staaten Finnland, Schweden und Norwegen Urlaub. Hierbei handelt es sich um hochpreisige Länder, die von Ausländern seltener aufgesucht werden.

Medientipp

Material: Übernachtungen in ausgewählten Staaten Europas (Online-Code 97ef9m)

Extremtourismus im Eis

Kompetenzen

Die Schülerinnen und Schüler können …
- Argumente für und gegen den Extremtourismus nennen und diskutieren;
- Extremtourismus in seinen Auswirkungen beurteilen;
- Aspekte des Naturschutzes beschreiben und beurteilen.

Grundbegriffe
Ökosystem, Antarktis, Tourismus, Umweltschutz

Sachinformationen

Der Tourismus ist weltweit in den letzten 50 Jahren stark angestiegen. Ziele sind gerade in den letzten 20 Jahren nicht nur die „normalen" Destinationen, sondern weit entfernte und nur schwer erreichbare Standorte. Die Polarregionen wurden für den sog. Extremtourismus interessant, weil hier v. a. zwei Aspekte zusammentreffen: ferne und noch weitestgehend unerschlossene Ziele auf der einen Seite, kombiniert mit einer neuen Klientel zahlungskräftiger Kunden. Ermöglicht wird diese Tourismusform durch die neuen Schiffsgenerationen, die ein Reisen auf höchstem Niveau garantieren. Hinzu kommen Extremsportarten, die auch hier praktiziert und angeboten werden. Selbst die Expedition auf den Spuren der ersten Entdecker einschließlich Abenteuer wird – in erträglicher Dosierung – angeboten.
Die angegebene Literatur beschreibt genau diese Angebote. Spezialisiert auf diese Touren hat sich z. B. Hapag Lloyd, auch hier geben die Prospekte guten Einblick.
Länderübergreifende, internationale Vereinbarungen über Umweltschutzabkommen in den Polargebieten scheitern bislang an den Interessen einiger Anrainer, u. a. Russland. Zu groß sind die vermuteten Rohstoffressourcen unter dem auftauenden Eis.

Streit um die Arktis
Fünf Staaten erheben Ansprüche auf arktische Gebiete: Dänemark, Norwegen, Russland, USA und Kanada. Erdöl, Erdgasreserven, Gold, Diamanten und Platin werden hier vermutet. Gebietsansprüche werden von allen Staaten fixiert, Rechtsansprüche erhoben. Um einen wirklichen territorialen Anspruch auf bestimmte Gebiete zu erhalten, müssen die Staaten allerdings nachweisen können, dass der Meeresboden dem jeweiligen Festlandssockel zuzuschreiben ist, auf dem der die Ansprüche stellende Staat liegt.
Umweltaspekte sind sicher auch sehr wichtig zu nehmen, besonders vor dem Hintergrund, dass das Ökosystem extrem sensibel auf Eingriffe reagiert und die Regenerationszeiten sehr hoch sind. Damit wird dieser Aspekt sehr unterrichtsrelevant, indem nicht nur die Müllproblematik erkennbar und sichtbar wird, sondern auch noch längerfristig wirksame Einflüsse berücksichtigt werden müssen (Wegesysteme, Infrastruktur für Touristen etc.).

Hinweise zum Unterricht

Hier sollte auf jeden Fall zusätzlich aktuelles Material von Reisebüros und aus dem Internet eingebunden werden. Auch ist es nicht mehr abwegig, Schüler nach Eigenerfahrungen zu fragen. Umweltbildung sollte hier nicht mit dem erhobenen Zeigefinger erfolgen, sondern die Schülerinnen und Schüler sollen möglichst selbst auf die Interessenkonflikte zwischen Natur und Mensch kommen und diese bewerten lernen.

Lösung der Basisaufgaben

1 Pro und Kontra: Sammelt Argumente für und gegen den Extremtourismus und diskutiert sie in der Klasse. **(AFB II/III)**
Individuelle Schülerlösung, z. B.

Pro	Kontra
Naturerfahrung	Naturzerstörung
Erlebnis und Abenteuer	Abenteuer auf Kosten der Natur
Kennenlernen fremder Kulturen	zu kurze Aufenthalte zum Kennenlernen

2 „Touristen sind die besten Botschafter für den Naturschutz der Polarregion". Erkläre und beurteile diese Aussage. **(AFB II/III)**
Erst der Tourismus bringt modernes Know-how für den Umweltschutz in diese Region. Ein umsichtiges Verhalten vor Ort nach Regeln ist wichtig und selbstverständlich. Die Belange des Naturschutzes der Region und ihre Probleme können so auch nach außen getragen und bekannt werden.
Allerdings lockt diese Veröffentlichung u. U. noch mehr Touristen an. Eine eindeutige Antwort gut/schlecht ist nicht zu geben.

3 Blicke auf die Antarktis:
a) Die Antarktis wird sehr unterschiedlich wahrgenommen: lebensfeindlich, unberührt, fantastisch, lebenswichtig. Ordne diese Beschreibungen den Menschen zu, die sich dort begegnen. **(AFB II)**
lebensfeindlich – Touristen
unberührt – Touristen, Umweltschützer, Einheimische
fantastisch – alle, am wenigsten wahrscheinlich die Einheimischen
lebenswichtig – Einheimische, Umweltschützer
b) Beurteile die Kreuzfahrt-Werbung. **(AFB III)**
Die Werbung verspricht fantastische Erlebnisse, unvorstellbare Blicke. Sie geht nicht auf die extremen Bedingungen dort ein, ebenso wenig auf die Not und den Tod vieler Entdecker. Damit wird sehr einseitig der Wunsch zahlungskräftiger Touristen nach immer neuen Natur-Dimensionen bedient.

Anwendungsaufgaben

4 In das Expeditionsteam soll eine Spezialistin für Naturschutz aufgenommen werden. Entwerft in Partnerarbeit eine Stellenausschreibung für die Zeitung. **(AFB II/III)**
Individuelle Schülerlösung. Es soll ein Anforderungsprofil entwickelt werden. So kann durchaus eine Geographin gesucht werden, die mit ihren Kenntnissen diesen Beruf ausüben könnte.

5 „Der Südsommer ist die Reisesaison für die Antarktis". Begründe diese Aussage mit den Beleuchtungsverhältnissen. **(AFB II/III)**
Verweis auf Themenblock 3 Seiten 124/125:
„Licht an" (Abb. 5 und Versuch)
Vom 23.9. – 21.3. ist Südsommer, in dieser Zeit wird die Antarktis von der Sonne beschienen. Deshalb ist dies auch die Reisesaison für diese Region.

Tipp

wiederholender Versuch mit Globus und Lichtquelle (s. SB S. 125)

Medientipps

Literatur:
Geographie aktuell, Ausgabe Januar 2008. Halbergmoss: Aulis

Internationales Polarjahr 2007/2008 – Der deutsche Beitrag. Polarforschung in globaler Verantwortung, Deutsche Kommission für das Internationale Polarjahr; unter www.international-polaryear.de (Sept. 2015)

International Association of Antarctica Tour Operators, hier aktuelle Daten u.a. zum Polartourismus
unter http://iaato.org/home (Sept. 2015)

Klett Newsletter Geschichte 2011: Roald Amundsen und der Wettlauf zum Südpol, Ernst Klett Verlag Leipzig,

Siegmund, Alexander: Der Klimawandel in der Antarktis – Impressionen eines Forschungsaufenthalts. Heidelberger Geographische Gesellschaft. Powerpoint-Präsentation zum Vortrag vom 17.07.2007; unter http://klimat.czn.uj.edu.pl/UJ-files/11541/VortragAntarktisSiegmund.pdf (Sept. 2015).

Unterrichtsvorschlag

Unterrichtsphase	Inhaltlicher Schwerpunkt	Methodisches Vorgehen / Sozialform	Medien / Materialien
Einstieg	Werbung für eine Kreuzfahrt in die Polargebiete	UG	SB S. 170/171, neues Prospektmaterial aus Reisebüro
Erarbeitung	Pro und Kontra Extremtourismus	PA	SB S. 171, Aufg. 1
Ergebnissicherung	Pro und Kontra Extremtourismus	PA/UG: Präsentation	Tafel/Heft
Vertiefung	Tourismus in der Antarktis	PA/EA: Präsentation der Ergebnisse z. B. über eine Mindmap bei Aufg. 3	SB S. 171, Aufg. 2 und 3
Hausaufgabe	Extremtourismus und Umweltschutz?	Posterentwicklung für die Werbung für eine Kreuzfahrt in die Arktis oder Antarktis, dabei besonderer Stellenwert: Umwelt und Nachhaltigkeit	

TERRA TRAINING

Wichtige Begriffe

Infrastruktur, künstliche Erlebniswelten, Massentourismus, Nachhaltigkeit, Naherholung, Naturschutz, Saison, sanfter Tourismus, Tourismus

Lösung der Aufgaben

Kennen und verstehen

1 Massentourismus und sanfter Tourismus

Ergänze das Schema 1 mit den folgenden Begriffen: Zerstörung gewachsener Siedlungen/lautes lärmendes Verhalten/Verkehrsberuhigung/Rücksichtnahme auf Pflanzen und Tiere. **(AFB II)**

Massentourismus:

Merkmal: Zerstörung gewachsener Siedlungen

Verhalten des Einzelnen: lautes, lärmendes Verhalten

Sanfter Tourismus:

Merkmal: Verkehrsberuhigung

Verhalten des Einzelnen: Rücksichtnahme auf Pflanzen und Tiere

2 Richtig oder falsch?

Verbessere die falschen Aussagen und schreibe sie richtig auf. **(AFB II)**

a) Weil jedes Jahr Millionen Urlauber ihre Ferien auf Mallorca verbringen, spricht man von sanftem Tourismus.

Falsch: Man spricht vom Massentourismus.

b) Die Förderung des Massentourismus dient dem Naturschutz in der jeweiligen Region.

Falsch: Die Förderung des sanften Tourismus dient dem Naturschutz.

c) Für die wirtschaftliche Entwicklung eines Gebiets wichtige Einrichtungen und Anlagen werden als Infrastruktur bezeichnet.

Richtig.

d) Die Hauptreisezeit wird auch als Saison bezeichnet.

Richtig.

e) Die touristische Infrastruktur kann auch für die Naherholung verwendet werden.

Richtig.

3 Außenseiter gesucht

Finde die Begriffe, die hier nicht hingehören. Begründe deine Auswahl. **(AFB II)**

a) Ebbe – Schiff – Flut – Watt

Schiff (kein Begriff aus der Natur; den Gezeiten nicht direkt zuzuordnen)

b) Fastnachtsbrunnen – Landtag – Deutsches Eck – Gutenbergmuseum

Deutsches Eck (befindet sich in Koblenz)

c) Mattenstufe – Almhütte – Skipiste – Viehhaltung

Skipiste (betrifft nicht die landwirtschaftliche Nutzung)

4 Bilderrätsel

a) Löse die Bilderrätsel. **(AFB I)**

a) Massentourismus

b) Saison

c) Städtetourismus

d) Freizeit

b) Erkläre Begriff b. **(AFB II)**

Hauptgeschäfts- oder Hauptreisezeit. In der Saison reisen die meisten Touristen in ein Urlaubsgebiet, dann sind die Gaststätten, Hotels und Restaurants fast immer voll. Meist ist die Saison vom Klima abhängig. In vielen Fremdenverkehrsgebieten unterscheidet man eine Sommer- und eine Wintersaison.

Fachmethoden anwenden

5 Immer prima Klima?

a) Werte die Klimadiagramme 4 und 5 aus. **(AFB II)**

Klimadiagramm 4 stellt das Klima von Palma de Mallorca dar. Die mittlere Jahrestemperatur beträgt 16 °C; am kältesten ist es im Januar, am wärmsten im Juni und im August. Die Jahresschwankung beträgt ca. 15 °C. Im Jahr fallen 414 mm Niederschlag, am meisten im Oktober, am wenigsten im Juli. Es ist in Palma in den Sommermonaten warm und trocken, die anderen Monate sind feuchter und kühler. Klimadiagramm 5 stellt das Klima von Nakhon Sawan/Thailand dar. Die mittlere Jahrestemperatur beträgt 28 °C; am kältesten ist es im Dezember, am wärmsten im April. Die Jahresschwankung beträgt ca. 8 °C. Im Jahr fallen 1121 mm Niederschlag, am meisten im September, am wenigsten im Dezember. Es ist in Nakhon Sawan immer heiß, allerdings in den Sommermonaten feucht und in den Wintermonaten trocken.

b) Begründe, zu welcher Jahreszeit du jeweils Urlaub an beiden Orten machen willst. **(AFB II/III)**

Individuelle Schülerlösung. Wer bei Hitze und Trockenheit baden möchte, wird Mallorca in den Sommer- und Thailand in den Wintermonaten besuchen wollen.

Beurteilen und bewerten

6 Aufgabe für Tourismusexperten

a) Beschreibe die Fotos 2 und 3. **(AFB II)**

Foto 2 zeigt einen vollkommen verbauten und überfüllten Strandabschnitt, Foto 3 hingegen einen einsamen, unberührten Strand mit blauem Himmel und Palmen.

b) Handelt es sich bei Foto 2 um Tourismuskritik oder Tourismusdarstellung? Begründe deine Meinung. **(AFB II/III)**

Foto 2 dient wohl eher der Tourismuskritik. Der Fotoausschnitt wurde so gewählt, dass jegliche Natur verborgen bleibt. Viele Menschen stehen und scheinen somit sich nicht erholen zu können.

c) Formuliere einen Titel für Foto 2. **(AFB I)**

Individuelle Schülerlösung.

d) Welche Empfindungen erzeugt der Reiseveranstalter mit dem Werbefoto 3? Wie wirkt das Bild auf dich? **(AFB III)**

Foto 3 soll beruhigend wirken. Es soll beim Betrachter Gefühle von Einsamkeit, Ruhe, Erholung und Naturnähe erwecken.

e) Stell dir vor, du machst hier (Foto 3) Urlaub. Was berichtest du auf einer Postkarte deinen Freunden? **(AFB II/III)**

Individuelle Schülerlösung.

Handeln

7 Grüne Hotels

Immer mehr Reiseveranstalter werben mit „umweltverträglichen Hotels". Du bist mit deiner Familie Gast in einem solchen Hotel. Was erwartest du von solch einem Hotel? **(AFB III)**

Individuelle Schülerlösung. Mögliche Antworten wären: Es werden Produkte aus ökologischer Landwirtschaft angeboten. Es wird Wert auf Mülltrennung und Recycling gelegt. Ausflüge werden mit umweltfreundlichen Verkehrsmitteln angeboten, …

8 Alpen im Kopf

Male nun selbst einmal die Alpen. Vergleiche dein Bild mit den Bildern auf Seite 145 und erkläre die Unterschiede. **(AFB II/III)**

Individuelle Schülerlösung.

Medientipp

Material: Selbsteinschätzung (Online-Code rv46y6)

TERRA FÜR DICH: Sanfter Tourismus

Kompetenzen

Die Schülerinnen und Schüler können …
- ein Interview auswerten;
- Bild-, Karten- und statistisches Material analysieren;
- Probleme für den Tourismus in Kochel ableiten;
- eine Urlaubsplanung kriteriengeleitet vornehmen.

Grundbegriffe

sanfter Tourismus, Umweltschutz, Infrastruktur

Sachinformationen

Das Urlaubsgebiet der Gemeinden Kochel und Walchensee liegt direkt am Nordrand der Alpen und bietet – mit anderen Tourismusstandorten in nächster Nähe – ein sehr vielfältiges Angebot. „Sanfter Tourismus" ist das Prädikat, mit dem diese Region wirbt; ein Tourismus also, der einen verantwortungsvollen, nachhaltigen Umgang mit der Natur propagiert, möglichst Ruhe und Erholung vermitteln will. Allerdings ändern sich die Erwartungen der Touristen in den letzten Jahren stark: Neue Aktivsportarten verbreiten sich – hier sind v.a. die jüngeren Touristen angesprochen – und gleichzeitig sollen ältere Touristen (v.a. Wandern und Kunstangebote) nicht abgeschreckt werden.

Der Konkurrenzdruck in dieser Region ist enorm. Bei unserem Beispiel sind als Hauptprobleme zu erkennen: Modernisierung der Infrastruktur, v.a. der Hotels und Pensionen, kurzfristigere Planungsanforderungen aufgrund eines veränderten Touristenverhaltens bei Buchungen, Ausweitung des Angebotes v.a. außerhalb der Sommerhauptsaison.

Das Interview im Buch ist gekürzt und gibt diese Hauptaspekte wieder, hier angeführt werden ausführlicher sog. Leuchttürme, also besondere Highlights von Kochel, die eine dauerhafte Attraktivitätssteigerung nach sich ziehen sollen.

Leuchttürme des Tourismus
Kochel a. See:

- Franz Marc Museum: Das ursprüngliche Museum wurde 1986 gebaut und dann erweitert, Fertigstellung 2008. Das Franz Marc Museum wie auch die Tourist Information Kochel a. See sind Partner des Projektes „MuSeenLandschaft Expressionismus"
- 2009 wurde der Kunstspaziergang in Kochel a. See eröffnet, auf diesem Themenweg sind auf 9 Tafeln Leben und Werk von Franz Marc nachzulesen.
- Kristall trimini war in den 1950er-Jahren ein Gemeindebad und wurde dann umgebaut zum Freizeit- und Erholungsbad trimini, Eröffnung 1.7.1972. Im Jahre 2011 wurde das Bad privatisiert.
- Wasserkraftwerk: Das Kraftwerk wurde durch Oskar von Miller erbaut und 1924 in Betrieb genommen. Der natürliche Stausee Walchensee wird für die Erzeugung von Wasserkraft genutzt. Seit 1993 ist dieser Bau ein Industriedenkmal.

- Motorschiff Kochelsee: Seit 1987 gibt es motorisierte Schifffahrt auf dem See. Ab 1938 bis 2009 fuhr die sogenannte Herzogstand ihre Runden auf dem See. Sie wurde 2009 durch die neue Herzogstand, die vorher ihren Dienst auf dem Staffelsee getan hat, ersetzt.

Walchensee
- Herzogstandbahn: 1954 als Sesselbahn erbaut, 1994 zu einer bzw. zwei Großgondeln umgebaut. Die Bergstation liegt auf dem Fahrenkopf, von dort sind es ca. 30 – 45 Minuten bis zum Herzogstand-Gipfel. Der Herzogstand gilt als der Lieblingsberg von König Ludwig II.
- Panorama-Naturlehrpfad am Herzogstand: wurde 2009 eingeweiht. Dieser erdgeschichtliche Weg beinhaltet geologische und biologische Verhältnisse der Region.
- Lovis Corinth im Walchenseemuseum: ist ein Privatmuseum und in den Sommermonaten von Juni – September geöffnet. Das Museum beinhaltet Werke von Lovis Corinth, Heimatgeschichtliches sowie andere Exponate.
- Themenweg Lovis Corinth in Urfeld am Walchensee: Der Themenweg beinhaltet 7 Tafeln, die sich mit dem Leben und Werken Lovis Corinths befassen.
- Filmkulissendorf „Flake": 2008 wurde am Walchensee „Wickie und die starken Männer" gedreht, dieses Originalfilmkulissendorf „Flake" wurde der Gemeinde Kochel a. See überlassen (nach leichten Umbaumaßnahmen, die nur zur Stabilität der Hütten dienten). In Flake sind 5 Hütten, der Aussichtsturm, das Schiffsgerüst sowie 11 Informationstafeln rund um das Leben der Wikinger zu sehen.

Der „sanfte Tourist" …
- hinterfragt kritisch die eigenen Reisemotive;
- wählt umweltfreundliche Verkehrsmittel;
- vermeidet Kurzreisen zu entfernten Zielen;
- bevorzugt eine landestypische Unterkunft;
- beschäftigt sich im Vorfeld der Reise mit dem Naturraum und den dort lebenden Menschen, deren Religion, Sitten und Gebräuchen;
- achtet darauf, dass seine Aktivitäten vor Ort im Einklang mit der Natur stehen;
- vermeidet Stress und Lärm vor Ort;
- respektiert und achtet die gastgebende Bevölkerung.

Hinweise zum Unterricht

Diese Doppelseite differenziert in zwei aufeinander aufbauende Seiten: Interviewauswertung und die Analyse von Bild- und Kartenmaterial dienen als Grundlage mit dem Schwerpunkt „sanfter Tourismus", um dann darauf aufbauend Urlaubsentwicklung und -planung zu erarbeiten.

Die Leiterin des Touristenzentrums ist Diplom-Geographin. Ihr Berufsspektrum kann an dieser Stelle stellvertretend besprochen werden.

Lösung der Aufgaben „Werde sicher!"

Urlaub im Voralpenraum – in Kochel und Walchensee findest du sehr viele Möglichkeiten, die Ferien zu verbringen. Der Tourismus hat hier eine wunderbare Landschaft erschlossen.

1 Bildauswertung:

a) Werte die Bilder aus. **(AFB I)**

Bild 1: Hochgebirgslandschaft mit Gipfelgraten

Bild 2: Alpenvorland mit Siedlung, See und damit Tourismusstandort

Bild 3: typisches Alpenvorland, Wiesen, Siedlung, Wanderidylle

Bild 4: Wasserkraftwerk als Verbindung mit Röhren vom Walchen- zum Kochelsee

Bild 5: Bademöglichkeit an einem Hochgebirgssee

Bild 6: Turbinen zur Stromerzeugung im Wasserkraftwerk

b) Ordne je ein Bild einem Urlaubstag zu und erkläre, was du planst. **(AFB II)**

Individuelle Schülerlösung.

2 Kochel und Walchensee werben mit dem „sanften" Tourismus. Wähle dir ein Bild aus und erkläre daran, was gemeint ist. **(AFB II)**

Individuelle Schülerlösung.

3 Wasserkraft ist eine saubere Energie. Erkläre. **(AFB II)**

Im Gegensatz zu fossilen Energieträgern entstehen bei der Nutzung keine klimaschädlichen Emissionen. Das herabfallende Wasser treibt die Turbinen an, die Strom erzeugen.

Lösung der Aufgaben „Fordere dich!"

Die Leiterin des Touristenzentrums Kochel antwortet auf Fragen der Tourismusentwicklung und die damit verbundenen aktuellen Probleme.

1 „Unsere Probleme sind auch Chancen für die Zukunft." Werte das Interview aus und stelle dazu eine Tabelle mit den wichtigsten Aspekten zusammen. **(AFB II)**

Chancen für die Zukunft:

- Wetterabhängigkeit der Hauptsaison → Ausweitung des Angebotes auch für die Nebensaison, z.B. Schwimmbad
- Konkurrenzdruck: Modernisierung der Gondel, der Museen, des Motorschiffes → fit für die Zukunft
- Kinofilm Wickie → Wikingerdorf Flake als Highlight für Familien mit kleineren Kindern
- kurzfristigere Urlaubsplanung → Umstellung der Buchungsmodalitäten und damit schnellere Bearbeitung
- …

2 Werte die Gästestatistik aus und leite daraus mögliche Probleme ab. **(AFB II)**

- Die Verweildauer der Gäste nimmt ab → Angebote für kurzfristige Buchungen wichtig, Angebote für langfristige Buchungen verbessern;
- Die Anzahl der Gäste nimmt ab bzw. nicht zu → Steigerung der Attraktivität durch „Leuchttürme" und erweitertes Angebot v.a. auch an jüngere Touristen;
- Hintergrundinformation: In Kochel wohnen eher die älteren Touristen in Ferienwohnungen; sie wandern und nehmen das Kulturangebot wahr. Nach Walchensee kommen eher jüngere Touristen, die Wassersport betreiben wollen; sie kommen oft u.a. auf den Campingplatz direkt am See.

Medientipp

aktuelle Homepage von Kochel: www.kochel.de

Unterrichtsvorschlag

Unterrichtsphase	Inhaltlicher Schwerpunkt	Methodisches Vorgehen / Sozialform	Medien / Materialien
Einstieg	Was erwartet ihr von einem Urlaub in den Alpen?	UG: Brainstorming	Tafel
Erarbeitung I	Kochel und Walchensee – Vorstellung mit Bild und Karte	EA/PA/GA Interviewauswertung	SB S.174, Aufg. 1 und 2 SB S.175, Aufg. 1
Ergebnissicherung I	Kochel und Walchensee	UG: Vergleich bzw. Zusammenführung der Ergebnisse	Tafel/Heft
Erarbeitung II	Auswertung Gästestatistik/ Unterschiede Kochel – Walchensee	EA	SB S.175, Aufg. 2
Ergebnissicherung II	Diskussion und Vorschläge für die zukünftige Entwicklung	UG/EA: Vergleich mit der aktuellen Homepage von Kochel – Walchensee	Internet
Hausaufgabe	Wasserkraft	EA	SB S.174, Aufg. 3

Produktion und Dienstleistungen

Zum Themenblock

Der Themenblock „Produktion und Dienstleistungen" behandelt im Wesentlichen die drei im Lehrplan formulierten Leitfragen:
- Woher kommen Rohstoffe und Energie für unseren Alltag?
- Wie gehen wir mit den begrenzten Rohstoffen und der kostbaren Energie um?
- Was bedeutet die Bereitstellung von Gütern und Dienstleistungen für den Menschen?

Ausgehend vom regionalen Rohstoffvorkommen in Rheinland-Pfalz werden weitere Rohstoffe wie Braunkohle und Erdöl thematisiert. Die wirtschaftliche und raumwirksame Bedeutung des Energieträgers Braunkohle wird am Beispiel des Tagebaus dargestellt. Hier wird der Eingriff des Menschen in die Natur und dessen Folgen aufgezeigt. Die daraus resultierenden Nutzungskonflikte ergeben sich auch bei der Erdölförderung im Küstenbereich der Nordsee. Die Bereiche Förderung, Verarbeitung und Recycling von Rohstoffen greifen die Standortfaktoren der Industrie auf. Am Beispiel der BASF wird die enorme Bedeutung eines Unternehmens für die deutsche und europäische Wirtschaft vorgestellt. Abschließend werden im Zusammenhang mit Energieträgern neue regenerative und emissionsfreie bzw. emissionsarme Möglichkeiten zur Stromherstellung vorgestellt. Sie werden fossilen Energieträgern gegenübergestellt und dabei werden Vor- und Nachteile aufgezeigt. Unter anderem wird dabei auf die globale Erderwärmung eingegangen.

Der wirtschaftsgeographische Bereich der Dienstleistung wird am Beispiel des Ruhrgebiets vertieft. Der Strukturwandel wird hier konkret am Beispiel einer Familie durch die Veränderungen der ausgeübten Berufe der einzelnen Generationen gezeigt. Weiterer Ballungsraum ist das Rhein-Main-Gebiet. Hier ist wieder der regionale Bezug gegeben und typische Kriterien eines Dienstleistungszentrums werden thematisiert. Als wichtige Fachmethode wird das Auswerten von Diagrammen eingeübt. Aufgaben zur Sicherung bietet die Doppelseite TERRA Training. Zur Binnendifferenzierung enthält das Kapitel Angebote zur Differenzierung nach Interesse („Mit Kohle Kohle machen", S. 202/203; „PET-Flaschen – eine praktische Erfindung?", S. 206/207) sowie zur Leistungsdifferenzierung (TERRA FÜR DICH: Vom Rohstoff zum Produkt, S. 220/221).

Zur Auftaktdoppelseite

Die Auftaktdoppelseite soll durch das großformatige Foto motivierenden Charakter haben. Viele lohnenswerte, für den Themenblock tragende Fragestellungen können hier bereits aufgeworfen werden:
- Welche Stadt ist hier dargestellt?
- Wie wird dieser Raum von den Bewohnern genutzt?
- Welche Funktion haben die Gebäude?
- Was könnte produziert werden?
- Welche Schwierigkeiten bringt die Nutzung dieses Raums mit sich?

Didaktische Struktur

Bezüge zum Lehrplan/Kompetenzübersicht
Die Schülerinnen und Schüler erwerben …
- **Fachkompetenz:** Sie untersuchen die Bedeutung von Rohstoffen und ihre Raumwirksamkeit.
  Sie entdecken Dienstleistungen und ihre Bedeutung für das eigene Leben und unsere Gesellschaft und untersuchen wichtige Dienstleistungsbereiche in Deutschland.
- **Methodenkompetenz:** Sie werten in Ansätzen thematische Karten oder Luftbilder aus (M4).
  Sie visualisieren den Weg eines Rohstoffes von der Gewinnung bis zur Entsorgung (M7).
  Sie entwickeln angeleitet eine Mindmap zu einem Dienstleistungsbereich (M7).

- **Kommunikationskompetenz:** Sie beschreiben und erläutern die Strukturen eines industriell geprägten Raumes (K3).
  Sie werten Diagramme, Tabellen und Karten aus und präsentieren ihre Ergebnisse (M4, K5).
- **Urteilskompetenz:** Sie reflektieren den eigenen Umgang mit den begrenzten Rohstoffen in Bezug auf Umwelt und Gesellschaft (U8).
  Sie erkennen Bedeutung und Wertigkeit von Dienstleistungen in unserer Gesellschaft (U8).

Einstieg, Motivierung

AT Produktion und Dienstleistungen (S. 176/177)
- Woher kommen Rohstoffe und Energie für unseren Alltag?
- Wie gehen wir mit den begrenzten Rohstoffen und der Energie um?
- Was bedeuten die Bereitstellung von Gütern und Dienstleistungen für den Menschen?

Rohstoffe und Dienstleistungen im Alltag (S. 178/179)
Begriffsklärung: Rohstoff

Üben interaktiv
- Rohstoffe im Alltag 3nb8a7

Erarbeitung

Ton, Kies, Basalt und Bims (S. 180/181)
- regionaler Einstieg zur Rohstoffgewinnung
- Produktherstellung und Nutzungskonflikte

Üben interaktiv
- Eigenschaften von Rohstoffen t7p872

Von der Entwicklung bis zum Recycling (S. 182/183)
- Produktionsschema Smartphone
- Begriffsklärung: Recycling

Üben interaktiv
- Entstehung eines Smartphones k633ft

Vertiefung

Erdöl unter der Nordsee
(S. 184–187)
- Lagerstätten, Entstehung, Verwendung, Nutzungskonflikte

Strom aus der Steckdose?
(S. 188/189)
- Begriffsklärung: Energieträger
- Schema der Stromerzeugung

Üben interaktiv
- Entstehung von Erdöl v4r8ty
Üben interaktiv
- Produktion von Erdöl d5pf3r
- Kohle und Strom m7j6is
Lernen im Netz
- Quiz zu Erdöl und Erdgas 6wb2r5

Alternative Energiequellen (S. 190/191)
- erneuerbare Energien/Kapazitätsgrenzen
- Stromerzeugung in Deutschland
- Versuch: Sonnenkollektor

Üben interaktiv
- Energiearten zuordnen v829ebs

Methodenschulung

Diagramme auswerten (S. 192/193)

Erarbeitung

Rohstoff Kohle (S. 194/195)
- Entstehung von Braun- und Steinkohle
- geologische Zeittafel
- Tagebau: ökologische Auswirkungen

Üben interaktiv
- Entstehung von Kohle i3e3yt
Lernen im Netz
- Animation Braunkohlentagebau 45g2e5

Methodenschulung

Eine thematische Karte auswerten (S. 196/197)

Üben interaktiv
- Legende lesen b694ui

Didaktische Struktur (Fortsetzung)

Erarbeitung	**Ein Ballungsraum entsteht** (S. 198/199)
	– Wirtschaftsraum Ruhrgebiet 1850–2010
	– Standortfaktoren
	Ruhrgebiet im Wandel (S. 200/201)
	– Strukturwandel
		Lernen im Netz
		– Familie im Wandel 57q9ce
		Üben interaktiv
		– Standortfaktoren v3bd3c
		– Ruhrgebiet im Wandel
		  pp9h39
		Material
		– Interaktive Karte Ruhrgebiet
		  ii2hj4

Differenzierung	**Mit Kohle Kohle machen** (S. 202/203) – Wahldifferenzierung nach Interesse	
Erweiterung	**BASF – Europas größtes Chemiewerk** (S. 204/205) – Standortfaktoren für die chemische Industrie – Umweltrisiken	
Differenzierung	**PET-Flaschen – eine praktische Erfindung?** (S. 206/207) – Wahldifferenzierung nach Interesse – Recycling/Kreislaufwirtschaft	Material – Kopiervorlage stumme Weltkarte y667mk
Erarbeitung	**Dienstleistungszentrum Frankfurt/Main** (S. 208/209) – Verkehrsknoten – Banken- und Dienstleistungszentrum	Üben interaktiv – Finanzzentren 2b6zg9
Erweiterung	**Bunte Dienstleistungswelt in Deutschland** (S. 210/211) – Beschäftigte in Deutschland – Tariflöhne/Mindestlöhne	Lernen im Netz – Dienstleistungen im Wolkenkratzer v8x88y
Methoden- schulung	**Eine Befragung durchführen** (S. 212/213)	Surftipp – Fragebogenprogramm 4za6rz
Vertiefung	**… und täglich grüßt die Autobahn** (S. 214/215) – Stadt-Umland-Beziehungen – Pendler	
Orientierung	**Wirtschaftsstandorte in Europa** (S. 216/217) – Kartenarbeit	
Festigung/Zu- sammenfassung	**TERRA Training** (S. 218/219) – Sicherung durch Wiederholung und Anwendung **TERRA FÜR DICH** (S. 220/221) – Leistungsdifferenzierung: Lebensweg einer Jeans	Material – Selbsteinschätzung 89y4ym Lernen im Netz – Von der Baumwolle zur Hose z4g88u

Rohstoffe und Dienstleistungen im Alltag

Kompetenzen

Die Schülerinnen und Schüler können ...
- die wichtigsten Rohstoffe des Alltags benennen und Kategorien zuordnen;
- den Einfluss von Rohstoffen auf die Gestaltung des täglichen Lebens beschreiben und erklären;
- den Unterschied zwischen endlichen und nachwachsenden Rohstoffen erklären;
- den verantwortungsvollen Umgang mit Rohstoffen beschreiben und beurteilen.

Grundbegriffe

Dienstleistung, Entsorgung, Konsum, Nachhaltigkeit, Rohstoff, Versorgung

Sachinformationen

Nahezu alles, was wir für unser tägliches Leben benötigen, besteht aus mineralischen Rohstoffen, die in Bergbaubetrieben gewonnen werden. Das betrifft nicht nur Automobile oder ihre Brennstoffe, sondern auch Medikamente und Waschmittel etc. Jeder Deutsche verbraucht in seinem Leben ca. 1500 Tonnen an mineralischen Rohstoffen, gleichzeitig ca. 65 000 Tonnen Erdgas; zusammen macht das einen jährlichen Pro-Kopf-Verbrauch von ca. 15 Tonnen aus.

Beispielhaft soll hier der Bedarf an Rohstoffen für ein Auto stehen: Ein Mittelklasseauto besteht aus:

1020 kg Eisen und Stahl (Karosserie)
230 kg Gummi* und Kunststoffe
65 kg Aluminium (Motor)
35 kg Glas
12 kg Kupfer (Lichtmaschine, ...)
11 kg Blei (Starterbatterie)
9 kg Zink (Korrosionsschutz)
...

* Gummi enthält mineralische Füllstoffe: Calciumkarbonat und Quarz

dazu sind an Rohstoffen nötig:

2250 kg Eisenerz
445 kg Rohöl
77 kg Quarzsand
1179 kg Kupfererz
435 kg Bleierz
327 kg Zinkerz

Ebenso ist ein Computer ohne Rohstoffe unvorstellbar. 32 Metalle sind notwendig, damit ein PC funktioniert: Au, Ag, Pt, Cu, Pb, Zn, Sn, Al, Sb, Be, Ga, Ge, In, Seltene Erden, Y, Hg, Rh, Se, Si, Sr, Te, Li, Zr, Fe, Mn, Ni, Mo, Nb, Ta, W, V und Co.

Und das letzte Beispiel, das Mobiltelefon:
42 % Kunststoffe; 11 % Glas; 19 % Kupfer; 9 % Aluminium; 8 % Eisen; 5 % Quarz; 4 % Silizium; 1 % Nickel; 1 % Zinn

Man könnte ähnliches zum Straßenbau, zu Batterien oder zur Zahnpasta beschreiben. Damit wird unsere Abhängigkeit deutlich, die wir zunehmend erkennen. So finden die sog. erneuerbaren Energien im Rahmen der aktuellen, politisch vorangetriebenen Energiewende große Beachtung. Neben Sonnen-, Windkraft und Geothermie sind es die nachwachsenden Rohstoffe, die wichtig werden und helfen sollen, sich von der Abhängigkeit endlicher Ressourcen zu lösen.

Hinweise zum Unterricht

Auch die Schule kann einiges dazu beitragen. In vielen Fällen gibt es bereits Solaranlagen, aber auch Plastikvermeidung in der Mensa gehört dazu. Vielleicht kann mit der Umwelt-AG zusammengearbeitet werden und ein Schulprojekt dazu gestartet werden.

Lösung der Basisaufgaben

1 Rohstoffe im Alltag:

a) Ordne die Bilder in Material 2 je einem Begriff zu und begründe deine Zuordnung. **(AFB II/III)**

Reifen – Kautschuk – Erdöl → Produktionsstoffe
Steak – Fisch → Energielieferant Tier
Handy – Kupfer – Zinn → Produktionsstoffe
Windrad – Luft → erneuerbare Energie
Kleid – Baumwolle → nachwachsender Rohstoff
Schokolade – Kakao → Produktionsstoff
Es gibt hier weitaus andere Kombinationen, die interessant diskutiert werden können.

b) Die Begriffe weisen sehr unterschiedliche Eigenschaften auf. Erläutere, wie sich die Begriffe sinnvoll sortieren lassen. Bilde hierzu Oberbegriffe und erstelle eine Tabelle: z. B. pflanzliche oder tierische Rohstoffe, Energierohstoffe, begrenzte und nicht begrenzte Rohstoffe. **(AFB II/III)**

Rohstoffe	Energielieferanten	Verfügbarkeit
pflanzliche/tierische Rohstoffe: Kautschuk, Getreide, Obst, Baumwolle, Holz, Fisch, Fleisch	Erdgas, Erdöl, Kupfer, Kohle, Uran, Gold	begrenzter Rohstoff: endlich bei Energielieferanten, nachwachsend bei Pflanzen
regenerative Rohstoffe: Luft, Sonne, Wasserkraft, Geothermie		nicht-endliche Nutzung möglich

Auch hier sind andere Kombinationen sinnvoll und möglich.

2 Beschreibe den Verlauf deines gestrigen Tags in Stichwörtern und erläutere, welche Rohstoffe du wozu genutzt hast. Erstelle hierzu eine Tabelle. (AFB I/II)

Individuelle Schülerlösung.

Anwendungsaufgabe

3 Peter (Text 3) merkt bald, dass auch alle Dienstleister, die ihm seinen Alltag erleichtern, verschwunden sind. Verfasse eine Fortsetzung seines Tagesverlaufs und beschreibe, auf welche Dienstleistungen Peter gerne in und außerhalb der Schule zurückgegriffen hätte. (AFB II)

Individuelle Schülerlösung.

Medientipps

Üben interaktiv: Rohstoffe im Alltag (Online-Code 3nb8a7)

Im Internet findet man unter den Stichworten „Rohstoffe", „nachwachsende Rohstoffe" etc. sehr viel Material, das auch z. T. vordidaktisiert ist.

Unterrichtsvorschlag

Unterrichtsphase	Inhaltlicher Schwerpunkt	Methodisches Vorgehen / Sozialform	Medien / Materialien
Einstieg	Kinderzimmer ohne Plastik!	UG	SB S. 178/179, M1, 2
Erarbeitung	Rohstoffe im Alltag	PA: Kategorien bilden	SB S. 179, Aufg. 1
Ergebnissicherung	Rohstoffe im Alltag	PA: Präsentation der Ergebnisse Diskussion	
Vertiefung	Nachwachsende Rohstoffe	UG: Beispiele sammeln, Beurteilung des eigenen Verhaltens	SB S. 179, Aufg. 2
Hausaufgabe	Dienstleistungen im Alltag	EA	SB S. 179, Aufg. 3

Ton, Kies, Basalt und Bims

Kompetenzen

Die Schülerinnen und Schüler können …
- die Eigenschaften und Verwendung der Rohstoffe Kies, Bims und Ton erkennen;
- die Entstehung von Kies, Bims und Ton beschreiben;
- die Lagerstätten dieser drei Rohstoffe in Rheinland-Pfalz lokalisieren.

Grundbegriffe

Rohstoffe, Lagerstätten

Sachinformationen

Rohstoffe sind Naturstoffe, die dem Menschen zur Herstellung von Gebrauchsgütern oder zur Gewinnung von Energie dienen. Nach ihrer Herkunft bzw. Entstehung unterscheidet man mineralische, pflanzliche und tierische Rohstoffe. Mineralische Rohstoffe werden auch Bodenschätze genannt.

Hinweise zum Unterricht

Die Ablagerungen von Sand und Ton infolge von Abspülungen nach starken Niederschlägen entsprechen dem Kenntnisstand der Schülerinnen und Schüler. Zur Veranschaulichung und Vertiefung ist ein Experiment im Gelände möglich. Die Verwendung der Rohstoffe kann im Lernumfeld beobachtet werden.

Lösung der Basisaufgaben

1 Erstelle mithilfe der Karte 5 eine Tabelle: **(AFB I)**

Rohstoffe	in der Nähe von	Verwendung
Sand, Kies	Rheinland (Oberrhein bis Bingen und von Koblenz aus rheinabwärts)	Beton und Betonsteine, Mörtel, Estrich (Einfahrten)
Bims	Neuwieder Becken	Bausteine
Ton	Montabaur	Bremsscheiben (Keramik), Vasen, Krüge, Geschirr, Wand- u. Bodenfliesen
Basalt	Westerwald, Eifel, Hunsrück	Straßenpflaster, Straßenschotter, Uferbefestigungen an Flüssen und an der Küste

2 Erläutere die Entstehung von Kies, Bims und Ton. **(AFB II)**
Bei der Beschreibung der Entstehung der Rohstoffe sollte besonders auf die Kräfte und Prozesse eingegangen werden, die zum Transport und zur Ablagerung geführt haben (vgl. SB S. 180, Abbildungen 2–4).

Anwendungsaufgaben

3 Untersuche:
a) Wurden beim Bau des Hauses, in dem du wohnst, Kies, Bims oder Ton verwendet? **(AFB II)**
Individuelle Schülerlösung.
b) Welche Gegenstände aus Kies, Bims oder Ton findest du in deiner Wohnung? **(AFB II)**
Individuelle Schülerlösung.

4 Herr Müller wohnt neben einem Steinbruch und stellt fest: „Der Basaltabbau hat hier zwei Gesichter". Nimm zu dieser Aussage Stellung. **(AFB III)**
Zentraler Aspekt ist der Nutzungskonflikt. Auf der einen Seite werden durch den Abbau und die Vermarktung der Produkte Arbeitsplätze geschaffen, auf der anderen Seite stehen der massive Eingriff in das Landschaftsbild und die Lärmbelastung der Bewohner der umliegenden Orte.

5 Informiere dich über Herstellung von keramischen Dachziegeln und erstelle ein Ablaufschema von der Gewinnung des Tons bis hin zur Entsorgung alter Ziegel. **(AFB II/III)**
Dachziegel sind flächige keramische Bauelemente aus gebranntem Ton, die zum Eindecken von geneigten Dächern dienen. Während man früher die Ziegeleien aus Kostengründen in der Nähe von Ziegelgruben errichtete, spielt das Transportproblem heute eine untergeordnete Rolle. Die einzelnen Herstellungsschritte sind: Abbau, Aufbereitung, Sumpfen, Formgebung, Trocknen, Brennen sowie Güteprüfung.

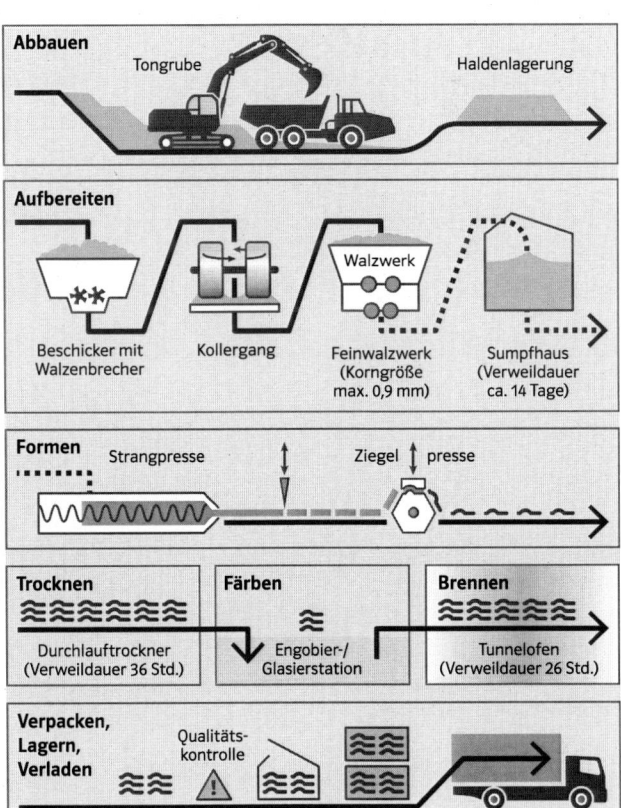

Ablaufschema zu Aufgabe 5
nach: Juetis. In: Dachziegel. Eintrag in Wikipedia, Okt. 2015

Medientipps

Günstig ist der Einsatz von Handstücken, gerade um die geringe Dichte von Bims im Vergleich zu Kies zu zeigen.

Üben interaktiv: Eigenschaften von Rohstoffen
(Online-Code t7p872)

Unterrichtsvorschlag

Unterrichtsphase	Inhaltlicher Schwerpunkt	Methodisches Vorgehen / Sozialform	Medien / Materialien
Einstieg	Abbau von Basalt/Basaltwerk	UG: Bildbeschreibung	SB S. 180, M 1
Erarbeitung I	Weitere Rohstoffe/Verwendung	PA: Kartenarbeit	SB S. 181, Aufg. 1
Ergebnissicherung I	Weitere Rohstoffe/Verwendung	EA: Tabelle als Hefteintrag erstellen	
Erarbeitung II	Entstehung der verschiedenen Rohstoffe	EA	SB S. 180/181, M 2–4, Aufg. 2
Vertiefung	Nutzungskonflikt	UG: Konflikt Anwohner/Industrie	SB S. 181, Aufg. 4
Übung/Festigung	Hausaufgabe		SB S. 181, Aufg. 3 und 5

Von der Entwicklung bis zum Recycling

Kompetenzen

Die Schülerinnen und Schüler können ...
- den Produktionsweg eines Smartphones nachvollziehen;
- die Produktionsbedingungen von Smartphones auf ökologischer und sozialer Ebene kritisieren;
- die Notwendigkeit und den Nutzen des Smartphone-Recyclings erkennen;
- den Zusammenhang zwischen ihrem eigenen Handykaufverhalten und den ökologischen Folgen erkennen.

Grundbegriff

Recycling

Sachinformationen

Der Produktionsweg eines Smartphones durchläuft einen mittlerweile üblichen globalen Weg. Einzelteile werden zugekauft und selbst die Endmontage an Fremdanbieter ausgelagert. Somit werden viele Bestandteile der Handys unter fragwürdigen sozialen und ökologischen Bedingungen gefertigt und anschließend über ebenso ökologisch bedenklich weite Wege transportiert.

In Deutschland werden jährlich ca. 36 000 Handys/Smartphones verkauft. Doch im Durchschnitt schon nach 1,5 Jahren wird ein altes durch ein neues Produkt ersetzt, obwohl in den meisten Fällen kein Defekt vorliegt. Nach Schätzungen verstauben ca. 100 Millionen alte Handys in deutschen Haushalten. In den alten Handys stecken wertvolle Rohstoffe wie Gold, Palladium oder Coltan; aber auch gefährliche Schadstoffe wie Bleiverbindungen oder diverse Kunststoffverbindungen.

Durch gezieltes Handyrecycling können Schadstoffe fachgerecht entsorgt und wertvolle Rohstoffe wiedergewonnen werden. Die Deutsche Umwelthilfe oder die Telekom bieten erste Aktionen an, alte Handys fachgerecht zu recyceln.

Hinweise zum Unterricht

Es ist möglich, zwei unterschiedliche Schwerpunkte mit der Schulbuchseite zu bearbeiten. Zum einen können die Schülerinnen und Schüler den globalen und komplexen Produktionsweg eines Smartphones nachvollziehen und erste Probleme im globalen Kontext erkennen (z. B. die Arbeitsbedingungen). Zum anderen kann der ökologische Aspekt vertieft werden, der die Notwendigkeit des Handyrecyclings aufzeigt.

In beiden Fällen soll der Schülerbezug als „Smartphonekonsument" hergestellt werden, um globale Auswirkungen des eigenen Handelns aufzuzeigen.

Lösung der Basisaufgaben

1 Arbeite mit den Textbausteinen (2).

a) Ordne die einzelnen Stationen aus dem Leben eines Smartphones den einzelnen Stationen des Produktionsschemas (4) zu. **(AFB I)**

A → Produkt
B → Zulieferung
C → Transport
D → Verkauf
E → Einzelteile
F → Zulieferung
G → Recycling

b) Notiere die Berufe, welche rund um das Smartphone zum Einsatz kommen. Ergänze weitere Berufe. **(AFB II)**
Softwareentwickler, Kapitän, Verkäufer, IT-Monteur (Arbeiter)
weitere Berufe: Werbefachmann, Marketingstratege, Matrose, Flugkapitän, Lkw-Fahrer, etc.

c) Markiere die Berufe, mit denen eine Dienstleistung erbracht wird. Begründe. **(AFB I/II)**
Die meisten oben genannten Berufe sind Dienstleistungsberufe. Heutzutage sind sehr viele Menschen mit der Montage und dem Vertrieb der Smartphones beschäftigt.

2 Nimm einen Atlas zur Hilfe: Lokalisiere einzelne Produktionsstandorte aus dem Leben eines Smartphones (Textbausteine 2) und ordne einzelne Berufe den Standorten zu. **(AFB II)**
Individuelle Schülerlösung.
Beispiele: Softwareentwickler Hr. Degenhart (Spanien), Kapitän Friedjoff (Shanghai), IT-Monteure (San Francisco, Shenzen)

3 Notiere Argumente für und gegen den regelmäßigen Kauf eines Handys oder Smartphones alle zwei Jahre. **(AFB II)**
Individuelle Schülerlösung.

Anwendungsaufgabe

4 Informiere dich, wo du alte Handys und Smartphones abgeben kannst, und führe eine Sammlung in deiner Klasse durch. **(AFB II)**

z. B. Deutsche Umwelthilfe e.V.

Medientipp

Üben interaktiv: Entstehung eines Smartphones
(Online-Code k633ft)

Unterrichtsvorschlag

Unterrichtsphase	Inhaltlicher Schwerpunkt	Methodisches Vorgehen / Sozialform	Medien / Materialien
Einstieg	Handyschrott, Schülerkaufverhalten	UG: Bildbeschreibung und Projektion auf das eigene Handy-Kaufverhalten	SB S. 182, M1
Erarbeitung I	Der Produktionsweg von Smartphones	UG: Produktionsschema eines Smartphones beschreiben EA: Hintergründe zum Produktionsschema eines Smartphones kennenlernen	SB S. 183, M4 SB, S. 183, M4, Aufg. 1a
Ergebnissicherung I	Zuordnung von Berufen oder Lokalisierung von Produktionsstandorten	EA: Tabelle als Hefteintrag erstellen	SB S. 183, Aufg. 1b und 2
Erarbeitung II	Ökologische und soziale Aspekte des Handykonsums	PA	SB S. 183, Aufg. 3
Ergebnissicherung II	Ökologische und soziale Aspekte des Handykonsums	UG: Sicherung von Argumenten an der Tafel	
Übung/Festigung	Recycling	EA: Handlungskompetenz	SB S. 183, Aufg. 4

Erdöl unter der Nordsee

Kompetenzen

Die Schülerinnen und Schüler können …
- einen Einblick über die komplexe Entstehung des Erdöls und Erdgases wiedergeben;
- die heutigen Lagerverhältnisse des Nordseeöls beschreiben;
- das Leben und die Arbeit auf einer Bohrinsel beschreiben;
- die Nordsee-Anrainerstaaten verorten;
- den Weg des Erdöls und die Verarbeitung bis zum Verbraucher beschreiben;
- Produkte aus Erdöl nennen;
- die Bedeutung des Erdöls für Verbraucher, Wirtschaft, Erdöl exportierende und Erdöl importierende Staaten erklären;
- den Nutzungskonflikt am Bsp. Wattenmeer erklären.

Grundbegriffe
Erdöl, Erdgas

Sachinformationen

Das Erdöl aus der Nordsee hat für uns in Deutschland nach wie vor eine große Bedeutung. Entgegen ursprünglicher Prognosen werden die Vorräte noch einige Jahrzehnte reichen. So wird zum Beispiel durch in der Tiefe schräg und sogar waagerecht verlaufende Bohrungen sowie andere neue Verfahren der Ausbeutungsgrad der Quellen erhöht. Auch die Technik der Bohrinseln hat sich verändert.

Technisch weniger komplexe Plattformen werden um Sammel- und Bearbeitungszentralen herum in die See gesetzt. Durch die Bohrungen in größerer Tiefe geht der Trend weg von Standbohrinseln zu schwimmenden Einheiten, die bis in Tiefen von mehr als 500 m arbeiten können.

Immer weniger Menschen arbeiten auf den Öl- und Gasplattformen. Trotzdem sind sie natürlich bestens versorgt. In der Praxis bestehen unterschiedliche Schichtmodelle der Arbeitszeit (wöchentlicher Wechsel, zweiwöchentlich …). Auch immer mehr Frauen entscheiden sich für einen der anstrengenden Arbeitsplätze.

Hinweise zum Unterricht

Die Entstehungsprozesse von Erdöl und Erdgas sind hoch komplexe Prozesse, die den Schülerinnen und Schülern dieser Jahrgangsstufe nicht vollkommen begreiflich gemacht werden können. Trotzdem können im Sinne eines Beitrags zum naturwissenschaftlichen Arbeiten die Entstehungsprozesse in Ansätzen besprochen sowie Parallelen und Unterschiede zur Kohlentstehung aufgezeigt werden. Der Zugang zum Thema „Erdöl unter der Nordsee" kann auch motivierend durch das Kennenlernen einer Bohrinsel sowie der Lebens- und Arbeitsverhältnisse erfolgen. Eine andere Möglichkeit besteht darin, über Erdölprodukte und die Bedeutung des Erdöls in das Thema einzusteigen. Der Verarbeitungsprozess in der Raffinerie braucht in dieser Altersstufe nicht weiter vertieft zu werden. Es reicht aus, darauf hinzuweisen, dass das Erdöl durch chemische Prozesse in die benötigten Bestandteile zerlegt wird.

Lösung der Basisaufgaben, S. 185

1 Beschreibe die Suche nach Erdöl. (AFB I)
Auswertung von Satellitenfotos und Gesteinsschichtenaufbau, Messungen der Wellenausbreitung bei Sprengungen, Probebohrungen

2 Erläutere die Entstehung von Erdöl und Erdgas. (AFB II)
Erdöl und Erdgas bilden sich aus den organischen Bestandteilen von winzigen Wassertieren und Wasserpflanzen, dem Plankton. Diese besiedelten schon vor Jahrmillionen in riesigen Mengen küstennahe, flache Gewässer.
Das abgestorbene Plankton sinkt auf den Boden der Gewässer und bildet dann mit Tonen, Sanden und Kalken mächtige Faulschlammschichten. Unter der Einwirkung von Druck, Wärme und Bakterien wandelt sich das abgestorbene Plankton der Faulschlammschicht in Erdgas und Erdöl um. So entsteht das Erdölmuttergestein.
Andere Ablagerungen überdecken mit der Zeit die Faulschlammschicht, die dadurch weiter zusammengepresst wird. Die winzigen Erdöltröpfchen und Erdgasteilchen wandern unter hohem Druck aus dem Erdölmuttergestein in Hohlräume der darüber liegenden Gesteinsschichten, in das sogenannte Speichergestein. Wo undurchlässige Gesteinsschichten das Weiterwandern stoppen, bilden sich Erdöl- und Erdgaslagerstätten mit der typischen Anordnung: Wasser, darüber Erdöl, darüber Erdgas.

3 Arbeite mit dem Atlas:
a) Nenne fünf Erdölbohrinseln in der Nordsee. (AFB I)
z. B. Alba, Brent, Captain, Cecilie, Dan, Ekofisk, Forties, Longannet, Nelson, Troll
b) Lokalisiere Regionen in Europa, in denen Erdöl gefördert wird. (AFB I)
z. B. Westlettland, Westlitauen, Deutschland (Niedersachsen, Schleswig-Holstein), Frankreich (Aquitanien, Champagne)

Anwendungsaufgabe, S.185

4 Berichte in einem Brief über einen möglichen Tagesablauf eines Arbeiters auf einer Bohrinsel. **(AFB II)**

Individuelle Schülerlösung.

Anwendungsaufgabe, S.187

8 Benenne Gegenstände aus deiner Schultasche oder deinem Rucksack, die aus Erdöl hergestellt sind. **(AFB I/II)**

Individuelle Schülerlösung.

Lösung der Basisaufgaben, S.187

5 Beschreibe die Transportwege von Erdöl und Erdgas bis zur Raffinerie. **(AFB II)**

Von der Bohrinsel gelangt das Erdöl durch eine Pipeline zu einer zentralen Plattform. Dort wird das Öl auf einen Tanker gepumpt. Dieser bringt es in einen Erdölhafen, wo es in großen Tanks zwischengelagert wird. Über eine Pipeline wird das Erdöl zur Verarbeitung in eine Raffinerie geschickt. Das Erdgas wird direkt über eine Pipeline in die verschiedenen Länder geleitet, wo es weiterverarbeitet oder über ein Rohrleitungsnetzwerk zu den Haushalten gebracht wird.

6 „Erdöl ist als fossiler Rohstoff zum Verbrennen zu schade!" Begründe. **(AFB II)**

Die chemische Industrie stellt aus Erdöl wichtige Dinge für unser tägliches Leben her. Es ist also ein wertvoller Rohstoff, den es zu schonen gilt. Der weitaus größte Teil des Erdöls wird aber als Benzin, Diesel und Heizöl unwiederbringlich verbrannt.

7 „Schutz der Meere oder Sicherung der Energieversorgung?" Äußere deine Meinung zu diesem Nutzungskonflikt. **(AFB III)**

Individuelle Schülerlösung.

Medientipps

Üben interaktiv: Entstehung von Erdöl (Online-Code v4r8ty)
Üben interaktiv: Produktion von Erdöl (Online-Code d5pf3r)
Lernen im Netz: Quiz zu Erdöl und Erdgas (Online-Code 6wb2r5)

Unterrichtsvorschlag (Doppelstunde)

Unterrichtsphase	Inhaltlicher Schwerpunkt	Methodisches Vorgehen / Sozialform	Medien / Materialien
Einstieg	Produkte aus dem Alltag (Kunststoffe, die aus Erdöl hergestellt wurden)	LV: Vorstellung der Produkte	Kunststoffprodukte
Erarbeitung I	Funktion einer Bohrinsel/Verortung	PA: Kartenarbeit (Atlas: Nordsee)	Atlas SB S. 185, M 5
Ergebnissicherung I	Erdölbohrinseln	EA	SB S. 185, Aufg. 3
Erarbeitung II	Entstehung von Erdöl/Erdgas	PA: Erarbeitung von Abbildung 4	SB S. 185, M 4
Ergebnissicherung II	Entstehung von Erdöl/Erdgas	EA	SB S. 185, Aufg. 2
Übung/Festigung	Suche nach Erdöl	Hausaufgabe	SB S. 185, Aufg. 1

Unterrichtsvorschlag 2. Stunde

Unterrichtsphase	Inhaltlicher Schwerpunkt	Methodisches Vorgehen / Sozialform	Medien / Materialien
Erarbeitung III	Transport und Verarbeitung des Erdöls	PA: Erarbeitung des Schemas	SB S. 186/187, M 7
Ergebnissicherung III	Transport und Verarbeitung des Erdöls	EA	SB S. 186, Aufg. 5
Ergebnissicherung IV	Bedeutung des Erdöls/Erdgas für ein Exportland	UG: Stellenwert der Rohstoffe	SB S. 186/187, Text
Ergebnissicherung IV	Nutzungskonflikte	EA	SB S. 187, Aufg. 7
Vertiefung	Nutzungskonflikt: Wohlstand/ Umweltschutz	UG: Mögliche Gefahren/Störfälle	SB S. 187. M 10, 11
Festigung	Nutzungskonflikte	EA	SB S. 187, Aufg. 7

Strom aus der Steckdose?

Grundbegriff

Energieträger

Sachinformationen

Das Thema „Stromerzeugung" dürfte für die meisten Schülerinnen und Schüler besonders anschaulich darzustellen sein. Immerhin hat hier jeder durch verschiedene Aktivitäten (z. B. Kommunikationselektronik, Licht) einen direkten Zugang. Dennoch ist es schwieriger, dieses Thema auf der lokalen Ebene zu behandeln, als dies beispielsweise bei der Wasserversorgung und der Abwasserentsorgung der Fall ist. Denn es ist unmöglich, genau zu sagen, wie der Strom produziert wird, der aus der einzelnen Steckdose kommt.

Es kann aber allgemein vermittelt werden, wie sich der Strom, den wir von unserem Stromversorger erhalten, zusammensetzt. Gleichzeitig soll bei diesem Thema aber auch auf ein persönliches ökonomisches Verbraucherverhalten und einen künftigen verantwortungsvollen Umgang mit den Ressourcen hingewirkt werden.

Hinweise zum Unterricht

Die Schülerinnen und Schüler sollen das Grundprinzip der Stromerzeugung verstehen. Letztlich geht es zunächst um mechanische Energie, d. h. eine Turbine wird gedreht und somit auch ein Generator. Ob nun der erzeugte Wasserdampf bei einem Wärmekraftwerk oder das hinabstürzende Wasser bei einem Wasserkraftwerk dafür sorgt, hängt von der Wahl des Energieträgers ab. Ein weiterer Aspekt ist der unterschiedliche Strombedarf im Tagesverlauf. Um im nächsten Schritt die Substitution fossiler Energieträger durch erneuerbare abwägen zu können, ist der Zusammenhang zwischen Grund- und Spitzenlastzeiten und die flexible Reaktion durch den Stromanbieter darauf wichtig.

Lösung der Basisaufgaben

1 Beschreibe mithilfe von Schema 1, wie ein Kraftwerk funktioniert. **(AFB I)**

Kohle wird verbrannt – heizt Wasser im Kreislaufsystem – Dampf entsteht und treibt eine Turbine an – Turbine treibt einen Generator an – Strom entsteht – ein Transformator erzeugt daraus Hochspannung – über Fernleitungen wird der Starkstrom bis zu dem Verbraucher transportiert – ein Transformator erzeugt „normale" Spannung (230 Volt) für den Haushalt

2 Erkläre, warum ein Pumpspeicherkraftwerk wie ein Akku funktioniert. **(AFB II)**

Elektrische Energie lässt sich nur begrenzt speichern. In Form von Akkus ist dies für den Energiebedarf ganzer Regionen nicht möglich. Im Gegensatz dazu lässt sich Wasser ohne Probleme speichern. Zu Grundlastzeiten und vor allem nachts wird es in ein Oberbecken (Stausee) gepumpt. Während Spitzenlastzeiten stürzt das gespeicherte Wasser dann durch die Oberwasserstollen auf die Turbinen. So kann ohne lange Vorlaufzeit (Aufheizen/Erzeugung von Wasserdampf) Strom erzeugt werden. Dies ist wie bei einem Akku beliebig oft wiederholbar.

3 „Die Stromerzeugung funktioniert immer gleich – zumindest ab der Turbine." Erläutere diese Aussage. **(AFB II)**

Wasserdampf dient zum Antreiben der Turbine. Je nach Energieträger wird dieser durch die Verbrennung von Kohle, Erdgas oder Erdöl erzeugt. Bei einem Atomkraftwerk verursacht eine chemische Reaktion in den Brennstäben die Wärme, die Wasser zum Sieden bringt. Bei einem Pumpspeicherkraftwerk nutzt man den hohen Wasserdruck des herabstürzenden Wassers zum Drehen der Turbine. Bei einem Laufwasserkraftwerk wird die Strömung des Flusswassers genutzt. Die Turbine treibt den Generator an, der den elektrischen Strom erzeugt. (Bei einem Windrad wird die Turbine durch einen Propeller ersetzt.) Danach sind die Vorgänge immer gleich.

Anwendungsaufgabe

4 Kohlekraftwerke:

a) Arbeite mit dem Atlas: Wo gibt es in Deutschland
   Kohlekraftwerke? **(AFB I)**

   Rostock, Hamburg, Bremen, Hannover, Berlin, Wolfsburg,
   Mitteldeutsches Revier (Halle, Leipzig), Ibbenbüren, Ruhr-
   revier (Lünen, Duisburg, Dortmund), Lausitzer Revier, Rhei-
   nisches Revier (Köln, Aachen), Saarrevier, Mainz, Frankfurt
   (z.T. Mischbetriebe)

b) Begründe die Verteilung. **(AFB II)**

   Standortfaktor Stein-/Braunkohle und Energiebedarf
   (Ballungsraum/Industrie)

Medientipp

Üben interaktiv: Kohle und Strom (Online-Code m7j6is)

Unterrichtsvorschlag

Unterrichtsphase	Inhaltlicher Schwerpunkt	Methodisches Vorgehen / Sozialform	Medien / Materialien
Einstieg	Wo wird Strom benötigt?	UG: Sammeln von Beispielen (privat/industriell)	
Erarbeitung I	Funktionsweise Kraftwerk	PA: Erarbeitung von M 1	SB S. 188, M 1
Ergebnissicherung I	Funktionsweise Kraftwerk	EA	SB S. 189, Aufg. 1
Erarbeitung II	Fossile Energieträger/Atomkraftwerk	LV: Vor-/ Nachteile Atomkraftwerk	
Ergebnissicherung II	Stromerzeugung	EA	SB S. 189, Aufg. 3
Vertiefung	Spitzenstromzeiten/ Pumpspeicherkraftwerke	UG: Möglichkeiten, Spitzenlast abzudecken	SB S. 189, M 3, 5
Festigung	Pumpspeicherkraftwerke	Hausaufgabe	SB S. 189, Aufg. 2

Alternative Energiequellen

Kompetenzen

Die Schülerinnen und Schüler können …
- Diagramme beschreiben;
- verschiedene Arten der alternativen Stromerzeugung (Gezeitenkraftwerk, Fotovoltaik, Erdwärme und Windenergie) mit ihren Vor- und Nachteilen auch im Verglich mit fossilen Energieträgern nennen und ansatzweise begründen;
- einen Versuch zum Sonnenkollektor durchführen.

Grundbegriff
Erneuerbare Energien

Sachinformationen

Fossile Energieträger sind nicht unbegrenzt nutzbar. Bei ihrer Verbrennung entsteht CO_2, welches zur globalen Klimaerwärmung beiträgt. Der erste Schritt zu einer alternativen Stromgewinnung war der Einsatz von Atomkraftwerken in den 1950er-Jahren. Die zur Erzeugung des Wasserdampfs benötigte Wärme entsteht hier nicht durch einen Verbrennungsvorgang, wodurch auch kein CO_2 gebildet wird. Die chemischen Reaktionen in den Uranstäben setzen sehr große Wärmemengen frei. Ein Sicherheitsrisiko besteht allerdings im Falle einer Störung des kontrollierten Betriebes. Radioaktives Kühlwasser oder radioaktive Strahlung darf unter keinen Umständen nach außen dringen. Ein weiteres Problem ist die Lagerung der alten Brennstäbe. Da von ihnen noch über Jahrzehnte eine radioaktive Strahlung ausgeht, werden bzw. wurden sie tief unter der Erde z. B. in stillgelegten Salzbergbaustollen gelagert (Endlagerstätten).
In den letzten Jahren wurde die Stromerzeugung aus alternativen Energiequellen weiter optimiert. Das Grundproblem besteht jedoch in der sicheren Abdeckung des Strombedarfs während der Grundlastzeiten. Der kontinuierliche Betrieb von Wind- und Fotovoltaikanlagen ist nicht möglich. Hier kann der Wirkungsgrad solcher Anlagen lediglich durch geeignete Standortsuche – z. B. Offshore-Anlagen an der Küste – verbessert werden. Stetiger ist die Stromgewinnung durch Gezeitenkraftwerke. Das ein- und ausströmende Wasser von Flut und Ebbe ist verlässlicher als eine Mindestwindstärke oder eine Mindestsonnenscheindauer. Am beständigsten ist die Nutzung von Erdwärme, da hier keine Temperaturschwankungen auftreten. Alle genannten Alternativen erreichen als Einzelanlage nicht die Kapazität (installierte Leistung) konventioneller Kraftwerke, sodass hier zwangsläufig viele Anlagen errichtet werden müssen. Dies wiederum stört beim Beispiel von Windrädern das Landschaftsbild und die Bevölkerung in direkter Nachbarschaft. Ohne CO_2-Ausstoß arbeiten die Wasserkraftwerke. Ein Laufwasserkraftwerk eignet sich gut zur Abdeckung der sogenannten Grundlast. Für die Bedarfsdeckung bei Spitzenlastzeiten werden Kraftwerktypen benötigt, die ohne hohe Vorlaufzeiten elektrischen Strom in das Netz einspeisen können. Wärmekraftwerke sind hier ungeeignet, da die Bereitstellung von Wasserdampf mehrere Stunden benötigt. Pump-, Druckluftspeicher- und Gasturbinenkraftwerke sind in der Lage, innerhalb weniger Minuten die Versorgung zu jeder Zeit sicherzustellen.

Lösung der Basisaufgaben

1 Stromerzeugung in Deutschland:
a) Beschreibe die Diagramme 6. **(AFB I)**
b) Vergleiche die Diagramme. **(AFB II)**
Die Kreissegmentdiagramme zeigen die Anteile verschiedener Energieträger zur Stromherstellung in Deutschland. Von 2000 zu 2011 haben sich die Anteile verändert. Fast unverändert ist der Anteil der Braunkohle. Sie besitzt 2011 mit 25 % den größten Anteil. Steinkohle und Kernenergie werden weniger eingesetzt. Die Anteile von Erdöl und Wasser haben sich kaum verändert und sind in etwa genauso gering wie die Stromerzeugung über Fotovoltaik. Windenergie liegt mit 8 % höher als noch 2000; der Einsatz von Erdgas hat sich verdoppelt. Der Anteil der Biomasse wird 2011 mit 5 % angegeben, 2000 war er noch unter Sonstige enthalten.

2 Die Energiegewinnung nur mit Wasserkraft ist in Deutschland nicht möglich. Begründe. **(AFB II)**
Die Stromerzeugung mit Wasserkraft setzt klare Standortfaktoren voraus. Die physisch-geographischen Voraussetzungen in Deutschland sind ungünstig und nicht mit denen in z. B. skandinavischen Staaten vergleichbar.

3 Stelle die Vor- und Nachteile der vorgestellten Stromerzeugungsarten in einer Tabelle gegenüber. **(AFB II)**

Art der Stromerzeugung	Vorteile	Nachteile
Braunkohle	– gute Stromausbeute – in Deutschland verfügbar	– Entstehung von CO_2 – Umsiedlungen notwendig – Vorräte sind irgendwann verbraucht
Fotovoltaik	– keine Entstehung von CO_2 und sonstigen Abgasen – steht auch in der Zukunft zur Verfügung (regenerative Energie)	– ist abhängig von der Sonnenscheindauer – Anlagen sind sehr teuer
Windenergie	– keine Entstehung von CO_2 und sonstigen Abgasen – steht auch in der Zukunft zur Verfügung (regenerative Energie)	– ist abhängig von der Windstärke – Anlagen „verschandeln" die Landschaft – verursachen Lärm und Drehschatten

4 Führe den Versuch 4 zum Sonnenkollektor durch. **(AFB II/III)**
Individuelle Schülerlösung.

5 Ist an deiner Schule eine Fotovoltaikanlage installiert?
Recherchiere, wieviel Energie sie liefert. **(AFB II)**
Individuelle Schülerlösung.

6 Erstelle eine Liste mit Tipps, wie du zu Hause Energie
sparen kannst. **(AFB II)**
Mögliche Nennungen: Reduzierung der Raumtemperatur im
Winter (nicht durch permanentes Fensteröffnen), Licht in
Räumen ausschalten, in denen sich niemand aufhält, Einsatz
von Energiesparlampen, PC bei längerer Nichtnutzung ausschalten

7 Wie funktioniert ein Gezeitenkraftwerk? Fertige eine Skizze
an. **(AFB II)**

8 Wasserkraft:
a) Arbeite mit dem Atlas: Wo gibt es in Deutschland
Wasserkraftwerke? **(AFB I)**
Hamburg, Erzhausen, Hagen, Waldeck, Rönkhausen,
Dresden, Goldisthal, Markersbach, Iffezheim, Forbach,
am Oberrhein, Schluchseewerke, Walchensee,
am unteren Inn
b) Begründe die Verteilung. **(AFB II)**
Standortfaktoren: hoher Reliefunterschied, Flüsse mit hoher
Wasserführung und Strömung

Medientipp

Üben interaktiv: Energiearten zuordnen (Online-Code v829eb)

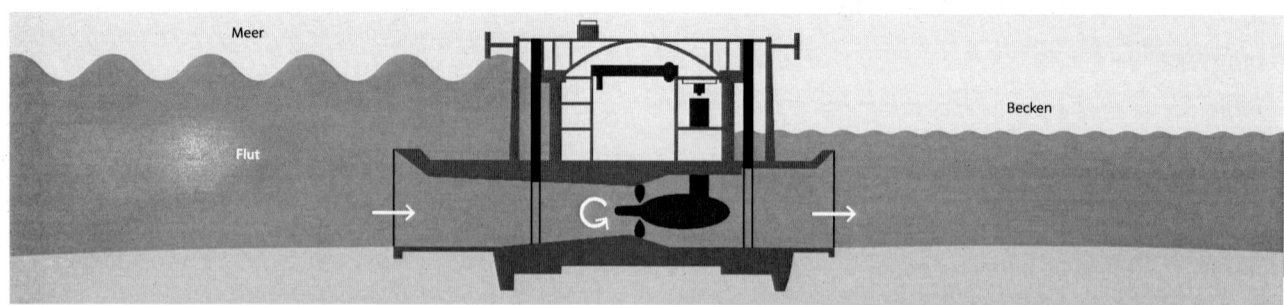

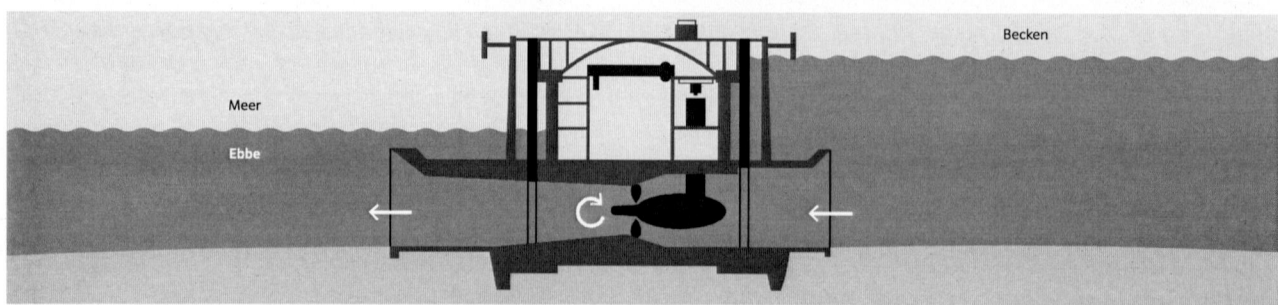

Unterrichtsvorschlag

Unterrichtsphase	Inhaltlicher Schwerpunkt	Methodisches Vorgehen/Sozialform	Medien/Materialien
Einstieg	Welche alternative Stromerzeugung gibt es?	UG: Sammeln von Beispielen	
Erarbeitung I	Regenerative Energiegewinnung	PA: Erarbeitung von Alternativen	SB S. 190/191, M 1–3, 5; Text S. 190
Ergebnissicherung I	Regenerative Energiegewinnung	EA	SB S. 191, Aufg. 3
Erarbeitung II	Kann die Grundlast in Deutschland über alternative Energiegewinnung abgedeckt werden?	PA: Auswertung der Diagramme	SB S. 191, M 6
Ergebnissicherung II	Energiemix	EA	SB S. 191, Aufg. 2
Übung/Festigung (Haus-aufgabe)	Energiesparen; Gezeitenkraftwerk	EA	SB S. 191, Aufg. 6 und 7
Vertiefung	Funktionsweise Sonnenkollektor	Versuch	SB S. 191, M 4, Aufg. 4

5

Diagramme auswerten

Kompetenzen

Die Schülerinnen und Schüler können ...
- die Schrittfolge zur Auswertung eines Diagramms nennen;
- ein Diagramm anhand dieser Schrittfolge auswerten.

Sachinformationen

Für die Planung und Steuerung des eigenen Lernens sind die Beherrschung von Methoden und Techniken von großer Bedeutung. Erarbeitete Methoden und Techniken müssen immer wieder trainiert werden. Das Diagramm ist ein wichtiges Arbeitsmittel im Geographieunterricht. Die Schülerinnen und Schüler sollen dabei verschiedene Darstellungsformen kennenlernen. Diagramme dienen zur grafischen Darstellung eines bestimmten Sachverhaltes in Abhängigkeit einer weiteren Größe – oft der Zeit, sodass Entwicklungen sehr anschaulich erkennbar werden. Diese Methodenseite ist eine systematische Handlungsanweisung, die den Schülerinnen und Schülern die notwendigen Hilfestellungen für eine vollständige Auswertung eines Diagramms gibt. Die Auswertung oder Erarbeitung in einzelnen Schritten kennen die Schülerinnen und Schüler bereits von anderen Methodenseiten.

Lösung der Basisaufgaben

1 Werte das Diagramm 3 aus.

Das Diagramm 3 zeigt die Entwicklung alternativer Energiequellen in Deutschland von 1990 bis 2012 in Gigawattstunden. Die einzelnen Energiequellen sind verschiedenfarbig dargestellt. Mit Ausnahme der Wasserenergie, welche um eine mittlere Stromerzeugung von 16 000 Gigawattstunden schwankt, steigen alle anderen Energiequellen stetig an. Der extrem steile Anstieg der Erdwärme ist auf eine andere Skalierung zurückzuführen! Im Vergleich zu den anderen Energiequellen ist der Anteil an Erdwärme 2012 mit 25 Gigawattstunden äußerst gering. Bei genauer Betrachtung steigt der Anteil der Stromerzeugung aus der Biomasse absolut stetig an. Bei allen anderen gibt es immer wieder kleinere Einbrüche.

2 Suche in einer Zeitung nach einem Diagramm und werte es aus.

Individuelle Schülerlösung.

Rohstoff Kohle

Kompetenzen

Die Schülerinnen und Schüler können …

- die Voraussetzungen für die Kohleentstehung (üppige Vegetation, Luftabschluss, Druck und Wärme) nennen;
- anhand einer Bildserie den Ablauf der Kohleentstehung beschreiben;
- den Begriff Flöz erklären;
- den Unterschied der Entstehung von Braunkohle und Steinkohle erklären;
- die Dimension des Tagebaus beschreiben;
- die landschaftsverändernden Maßnahmen durch den Tagebau erläutern und teilweise beurteilen;
- die durch den Tagebau entstandenen ökologischen Probleme nennen und bewerten.

Grundbegriffe

Braunkohle, Steinkohle, Bergbau, Tagebau, Industrie

Sachinformationen

Kohle ist ein brennbares organisches Zersetzungsprodukt überwiegend pflanzlicher Herkunft; von brauner bis schwarzer Farbe und erdigweicher bis steinharter Beschaffenheit (Dichteunterschied aufgrund unterschiedlich starkem Druck bei der Entstehung s. u.). In Deutschland entstand während der Karbonzeit (vor ca. 300 Mio. Jahren) vor allem Steinkohle, während des Paläozän vor etwa 60 Mio. Jahren vorwiegend Braunkohle (der Begriff Tertiär wurde im Jahr 2000 von der Internationalen Kommission für Stratigraphie von der geologischen Zeitskala gestrichen). Die Entstehung der Kohle aus Torf nennt man Inkohlung. Unter zunehmendem Druck und steigender Temperatur nimmt der Kohlenstoffgehalt zu, während der Anteil an flüchtigen Bestandteilen, wie Kohlenwasserstoffen (hauptsächlich Methan), Kohlenstoffdioxid, Sauerstoff und Wasserstoff sinkt. Die Kohlequalität (Heizwert) steigt vom Torf über Braunkohle hin zur Steinkohle. Die Umwandlung von Braunkohle zu Steinkohle wurde im Schülerbuch auf den Zeitfaktor didaktisch reduziert. Fachlich korrekt ist die Steinkohle das Ergebnis enorm hohen Drucks und hoher Temperatur innerhalb der Deckschichten infolge der jeweiligen Gebirgsbildungsphasen. Nur so lässt sich erklären, dass die karbonischen Kohlelagerstätten des Moskauer Beckens nur Braunkohle, dagegen die paläozänen und damit jüngeren Lagerstätten des Alpenvorlandes Steinkohlevorkommen aufweisen. Das Rheinische Revier ist eines der größten Braunkohleabbaugebiete Europas. Hier liegen die Flöze unter lockeren Deckschichten, sodass ein Abbau nur im Tagebau möglich ist. Es entsteht ein großer Flächenbedarf, denn die Fördergebiete und die Flächen für den Abraum nehmen erhebliche Ausmaße an. Die Eingriffe in die Landschaft sind dement-

sprechend raumprägend. Die Maßnahmen vor Beginn und nach Beendigung des Tagebaus sind extrem umfangreich. Von der Verlegung von Verkehrswegen, Freileitungen (Überlandleitungen) und anderer infrastruktureller Elementen sind es vor allem die Umsiedlungen ganzer Gemeinden. Die hier entstehenden Nutzungskonflikte rufen viele Bürgerproteste hervor. Die Neugestaltung (Rekultivierung) der nach dem Abbau verwüsteten Gebiete ist für viele Bürger nur ein schwacher Trost. Die sogenannte Folgelandschaft wird vorwiegend forst- und landwirtschaftlich genutzt und besitzt dadurch auch eine Freizeit- und Erholungsfunktion.

Hinweise zum Unterricht

Den Schülerinnen und Schüler sollen die zeitlichen Dimensionen klar werden. Hierzu eignet sich die Aufgabe 3 (maßstabsgetreuer Zeitstrahl). Das Foto 6 der Seite 195 zeigt nur einen kleinen Ausschnitt des dort stattfindenden Tagebaus. Um hier einen realistischen Raumbezug herzustellen, sollte unbedingt ein Luft- oder Satellitenbild (am besten interaktives Board oder Beamer-Projektion) eingebunden werden.

Lösung der Basisaufgaben

1 Die richtige Reihenfolge der Zeichnungen hilft dir, die Entstehung von Kohle zu verstehen. Übertrage die Zeichnungen 2, 3, 7 und 8 in der richtigen Abfolge in dein Heft und beschrifte sie ausführlich. Arbeite auch mit Pfeilen, um Bewegungen, Druck- und Temperaturveränderungen zu veranschaulichen. **(AFB I/II)**
Reihenfolge: 8, 3, 7, 2

2 „Wandernder Tagebau":
a) Erkläre, was unter dem Begriff zu verstehen ist. **(AFB II)**
   Der Tagebau ist nicht ortsfest, sondern folgt dem Braunkohleflöz und breitet sich dadurch linear aus.
b) Erläutere, was mit dem Abraum eines Tagebaus geschieht. **(AFB II)**
   Das Deckgestein wird durch Abraumbagger entfernt und über Förderbänder zur Verfüllung des bereits abgebauten Bereichs benutzt. Dabei wird darauf geachtet, dass der Boden höherer Güte (z. B. Löss) zuletzt aufgeschüttet wird, d. h. er muss zwischengelagert werden.
c) Begründe, warum durch den „wandernden" Tagebau die Umwelt belastet wird. **(AFB II/III)**
   mögliche ökologische Folgen: Absenkung des Grundwasserspiegels, Austrocknung von Brunnen, Verdorren von Pflanzen, Verlegung von Flüssen und Bachläufen, Rodung von Wäldern, Verdrängung von Tieren, Staubbelastung, Entstehung von Lärm, Abgase von Braunkohlekraftwerken, Verlegung von Verkehrswegen, Umsiedlung von Dörfern

Schülerbuch
Seite 194 bis 195

Anwendungsaufgabe

3> Zeichnet auf dem Schulhof mit Kreide einen maßstabs-
getreuen Zeitstrahl zu den Erdzeitaltern. **(AFB II)**
Individuelle Schülerlösung.

Medientipps

Handstücke der jeweiligen Kohle aus der Sammlung in den
Unterricht einbauen.

Üben interaktiv: Entstehung von Kohle (Online-Code i3e3yt)
Lernen im Netz: Animation Braunkohlentagebau
(Online-Code 45g2e5)

Unterrichtsvorschlag

Unterrichtsphase	Inhaltlicher Schwerpunkt	Methodisches Vorgehen / Sozialform	Medien / Materialien
Einstieg	Vegetation und Klima zur Karbonzeit	UG: Bildbeschreibung	SB S. 194, M 1, 5
Erarbeitung I	Verschiedene Kohlearten/Eigenschaften	UG: Handstücke herumgeben	Handstücke (Braun-/ Steinkohle aus der Sammlung)
Erarbeitung II	Kohleentstehung/Erdzeitalter	PA	SB S. 194/195, Aufg. 1, M 2, 3, 7, 8
Ergebnissicherung II	Kohleentstehung	EA	SB S. 195, Aufg. 1
Erarbeitung III	Dimensionen des Tagebaus/Maßnahmen für den „wandernden" Kohleabbau	UG: Einstieg mit digitalem Luftbild	Beamer, Luftbild (z. B. Raum Düren)
Ergebnissicherung III	Umweltbelastung	EA	SB S. 195, Aufg. 2
Übung/Festigung	Erdzeitalter	GA: maßstabsgetreuer Zeitstrahl	SB S. 195, Aufg. 3

Eine thematische Karte auswerten

Kompetenzen

Die Schülerinnen und Schüler können …
- eine Schrittfolge zur Auswertung thematischer Karten verstehen und anwenden;
- Industrie- und Ballungsgebiete Deutschlands nach den vorgegebenen Schritten ermitteln;
- das Medium thematische Karte in seiner (begrenzten) Aussagekraft beurteilen.

Grundbegriffe

Legende, Maßstab, Infrastruktur, Ballungsraum

Sachinformationen

Thematische Karten sind Karten, auf der Objekte oder Sachverhalte nichttopografischer Art aus der natürlichen Umwelt und/oder aus dem Wirtschafts- und Sozialbereich der menschlichen Gesellschaft abgebildet werden. Thematische Karten dienen der Lösung vieler Aufgaben in Bildung, Planung, Verwaltung, Verkehr u.s.w. Die Besonderheit thematischer Karten liegt u.a. darin, dass sie zum Zweck der Erkenntnis der abstrakten Darstellungsgegenstände bearbeitet und genutzt werden können.

Im Unterricht der Orientierungsstufe geht es sicher nicht um eine komplexe Analyse, sondern vielmehr um ein Kennenlernen dieses Kartentyps. Dazu wird möglichst mit einem inhaltlichen Schwerpunkt gearbeitet, der die Aufgabenstellung für die Schülerinnen und Schüler erfassbar macht. Auch in dieser Altersstufe könnten Schülerinnen und Schüler sich so über ein abstraktes Medium gezielt Informationen zu einem Gegenstand erarbeiten. Auch erkennen sie sehr schnell die Begrenztheit der Aussagekraft des Mediums. Die Veranschaulichung z.B. mit Bildmaterial erleichtert den Zugang drastisch.

Hinweise zum Unterricht

Wie bei allen Methoden werden auch hier einzelne Schritte bei der Erarbeitung unterteilt. Somit ist die abstrakte Kartendarstellung für die Schülerinnen und Schüler zu bewältigen und wichtige Aspekte der Auswertung werden nicht miteinander vermischt. Dabei ist vor allem darauf zu achten, dass Beschreibung und Erklärung möglichst sauber voneinander getrennt werden.

Lösung der Basisaufgaben

1 Arbeite mit Karte 4 und den Fotos:

a) Ordne die Fotos einem Industriebereich aus der Kartenlegende zu. (AFB I)

Foto 1 – Fahrzeugbau

Foto 2 – Elektrotechnik

Foto 3 – Chemische Industrie

b) Schreibe aus der Karte fünf Ballungsgebiete heraus. Notiere, in welchen Bundesländern sie liegen. (AFB I)

z. B. München – Bayern

Stuttgart – Baden-Württemberg

Ludwigshafen-Mannheim – Rheinland-Pfalz-Baden-Württemberg

Frankfurt – Hessen

Hamburg – Hamburg-Niedersachsen

c) Nenne die wichtigsten Städte in den drei größten Ballungsgebieten Rhein-Ruhr, Rhein-Main und Rhein-Neckar. (AFB I)

- Rhein-Ruhr: Dortmund, Düsseldorf, Köln
- Rhein-Main: Frankfurt, Mainz, Wiesbaden
- Rhein-Neckar: Ludwigshafen, Mannheim

2 Nenne Industrien, die in Rheinland-Pfalz und den Nachbarbundesländern vorkommen. (AFB I)

z.B. Chemische Industrie (Ludwigshafen, Mainz); Fahrzeugbau (Kaiserslautern, Rüsselsheim); Maschinenbau (Frankfurt); Elektrotechnik (Speyer, Saarbrücken)

Anwendungsaufgabe

3 Wie erreichst du das nächste Dienstleistungszentrum? Werte eine geeignete thematische Atlaskarte aus und erstelle eine einfache Kartenskizze. (AFB II)

Individuelle Schülerlösung.

Medientipp

Üben interaktiv: Legende lesen (Online-Code b694ui)

Unterrichtsvorschlag

Unterrichtsphase	Inhaltlicher Schwerpunkt	Methodisches Vorgehen/Sozialform	Medien/Materialien
Einstieg	Industrie in Rheinland-Pfalz?	UG: Brainstorming/Sammlung	Tafel
Erarbeitung	Kartenauswertung	EA: Zuordnung der Bilder zu Industriebereichen PA: Kartenauswertung konkret	SB S. 196/197, M 1–4, SB S. 197, Aufg. 2, M4, Atlas
Ergebnissicherung	Kartenauswertung	UG: Ergebnisse	
Hausaufgabe	Kartenauswertung	EA	SB S. 197, Aufg. 3

Ein Ballungsraum entsteht

Kompetenzen

Die Schülerinnen und Schüler können …
- anhand des Kartenvergleichs historische Veränderungen des Ruhrgebiets beschreiben;
- Standortfaktoren nennen, welche das Wachstum des Ruhrgebietes gefördert haben;
- die Bedingungen erläutern, welche das Ruhrgebiet zu einem großen Ballungsraum haben wachsen lassen.

Grundbegriffe

Wirtschaftssektor, Standortfaktor, Ballungsraum

Sachinformationen

Voraussetzung für die Entwicklung des Ruhrgebiets zu einem der größten Ballungsräume waren die reichhaltigen Steinkohlevorkommen, welche zur Stahlproduktion „auf der Kohle" gefördert wurden. Einhergehend mit dem hohen Bedarf an Stahl zur Zeit der Industrialisierung fand ein gesamtwirtschaftlicher Aufschwung in Deutschland statt. Die Bevölkerungsentwicklung und damit das Wachstum des Ballungsraums stehen im direkten Zusammenhang mit dem Arbeitskräftebedarf in der ansässigen Montanindustrie.

Hinweise zum Unterricht

Historische Fotos verdeutlichen das Leben und die Arbeitsbedingungen, welche in der Vorkriegszeit im Ruhrgebiet herrschten.

Lösung der Basisaufgaben

1 Nenne Standortfaktoren, die zur Entstehung des Ballungsraums Ruhrgebiet geführt haben. **(AFB I)**
Lagegunst des Rohstoffs Steinkohle, Wasserwege zum Transport, Möglichkeiten der räumlichen Ausbreitung von Industrieanlagen und Siedlungen

Anwendungsaufgabe

2 Ballungsraum:
a) Nenne Merkmale eines Ballungsraums. **(AFB I)**
dichtes Verkehrsnetz, hohe Bevölkerungsdichte, günstige Standortfaktoren für die Industrie
b) Überprüfe, ob du in einem Ballungsraum oder in der Nähe eines Ballungsraums lebst. Benutze den Atlas. **(AFB III)**
Individuelle Schülerlösung.

Erweiterungsaufgaben

3 Vergleiche die Karten 1 und 2:
a) Beschreibe die Veränderungen im Bereich von Bergbau und Industrie. **(AFB I)**
Während der Kohleabbau in Form von Stollen und Schächten 1850 entlang der Ruhr und zwischen Ruhr und Emscher betrieben wurde, findet 2010 nur noch vereinzelt Kohleabbau statt. Ab 1850 entwickelt sich die Montanindustrie in Form von Hochöfen und Stahlproduktionsstätten im Ruhrgebiet. 2010 ist die Industrie im Ruhrgebiet ausdifferenziert und homogener verteilt.
b) Erkläre die Veränderungen in Siedlungsgröße und Verkehrseinrichtungen bis heute. **(AFB II)**
Mit dem Wachstum des Steinkohleabbaus und der Folgeindustrie wuchsen die Siedlungen, da der Arbeitskräftebedarf durch Zuwanderung gedeckt wurde. Die Verkehrseinrichtungen wuchsen entsprechend mit. Dabei spielen die Wasserwege eine bedeutende Rolle. Ein dichtes Autobahnnetz im Ruhrgebiet ergänzt heute die Situation.

4 Erstelle ein Schaubild über die Veränderungen im Ruhrgebiet von 1850 bis heute.
Individuelle Schülerlösung.

Medientipp

Üben interaktiv: Standortfaktoren (Online-Code v3bd3c)

Unterrichtsvorschlag

Unterrichtsphase	Inhaltlicher Schwerpunkt	Methodisches Vorgehen/Sozialform	Medien/Materialien
Einstieg	Beschreibung des Wirtschafts- und Siedlungsraums Ruhrgebiet	UG, LV	SB S.199, M2 Fotos, ggf. Kurzfilm
Erarbeitung	Beschreibung und Erklärung der Veränderungen im Wirtschafts- und Siedlungsbild des Ruhrgebietes	PA, UG: Karten auswerten	SB S.198, Aufg. 2, 3, M 1, 2
Ergebnissicherung	Schaubild der Veränderungen im Ruhrgebiet	EA	SB S.199, Aufg. 4 Tafelbild
Übung/Festigung/ Hausaufgabe	Übertrag und Verallgemeinerung zum Begriff „Ballungsraum"	PA, UG	SB S.199, Aufg. 1 Atlas

Ruhrgebiet im Wandel

Kompetenzen

Die Schülerinnen und Schüler können …
– am Beispiel der alten/neuen Mitte Oberhausens den Strukturwandel im Ruhrgebiet nachvollziehen;
– die mehrstufigen Phasen des Strukturwandels im Ruhrgebiet erkennen;
– das CentrO als ein Beispiel für den Strukturwandel kritisch betrachten;
– Tendenzen des Strukturwandels im Einzelhandel am Beispiel des CentrO aufzeigen.

Grundbegriffe

Strukturwandel, Dienstleistungen, Rekultivierung, Einzelhandel

Sachinformationen

Der Wandel von der „alten" zur „Neuen Mitte Oberhausen" verdeutlicht anschaulich den Weg, welcher den Strukturwandel vom sekundären zum tertiären Sektor im Ruhrgebiet beschreibt. Die Dimensionen des CentrO lassen in diesem Fall aber auch einen kritischen Blick auf die Tertiärisierung zu, da das CentrO Kunden aus den problembehafteten Innenstädten des Ruhrgebiets abzieht und damit auch exemplarisch für einen Strukturwandel im Einzelhandel steht, der sich heutzutage auf das Internet verlagert. Somit wird deutlich, dass auch in Zukunft Flexibilität und Innovationsbereitschaft gefordert sind, um solche Wirtschaftsräume wie das Ruhrgebiet in ihrer Bedeutung zu erhalten.

Lösung der Basisaufgaben

1 Überlege, welche Auswirkungen das CentrO auf die nahe gelegene Innenstadt von Oberhausen haben könnte. **(AFB II)**
Das nahe gelegenen Stadtzentrum von Oberhausen könnte Kunden verlieren, da das CentrO ein vergleichbares Einzelhandel- und Freizeitangebot bereitstellt. Außerdem ist das CentrO sehr attraktiv, da es ein breites Angebot gibt, ausreichend kostenlose Parkplätze, eine wettergeschützte Umgebung und viele innovative Freizeitangebote. Dementsprechend ist zu befürchten, dass die Innenstadt von Oberhausen verödet.

2 Überprüfe dich selbst: Zähle reale Geschäfte und Internetshops auf, in denen du einkaufst. Begründe, welche Einzelhandelsform du bevorzugst. **(AFB II/III)**
Individuelle Schülerlösung.

Anwendungsaufgabe

3 Ist das CentrO günstig gelegen? Überprüfe dessen Standortfaktoren mithilfe der Texte und Abbildungen auf dieser Seite sowie des Atlas. **(AFB III)**
Das CentrO hat durch die zentrale Lage im Ruhrgebiet ein sehr großes Einzugsgebiet, aus dem Kunden kommen, wenn man davon ausgeht, dass die Kunden des CentrO bis zu 1,5 Stunden Anfahrtszeit in Kauf nehmen.
Es wäre auch möglich einen Radius von 100 km mithilfe einer entsprechenden Atlaskarte einzuzeichnen und die ungefähre Einwohnerzahl zu errechnen.

Erweiterungsaufgaben

4 Vergleiche die Luftbilder 2 und 3 von Oberhausen:
a) Beschreibe die Bilder. **(AFB I)**
Die Perspektive der beiden Aufnahmen ist nicht ganz identisch und Bezugspunkte wie der Gasometer sind schwer auszumachen. Dennoch sind folgende Unterschiede klar erkennbar:
Alte Mitte Oberhausen: große flache Industriebauten mit rauchenden Schornsteinen, viele Schienenwege durchkreuzen das Gelände. Wohngebäude oder Grünflächen sind nicht auszumachen; das Erscheinungsbild ist insgesamt nicht einladend.
Neue Mitte Oberhausen: symmetrisch angeordnete Gebäude im Zentrum, eingerahmt von symmetrisch verlaufenden Straßen und Parkplätzen; weitere parkähnliche Erholungsflächen; eingerahmt von Wasserflächen und Grünanlagen.
b) Stelle Gemeinsamkeiten fest. **(AFB II)**
gute Verkehrsanbindung, intensive Nutzung
c) Welche Berufe könnte es jeweils in den Jahren 1950 und 2012 gegeben haben? Erstelle eine Liste. **(AFB II)**
mögliche Berufe um 1950: Bergbauberufe wie Bergmann, Knappe, Hauser, Steiger, Lokführer; einige Dienstleistungsberufe (Verkäufer, Buchhalter, Friseur); weiterhin Handwerker und Akademiker
mögliche Berufe heute: überwiegend aus dem Dienstleistungsbereich (mehr oder weniger spezialisiert)
d) Begründe, zu welcher Zeit du dort lieber arbeiten würdest. **(AFB II)**
Individuelle Schülerlösung.

5 Erkläre die Veränderung des Erscheinungsbildes der Mitte Oberhausen seit 1950. Benutze die Begriffe Strukturwandel, Rekultivierung und Nachfolgenutzung. **(AFB II)**

Bis zu den 1950er-Jahren boomte die Montanindustrie im Ruhrgebiet und damit auch die intensive industrielle Nutzung der Flächen der „Alten Mitte Oberhausen". Doch die sinkende Nachfrage nach Stahl, billige Importkohle und der Kunststoff als Stahlersatzprodukt machten einen Strukturwandel im Ruhrgebiet, und damit auch auf den Flächen der „Alten Mitte", unumgänglich. Die Industriebrachen wurden rekultiviert, um sie anschließend durch Grünflächen oder im Fall der „Neuen Mitte" als Freizeit- und Einzelhandelszentrum einer sinnvollen Nachfolgenutzung zuzuführen.

Medientipps

Lernen im Netz: Familie im Wandel (Online-Code 57q9ce)
Üben interaktiv: Ruhrgebiet im Wandel (Online-Code pp9h39)
Material: Interaktive Karte Ruhrgebiet (Online-Code ii2hj4)

Unterrichtsvorschlag

Unterrichtsphase	Inhaltlicher Schwerpunkt	Methodisches Vorgehen / Sozialform	Medien / Materialien
Einstieg	Vergleich der beiden Luftbilder	UG	SB S. 200/201, M2, 3, Aufg. 4
Erarbeitung I	Strukturwandel	EA	SB S. 200/201, Aufg. 5
Ergebnissicherung I	Strukturwandel	UG: Schülertexte	SB S. 200/201, Aufg. 5
Erarbeitung II	Auswirkungen des CentrO auf die Innenstadt von Oberhausen	PA	SB S. 200/201, Aufg. 1
Ergebnissicherung II	Tertiärisierung	UG/PA	SB S. 200/201, Aufg. 2
Übung/Hausaufgabe	Einzugsgebiet des CentrO	EA	SB S. 200/201, Aufg. 3

Mit Kohle Kohle machen

Kompetenzen

Die Schülerinnen und Schüler können …
- den Strukturwandel im Ruhrgebiet erklären und dies durch Strukturdaten oder exemplarische Lebensgeschichten veranschaulichen;
- selbstständig Arbeitsmaterial und dazugehörige Aufgaben für sich auswählen.

Hinweise zum Unterricht

Diese Doppelseite bietet für die Schülerinnen und Schüler die Möglichkeit nach Interesse und Neigung jeweils ein Thema zum „Strukturwandel im Ruhrgebiet" auszuwählen und zu vertiefen. Es ist auch möglich, beide Seiten zum Strukturwandel im Ruhrgebiet nacheinander zu bearbeiten.

Die S. 202 arbeitet mit neutralen Texten und Grafiken und ermöglicht es, den Strukturwandel mithilfe von weiterführenden Informationen tiefgründiger zu verstehen.

Die S. 203 vertieft ebenfalls den Strukturwandel im Ruhrgebiet. Dies geschieht jedoch exemplarisch durch einzelne Lebensgeschichten aus dem Ruhrgebiet.

Lösung der Basisaufgaben „Texte und Grafiken"

1 Erkläre mithilfe der Texte und der Diagramme 2 und 3 den Begriff „Strukturwandel im Ruhrgebiet". **(AFB II)**
Der Strukturwandel im Ruhrgebiet vom sekundären Sektor zum tertiären Sektor (Dienstleistungen) ist offensichtlich. Die Materialien 2 und 3 belegen den Rückgang im Bergbausektor von 13 auf 3 Prozent und in der Eisen- und Stahlindustrie von 12 auf 3 Prozent. Der Dienstleistungsbereich hingegen

nimmt von 1964 im Vergleich zu 2013 um 29 Prozent zu. Der Dienstleistungsbereich wird durch neue Universitäten, Fachhochschulen und Technologiezentren im Ruhrgebiet vertreten. Das kulturelle Angebot im Ruhrgebiet ist ebenfalls gestiegen.

2 Entwirf einen Flyer, der Touristen in das Ruhrgebiet locken soll. **(AFB III)**
Individuelle Schülerlösung.

Lösung der Basisaufgaben „Persönliche Geschichten"

1 Erkläre mithilfe der Familiengeschichte 4 den Begriff „Strukturwandel im Ruhrgebiet". **(AFB II)**
Der Strukturwandel im Ruhrgebiet lässt sich durch die Familiengeschichte Esser/Becker exemplarisch nachvollziehen. Alois Becker arbeitet in der Stahlindustrie, welche sich ab 1960 (Opelwerk) weiter spezialisiert (von der Stahlproduktion hin zur Stahlverarbeitung). Brigitte Becker beginnt noch eine Ausbildung in der Industrie (Opel), wechselt aber dann in den Bildungsbereich (Dienstleistungsbereich) als Lehrerin. Ihre Tochter Julia hat zunächst mit Arbeitslosigkeit zu kämpfen, bevor sie im Einzelhandel (Dienstleistungsbereich) arbeitet.

2 Ist die Familiengeschichte typisch für das Ruhrgebiet? Vergleiche diese Geschichte mit den Informationen auf den Seiten 198 – 201. **(AFB II)**
Alle drei Geschichten spiegeln durch ihren jeweiligen beruflichen Werdegang die Chancen und Möglichkeiten der jeweiligen Zeit im Ruhrgebiet wider. Sie haben alle drei die Zeichen der Zeit erkannt und sich beruflich angepasst. Somit sind die Familiengeschichten typisch für das Ruhrgebiet. Individuelle Ausführungen und Begründungen sind durch die Schülerinnen und Schüler möglich.

Unterrichtsvorschlag

Unterrichtsphase	Inhaltlicher Schwerpunkt	Methodisches Vorgehen / Sozialform	Medien / Materialien
Einstieg	Typische Wahrzeichen im Ruhrgebiet	UG, ggf. weitere Kulturdenkmäler des Ruhrgebietes (Fotos)	SB S. 202, M1
Erarbeitung	Strukturwandel im Ruhrgebiet (Wahldifferenzierung)	EA: Wähle aus!	entweder: SB S. 202, Text, M1–M3, Aufg. 1 (Texte und Grafiken) oder: SB S. 203 Text, M4, Aufg. 1 (Persönliche Geschichten)
Ergebnissicherung	Strukturwandel im Ruhrgebiet	PA: Abgleich der Schülerergebnisse	
Anwendung/Vertiefung	Strukturwandel im Ruhrgebiet	Internetrecherche, Fotos, Schulbuch	entweder: SB S. 202, Text, M1–M3, Aufg. 2 (Texte und Grafiken) oder: SB S. 203 Text, M4, Aufg. 2 (Persönliche Geschichten)

BASF – Europas größtes Chemiewerk

Grundbegriffe

Rohstoffe, Industrie

Sachinformationen

Die Chemieindustrie ist eine der wichtigen Grundstoffindustrien in Deutschland. Das Werksgelände der BASF in Ludwigshafen ist das größte Chemiewerk in Europa mit den Ausmaßen einer kleinen Stadt. Fehlende Erweiterungsflächen auf der badischen Seite und ausreichend vorhandene, verkehrsgünstig gelegene Flächen auf der Pfälzer Seite haben zu einer Betriebsverlagerung auf die heute rheinland-pfälzische Seite des Rheins geführt. Heute ist die BASF wichtigster Arbeitgeber im Verdichtungsraum Rhein-Neckar. Der Einzugsbereich reicht bis zu 50 km.

Hinweis zum fächerübergreifenden Arbeiten

Aufgabe 4 möglichst mit dem Fach Geschichte erarbeiten.

Lösung der Basisaufgaben

1 Die BASF Ludwigshafen:
a) Arbeite mit Luftbild 2: Beschreibe die Lage des Werks. (AFB I)
Der breite Strom in der Mitte ist der Rhein, von rechts mündet der Neckar. Der obere Bildrand geht nach Norden. Auf dem linken Rheinufer liegt Ludwigshafen, der gegenüber liegende Hafenbereich gehört zu Mannheim. Die Strommitte ist die Grenze zwischen Rheinland-Pfalz und Baden-Württemberg.

b) Begründe mithilfe von Text 3 deren Standortgunst. (AFB II)
durch Flussbegradigung sehr großes Areal, viele Arbeitskräfte in der Umgebung, Rhein und Neckar als Transportweg und Wasserlieferant, heute: drei Häfen, gute Anbindung an Fernstraßen und Schienenverkehr, eigene Pipelines für Erdgas

2 Erläutere den „Chemistree". (AFB II)
Aus nur ganz wenigen Rohstoffen, von denen die meisten genannt werden, entstehen ca. 200 Zwischenprodukte, aus denen ca. 8 000 Endprodukte hergestellt werden (Farbstoffe, Kunststoffe, Waschmittel, Medikamente). Die Strategie: Es entstehen bei den einzelnen Produktionen möglichst wenige Abfälle, sie werden sehr oft an anderer Stelle als Ausgangsstoffe wieder eingesetzt.

3 Erläutere Umweltrisiken, die sich durch die Ansiedlung der BASF für die Region Ludwigshafen ergeben. (AFB II)
Umweltrisiken durch Störungen oder Unfälle beim Be- und Entladen von Transportmitteln oder bei der Produktion (austretende Substanzen, starke Luftverunreinigung) und somit die Gefährdung der Bevölkerung in einem Ballungsgebiet. Außerdem drohen immer wieder Verunreinigungen des Rheins.

Anwendungsaufgabe

4 Arbeite mit dem Atlas:
a) Beschreibe die Verteilung der Standorte der Chemieindustrie in Deutschland. (AFB I)
Es ist eine auffällige Verteilung und Ballung von Werken im westlichen Teil Deutschlands festzustellen, vor allem am Rhein und seinen Nebenflüssen.
b) Gib Gründe für diese Verteilung an. (AFB II)
Vor der Wiedervereinigung von Deutschland entwickelten sich moderne und damit international konkurrenzfähige Großindustrien nur in der alten Bundesrepublik, während die zeitgleich in der DDR entstandenen Großindustrien fast alle in den 1990er-Jahren abgewickelt, geschlossen oder nur stark verkleinert und modernisiert weiter betrieben wurden.

Unterrichtsvorschlag

Unterrichtsphase	Inhaltlicher Schwerpunkt	Methodisches Vorgehen / Sozialform	Medien / Materialien
Einstieg	Virtuelle Exkursion zur BASF	UG: offene Fragen, Schülererwartungen	SB S. 204, M 2, Google Earth
Erarbeitung I	Die BASF – wie funktioniert das Werk?	PA	SB S. 205, Aufg. 1 und 2
Ergebnissicherung I	Die BASF – wie funktioniert das Werk?	Mindmap an Tafel	
Vertiefung I	Der Chemistree – ist die Chemieindustrie ein Umweltschützer?	UG, PA	SB S. 204/205, Aufg. 2, M 5
Vertiefung II	Umweltrisiken der BASF	EA	SB S. 205, Aufg. 3

PET-Flaschen – eine praktische Erfindung?

Kompetenzen

Die Schülerinnen und Schüler können …

- nach Interesse einen Arbeitsschwerpunkt selbstständig wählen;
- die Herstellung von PET-Flaschen beschreiben und erklären;
- ein Produktionsschema erstellen;
- auf der Weltkarte den Weg des Plastikmülls einzeichnen;
- die Erfindung der PET-Flasche beurteilen.

Grundbegriffe

Nachhaltigkeit, Rohstoffe, Recycling

Sachinformationen

PET-Flaschen bestehen aus Polyethylenterephthalat und werden über ein thermisches Verfahren aus einem PET-Rohling hergestellt. Seit Ende der 1980er-Jahre dienen sie als Verpackungsmittel in der Getränkeindustrie; in Ländern wie Deutschland mit Mehrwegpfandsystem werden diese Flaschen als Einweg- oder Mehrweg-Flaschen eingesetzt. Der Anteil der PET-Flasche am Verpackungsmix lag 2010 weltweit bei ca. 35 %. In Deutschland werden mittlerweile fast alle Getränke alternativ auch in der PET-Flasche angeboten, sodass der Anteil hier noch viel höher liegen dürfte.

Die Herstellung erfolgt mit zwei Verfahren, bei dem (außer in Japan) Antimonotrioxid als Katalysator beigemischt wird; dieser Stoff lässt sich in geringen Spuren auch in den Getränken nachweisen.

Vorteile für den Verbraucher sind: die Flaschen sind leicht, nicht bruchanfällig, haben ein geringes Gewicht. Nachteile ergeben sich vor allem durch die weltweite Vermüllung mit nichtrecycelten Flaschen. Das Recycling erfolgt meist thermisch in Müllverbrennungsanlagen oder Heizkraftwerken, in Ländern der sog. Dritten Welt kaum. Gebrauchtes PET-Material wird zunehmend v. a. von China aufgekauft und zu Polyester-Textilfasern umgearbeitet. In Deutschland werden ca. 30 % der Flaschen in einem sortenreinen Stoffkreislauf recycelt.

Weltweit machen die PET-Flaschen mittlerweile einen Großteil des Hausmülls aus, besonders in Entwicklungsländern erfolgt die Restmüllentsorgung über Vorfluter ins Meer, wo sie als Treibgut zunehmend zu einer globalen Bedrohung werden.

Hinweise zum Unterricht

Es handelt sich hier um ein Wahldifferenzierungsangebot. Die Präsentation der Ergebnisse kann dann in Gruppen z. B. mithilfe von Plakaten erfolgen.

Lösung der Basisaufgaben

Wähle nach deinem Interesse eine Aufgabe (A oder B) aus.
A: Weltkarte erstellen

1 Erstelle eine Weltkarte mit dem Titel „PET-Flaschen – Herstellung und Recycling". Beachte folgende Schritte: **(AFB I/II)**

a) Übertrage die stumme Weltkarte in dein Heft (Vorlage siehe Online-Code).

b) Lokalisiere die in den Texten 1 genannten Orte mithilfe deines Atlas und markiere sie auf der Weltkarte in deinem Heft.

c) Erstelle eine Legende (Produktionsschritt, Name des Orts) zu deiner Karte.

Individuelle Schülerlösung.

2 PET-Flaschen – eine praktische Erfindung? Äußere deine Meinung. **(AFB II/III)**

Hier soll eine Diskussion u. U. verschiedener Standpunkte erfolgen! Die Stunde ist stark schülerorientiert angelegt; wichtig: Die Ergebnisse der Interessengruppen sollen vor der Klasse vorgestellt werden, um dann gemeinsam die Aufgabe 2 diskutieren zu können.

B: Produktionsschema erstellen

1 Erstelle mithilfe der Textbausteine 1 und Grafik 4 ein Produktionsschema zur PET-Flasche. **(AFB II)**

Individuelle Schülerlösung.

2 PET-Flaschen – eine praktische Erfindung? Äußere deine Meinung. **(AFB II/III)**

Hier soll eine Diskussion u. U. verschiedener Standpunkte erfolgen! Die Stunde ist stark schülerorientiert angelegt; wichtig: Die Ergebnisse der Interessengruppen sollen vor der Klasse vorgestellt werden, um dann gemeinsam die Aufgabe 2 diskutieren zu können.

Medientipps

Material: Kopiervorlage stumme Weltkarte (Online-Code y667mk)

PET-Infoseite der Industrievereinigung Kunststoffverpackungen: www.kunststoffverpackungen.de (Sept. 2015)

Dienstleistungszentrum Frankfurt/Main

Kompetenzen

Die Schülerinnen und Schüler können …
- die Konzentration verschiedener Verkehrsträger (Straße, Schiene, Wasser, Luft) im Raum Frankfurt beschreiben;
- Frankfurt als internationales Finanzzentrum beschreiben und erklären;
- Frankfurt als nationales Dienstleistungszentrum erklären.

Grundbegriff

Dienstleistungszentrum

Sachinformationen

Seit dem Mittelalter hat sich Frankfurt als Kreuzungspunkt der europäischen Handelsstraßen zu einem der bedeutendsten europäischen Finanz- und Gewerbeplätze entwickelt. Mit dem größten kontinentaleuropäischen Flughafen sowie einem der frequentiertesten Personenbahnhöfe Europas ist Frankfurt heute internationale Drehscheibe. Frankfurt ist Sitz der Europäischen Zentralbank und dokumentiert damit seine herausragende Stellung als internationaler Börsen- und Finanzplatz.

Hinweise zum Unterricht

Rheinland-Pfalz wird v. a. durch den ländlichen Raum geprägt. Eine Finanzmetropole wie Frankfurt ist da weit weg, sodass es fast schon eine andere Welt darstellt. Wichtig ist, den Schülerinnen und Schülern durch Vergleiche die statistischen Daten zu verdeutlichen. So kann beispielsweise die Einwohnerzahl der Heimatgemeinde oder des Schulstandorts mit den Beschäftigten im Commerzbank-Hochhaus verglichen werden.

Die Doppelseite arbeitet streng induktiv, geht also von einzelnen Personenbeispielen aus, um den Schülern möglichst altersgemäß das abstrakte Thema Dienstleistungen deutlich zu machen. Die in den Aufgaben vermehrt angegebenen Internetrecherchen sollen auf jeden Fall altersgemäß sein: Die Lehrerin/der Lehrer recherchiert vorab und gibt den Schülern konkrete Links bzw. Adressen. Nur so kann er in dieser Altersstufe die Suche lenken, eine nicht zu verarbeitende Informationsflut und außerdem aufkommende Frustration bei den Schülerinnen und Schülern vermeiden.

Lösung der Basisaufgaben

1 Erstelle mithilfe des Texts und einer geeigneten Atlaskarte einen Steckbrief des Flughafens. (AFB I/II)

Individuelle Schülerlösung, hier sollen Aspekte aus M3 zusammengestellt werden. Auch kann eine Kartenskizze gezeichnet werden, die die Lagebeziehung des Flughafens innerhalb von Deutschland und Europa, aber auch andere wichtige Transportwege aufzeigt.

2 Erläutere mithilfe der Texte und Materialien drei Standortfaktoren, die es für Betriebe lohnend machen, sich im Rhein-Main-Gebiet anzusiedeln. (AFB II)

- zentrale Lage in Deutschland und Europa: prädestiniert als Drehscheibe und Handelszentrum
- Ballungsraum Rhein-Main: hohe Anzahl qualifizierter Arbeitskräfte
- Verkehrsknoten Frankfurt: guter Wechsel der Transportträger möglich

3 Erkläre den Spitznamen „Mainhattan" für Frankfurt/Main. (AFB II)

Im New Yorker Stadtteil Manhattan liegt der Financial District mit der Wallstreet, wo die amerikanische Börse beheimatet ist. Frankfurt erinnert zunehmend als zusammen mit London wichtigster Finanzstandort an das große „Vorbild" New York.

4 Ermittle mithilfe deines Atlas, wie viele Kilometer bei einem Flug von Frankfurt/Main zu einem Flughafen deiner Wahl zurückgelegt werden. (AFB II)

Individuelle Schülerlösung.

Anwendungsaufgaben

5 Carolas Vater arbeitet bei einer großen deutschen Bank. Er muss regelmäßig nach New York und manchmal auch nach London, da sein Arbeitgeber dort Niederlassungen hat. Carola möchte später auch für eine Bank arbeiten.

a) Erläutere mithilfe einer Internetrecherche am Beispiel einer beliebigen Bank, wo Carola später möglicherweise arbeiten könnte. (AFB II)

Individuelle Schülerlösung.

b) Vergleiche deine Ergebnisse mit denen deiner Mitschüler und begründe, warum die Bank Niederlassungen in den in Tabelle 6 genannten Städten hat. (AFB II)

Individuelle Schülerlösung. Niederlassungen als Handelspunkte der Bank vor Ort für eine bestimmte Region oder Land.

c) Erstelle eine Mindmap zum Thema „Arbeiten in einer Bank". (AFB II)

Individuelle Schülerlösung.

⌐6⌐ Verorte die in Tabelle 6 genannten Finanzzentren auf einer
Weltkarte. Beschreibe ihre Verteilung. **(AFB I/II)**

**Individuelle Schülerlösung. Es ist auffällig, dass sich alle Städte
auf der Nordhalbkugel befinden (Europa, Nordamerika, Asien).**

Medientipp

Üben interaktiv: Finanzzentren (Online-Code 2b6zg9)

Unterrichtsvorschlag

Unterrichtsphase	Inhaltlicher Schwerpunkt	Methodisches Vorgehen / Sozialform	Medien / Materialien
Einstieg	„Mainhattan" – was ist damit gemeint?	UG	SB S. 209, M5, Aufg. 3
Erarbeitung I	Steckbrief Flughafen	PA	SB S. 208/209, M3, Aufg. 1
Erarbeitung II	Internetrecherche „Carolas Arbeitsplatz"	PA	SB S. 208/209, Aufg. 5; Internet
Ergebnissicherung	Dienstleistungszentrum Frankfurt/Main	Präsentation der Ergebnisse über Whiteboard oder Plakate oder Tafelbild	

5

Bunte Dienstleistungswelt in Deutschland

Kompetenzen

Die Schülerinnen und Schüler können …
- anhand von fünf Beispielbiografien sich ein Bild der Berufsfelder im Dienstleistungsbereich machen;
- unterschiedliche Berufe und Berufsfelder den drei Wirtschaftssektoren zuordnen;
- dem Dienstleistungssektor einzelne Berufe und Berufsfelder zu- und einordnen;
- erkennen, welche Rolle die Ausbildung für den späteren Beruf hat.

Hinweise zum Unterricht

Die fünf Beispielberufe stehen stellvertretend für die differenzierten Arbeitsfelder im Dienstleistungsbereich. Es können noch weitere Beispiele den Unterricht ergänzen bzw. passende Berufe aus dem Umfeld der Schülerinnen und Schüler präsentiert werden.

Lösung der Basisaufgaben

1 Lies dir die Kurzbiografie von Herrn Seibt durch und erstelle für die restlichen vier Personen ebenfalls eine Kurzbiografie. **(AFB I/II)**

Kurzbiografie von A. Dworazeck:
- Schulabschluss
- Ausbildung zur Friseurin
- Angestellte in einem Friseurbetrieb

Kurzbiografie von G. Kammer:
- Abitur
- Zivildienst in der Krankenpflege
- Medizinstudium
- Facharztausbildung in einem Krankenhaus
- Leitung seiner orthopädischen Arztpraxis

Kurzbiografie von Ü. Taskin:
- Abitur
- Studium der Journalistik
- Arbeit als freie Journalistin

Kurzbiografie von P. Müller:
- Hausfrau und Mutter
- Arbeit als ungelernte Raumpflegerin

2 Vergleiche die fünf vorgestellten Personen und deren Berufe. Erläutere, welche Rolle die Ausbildung für den jeweiligen Dienstleistungsberuf spielt. **(AFB II)**

Je nach Berufsfeld werden unterschiedliche Ansprüche an die jeweilige Ausbildung gestellt. Im Dienstleistungssektor gibt es sehr anspruchsvolle Berufe, welche eine lange und schwere Ausbildung voraussetzten (z. B. Arzt). Mitunter ist aber auch nur eine kurze Einarbeitungsphase notwendig, um in einem einfachen Dienstleistungsberuf zu arbeiten.

3 Auf Seite 198 „Ein Ballungsraum entsteht" findest du eine kurze Beschreibung der Wirtschaftssektoren. Ordne den drei Bereichen folgende Berufe zu: Bankkaufmann, Gärtnermeister, Näherin, Forstwirt, Anwältin, Lehrerin, Reisebürokauffrau, Kfz-Mechaniker. **(AFB II)**

Primärer Sektor: Forstwirt, Gärtnermeister
Sekundärer Sektor: Kfz-Mechaniker, Näherin
Tertiärer Sektor: Bankkaufmann, Anwältin, Lehrerin, Reisebürokauffrau

Anwendungsaufgabe

4 Notiere in einer Tabelle, welche Dienstleistungen du im letzten Monat selbst in Anspruch genommen hast. Ergänze die Berufe, die dir dabei geholfen haben. **(AFB II)**

Individuelle Schülerlösung.

Medientipp

Lernen im Netz: Dienstleistungen im Wolkenkratzer
(Online-Code v8x88y)

Unterrichtsvorschlag

Unterrichtsphase	Inhaltlicher Schwerpunkt	Methodisches Vorgehen / Sozialform	Medien / Materialien
Einstieg	Sammlung von Dienstleistungsberufen, ggf. Sortierung nach den drei Wirtschaftssektoren	UG	Tafel
Erarbeitung	Fünf Beispielbiografien aus dem Dienstleistungsbereich	PA: Kurzbiografien und die Bedeutung der Ausbildung in tabellarischer Form anlegen	SB S.210/211, Aufg. 1 und 2
Ergebnissicherung	Fünf Beispielbiografien aus dem Dienstleistungsbereich	EA: Tabelle als Hefteintrag erstellen und ergänzen	SB S.210/211, Aufg. 1 und 2
Übung/Festigung	Erfahrungen der SuS im Umgang mit Dienstleistungen		SB S.211, Aufg. 4

Eine Befragung durchführen

Kompetenzen

Die Schülerinnen und Schüler können …
- die Methode „Befragen" als Mittel zur Gewinnung von geographischen Informationen anwenden;
- verschiedene Arten von Fragen und deren Anwendungsmöglichkeiten unterscheiden;
- unter Anleitung einen themengeleiteten Fragebogen konzipieren und auswerten.

Sachinformationen

Eine Befragung dient dazu festzustellen, wie eine bestimmte Gruppe von Menschen über bestimmte Probleme denkt oder wie sie sich in bestimmten Situationen verhalten. Damit ist sie eine wichtige, meist empirisch genutzte sozialgeographische Arbeitsmethode. Meinungsforscher oder Wissenschaftler arbeiten oft im Auftrag von Politikern oder Wirtschaftsunternehmen, um neue Erkenntnisse zu gewinnen.

Mit dieser Methode können auch im Erdkundeunterricht wichtige Informationen gewonnen werden, so z. B. durch Befragen von Passanten, Bewohnern, Urlaubern, Käufern oder Mitschülern. Eine Befragung muss sorgfältig geplant, durchgeführt und ausgewertet werden. Bei einer direkten mündlichen Befragung stehen sich Fragensteller und Befragter direkt gegenüber. Dies schränkt gegebenenfalls auch den Wahrheitsgehalt der Antworten ein. Bei einer schriftlichen Befragung, deren Vorteil meist in der Anonymität liegt, ist der Rücklauf der Fragebögen jedoch oftmals schwer zu organisieren und gering. Grundsätzlich ist es sinnvoll, einen Fragebogen von einer Gruppe erstellen und vorher ausprobieren zu lassen.

Ein Interview kann als eine besondere Form der Befragung angesehen werden, wobei einer Person meist mündliche, aber gezielte und geplante Fragen gestellt werden.

Hinweise zum Unterricht

Es bietet sich eine Reihe von inhaltlichen Möglichkeiten an, eine Befragung zu gestalten. Oftmals ist die Motivation der Schülerinnen und Schüler besonders hoch, wenn Themen aus der direkten Lebenswelt der Schülerinnen und Schüler aufgegriffen werden. Dies bietet den zusätzlichen Vorteil, dass sie ihresgleichen, z. B. eine Parallelklasse, befragen können.

Medientipps

Surftipp: Fragebogenprogramm (Online-Code 4za6rz)
Das Computerprogramm GrafStat bietet eine Oberfläche zur einfachen Erstellung von Fragebögen sowie zur Erhebung und Auswertung entsprechender Befragungen. Die Benutzeroberfläche ist bewusst einfach gehalten und für den Einsatz an Schulen optimiert. Dennoch ist eine Anleitung für die Schülerinnen und Schüler der 5. und 6. Klassen vonnöten, da das Programm auch für anspruchsvolle Befragungen ausgelegt ist. Hier ist es sicherlich sinnvoll, die Funktionen des Programms zu beschränken, z. B. nur auf die Erstellung eines Fragebogens. GrafStat wird von der Bundeszentrale für politische Bildung unterstützt und steht für Schulen kostenlos zum Download zur Verfügung.
Bezugsquellen der Software, weiterführende Informationen und Begleitmaterialien sind unter www.grafstat.de abzurufen.

Lösung der Basisaufgabe

1 Führt an eurer Schule eine Befragung zur Nutzung des Internets durch. **(AFB II/III)**
Individuelle Schülerlösung.

… und täglich grüßt die Autobahn

Kompetenzen

Die Schülerinnen und Schüler können …
- Pendlerbewegungen in und aus der Stadt nachvollziehen und als Ursache für eine hohe Verkehrsbelastung ausmachen;
- eine Wegstrecke mithilfe des Atlas berechnen;
- Vor- und Nachteile verschiedener Verkehrsmittel für ihren Schulweg differenzieren;
- sich über ein Mitfahrerprojekt informieren und dieses auf ihre eigene Schule übertragen.

Grundbegriffe
Pendler, Pendlerparkplatz, Park & Ride

Sachinformationen

Vor allem in Ballungsräumen während der typischen Stoßzeiten zu Arbeitsbeginn und Arbeitsende kommt es zu einem erhöhten Verkehrsaufkommen. Insbesondere die Verkehrsachsen, welche die Innenstadt mit dem Umland oder den Autobahnen verbinden, sind vom alltäglichen Verkehrskollaps bedroht.

Ursächlich hierfür ist der ständig wachsende suburbane Raum. Das Eigenheim in ländlicher oder vorstädtischer Umgebung ist nach wie vor sehr beliebt. Die individuelle Mobilität in Form von Pkws macht das Wohnen auch außerhalb der Städte möglich, da der Arbeitsplatz „in der Stadt" schnell erreichbar ist und auf das Angebot der Städte (Kultur, Einzelhandel) nicht verzichtet werden muss.

Um den Nachteilen des individuellen Personenverkehrs entgegen zu wirken, werden immer öfter Pendlerparkplätze oder Park & Ride-Angebote von den Städten und Kommunen eingerichtet. Mitfahrerplattformen entdecken das Smartphone als neues „Absprachemedium".

Tafelbild

Verkehrs-mittel	Vorteile	Nachteile	unterstützende DL.-berufe
eigener Pkw	flexibel, individuell	teuer (Unterhalt, Kraftstoff)	Polizei, Straßenverkehrsamt, Ordnungsamt
Bus und Bahn	umweltschonend	an Fahrplan und Haltestellen gebunden	Busfahrer, Polizei
zu Fuß	kostenlos, flexibel, individuell, gesund, umweltschonend	nur für kurze Strecken geeignet, dem Wetter ausgesetzt	Polizei
Fahrrad	flexibel, individuell, gesund, umweltschonend, günstig	nur für kurze Strecken geeignet, dem Wetter ausgesetzt	Polizei, Stadtverwaltung
Mitfahrt im Auto	mit Einschränkungen flexibel, individuell, relativ günstig	nur nach Absprache mit Kollegen/Mitfahrern möglich	Polizei, Autobahnmeisterei

Lösung der Basisaufgaben

1 Erläutere die Grafik 2 „Magnet Stadt". **(AFB II)**

Die Grafik zeigt verschiedene Verkehrsmittel und Verkehrswege, welche alle in die Stadt führen und Personen und Güter in die Stadt transportieren. Das Stadtzentrum wird symbolisch als Magnet dargestellt, da das gesamte Verkehraufkommen aus dem Umland in die Stadt führt. Anziehend wirken Arbeitsplätze, Geschäfte, Ärzte, Museen oder Kinos. Dies führt zwangsläufig zu einer Überlastung der Verkehrsachsen. Es ist fraglich, ob die „Stadt" in der Lage ist, den ganzen Verkehr zu bewältigen und in seinem Zentrum aufzunehmen. Die Folgen sind Stau, Abgase und Lärm.

2 Berechne mithilfe einer Atlaskarte die Strecke, welche das Ehepaar Scholz jeden Tag zurücklegt. **(AFB II)**

Je nach verwendeter Karte (Maßstab) ist eine mehr oder weniger genaue Messung möglich. Auf Grundlage einer Deutschlandkarte lassen sich Werte von ca. 9 km von Mainz nach Wiesbaden und 75 km von Mainz nach Kaiserslautern ermitteln.

Beispielrechnung: $(75 \times 2) + (9 \times 2) = 168\,km$

3 Diskutiere Alternativen für Familie Scholz, wie sie ihren täglichen Arbeitsweg anders gestalten könnte. **(AFB III)**

Herr Scholz hat einen relativ kurzen Arbeitsweg. Er könnte das Fahrrad oder den ÖPNV nutzen. Frau Scholz nutzt schon eine Fahrgemeinschaft. Sie könnte prüfen, ob die Fahrt mit dem Zug sinnvoll ist.

4 Verschiedene Verkehrsmittel:

a) Beschreibt, mit welchen Verkehrsmitteln ihr zur Schule kommt. **(AFB I)**

Individuelle Schülerlösung.

b) Stellt in einer Tabelle dar, welche Vor- und Nachteile die in dem Diagramm 4 dargestellten Verkehrsmittel haben. **(AFB II)**

siehe Tafelbild

c) Überprüfe, ob das Mitfahrerprojekt (Flyer 3) auch an deiner Schule umsetzbar wäre. **(AFB III)**

Individuelle Schülerlösung.

d) Überlege, welche Dienstleistungsberufe den Verkehr unterstützen und ordne diese mithilfe einer Mindmap verschiedenen Verkehrsmitteln zu. **(AFB II)**

siehe Tafelbild

Anwendungsaufgabe

5 Informiere dich über Mitfahrerzentralen im Internet und erläutere deren Funktionsprinzip. **(AFB II)**

Individuelle Schülerlösung.

Unterrichtsvorschlag

Unterrichtsphase	Inhaltlicher Schwerpunkt	Methodisches Vorgehen / Sozialform	Medien / Materialien
Einstieg	Karikatur „Magnet Stadt" Anziehungskriterien der Stadt	UG: Karikatur beschreiben und erläutern	SB S. 214, M2
Erarbeitung I	Vor- und Nachteile verschiedener Verkehrsmittel	EA: Textarbeit	SB S. 214/215, Aufg. 4b
Ergebnissicherung I	Vor- und Nachteile verschiedener Verkehrsmittel	UG	Tabelle/Tafelbild (siehe Vorschlag)
Erarbeitung II	Fallbeispiel: Arbeitswege der Familie Scholz	EA	SB S. 214/215, Aufg. 2 und 3
Übung/Festigung	Analyse der Übertragbarkeit eines Mitfahrerprojekts an meiner Schule	GA	SB S. 215, M3, Aufg. 4c

Wirtschaftsstandorte in Europa

Kompetenzen

Die Schülerinnen und Schüler können ...

- Zusammenhänge zwischen Rohstoffvorkommen und Wirtschaftsstandorten erkennen, erklären und diese europaweit verorten;
- die Entstehung von Ballungsräumen beschreiben;
- Dienstleistungen als wichtigen Sektor der Wirtschaft beschreiben.

Grundbegriffe

Dienstleistung, Rohstoff, Ballungsraum, Energieträger, Industrie

Sachinformationen

Wirtschaftsstandorte werden zu Ballungsräumen, in denen Hunderttausende Menschen wohnen und arbeiten. Nicht nur mehr deutschland-, sondern europaweit wird hier der Blick geöffnet. Dabei werden die einzelnen Wirtschaftssektoren wiederholend bearbeitet, indem die thematische Karte Rohstoffausstattung bzw. -gewinnung mit den tatsächlich entstandenen Wirtschaftszentren verbinden. Dabei werden erstmals europäische Verdichtungsräume deutlich, aber auch – bezogen auf Deutschland – die Abhängigkeit einer modernen Industrie von Rohstoffen. So sieht man schnell: Die benötigten Rohstoffe wie Erdöl, Erdgas und Erze kommen primär von östlichen Nachbarn. Deutschland bildet den europäischen Schwerpunkt der verarbeitenden Industrie, aber auch der daran gekoppelten Dienstleistungen.

Hinweise zum Unterricht

Diese Orientierungsseite hat die Funktion, themengebunden europäische Topografie zu vermitteln: Einzelne Wirtschafts- und Rohstoffstandorte werden verortet und miteinander in Beziehung gesetzt. Komplexere Aufgaben- und Themenstellungen wie z. B. Aktiv- und Passivräume oder gar Standortpolitik müssen freilich späteren Klassenstufen vorbehalten bleiben.

Die Doppelseite ist zwar deduktiv ausgerichtet mit einer thematischen Europakarte, allerdings sollte möglichst eine Veranschaulichung mit Bildern und konkreten Bezügen – gerne zu Deutschland – erfolgen.

Lösung der Basisaufgaben

1 Arbeite mit den Fotos 1 und der Karte 2. Finde heraus, wo die Fotos aufgenommen worden sein könnten. Begründe deine Zuordnung. **(AFB I/II)**

Mögliche Antworten:

A – Ludwigshafen (D), chemische Industrie
B – Helsinki (FIN) – papierverarbeitende Industrie
C – Bochum (D) – Stahlerzeugung
D – Rotterdam (NL) – Hafen, Containertransport
E – Oberschlesien (PL) – Braunkohletagebau
F – Nordatlantik/Norwegen (N) – Rohölgewinnung

2 Ordne die folgenden Aussagen mithilfe der Karte und deines Atlas einem Wirtschaftszentrum zu. Begründe deine Zuordnung: **(AFB I/II)**

a) Ich arbeite in einer Bank in Deutschlands wichtigstem Finanzzentrum.

Frankfurt/Main – größter Finanzhandelsplatz

b) Wir fördern im Tagebau europaweit die größten Braunkohlemengen zur Stromerzeugung.

Tagebau südwestlich des Ruhrgebiets, südlich von Leipzig und in der Oberlausitz

Staat	Rohstoffe
Irland	Buntmetalle
Frankreich	Buntmetalle, Uran
Großbritannien	Steinkohle
Italien	Erdgas
Norwegen	Erdöl
Schweden	Holz
Deutschland	Braunkohle

c) Meinen Traumberuf habe ich bei einem großen Mode-Design-Unternehmen in dieser Stadt gefunden. Der Freizeitwert ist hier sehr hoch: Die Alpen im Norden und die Toskana im Süden sind nicht weit weg.

Mailand in Italien

3 Nenne mithilfe der Karte und deines Atlas die europäischen Staaten, die Rohstoffe gewinnen. Vervollständige hierzu die Tabelle. **(AFB I)**

Diese Tabelle kann in Gruppen bearbeitet werden (jede Gruppe ein Land), da sonst die Arbeit zu redundant und langweilig wird.

4 Dienstleistungszentren:

a) Benenne die sechs größten Dienstleistungszentren Europas.
   (AFB I)
   Ruhrgebiet, Mailand/Turin, Moskau, Eindhoven, Paris,
   London

b) Beschreibe ihre Lage. **(AFB I)**
   bis auf Moskau sehr zentral in Europa, z.T. auch Landes-
   hauptstädte

Unterrichtsvorschlag

Unterrichtsphase	Inhaltlicher Schwerpunkt	Methodisches Vorgehen / Sozialform	Medien / Materialien
Einstieg	Welche Rohstoffe kommen woher? Welche Wirtschaftszentren kennt ihr? Wo wollt ihr in Europa arbeiten und leben? Warum?	UG	SB S. 216/217, M1, 2
Erarbeitung	Wirtschaft in Europa	PA	SB S. 216/217, Aufgaben 1–3, M1, 2; Atlas
Ergebnissicherung	Wirtschaft in Europa	Präsentation auf AB/Kopiervorlage/ Whiteboard	

TERRA TRAINING

Wichtige Begriffe
Bergbau, Dienstleistung, Einzelhandel, Entsorgung, Industrie, Infrastruktur, Konsum, Recycling, Rekultivierung, Rohstoff, Standortfaktor, Strukturwandel, Tagebau, Versorgung, Wirtschaftssektoren

Lösung der Aufgaben

Kennen und verstehen
1 Findest du den richtigen Begriff? (AFB I)
a) Bedingungen, welche die Standortwahl eines Betriebs beeinflussen.
   Standortfaktoren
b) Die Wiederverwertung von Abfällen, um daraus neue Produkte herstellen zu können.
   Recycling
c) Die Förderung von Rohstoffen von der Erdoberfläche aus.
   Tagebau
d) Handelseinrichtungen, die Waren an die Endverbraucher verkaufen.
   Einzelhandel
e) Bezeichnet die Veränderung von bestehenden Strukturen.
   Strukturwandel

2 Richtig oder falsch?
Verbessere die falschen Aussagen und schreibe sie richtig auf. (AFB II)
a) Rohstoffe kommen immer unterirdisch vor.
   Falsch. Rohstoffe kommen auch überirdisch vor.
b) Einen Strukturwandel gab es in Rheinland-Pfalz nicht.
   Falsch. Auch in Rheinland-Pfalz gab es einen Strukturwandel.
c) Erdgas entsteht in großen Tiefen aus Faulschlamm.
   Richtig.
d) Im Einzelhandel erhält man Waren ohne Verpackungen.
   Falsch. Auf einem Markt erhält man meist Waren ohne Verpackung.
e) Voraussetzung für eine gute Versorgung einer Region ist eine intakte Infrastruktur.
   Richtig.
f) Raumnutzungskonflikte gibt es nur in der Landwirtschaft.
   Falsch. Es gibt vielfältige Raumnutzungskonflikte, z. B. auch bei der Energieversorgung.
g) Eine Bankangestellte arbeitet in einem Dienstleistungsbetrieb.
   Richtig.

3 Bilderrätsel
a) Löse die Bilderrätsel. (AFB I)
b) Erkläre die Begriffe. (AFB II)
a) **Rohstoff:** Naturstoff, der dem Menschen zur Herstellung von Gebrauchsgütern oder zur Gewinnung von Energie dient. Nach ihrer Herkunft bzw. Entstehung unterscheidet man mineralische, pflanzliche und tierische Rohstoffe. Mineralische Rohstoffe werden auch Bodenschätze genannt.
b) **Standortfaktor:** Gründe, aus denen sich ein Betrieb an einem bestimmten Ort ansiedelt.
c) **Strukturwandel:** Starke Veränderung, die sowohl die Arbeitswelt als auch das Aussehen eines Gebietes oder einer Stadt betrifft.

4 Standortfaktoren unter der Lupe (Grafik 1)
a) Erläutere für jeden Standortfaktor die Zuordnung. (AFB II)
   Individuelle Schülerlösung.
b) Nenne wichtige Standortfaktoren für: einen Chemiebetrieb, eine große Brotfabrik, einen Stahlerzeuger, einen Jeanshersteller. (AFB I/II)
   Chemiebetrieb: natürliche Bedingungen, Baugelände, Wasser, (Rohstoffe) Verkehrsnetz, Energieversorgung, Arbeitskräfte
   große Brotfabrik: Energieversorgung, natürliche Bedingungen, Arbeitskräfte
   Stahlhersteller: natürliche Bedingungen, Baugelände, Rohstoffe, Energieversorgung, Arbeitskräfte, Verkehrsnetz, Wohnmöglichkeiten
   Jeanshersteller: Wasser, Arbeitskräfte, Verkehrsnetz, Energieversorgung

Fachmethoden anwenden
5 Diagramme auswerten
a) Werte die Diagramme 2 aus. (AFB II)
   Abbildung 2 zeigt zwei Kreisdiagramme zum Thema „Anteil der Erwerbstätigen in den einzelnen Wirtschaftssektoren". Durch den Vergleich beider Diagramme ist die Veränderung der Anteile innerhalb von 21 Jahren möglich. Während der Anteil der Beschäftigten im Baugewerbe fast konstant geblieben ist, hat sich der Anteil in der Landwirtschaft halbiert. Die Zunahme im Bereich der Dienstleistung geht zulasten der Beschäftigen in der Industrie.
b) Überlege dir, wie ein vergleichbares Diagramm aus dem Jahr 1950 aussehen könnte. Erläutere die Unterschiede. (AFB II/III)
   1950 gab es einen höheren Anteil an Beschäftigten in der Industrie und Baugewerbe (zusammen ca. 45 %). Auch der Anteil in der Landwirtschaft war noch höher (ca. 25 %). Die Beschäftigten in der Dienstleistung waren mit etwa 30 % deutlich geringer als 1991 (Strukturwandel, Tertiärisierung).

Beurteilen und bewerten

6 Standort gesucht

Ein Unternehmen in Rotterdam produziert Haustierfutter mit Hirse und Erdnüssen aus Afrika, Fleisch aus Südamerika und Fischen aus dem Atlantik. Dieses Unternehmen will in Deutschland eine Filiale eröffnen. Magdeburg, Nürnberg und Rostock bieten alle ein gut geeignetes Gelände an.

a) Nenne Standortfaktoren, mit denen die Städte jeweils werben können. **(AFB II)**

Magdeburg: Lage an der Elbe (Verbindung Hamburg/Nordsee), relativ nah zum Meer, Landeshauptstadt, vermutlich zu Hamburg niedrigeres Lohnniveau, viele Arbeitskräfte

Nürnberg: Lage in einem wichtigen Verdichtungsraum, Rhein-Main-Donau-Kanal (Verbindung Rotterdam/Nordsee), weit entfernt vom Meer, guter Absatzmarkt

Rostock: Ostseehafen, vermutlich niedrigeres Lohnniveau, viele Arbeitskräfte

b) Begründe, für welche Stadt sich das Unternehmen deiner Meinung nach entscheidet. **(AFB II)**

Das Rotterdamer Unternehmen hat über Rhein, Main und Rhein-Main-Donau-Kanal eine direkte Anbindung nach Nürnberg. Durch die Lage in einem Verdichtungsraum sind Arbeitskräfte und ein Absatzmarkt gegeben. Die genannten Faktoren sprechen für eine Entscheidung zugunsten Nürnbergs, trotz der größeren Entfernung nach Rotterdam.

7 Sinnvolle Investitionen

Für die Erforschung neuer Energiequellen benötigen Ingenieure und Wissenschaftler viel Geld. Wäge ab, ob es nicht sinnvoller wäre, das Geld in weitere Erdgasbohrinseln in der Nordsee zu investieren. **(AFB III)**

Individuelle Schülerlösung.

Grundgedanke: Forschung unter dem Nachhaltigkeitsgedanken. Hier rechnen sich Investitionen erst langfristig.

Medientipps

Material: Selbsteinschätzung (Online-Code 89y4ym)
Lernen im Netz: Von der Baumwolle zur Hose
(Online-Code z4g88u)

5

TERRA FÜR DICH: Jeans

Kompetenzen

Die Schülerinnen und Schüler können …
- selbstständig ihre Kenntnisse zum Weg eines Produktes vom Rohstoff bis zur Entsorgung am Beispiel der Jeans erweitern und vertiefen;
- Auswirkungen des langen Produktionsweges einer Jeans aufzeigen.

Grundbegriffe

Rohstoff, Entsorgung, Industrie

Sachinformationen

Am Beispiel der Jeans, die jede/r Schüler/in kennt und fast täglich trägt, wird deutlich, wie sehr wir in der globalisierten Welt mit ihren Marktregeln integriert sind. Die Reisestationen der Jeans beginnen in Kasachstan (Baumwollanbau und -ernte) über viele Länder und Stationen, die alle das Produkt bearbeiten und möglichst günstig veredeln, bis es in Deutschland zu kaufen ist. Die letzte aufgeführte Station ist der Second-Hand-Handel in Ghana. Gerade diese Station leitet dann über in die Fragestellungen der kommenden Schuljahre, in denen v. a. die Eine-Welt- bzw. Dritte-Welt-Problematik bearbeitet wird. In der 10. Klasse wird das Beispiel Jeans dann wieder im Rahmen der Globalisierung aufgegriffen und weiter vertieft.

Hinweise zum Unterricht

Dies ist ein Differenzierungsangebot, das die Schülerinnen und Schüler selbstständig bearbeiten sollen. Es kann dann entweder aufeinander aufbauend oder aber parallel in Partnerarbeit bearbeitet werden, oder aber alleine z. B. zuhause als Hausaufgabe.

Hinweise zur Differenzierung

Die Differenzierung erfolgt nach Inhalt und Niveau, die linke Seite dient eher der Basissicherung, die rechte Seite dann einer vertiefenden Behandlung.
In erster Linie werden auf der linken Seite („Werde sicher!") topografische Lagebeziehungen von Ländern in Verbindung mit einfacherer Kartenarbeit und Streckenberechnung gefordert. So werden jedoch auch die globalen Transportverflechtungen eines Alltagsprodukts wie der Jeans gut verdeutlicht. Damit verbundene Probleme (z. B. Umweltbelastung) können leicht aufgezeigt werden.
Die rechte Seite („Fordere dich!") stellt Arbeitsmaterial und Aufgaben für leistungsstärkere Schülerinnen und Schüler bereit. Globale wirtschaftliche Zusammenhänge werden exemplarisch aufgezeigt und können anhand des eigenen Konsums kritisch bzw. selbstkritisch betrachtet werden.

Lösung der Aufgaben „Werde sicher!"

1 Vollziehe den Lebensweg einer Jeans nach, indem du die zurückgelegte Wegstrecke angibst (Karte 2). Lege dazu eine Tabelle an. **(AFB II)**

Produktionsschritt	Wegstrecke	km
Baumwolle (Anbau)	Kasachstan – Türkei	ca. 4000
Garnherstellung und Jeansstoff	Türkei – Taiwan	ca. 9000
Einfärben I	Taiwan – Ukraine	ca. 12000
Einfärben II	Ukraine – Tunesien	ca. 2000
Zusammennähen	Tunesien – Bangladesch	ca. 10000
Waschen	Bangladesch – Frankreich	ca. 8000
Label, Verkauf	Frankreich – Deutschland	ca. 800
Second-Hand-Verkauf	Ghana	ca. 5000

Die angegebenen km sind Luftlinie, also nicht ganz korrekt, da oftmals über Land transportiert wird.

2 Welche Auswirkungen hat der lange Transportweg einer Jeans für die Umwelt? Begründe. **(AFB II)**
Die langen Transportwege sind in Bezug auf die Umweltbelastung bedenklich. Der Transport findet überwiegend mit Hochseeschiffen statt. Diese verbrauchen Rohöl und belasten somit die Umwelt durch Abgase (meist ungefiltert) und CO_2. Außerdem wird der Hochseeschifffahrt eine Müllverklappung auf See vorgeworfen.

Lösung der Aufgaben „Fordere dich!"

1 Lies den Text und erstelle eine Mindmap zur Jeans (z. B. Herstellung, Kaufmotiv, Entsorgung). **(AFB II)**
Individuelle Schülerlösung mit eigener Schwerpunktsetzung. Methode Mindmap nach Doppelseite 108/109 anlegen, also auch kleine Zeichnungen dazu anfertigen lassen. Verknüpfungen herstellen lassen, im Sinne der Umweltbildung auch bereits die eigenen Konsumgewohnheiten berücksichtigen.

2 Recherchiere den größtmöglichen Rabatt für eine Jeans in einem Kleidungsgeschäft oder in einem Internetshop und erkläre, wer an der Jeans gut und wer weniger gut verdient. **(AFB III)**
Individuelle Schülerlösung, kann gut gemeinsam gelöst werden. Als Hilfe dazu dient Abbildung 1. Wieder sollte dann diskursiv das Konsumverhalten besprochen werden.

Tipp

Das Label der Schülerjeans gibt bereits viel Auskunft über die Herkunft, hier können die Schülerinnen und Schüler auch recherchieren.